Achim Bönninghaus **BGB Allgemeiner Teil I**

**JURIQ Erfolgstraining**

Herausgegeben von JURIQ® Juristisches Repetitorium, Köln

# BGB Allgemeiner Teil I

Willenserklärung, Vertragsschluss, Geschäftsfähigkeit
und Grundlagen der Fallbearbeitung

von
Achim Bönninghaus

3., völlig neu bearbeitete Auflage

CFM C.F. Müller

Bibliografische Information der Deutschen Nationalbibliothek
Die Deutsche Nationalbibliothek verzeichnet diese Publikation in der Deutschen Nationalbibliografie; detaillierte bibliografische Daten sind im Internet über <http://dnb.d-nb.de> abrufbar.

Bei der Herstellung des Werkes haben wir uns zukunftsbewusst für umweltverträgliche und wiederverwertbare Materialien entschieden. Der Inhalt ist auf elementar chlorfreies Papier gedruckt.

ISBN 978-3-8114-7149-8

E-Mail: kundenservice@hjr-verlag.de
Telefon: +49 6221/489-555
Telefax: +49 6221/489-410



www.cfmueller-campus.de
www.cfmueller.de



Satz: TypoScript, München
Illustrationen: Mattfeldt & Sänger, München
Druck: Kessler Druck + Medien, Bobingen

# Liebe Leserinnen und Leser,

die Reihe „JURIQ Erfolgstraining" zur Klausur- und Prüfungsvorbereitung verbindet sowohl für Studienanfänger als auch für höhere Semester die Vorzüge des klassischen Lehrbuchs mit meiner Unterrichtserfahrung zu einem umfassenden Lernkonzept aus Skript und Online-Training.

In einem ersten Schritt geht es um das **Erlernen** der nach Prüfungsrelevanz ausgewählten und gewichteten Inhalte und Themenstellungen. Einleitende Prüfungsschemata sorgen für eine klare Struktur und weisen auf die typischen Problemkreise hin, die Sie in einer Klausur kennen und beherrschen müssen. Neu ist die **visuelle Lernunterstützung** durch

- ein nach didaktischen Gesichtspunkten ausgewähltes Farblayout
- optische Verstärkung durch einprägsame Graphiken und
- wiederkehrende Symbole am Rand

  = Definition zum Auswendiglernen und Wiederholen

  = Problempunkt

  = Online-Wissens-Check

**Illustrationen als „Lernanker"** für schwierige Beispiele und Fallkonstellationen steigern die Merk- und Erinnerungsleistung Ihres Langzeitgedächtnisses.

Auf die Phase des Lernens folgt das **Wiederholen und Überprüfen** des Erlernten im **Online-Wissens-Check**: Wenn Sie im Internet unter **www.juracademy.de/skripte/login** das speziell auf das Skript abgestimmte Wissens-, Definitions- und Aufbautraining absolvieren, erhalten Sie ein direktes Feedback zum eigenen Wissensstand und kontrollieren Ihren individuellen Lernfortschritt. Durch dieses aktive Lernen vertiefen Sie zudem nachhaltig und damit erfolgreich Ihre zivilrechtlichen Kenntnisse!

**Frage 1** (Punkte: 1)

Eine empfangsbedürftige Willenserklärung wird in dem Moment wirksam, in dem sie

**Antwort**

| Aussagen | Antwort | Aussagerichtigkeit und Kommentar |
|---|---|---|
| a) vom Empfänger bestätigt wurde. | ☐ ✓ | Falsch. Auf eine Bestätigung des Empfängers kommt es selbst bei Erklärung gegenüber einem abwesenden Empfänger nach § 130 Abs. 1 S. 1 BGB nicht an. |
| b) dem Empfänger zugegangen ist. | ☑ ✓ | Richtig. Die Abgabe reicht bei empfangsbedürftigen Willenserklärungen als solche nicht aus, vielmehr muss die Erklärung dem Adressaten auch zugehen. |
| c) abgegeben wurde. | ☐ ✓ | Falsch. Eine empfangsbedürftige Willenserklärung wird erst mit Zugang beim Empfänger wirksam. |

→ **Richtig**
Punkte für diese Antwort: 1/1.

Schließlich geht es um das **Anwenden und Einüben** des Lernstoffes anhand von Übungsfällen verschiedener Schwierigkeitsstufen, die im Gutachtenstil gelöst werden. Die JURIQ **Klausurtipps** zu gängigen Fallkonstellationen und häufigen Fehlerquellen weisen Ihnen dabei den Weg durch den Problemdschungel in der Prüfungssituation.

Das **Lerncoaching** jenseits der rein juristischen Inhalte ist als zusätzlicher Service zum Informieren und Sammeln gedacht: Ein erfahrener Psychologe stellt u.a. Themen wie Motivation, Leistungsfähigkeit und Zeitmanagement anschaulich dar, zeigt Wege zur Analyse und Verbesserung des eigenen Lernstils auf und gibt Tipps für eine optimale Nutzung der Lernzeit und zur Überwindung evtl. Lernblockaden.

Dieses Skript ist der erste Teil von zwei Bänden, die dem Allgemeinen Teil des BGB gewidmet sind. Der Allgemeine Teil des BGB beschäftigt sich mit einer Fülle zivilrechtlicher Grundfragen, denen im Examen wie in der Praxis überragende Bedeutung zukommt. Allerdings hat der Gesetzgeber den Stoff nicht unter Examensgesichtspunkten geordnet, sondern andere Gliederungsprinzipien walten lassen. Aber welche Vorschrift des Allgemeinen Teils muss denn nun in einer Klausur wo angesprochen und geprüft werden? Es gehört zu meinen täglichen Beobachtungen als Repetitor im Zivilrecht, dass der Transfer der abstrakten Grundregeln des Allgemeinen Teils in die gutachterliche Fallbearbeitung erhebliche Schwierigkeiten bereitet. Insbesondere Aufbaufragen bereiten nicht nur den Anfängern mit Recht großes Kopfzerbrechen. Das Anliegen dieser Skriptenreihe besteht deshalb darin, den Stoff möglichst so aufzubereiten, wie er in einer Klausur, deren Lösung sich an der Begutachtung von Anspruchsbeziehungen orientiert, gedanklich abzuarbeiten ist. Die Darstellung folgt daher den gedanklichen Schritten im Rahmen einer Klausurprüfung und nicht der Gliederung des Gesetzgebers. Das Skript will kein Lehrbuch sein: Die einzelnen Rechtsinstitute werden stets von den Tatbeständen aus behandelt, die in der Klausur den Einstieg bilden. Erläuternde Einführungen erleichtern naturgemäß das Verständnis, doch sind sie auf das notwendige Mindestmaß beschränkt. Zu diesem Ansatz gehört es auch, viele Regeln des Allgemeinen Teils anderen Sachzusammenhängen zuzuordnen, in denen sie sich besser erfassen lassen und in der Klausur behandelt werden. So werden zum Beispiel die Bestimmungen zu Verbrauchern und Unternehmern (§§ 13, 14) im Allgemeine Schuldrecht im Zusammenhang mit den Regelungen über Verbraucherverträge behandelt, die Regeln über Verein und Stiftung in den §§ 21 ff. BGB gehören in die Darstellung des Gesellschaftsrechts und die Regeln über Sachen und Tiere in den §§ 90–103 BGB in die Skripte zum Sachenrecht. Dieses Skript beschäftigt sich mit den Grundlagen der Rechtsgeschäftslehre und behandelt ausführlich die Willenserklärung und den Vertragsschluss. Hinzugekommen ist aus Platzgründen in der Neuauflage die Darstellung der Geschäftsfähigkeit, die vorher im zweiten Band *BGB Allgemeiner Teil II* integriert war. Außerdem erschien es mir sinnvoll, den ersten Band der Skripte zum Zivilrecht mit einer Einführung in die Grundlagen der Anspruchsprüfung und Grundfragen der zivilrechtlichen Fallbearbeitung zu beginnen.

Dieses Skript richtet sich an Anfänger, Fortgeschrittene und Examenskandidaten. Dies liegt in der Natur des Themas, das vom ersten Semester an Bestandteil des zivilrechtlichen Lehrstoffs ist. Die Brisanz der „Allgemeinen Themen" bleibt bis zum Examen erhalten und hat sich keineswegs in den unteren Semestern „erledigt".

Zu den Fußnoten: Sie werden feststellen, dass Literaturverzeichnis und Fußnotenapparat „übersichtlich" gehalten sind. Das Skript will gar nicht den Anspruch erheben, das Schrifttum auch nur annähernd vollständig zu belegen. Das kann ein Skript auch gar nicht leisten. Betrachten Sie die Fußnoten eher als persönliche Leseempfehlungen. Oft wird auf den „Palandt" verwiesen, da er in Referendariat und Praxis eine überragende Bedeutung hat. Ich empfehle Ihnen daher, dieses Werk frühzeitig zu nutzen und sich an die abgekürzte Schreibweise zu gewöhnen. Das gilt übrigens auch für die zitierte BGH-Rechtsprechung. Ich würde mich freuen, wenn Sie einige der zitierten Entscheidungen durcharbeiten[1]. Urteile gehören in vielen Bereichen faktisch zu den Primärquellen unserer Rechtsordnung, so dass Sie sich möglichst frühzeitig an Stil und Aufbereitung des Stoffes im Urteil gewöhnen sollten. Außerdem sind die Begründungen meistens so gut formuliert, dass sie zugleich der Wiederholung von bestimmten Themen dienen können.

Bei der Neuauflage habe ich viele Zuschriften verarbeiten können, für die ich mich herzlich bei allen Leserinnen und Lesern bedanken möchte. Aufgegriffen habe ich den Wunsch vieler Leserinnen und Leser, die Institute Geschäftsfähigkeit und Stellvertretung nicht nur im Zusammenhang mit der Willenserklärung und dem Vertragsschluss, sondern auch in einer geschlossenen Einheit darzustellen. Insofern mag es hier und da zu Wiederholungen kommen, die aber durchaus gewünscht sind. Weitere Anregungen sind immer willkommen.

Auf geht's – ich wünsche Ihnen viel Freude und Erfolg beim Erarbeiten des Stoffs!

Und noch etwas: Das Examen kann jeder schaffen, der sein juristisches Handwerkszeug beherrscht und kontinuierlich anwendet. Jura ist kein „Hexenwerk“. Setzen Sie nie ausschließlich auf auswendig gelerntes Wissen, sondern auf Ihr Systemverständnis und ein solides methodisches Handwerk. Wenn Sie Hilfe brauchen, Anregungen haben oder sonst etwas loswerden möchten, sind wir für Sie da. Wenden Sie sich gerne an C.F. Müller, Verlagsgruppe Hüthig Jehle Rehm GmbH, Im Weiher 10, 69121 Heidelberg, E-Mail: kundenservice@hjr-verlag.de. Dort werden auch Hinweise auf Druckfehler sehr dankbar entgegen genommen, die sich leider nie ganz ausschließen lassen. Oder Sie wenden sich direkt an den Verfasser unter ra@boenninghaus.de.

Köln, im August 2014 — *Achim Bönninghaus*

1 Die in diesem Skript in den Fußnoten mit Aktenzeichen zitierten Entscheidungen des BGH können Sie kostenlos auf der Homepage des BGH unter www.bundesgerichtshof.de (Rubrik: „Entscheidungen“) abrufen.

## JURIQ Erfolgstraining – die Skriptenreihe von C.F. Müller mit Online-Wissens-Check

Mit dem Kauf dieses Skripts aus der Reihe **„JURIQ Erfolgstraining"** haben Sie gleichzeitig eine Zugangsberechtigung für den Online-Wissens-Check erworben – ohne weiteres Entgelt. Die Nutzung ist freiwillig und unverbindlich.

Was bieten wir Ihnen im Online-Wissens-Check an?

- Sie erhalten einen individuellen Zugriff auf **Testfragen zur Wiederholung und Überprüfung des vermittelten Stoffs**, passend zu jedem Kapitel Ihres Skripts.
- Eine individuelle **Lernfortschrittskontrolle** zeigt Ihren eigenen Wissensstand durch Auswertung Ihrer persönlichen Testergebnisse.

Wie nutzen Sie diese Möglichkeit?

### Online-Wissens-Check

Registrieren Sie sich einfach für Ihren kostenfreien Zugang auf **www.juracademy.de/skripte/login** und schalten sich dann mit Hilfe des Codes für Ihren persönlichen Online-Wissens-Check frei.

**Ihr persönlicher User-Code: 370965600**

Der Online-Wissens-Check und die Lernfortschrittskontrolle stehen Ihnen für die **Dauer von 24 Monaten** zur Verfügung. Die Frist beginnt erst, wenn Sie sich mit Hilfe des Zugangscodes in den Online-Wissens-Check zu diesem Skript eingeloggt haben. Den Starttermin haben Sie also selbst in der Hand.

Für den technischen Betrieb des Online-Wissens-Checks ist die JURIQ GmbH, Unter den Ulmen 31, 50968 Köln zuständig. Bei Fragen oder Problemen können Sie sich jederzeit an das JURIQ-Team wenden, und zwar per E-Mail an: info@juriq.de.

# Inhaltsverzeichnis

# Literaturverzeichnis


| | |
|---|---|
| *Bork, Reinhard* | Allgemeiner Teil des Bürgerlichen Gesetzbuchs, 3. Aufl. 2011 |
| *Faust, Florian* | Bürgerliches Gesetzbuch Allgemeiner Teil, 4. Aufl. 2014 |
| *Leenen, Detlef* | BGB Allgemeiner Teil: Rechtsgeschäftslehre, 2011 |
| *Medicus, Dieter* | Allgemeiner Teil des BGB, 10. Aufl. 2010 |
| *Medicus, Dieter/Petersen, Jens* | Bürgerliches Recht, 24. Aufl. 2013 |
| *Medicus, Dieter* | Grundwissen zum Bürgerlichen Recht, 8. Aufl. 2008 |
| *Münchener Kommentar zum Bürgerlichen Gesetzbuch* | Band 1 (Allgemeiner Teil), 6. Aufl. 2012 (zitiert: MüKo-*Bearbeiter)* |
| *Palandt, Otto* | Bürgerliches Gesetzbuch, 73. Aufl. 2014 (zitiert: Palandt-*Bearbeiter*) |

# Tipps vom Lerncoach

### Warum Lerntipps in einem Jura-Skript?

Es gibt in Deutschland ca. 1,6 Millionen Studierende, deren tägliche Beschäftigung das Lernen ist. Lernende, die stets ohne Anstrengung erfolgreich sind, die nie kleinere oder größere Lernprobleme hatten, sind eher selten. Besonders juristische Lerninhalte sind komplex und anspruchsvoll. Unsere Skripte sind deshalb fachlich und didaktisch sinnvoll aufgebaut, um das Lernen zu erleichtern.

Über fundierte Lerntipps wollen wir darüber hinaus all diejenigen ansprechen, die ihr Lern- und Arbeitsverhalten verbessern und unangenehme Lernphasen schneller überwinden wollen.

Diese Tipps stammen von *Frank Wenderoth,* der als Diplom-Psychologe seit vielen Jahren in der Personal- und Organisationsentwicklung als Berater und Personal Coach tätig ist und außerdem Jurastudierende in der Prüfungsvorbereitung und bei beruflichen Weichenstellungen berät.

### Wie lernen Menschen?

Die Wunschvorstellung ist häufig, ohne Anstrengung oder ohne eigene Aktivität „à la Nürnberger Trichter" lernen zu können. Die modernen Neurowissenschaften und auch die Psychologie zeigen jedoch, dass Lernen ein aktiver Aufnahme- und Verarbeitungsprozess ist, der auch nur durch aktive Methoden verbessert werden kann. Sie müssen sich also für sich selbst einsetzen, um Ihre Lernprozesse zu fördern. Sie verbuchen die Erfolge dann auch stets für sich.

### Gibt es wichtigere und weniger wichtige Lerntipps?

Auch das bestimmen Sie selbst. Die Lerntipps sind als Anregungen zu verstehen, die Sie aktiv einsetzen, erproben und ganz individuell auf Ihre Lernsituation anpassen können. Die Tipps sind pro Rechtsgebiet thematisch aufeinander abgestimmt und ergänzen sich von Skript zu Skript, können aber auch unabhängig voneinander genutzt werden.

Verstehen Sie die Lerntipps „à la carte"! Sie wählen das aus, was Ihnen nützlich erscheint, um Ihre Lernprozesse noch effektiver und ökonomischer gestalten zu können!

## Lernthema 1
## Lernprozesse und Lernmotivation

Gerade beim Lernen setzen wir uns schnell unter hohen Leistungsdruck, haben hohe Erwartungen an uns. Das Ziel, also die Prüfung, ist weit entfernt, wir sehen häufig nicht, was wir schon erreicht haben, sondern nur das, was wir noch nicht geschafft haben – gemessen an der noch großen Distanz bis zum Ziel „Examen". Es dauert häufig viele Wochen bis Monate bis wir eine Rückmeldung in Form einer Zensur erhalten. Das fördert leider nicht unsere unmittelbare Lernmotivation und unser aktuelles Lernverhalten.

Unser Gehirn lernt durch Erfolge und durch Misserfolge und möchte gerade in unangenehmen Stresssituationen (langweiliger Stoff, Leistungsdruck) „pfleglich" behandelt werden. Durch positive Rückmeldungen, Anerkennung und Belohnungen werden wir darin bekräftigt, bestimmte Tätigkeiten weiter (intensiver, besser) auszuüben. Diesen Umstand können Sie nutzen.

Durch entsprechende Zielsetzungs-, Feedback- und Verstärkungsmechanismen kann man sich motivieren bzw. auch neu eingeübte Lernprozesse verstärken. Sie können Lernfortschritte und Erfolge auch nach kurzen Lernphasen und Zeitabschnitten deutlicher wahrnehmen.

### Lerntipps

#### Planen Sie herausfordernde aber realistische Ziele!

Ein Ziel befindet sich am Ende eines Weges. Am besten Sie planen Etappenziele. Stellen Sie sich z. B. vor, was genau Sie nach vier Wochen, einer Woche, an diesem Tag, bis zur ersten Pause erreicht haben wollen. Fragen Sie sich, woran Sie Ihr erfolgreiches Lernen festmachen wollen. Und wie Sie den Erfolg überprüfen (lassen) wollen. Setzen Sie sich klare, anspruchsvolle aber realistische Lernziele anhand eines individuellen Lernplanes. Fordern Sie sich ruhig (positiver leistungsförderlicher Stress), aber erzeugen Sie keinen zu hohen Erwartungsdruck und damit so genannten leistungshemmenden Dis-Stress. Nutzen Sie einen Wochenplaner – mit Stundenplan wie in der Schule – und machen Sie sich eine Tagesplanung einschließlich Pausen, Freizeitaktivitäten, Haushalt etc.

### Setzen Sie sich positive Anreize!

Da Sie sich gut kennen, werden Sie recht leicht eigene Vorstellungen zur Belohnung entwickeln. Sie können sich materiell verstärken, z. B. mit dem Download eines neuen Songs oder dem Kauf neuer Schuhe, die Sie schon immer haben wollten. Da diese Art von Verstärkern schnell an finanzielle Grenzen stoßen können, sollten Sie sie für besondere Gelegenheiten nutzen. Andere Verstärker können Lesen, Fernsehen, Klavier spielen, Musik hören, ein Nickerchen, der Kneipenbesuch, das Kino, Sport und sogar der ungeliebte Abwasch sein. Machen Sie doch erst einmal eine Ideensammlung, welche Verstärker für Sie attraktiv sein könnten.

### Körperliche Betätigung ist ein optimaler Verstärker!

Körperliche Aktivitäten sind für Lernende eine optimale Verstärkungsmöglichkeit. Als Ausgleich zum langen Sitzen braucht es in besonderem Maße Bewegung. Bewegung ist dann Abwechslung, Erholung und Ausgleich. Wenn Sie sich körperlich bewegen, wird einerseits das Stresshormon Adrenalin abgebaut, andererseits wird das „Glückshormon" Serotonin verstärkt ausgeschüttet. Sportliche Betätigung führt zu körperlicher Ermüdung und fördert einen besseren Schlaf.

### Belohnen Sie sich mit Konzept!

Mit Ihren Verstärkern und Belohnungen sollten Sie am besten abwechslungsreich und erfinderisch sein. Es sollte kleine und größere Belohnungen geben, gemessen an dem Anspruchsniveau der Zielsetzungen oder der Dauer der Lernphasen. Hier orientieren Sie sich an der Zielplanung. Das Anspruchsniveau ist ganz individuell zu betrachten. Die Belohnungen sollten direkt nach Zielerreichung erfolgen können, also z. B. nach eineinhalb Stunden, fünf geschriebenen Seiten, sieben bearbeiteten Fällen, am Ende eines erfolgreichen Tages.

### Überprüfen Sie Ihren Erfolg und verhalten Sie sich konsequent!

Ist das angestrebte Ziel erreicht, muss sofort die Belohnung eingetauscht werden, damit das Gehirn den Zusammenhang zwischen Zielerreichung in der Sache und gutem Gefühl abspeichert. Ist das Ziel nicht erreicht, dann darf es keine Belohnung geben. Es ist dann wichtig, sich genauer damit zu beschäftigen, warum Sie das Ziel nicht erreicht haben. Dadurch nehmen Sie eine Analyse vor, aus der Sie die erforderlichen Veränderungen ableiten können.



### Keine Belohnung – was dann?

Falls Sie sich über längere Zeit (mehrere Tage) nicht mehr belohnen konnten, dann sollten Sie eine Analyse vornehmen. Wahrscheinlich werden Sie sehr schnell merken, an welchen Stellen Schwächen oder Stärken Ihres Lernsystems zu finden sind. Die Analyse sollte sich sachlich an Ihrem Lernsystem und auch an Ihrem Lernverhalten orientieren. Es sollte keine „persönliche Selbstgeißelung" sein. Das setzt Ihr Gehirn unter negativen emotionalen Stress, und das können Sie beim Lernen und in der Phase der Prüfungsvorbereitung am wenigsten gebrauchen.

### Reflektieren Sie Ihr Lernverhalten bei Misserfolg!

Eine Kurzanalyse und Reflexion soll Ansatzpunkte für mögliche Veränderungen liefern. Dafür einige Leitfragen:

- Ist mein eigener Leistungsanspruch zu hoch?
- Habe ich insgesamt (zeitmäßig) zu wenig gearbeitet?
- Zuviel an Ablenkung?
- Wie habe ich es geschafft, das Lernen zu vermeiden?
- Nehme ich mein Lernen ernst genug?
- Mache ich es mir zu bequem?
- Mangelnde Konsequenz in der Planung und im Einhalten des Lernpensums, der Belohnung?
- Bin ich zu großzügig im Belohnen?
- Gab es unerwartete Ereignisse, die mich behindert haben?
- Habe ich zuviel gearbeitet? Warum?
- Bin ich zu erschöpft? Woran liegt das?
- Habe ich zu wenig behalten und verstanden trotz vieler Arbeit?
- Ist der Stoff zu schwer?
- Gab es (emotional) hemmende Gründe (in der Familie, bei Freunden, wegen Geldsorgen)?
- Wer oder was könnte mir bei Schwierigkeiten helfen?

### Erkennen Sie Ihr persönliches Vermeidungsverhalten!

Sie kennen das vielleicht: Bevor es mit dem Lernen losgeht – Zeitung lesen, noch einmal zur Toilette gehen, Blumen gießen, etwas aus dem Kühlschrank holen, noch schnell etwas einkaufen gehen … Wir versuchen unangenehme Tätigkeiten vor uns her zu schieben. Hierdurch vermeiden wir, uns in eine vermeintlich aversive Situation zu begeben. Durch das Vermeidungsverhalten entziehen wir uns der Arbeit und belohnen uns für Verzögerungen. Das hat zur Folge, dass wir lernen, die primär angestrebte Tätigkeit immer öfter zu vermeiden. Betrachten Sie Ihr Vermeidungsverhalten und seine Auswirkungen einmal genauer! Kurzfristig hilft es, vermeintlichen Stress (Aversion) abzubauen, langfristig kann das Ganze Ihnen wirklich über den Kopf wachsen.

### Bauen Sie Vermeidungsverhalten Schritt für Schritt ab!

Der riesige Berg an Arbeit, der vor uns liegt, lässt uns häufig ausweichen. Man geht Dinge nicht an, weil man die Befürchtung hat, den Überblick zu verlieren oder sie insgesamt nicht bewältigen zu können („Wie soll ich das denn alles schaffen?"). Hier entsteht negativer Stress für unser Gehirn. Damit ist Vermeidungsverhalten erst einmal (emotional) vernünftig. Nur in der Sache kommen Sie nicht weiter.

Folgende Tipps können weiterhelfen:

- Bei Lernproblemen das Pensum anfänglich bewusst reduzieren.
- Den Lernstoff in für Sie überschaubare Lerneinheiten portionieren.
- Die einzelnen Lerneinheiten in angenehme Mengen- und Zeiteinheiten unterteilen.
- Besonders angenehme Anfangstätigkeiten finden.
- Strenge Disziplin, d. h. striktes, selbst auferlegtes Verbot von Vermeidungsverhalten.
- Sitzen bleiben. Wenn Sie nicht mit der Arbeit beginnen können, notieren, was Sie eigentlich arbeiten wollen, was Ihnen schwierig erscheint, welche Aspekte behindern, welche vielleicht sogar Freude machen könnten.

# 1. Teil
# „Ein Rundflug“

Bevor wir mit der eigentlichen Erarbeitung der Fragen rund um das Zustandekommen von 1
Rechtsgeschäften beginnen, möchte ich mit Ihnen einen kurzen Rundflug über das anspruchsvolle Gebiet der zivilrechtlichen Fallbearbeitung unternehmen. Dieser Ausflug soll Ihnen eine allgemeine Orientierung bei der Bearbeitung zivilrechtlicher Klausuren bieten. Insofern reichen die folgenden Ausführungen weit über das Thema dieses Skripts hinaus. Sie passen aber gut hierher, weil sich dieses Skript mit einem allgemeinen Grundlagenthema, der Rechtsgeschäftslehre, beschäftigt. Außerdem soll Ihnen die mit unserem Ausflug verbundene Horizonterweiterung helfen, die herausragende Bedeutung der Rechtsgeschäftslehre in der zivilrechtlichen Fallbearbeitung zu erkennen. Um diesen Zusammenhang hervorzuheben und die Wiedererkennung zu vereinfachen, ist der Begriff „Rechtsgeschäft“ in diesem Abschnitt stets fett markiert.

## A. Sinn und Zweck eines juristischen Gutachtens

Ein Rechtsanwalt oder Richter verdient sein Geld mit juristischen Bewertungen. Er muss 2
einen Sachverhalt anhand unserer Rechtsordnung bewerten, um eine ihm gestellte Frage nach der bestehenden Rechtslage zu beantworten. Diese Frage hat in der Praxis einen handfesten Hintergrund: Eine Person will etwas von einer anderen haben. Auch bei der Erstellung von Verträgen für einen Mandanten geht es vornehmlich darum, durchsetzbare Ansprüche zu begründen oder – umgekehrt – auszuschließen. Der Jurist muss sich stets mit der Frage nach dem Bestehen und der Durchsetzbarkeit von Ansprüchen befassen.

» Lesen Sie die nachfolgend genannten Vorschriften parallel im Gesetzestext mit. «

Ein **Anspruch** ist das Recht einer Person, von einem anderen ein Tun oder Unterlassen zu verlangen (§ 194 Abs. 1[1]). Man spricht auch von „Forderung“ (§ 241 Abs. 1) oder „Schuldverhältnis im engeren Sinne“, vgl. § 362 Abs. 1.[2]

Den Anspruchsinhaber nennen wir **Gläubiger**, den Anspruchsgegner **Schuldner**, vgl. § 241 Abs. 1.

Vom Anspruch sind die sog. **Obliegenheiten** zu unterscheiden. Diese begründen anders als der Anspruch kein Recht auf ein Tun oder Unterlassen, lösen bei ihrer Verletzung auch keinen Schadensersatzanspruch aus § 280 aus, sondern führen „nur“ zu einem Rechtsverlust oder sonstigen Rechtsnachteil der mit der Obliegenheit belasteten Person[3] (z.B. Rügeobliegenheit gem. § 377 HGB).

Der Mandant eines Rechtsanwalts bzw. die Parteien in einem Zivilprozess interessieren sich 3
regelmäßig nicht für abstrakte Rechtsfragen. Entscheidend ist vielmehr, ob ein Anspruch im Ergebnis tatsächlich besteht und ob dieser notfalls mit Hilfe der Zwangsvollstreckung durch-

1 §§ ohne Gesetzesangabe sind solche des BGB.

2 *Medicus* Allgemeiner Teil des BGB Rn. 75; Palandt-*Ellenberger* Einl. v. § 241 Rn. 3; *Petersen* „Die Entstehung und Prüfung von Ansprüchen“, JURA 2008, 180 unter Ziff. I.

3 Palandt-*Ellenberger* Einl. v. § 241 Rn. 13.

gesetzt werden kann. Um einen Anspruch zwangsweise durchsetzen zu können, muss er offiziell „tituliert", d.h. als Grundlage und Rechtfertigung für eine Zwangsvollstreckungsmaßnahme festgestellt werden. Diese Feststellung wird nach § 704 Abs. 1 ZPO grundsätzlich in Form einer gerichtlichen Verurteilung getroffen.[4] Jede juristische Aufgabe ist deshalb immer auch mit Blick auf eine (vorgestellte) gerichtliche Auseinandersetzung mit dem Ziel der „Titulierung" eines Anspruchs zu bearbeiten.

4 In der Klausur wird diese Aufgabenstellung geübt. Dabei ist nicht immer nach bestimmten Ansprüchen gefragt. Die Frage ist häufig allgemeiner formuliert, etwa: „Was kann A von B verlangen?" oder „Wie ist die Rechtslage?". Dies entspricht dem Beginn von Mandantengesprächen in der täglichen Anwaltspraxis. Da hat es der Zivilrichter übrigens einfacher. Er bekommt stets nur ein ganz bestimmtes Begehren zur Entscheidung gestellt (vgl. § 253 Abs. 2 Nr. 2 ZPO) und ist an diese Aufgabenstellung gebunden (vgl. § 308 Abs. 1 ZPO). Der Anwalt muss hingegen herausfinden, ob und unter welchen Umständen der Mandant etwas von einer Person fordern und gerichtlich durchsetzen kann oder ob der Mandant umgekehrt einer anderen Person etwas zu leisten hat.

Das in der Klausur anzufertigende Gutachten bereitet den Rat des Rechtsanwalts bzw. das Urteil des Richters vor. Um Fehlentscheidungen zu vermeiden, muss das Gutachten die Sach- und Rechtslage vollständig würdigen. Auf der anderen Seite muss es sich auf das Wesentliche beschränken, um den Leser (den Korrektor Ihrer Klausur!) nicht zu ermüden und seine Aufmerksamkeit für die gesamte Darstellung zu erhalten. Die Laune des Korrektors soll schließlich nicht von positiver Neugier in überdrüssige Gereiztheit umschlagen.

## B. Wie geht das?

5 Überlegen wir uns vor diesem Hintergrund nun, wie Sie bei einer Klausur am besten vorgehen.

### I. Erfassen des Sachverhalts

6 Notwendige Grundlage für jede halbwegs sinnvolle Bearbeitung ist die genaue Erfassung des Sachverhalts. In der Klausur wird Ihnen ein „fertiger" Tatbestand präsentiert. Er soll das Ergebnis des Parteienvortrags sein, so wie ihn der Richter bzw. Rechtsanwalt für seine endgültige Entscheidung verwenden müsste. Es besteht also keine Möglichkeit mehr, den Sachverhalt zu ergänzen. Wovon der Sachverhalt berichtet, ist geschehen; wovon der Sachverhalt schweigt, ist nicht geschehen oder nicht nachweisbar.

7 Lesen Sie den Sachverhalt mehrmals durch. Erstellen Sie bei komplizierten Sachverhalten eine – übersichtliche! – Fallskizze, für deren Gestaltung Sie sich bestimmte Symbole ausdenken (zum Beispiel Linien zur Kennzeichnung einer Vertragsbeziehung, Pfeile zur Kennzeichnung von Ansprüchen, etc.) und die Sie immer gleichbleibend verwenden. Bei zeitlich gestreckten Abläufen empfiehlt sich auch die Erstellung einer chronologischen Zeittabelle.

4 Weitere Vollstreckungstitel finden Sie im Katalog des § 794 Abs. 1 ZPO.

## II. Gliederung

Ausgangspunkt der Falllösung ist immer die auf den Sachverhalt bezogene Fallfrage des Klausurstellers. 8

Lautet die Fallfrage ganz allgemein: „Wie ist die Rechtslage?", dann ist nach den Ansprüchen aller Beteiligten untereinander gefragt. Der Sachverhalt ist daher zunächst in Zweipersonenverhältnisse zu gliedern, so dass er zu der konkreteren Fallfrage: „Welche Ansprüche hat die eine Partei gegen die andere?" führt.[5]

Diese Fallfrage ist wiederum so zu untergliedern, dass sie einer ganz konkreten Fallfrage entspricht, nämlich: „Kann die eine Partei von der anderen eine bestimmte Leistung verlangen?"

Die maßgebliche Fragestellung für die Gliederung lautet: **Wer will was von wem woraus?**

Kommen verschiedene Ziele in Betracht, ist die Darstellung weiter nach den verschiedenen Anspruchszielen zu untergliedern (z.B. Herausgabe, Schadensersatz, etc.).[6]

## III. Auffinden der Anspruchsgrundlage

Die so konkretisierte Fallfrage ist nun zu beantworten, d.h. es ist zu prüfen, ob das Begehren des Anspruchstellers mit rechtlichen Mitteln durchsetzbar ist. Das setzt einen Anspruch voraus, dessen Rechtsfolge dem Begehren des Anspruchstellers inhaltlich entspricht. Außerdem muss dieser Anspruch auch (gerichtlich) durchsetzbar sein. 9

Um das herauszufinden, gehen Sie von der gewünschten Rechtsfolge aus und suchen nach passenden Anspruchsgrundlagen.[7]

**Beispiel** Ist nach Ersatz einer bestimmten Schadensposition gefragt, suchen Sie nach Anspruchsgrundlagen, deren Rechtsfolge eine Verpflichtung zum Schadensersatz anordnen, z.B. §§ 122 Abs. 1, 179 Abs. 1 Var. 2, 280 Abs. 1, 678, 823 Abs. 1. ■

Anspruchsgrundlagen können durch **Rechtsgeschäft (vgl. § 311 Abs. 1)**, durch Gesetz oder durch Gewohnheitsrecht[8] begründet werden. Gesetzliche Anspruchsnormen erkennt man beispielsweise an den folgenden Formulierungen:

*„ … hat zu / ist zu (ersetzen o.Ä.) …", vgl. z.B. § 122 Abs. 1;*

*„ … kann verlangen …", vgl. z.B. § 280 Abs. 1 S. 1;*

*„ … ist verpflichtet …", vgl. z.B. § 823 Abs. 1.*

**» Am Anfang ist es hilfreich, sich die gesetzlichen Anspruchsgrundlagen in der eigenen Textausgabe mit einer bestimmten Farbe zu markieren. «**

## IV. Prüfungsreihenfolge der Anspruchsgrundlagen

Damit Ihr Gutachten möglichst übersichtlich ist und für den Leser gut nachvollziehbar bleibt, sollten Sie umständliche Verschachtelungen im Prüfungsaufbau vermeiden. Diesem Ziel dient ein Grundraster zur Prüfung von Anspruchsgrundlagen. 10

5 *Medicus/Petersen* Bürgerliches Recht Rn. 6.

6 *Medicus* Grundwissen zum Bürgerlichen Recht Rn. 20 ff.

7 Zur Vorgehensweise bei Fallfragen, die nicht auf die Prüfung von Ansprüchen abzielen, vgl. *Medicus/Petersen* Bürgerliches Recht § 2 („Grenzen des Anspruchaufbaus") Rn. 17 ff.

8 Siehe dazu Palandt-*Ellenberger* Einl. v. § 1 Rn. 22.

## 1. Hauptgliederung

» Überlegen Sie mal – kennen Sie vielleicht schon den einen oder anderen Grund für diese Reihenfolge? «

11 Zunächst unterteilen wir die Anspruchsgrundlagen auf verschiedene Ebenen, die in der folgenden Reihenfolge nacheinander geprüft werden.

Die Gründe für diese Reihenfolge beruhen auf einer Wechselbeziehung der verschiedenen Anspruchsgrundlagen zueinander, die sich gegenseitig ausschließen oder doch modifizieren können.[9]

(1) Primär- und Sekundäransprüche aufgrund vertraglichen Schuldverhältnisses
(2) Ansprüche aufgrund vertragsnaher Beziehungen (c.i.c., §§ 122, 179)
(3) Ansprüche aus Sondertatbeständen des Familien- und Erbrechts
(4) Ansprüche aus Geschäftsführung ohne Auftrag
(5) Sachenrechtliche („dingliche") Ansprüche
(6) Ansprüche aus ungerechtfertigter Bereicherung
(7) Ansprüche aus Delikt (einschl. Gefährdungshaftung)

**JURIQ-Klausurtipp**

Gedanklich sollten Sie stets **alle Anspruchsgrundlagen der Reihe nach** durchgehen. Fehler bei der Klausurbearbeitung resultieren häufig daraus, dass diese simple Prüfungsreihenfolge nicht konsequent eingehalten wird. Wer hier ungeduldig zum vermeintlichen Problem springt und deshalb gedankliche Zwischenschritte auslässt, muss dafür regelmäßig büßen. Das ist aber ganz unnötig und ein leicht vermeidbarer Fehler.

## 2. Untergliederungen

12 **Innerhalb einer Anspruchsgrundlagenebene** sind gedanklich weitere Untergliederungen vorzunehmen. Als Faustformel für die weitere Untergliederung gilt: Erst prüfen Sie die Ansprüche mit den geringsten oder doch am leichtesten zu begründenden Voraussetzungen. Das machen die „Profis" (Richter und Rechtsanwälte) genauso – es ist der effizienteste Lösungsansatz.

### a) Primäransprüche vor Sekundäransprüchen

13 Bei Ansprüchen aus vertraglichen Schuldverhältnissen unterscheiden Sie zwischen Primär- und Sekundäransprüchen. Sie prüfen die Primäransprüche vor den Sekundäransprüchen,[10] da Sekundäransprüche weitere Voraussetzungen erfordern (z.B. Vertretenmüssen des Schuldners) und sich deshalb schwerer begründen lassen.

**Primäransprüche** sind diejenigen Ansprüche, die sich unmittelbar aus dem (wirksamen) Vertrag ergeben.[11]

**Sekundäransprüche** knüpfen an einen wirksamen Vertrag an, entstehen aber erst durch Hinzutreten weiterer Umstände, insbesondere durch Verletzung der Primärleistungspflicht.[11]

---

9 Eine prägnante Übersicht der Gründe für diese Reihenfolge finden Sie bei *Medicus/Petersen* Bürgerliches Recht Rn. 8 ff.

10 *Medicus* Grundwissen zum Bürgerlichen Recht Rn. 45, 46.

11 Palandt-*Ellenberger* § 241 Rn. 5; *Medicus* a.a.O.

**Beispiel Primäransprüche:** Beim Kaufvertrag die Verpflichtung des Verkäufers, dem Käufer gem. § 433 Abs. 1 mangelfreies Eigentum an einer bestimmten Sache sofort oder unter einer Bedingung zu verschaffen und ihm die Sache zu übergeben; ebenso beim Kaufvertrag die Pflicht des Käufers, einen bestimmten Kaufpreis an den Verkäufer zu zahlen und die gekaufte Sache abzunehmen (vgl. § 433 Abs. 2). ■

**Beispiel Sekundäransprüche:** Die sich aus §§ 280 ff. ergebenden Ansprüche wegen Befreiung des Schuldners von der primär geschuldeten Leistung nach § 275, wegen Leistungsverzögerung, wegen nicht wie geschuldet erbrachter Primärleistung oder wegen Verletzung einer Rücksichtspflicht i.S.d. § 241 Abs. 2;

der Anspruch aus §§ 326 Abs. 4, 346 Abs. 1 wegen Leistungsbefreiung des Schuldners aus gegenseitigem Vertrag;

die Ansprüche aus §§ 346, 347 wegen Rücktritts vom Vertrag;

die Abwicklungspflichten aus §§ 546, 546a nach Beendigung eines Mietvertrages. ■

**Hinweis**

Denken Sie bitte daran, dass die §§ 280 ff. grundsätzlich auf alle Schuldverhältnisse Anwendung finden, also auch auf gesetzliche Schuldverhältnisse.[12] Insofern sind also auch bei den gesetzlichen Schuldverhältnissen Ansprüche aus §§ 280 ff. wegen Leistungs- oder Rücksichtspflichtverletzung denkbar (wenn Sie so wollen: „Sekundäransprüche bei gesetzlichem Schuldverhältnis"). Ansprüche aus §§ 280 ff. kommen daher grundsätzlich auf jeder Anspruchsgrundlagenebene in Betracht. Achten Sie hier aber immer besonders auf mögliche Ausschlussgründe und verdrängende Sonderregeln (z.B. im Rahmen der §§ 985 ff., vgl. § 993 Abs. 1 Hs. 2 am Ende).

### b) Unmittelbare Ansprüche vor abgeleiteten Ansprüchen

Gläubiger eines Anspruchs ist nicht unbedingt derjenige, zu dessen Gunsten der Anspruch einmal entstanden ist. Der Gläubiger eines vertraglichen Anspruchs muss also nicht zwingend der Vertragspartner sein, der Gläubiger eines Schadensersatzanspruches nicht zwingend der Geschädigte. 14

Vielmehr besteht nach § 398 grundsätzlich die Möglichkeit, durch das **Rechtsgeschäft der Abtretung** einen Anspruch (Forderung) auf eine andere Person zu übertragen, die dann die Gläubigerstellung einnimmt. Diese Person („Zessionar") hat dann diesen Anspruch aus „abgetretenem Recht" des früheren Gläubigers („Zedenten").

Die Übertragung kann auch kraft Gesetzes (sog. „cessio legis") eintreten, z.B. nach §§ 426 Abs. 2 S. 1, 774 Abs. 1 S. 1.

Außerdem kann es sein, dass eine Person **kraft Gesetzes** (z.B. nach § 1368 oder § 2039) oder **durch Rechtsgeschäft** (vgl. §§ 362 Abs. 2 , 185 Abs. 1) ermächtigt ist, im eigenen Namen fremde Ansprüche wie ein Gläubiger geltend zu machen. Mit Blick auf eine gerichtliche Auseinandersetzung spricht man dann von einer sog. „Prozessstandschaft". 15

12 Palandt-*Ellenberger* § 280 Rn. 9.

16 Schließlich kann es bei vertraglichen Ansprüchen sein, dass der Anspruchsteller eigene Primär- oder Sekundäransprüche aus **fremden Rechtsgeschäften** ableiten kann, nämlich beim **(echten) Vertrag zugunsten Dritter (vgl. § 328)** sowie beim **Vertrag mit Schutzwirkung zugunsten Dritter**.

In allen Fällen sollten Sie erst Ansprüche aus eigenem Recht und dann die aus abgeleitetem Recht prüfen. Letztere bedürfen stets einer umfangreicheren Begründung. Der Anspruch aus abgeleitetem Recht erfordert neben den Voraussetzungen der jeweiligen Anspruchsgrundlage zusätzlich noch die Voraussetzungen der Tatbestände, aus denen sich die abgeleitete Berechtigung des Anspruchstellers ergeben soll (Abtretung, Voraussetzungen eines gesetzlichen Forderungsübergangs, etc).

### c) Unmittelbare Haftung vor abgeleiteter Haftung

17 Der vorhergehende Gliederungsaspekt ist in ähnlicher Weise auch umgekehrt relevant, nämlich von der Schuldnerperspektive aus betrachtet: Eine Person kann aus einem Schuldverhältnis unmittelbar selbst verpflichtet sein oder aber erst mittelbar, und zwar durch Rechtsnachfolge (vgl. § 1967 oder § 20 UmwG), durch die Rechtsgeschäfte **Schuldübernahme und Schuldbeitritt** oder aufgrund einer gesetzlich angeordneten **akzessorischen Haftung,** z.B. § 128 HGB. Bei einer gesetzlich angeordneten akzessorischen Haftung verpflichtet der Gesetzgeber in besonderen Fällen einen Dritten, einem Gläubiger als weiterer Schuldner für die Erfüllung eines bestimmten Anspruches einzustehen. Die „akzessorische" Haftung des zusätzlichen Schuldners leitet sich hinsichtlich ihres Bestehens, Inhalts und Umfangs vom eigentlichen „Hauptanspruch" des Gläubigers ab.

In sämtlichen Fällen prüfen Sie im Rahmen einer Anspruchsgrundlagenebene erst die Ansprüche, die eine unmittelbare persönliche Haftung des Schuldners begründen, und dann diejenigen Tatbestände, die ausnahmsweise eine abgeleitete Haftung auslösen.

### d) Verschuldensunabhängigkeit vor Verschuldensabhängigkeit

18 Da es sich generell empfiehlt, die Prüfung derjenigen Ansprüche vorzuziehen, die weniger bzw. tatbestandlich leichter zu begründende Voraussetzungen erfordern, sollten Sie verschuldens**un**abhängige Ansprüche **vor** den verschuldensabhängigen Ansprüchen prüfen. Bei den verschuldensabhängigen Ansprüchen prüfen Sie zuerst die Ansprüche, bei denen das Vertretenmüssen vermutet wird (z.B. §§ 280, 831, § 18 Abs. 1 StVG).

**Beispiel 1** Bei Mangelhaftigkeit des Kaufgegenstandes können sich Ersatzansprüche des Käufers wegen Aufwendungen auf den mangelhaften Kaufgegenstand aus § 347 Abs. 2 und/oder aus §§ 437 Nr. 3, 284 ergeben.[13] Sie beginnen hier mit § 347 Abs. 2, da dieser Anspruch kein Verschulden des Verkäufers erfordert. Im Anschluss ist dann auf §§ 437 Nr. 3, 284 einzugehen, der an den Schadensersatzanspruch statt der Leistung anknüpft und deshalb (§ 280 Abs. 1 S. 2) auch von der fehlenden Entlastungsmöglichkeit des Verkäufers abhängt. ■

13 § 347 Abs. 2 und § 284 bestehen nach dem Grundsatz des § 325 selbstständig nebeneinander: Urteil des *BGH* vom 20. Juli 2005 (Az: VIII ZR 275/04) unter Ziff. II 1 = NJW 2005, 2848 = *BGHZ* 163, 381 ff.; Palandt-*Grüneberg* § 325 Rn. 2 und § 347 Rn. 4.

**Beispiel 2** Angenommen, es geht um deliktische Schadensersatzansprüche gegen den Fahrer eines Pkw aus einem Verkehrsunfall. Hier prüfen Sie erst den verschuldens**un**abhängigen Anspruch aus § 7 Abs. 1 StVG, dann den (verschuldensabhängigen) Anspruch aus § 18 StVG (Verschuldensvermutung durch Formulierung in § 18 Abs. 1 S. 2 StVG) und schließlich den (verschuldensabhängigen) Anspruch aus § 823 Abs. 1. ■

#### e) Tatbestandliche Logik

19 Innerhalb einer Anspruchsgrundlagenebene kann es nach der Fassung der jeweiligen Tatbestände eine logische Reihenfolge geben, die Sie dann für Ihre Gliederung übernehmen.

**Beispiele** Anspruch aus § 347 Abs. 2 S. 1 vor Anspruch aus § 347 Abs. 2 S. 2 („andere Aufwendungen" = andere Aufwendungen als die im Sinne von S. 1);

Anspruch aus § 536a Abs. 2 Nr. 1, 2 vor Anspruch aus § 539 Abs. 1 („..., die der Vermieter ihm nicht nach § 536a Abs. 2 zu ersetzen hat,...") i. V. m. §§ 683, 677, 670 bzw. §§ 684, 818 f.;[14]

Leistungskondiktion aus § 812 Abs. 1 S. 1 Var. 1 vor Nichtleistungskondiktion aus § 812 Abs. 1 S. 1 Var. 2 („in sonstiger Weise"). ■

## V. Darstellung aller Anspruchsgrundlagen im Gutachten?

20 Meistens können sich aus einem Sachverhalt mehrere Anspruchsgrundlagen ergeben, die inhaltlich auf dieselbe Rechtsfolge gerichtet sind.

**Beispiel** Mieter M beschädigt fahrlässig die Fensterscheibe in der von ihm gemieteten Wohnung seines Vermieters V. Hier bestehen Schadensersatzansprüche des V aus §§ 280 Abs. 1, 241 Abs. 2 einerseits und § 823 Abs. 1 andererseits. Schadensersatzansprüche aus §§ 989, 990 können hingegen nicht entstanden sein, da diese einen Herausgabeanspruch des V aus § 985 (sog. „Vindikationslage") zum Zeitpunkt der Beschädigung voraussetzen. Wegen der aus dem Mietvertrag folgenden Besitzberechtigung des M bestand aber gem. § 986 Abs. 1 S. 1 zum Zeitpunkt der Beschädigung kein Herausgabeanspruch aus § 985. ■

21 Ihr Gutachten ist grundsätzlich nur vollständig, wenn alle auf die geforderte Rechtsfolge gerichteten Ansprüche geprüft worden sind. Durch die Bejahung einer Anspruchsgrundlage ist „die Luft noch nicht raus".

Häufig stellen sich im Hinblick auf weitere Anspruchsgrundlagen schwierige Konkurrenzfragen, die Sie in der Klausur beantworten sollen, nämlich: Bestehen die Anspruchsgrundlagen nebeneinander im Sinne einer Anspruchskonkurrenz oder verdrängt die eine Anspruchsgrundlage die andere? Besteht eine Konkurrenz, stellt sich die nächste Frage: Ist die Konkurrenz selbstständig oder beeinflusst die eine Grundlage die andere?

Insbesondere in Anwaltsklausuren kommt folgender Aspekt hinzu: Ein bestimmter Anspruch kann für den Mandanten vorteilhafter sein als andere konkurrierende Ansprüche, etwa weil er einer anderen Verjährungsfrist unterliegt oder weil damit ein für den Mandanten günstigerer Gerichtsstand[15] begründet werden kann.

---

14 Zum Verhältnis von § 536a Abs. 2 zu § 539 und § 536a Abs. 1 beachten Sie das wichtige Urteil des *BGH* vom 16. Januar 2008 (Az: VIII ZR 222/06) = NJW 2008, 1216.

15 Vgl. dazu §§ 12 ff. ZPO.

22 Dabei verlangt niemand von Ihnen, dass Sie alle Ansprüche in der gleichen Ausführlichkeit darstellen. Es kommt auf die richtige Gewichtung an. Häufig äußern die Farteien im Sachverhalt Rechtsauffassungen oder betonen bestimmte Fakten (versteckte Hinweise des Klausurstellers), so dass Sie gehalten sind, sich mit diesen Punkten in jedem Fall ausführlich auseinanderzusetzen. Ist die Zeit knapp, können Sie die Erörterung konkurrierender und für das Ergebnis inhaltlich nicht mehr erheblicher Ansprüche auf ein eben noch verständliches Mindestmaß zurückführen, indem Sie die konkurrierenden Ansprüche mit kurzer, urteilsartiger Begründung des Ergebnisses erwähnen, z.B. bei § 823 Abs. 2 nach Bejahung des § 823 Abs. 1, bei § 1007 nach § 985 oder bei der Haftung des fahrzeugführenden Halters aus § 18 StVG nach § 7 Abs. 1 StVG.[16] Sie zeigen dem Korrektor damit zum einen, dass Ihnen diese Ansprüche geläufig sind, und zum anderen, dass Sie Ihre Darstellung auf das Wesentliche konzentrieren.

23 Wie bei jedem Grundsatz gibt es vom Gebot vollständiger Erörterung Ausnahmen:

Zum einen kann Ihnen nach dem Bearbeitervermerk die Prüfung bestimmter Ansprüche erlassen sein. Dann müssen Sie sich natürlich an die Vorgaben des Bearbeitervermerks halten. Zum anderen sind in der schriftlichen Ausarbeitung solche Ansprüche nicht mehr zu erwähnen, deren Voraussetzungen offensichtlich nicht vorliegen. Sätze wie:

*„Vertragliche Ansprüche bestehen nicht, weil im vorliegenden Fall gar kein Vertrag geschlossen wurde."*

gehören also nicht ins Gutachten.

## VI. Die Anspruchsprüfung

PRÜFUNGSSCHEMA

24 **Anspruchsprüfung**

**I. Anspruchsentstehung**
1. Rechtsfähigkeit von Gläubiger und Schuldner (wenn nicht nur natürliche Personen. Wahlweise Prüfung inzident im Rahmen der eigentlichen Anspruchsvoraussetzungen)
2. Anspruchsvoraussetzungen
3. Rechtshindernde Einwendungen

**II. Rechtsvernichtende Einwendungen**
z.B. Erfüllung (§ 362), Erfüllungssurrogate (§§ 364 Abs. 1, 372, 378, 389, 397) nachträgliche Leistungsbefreiung nach § 275, Rücktritt (arg. ex. § 346 Abs. 1)

**III. Durchsetzbarkeit**
1. Fälligkeit
2. Einreden

16 *Medicus/Petersen* Bürgerliches Recht Rn. 13; *Petersen* „Die Entstehung und Prüfung von Ansprüchen", JURA 2008, 180, 181 unter Ziff. I 1.

Kommen wir nun zu den Kategorien der einzelnen Anspruchsprüfung. Die Anspruchsprüfung 25
soll im Ergebnis die Frage nach der Durchsetzbarkeit eines bestimmten Anspruches beantworten.

Die Durchsetzbarkeit eines Anspruchs setzt voraus,
1. dass der Anspruch **entstanden** ist (vgl. § 199 Abs. 1 Nr. 1, Abs. 2 , Abs. 4),
2. dass der Anspruch jetzt immer noch besteht, also zwischenzeitlich **nicht erloschen** ist (z.B. gem. §§ 362 Abs. 1, 364 Abs. 1, 389, 397 Abs. 1) und
3. dass der **gerichtlichen Durchsetzbarkeit** des bestehenden Anspruchs sonst nichts im Wege steht.

Jede Anspruchsgrundlage ist vom Rechtsanwalt bzw. Richter – in der Klausur also von Ihnen – stets auf diese Art und Weise zu prüfen.

## 1. Anspruch entstanden?

Die Einstiegsfrage lautet: Ist der Anspruch (z.B. des A gegen den B) überhaupt entstanden? 26

Um diese Frage zu beantworten, sind gedanklich folgende Punkte zu prüfen:

### a) Rechtsfähigkeit der Beteiligten

Damit eine Partei gegen eine andere Partei einen Anspruch, d.h. das Recht haben kann, ein 27
bestimmtes Tun oder Unterlassen zu fordern (§ 194 Abs. 1), müssen diese Parteien rechtsfähig sein.

> Der Begriff der **Rechtsfähigkeit** meint die Fähigkeit, Träger eigener Rechte und Pflichten zu sein.[17]

Nur wer rechtsfähig ist, kann als Gläubiger einen Anspruch haben und nur wer rechtsfähig ist, kann als Schuldner zu einem Tun oder Unterlassen verpflichtet sein.

**JURIQ-Klausurtipp**

Bei Anspruchsbeziehungen zwischen Menschen („natürliche Personen") müssen Sie in der Klausur zur „Rechtsfähigkeit" keine Ausführungen machen. Sie ist selbstverständlich gegeben. Entgegen manchen Ausführungen in Übungsklausuren hat übrigens die Kaufmannseigenschaft eines Menschen nach §§ 1 ff. HGB mit seiner Rechtsfähigkeit nichts zu tun!

In allen anderen Fällen (juristische Personen, Personenverbände) können Sie das Thema „Rechtsfähigkeit" entweder in einem ersten Prüfungspunkt gesondert darstellen oder aber inzident im Rahmen der Voraussetzungen der als erstes konkret zu prüfenden Anspruchsgrundlage erörtern (z.B. beim Zustandekommen eines Vertrages bei der Prüfung eines vertraglichen Primäranspruchs). Haben Sie die Rechtsfähigkeit einmal festgestellt, müssen Sie darauf bei der Prüfung konkurrierender Ansprüche nicht noch einmal gesondert eingehen. Dieser Punkt darf also keinesfalls stur wiederholt werden – eine Wiederholung ist überflüssig.

17 *Medicus* Allgemeiner Teil des BGB Rn. 1039; Palandt-*Ellenberger* Überbl. v. § 1 Rn. 1.

Geht es in der Klausur um die Begutachtung der Erfolgsaussichten einer Klage, müssen Sie die Rechtsfähigkeit der Parteien bereits im Rahmen der Zulässigkeitsprüfung unter dem Gesichtspunkt der Parteifähigkeit (vgl. § 50 Abs. 1 ZPO) erörtern.

### aa) Personen

28 Der Begriff der „Person" ist der vom Gesetzgeber im BGB gewählte Oberbegriff,[18] dem die „natürlichen Personen"[19] (§§ 1 ff.) und „juristischen Personen"[20] (§§ 21 ff.) untergeordnet werden. Eine Legaldefinition des Personenbegriffes existiert nicht. Aus dem Zusammenhang zwischen den vom Gesetzgeber verwendeten Begriffen und den Regelungen der §§ 1 ff. folgt aber, dass der Gesetzgeber unter dem Begriff „Person" ein rechtsfähiges Subjekt versteht.[21]

29 Da unsere Rechtsordnung von Menschen für Menschen gemacht wird, sind Menschen selbstverständlich rechtsfähig. Dies wird von unserer Rechtsordnung vorausgesetzt. Die allgemeine Vorschrift des § 1 regelt (nur) den Beginn der Rechtsfähigkeit des Menschen, nämlich ab „Vollendung der Geburt". Vollständig geborene Menschen sind juristisch gesprochen also „natürliche Personen".

30 Daneben gibt es die „juristischen Personen". Hierbei handelt es sich um die Zusammenfassung von Personen („Mitglieder") und/oder Gegenständen zu einer Organisation, deren Rechtspersönlichkeit erst durch bestimmte, für jeden Typ besonders festgelegte **Rechtsakte** des öffentlichen Rechts oder Privatrechts erzeugt wird.[22] Aufgrund ihrer „juristisch erzeugten" Persönlichkeit ist die juristische Person **rechtsfähig.**

**Beispiele** Zu den juristischen Personen gehören insbesondere der eingetragene Verein (§ 21), die Stiftung (§ 80), Körperschaften, Stiftungen und Anstalten des öffentlichen Rechts (vgl. § 89), die GmbH (§ 13 Abs. 1 GmbHG), die Aktiengesellschaft (§ 1 Abs. 1 AktG), die Kommanditgesellschaft auf Aktien (§ 278 Abs. 1 AktG) und die eingetragene Genossenschaft (§ 17 Abs. 1 GenG). ■

### bb) Rechtsfähige Personenverbände

31 Neben den natürlichen und juristischen Personen kennt unsere Rechtsordnung (vgl. § 14 Abs. 2, § 11 Abs. 2 Nr. 1 InsO, § 7 Nr. 3 MarkenG) schließlich noch rechtsfähige Personengesellschaften. Es handelt sich dabei um Zusammenschlüsse, die selbst keine „juristische Personen" sind.[23] Personengesellschaften entstehen durch **Rechtsgeschäft, nämlich den Gesellschaftsvertrag** und werden unter bestimmten Voraussetzungen kraft Gesetzes (z.B. §§ 123, 124 HGB für die OHG) oder im Wege richterlicher Rechtsfortbildung (z.B. Außen-GbR[24]) weithin wie juristische Personen behandelt und sind **als Kollektiv** insoweit mit **eigener Rechtsfähigkeit** ausgestattet.

18 Vgl. Überschrift des 1. Abschnitts des 1. Buches des BGB.
19 Vgl. Überschrift des 1. Titels des 1. Abschnitts (§§ 1 ff.).
20 Vgl. Überschrift des 2. Titels des 1. Abschnitts (§§ 21 ff.).
21 Palandt-*Ellenberger* Überbl. v. § 1 Rn. 1.
22 Palandt-*Ellenberger* Einf. v. § 21 Rn. 1.
23 § 11 Abs. 2 Nr. 1 InsO spricht vom Vermögen einer Gesellschaft „ohne Rechtspersönlichkeit".
24 Grundsatzurteil des *BGH* vom 29. Januar 2001 (Az: II ZR 331/00) = *BGHZ* 146, 341 ff. = NJW 2001, 1056 ff.

**Beispiele** Rechtsfähige Personengesellschaften sind insbesondere (vgl. § 11 Abs. 2 Nr. 1 InsO): die offene Handelsgesellschaft (vgl. §§ 123, 124 HGB), die Kommanditgesellschaft (§§ 161 Abs. 2, 123, 124 HGB), die Partnerschaftsgesellschaft (§ 7 Abs. 2 PartGG i.V.m. § 124 HGB), die Vor-GmbH,[25] die Vor-AG[26] und die nach außen als Einheit am Rechtsverkehr teilnehmende BGB-Gesellschaft (§ 124 HGB analog[27]).
Hinzu kommen weitere rechtsfähige Personenverbände ohne eigene Rechtspersönlichkeit, nämlich die Wohnungseigentümergemeinschaft (§ 10 VI WEG) und der nicht eingetragene Verein (§ 54).[28] ■

**JURIQ-Klausurtipp**

Eine Vertiefung der (schwierigen) Frage nach der juristischen Eigenpersönlichkeit der Personenverbände hilft in der Fallbearbeitung an diesem Prüfungspunkt nicht weiter.[29] Entscheidend ist die Anerkennung der Rechtsfähigkeit für das **konkret zu prüfende Schuldverhältnis** durch den Gesetzgeber oder durch (richterliche) Rechtsfortbildung.

Die Rechtsfähigkeit einer juristischen Person oder eines (rechtsfähigen) Personenverbandes ist anhand der jeweiligen Norm zu begründen, die die Rechtsfähigkeit beschreibt (z.B. § 13 Abs. 1 GmbHG für die GmbH, §§ 123, 124 HGB für die OHG). Gibt der Sachverhalt dazu Anlass, ist in diesem Zusammenhang auch auf die wirksame Errichtung der juristischen Person bzw. des Personenverbandes einzugehen.

Zur Begründung der Rechtsfähigkeit der Außen-GbR sollten Sie auf § 11 Abs. 2 Nr. 1 InsO, § 191 Abs. 2 Nr. 1 UmwG verweisen und die Argumentation der h.M., insbesondere des BGH,[30] in ihren wesentlichen Grundzügen knapp darstellen. Wegen § 54 gilt dies für den nicht eingetragenen Verein entsprechend. Bei der „Vor-GmbH" bzw. „Vor-AG" müssen Sie die (richterrechtlichen) Grundsätze zur Rechtsfähigkeit dieser Gesellschaften präsentieren.

#### b) Die Anspruchsvoraussetzungen

Die Entstehung eines konkreten Anspruchs ist an besondere tatsächliche Voraussetzungen 32
gebunden, die sich aus der jeweiligen Anspruchsgrundlage ergeben. Es handelt sich um diejenigen Tatsachen, die die gewünschte Leistungspflicht nach Maßgabe der von Ihnen gerade geprüften Anspruchsgrundlage unmittelbar auslösen. Anspruchsgrundlagen können sich zum einen aus einem **Rechtsgeschäft** ergeben, das auf Begründung eines Anspruchs gerichtet ist. **§ 311 Abs. 1** verlangt dafür regelmäßig ein **Rechtsgeschäft in Form eines Vertrages** (z.B. Kaufvertrag, Mietvertrag, Werkvertrag).

---

25 Urteil des *BGH* vom 31. März 2008 (Az: II ZR 308/06) unter Ziff. II 1a.
26 Urteil des *BGH* vom 23. Oktober 2006 (Az: II ZR 162/05) unter Ziff. A I 1 = *BGHZ* 169, 270 ff. = NJW 2007, 589 ff.
27 Grundsatzurteil des *BGH* vom 29. Januar 2001 (Az: II ZR 331/00) = *BGHZ* 146, 341 ff. = NJW 2001, 1056 ff.
28 Urteil des *BGH* vom 2. Juli 2007 (Az: II ZR 111/05) unter Ziff. C II 2a bb (zur aktiven und passiven Parteifähigkeit gem. § 50 Abs. 1 ZPO und damit auch zur Rechtsfähigkeit) = NJW 2008, 69 ff.
29 Siehe dazu die „goldenen Worte" von *Karsten Schmidt* NJW 2001, 993 ff., insbesondere unter Ziff. II 3b bb („Die Rechtsfähigkeit der Personengesellschaft ist dictum genug.") und unter Ziff. IV 1.
30 Grundsatzurteil des *BGH* vom 29. Januar 2001 (Az: II ZR 331/00) = BGHZ 146, 341 ff. = NJW 2001, 1056 ff.

## JURIQ-Klausurtipp

Anspruchsvoraussetzung für einen vertraglichen Primäranspruch ist also eine vertragliche Vereinbarung, die auf Begründung des geprüften Anspruchs gerichtet ist. Die im Gesetz aufgeführten Normen zur Typisierung der verschiedenen Vertragsarten sind keine Anspruchsgrundlagen – es handelt sich ja eben gerade nicht um ein gesetzliches Schuldverhältnis. Dies kann nicht oft genug betont werden. Bei Primäransprüchen aus atypischen Verträgen (z.B. Lizenzvertrag oder Theateraufführungsvertrag) bringen seitenlange Ausführungen zur Bestimmung des Vertragstyps nichts: Es kommt allein auf die Verpflichtung aus der konkreten Vereinbarung an! Der Anspruch folgt „aus Vertrag" und nicht „aus § X".[31] Haben Sie einen Vertrag, der unproblematisch einem Vertragstyp des BGB entspricht, wäre es allerdings unklug, auf das entsprechende Normzitat zu verzichten und einen stichwortverliebten Korrektor damit zu irritieren. Deswegen empfiehlt sich regelmäßig folgende Formulierung (am Beispiel eines Kaufpreiszahlungsanspruches): Anspruch „aus Kaufvertrag gemäß § 433 Abs. 2".[32]

**33** Es gibt nach der Formulierung des § 311 Abs. 1 aber auch Ansprüche aus **anderen Rechtsgeschäften**, die keine Verträge sind, sondern **einseitige Rechtsgeschäfte**.

**Beispiele** Ansprüche aus Auslobung gem. § 657 oder Vermächtnis gem. §§ 1939, 2147, 2174. ■

**34** Ansprüche werden außerdem durch **Gesetz** oder **Gewohnheitsrecht** begründet.

**Beispiele** Gesetzliche Ansprüche aus §§ 122, 179, 280 ff., 546, 546a Abs. 1, 604, 681, 683, 684 S. 1, 812 ff., 823 ff., 861 f., 985 ff., 1004 Abs. 1, 2018 ff.;
Unterlassungsansprüche nach den Grundsätzen des nachbarlichen Gemeinschaftsverhältnisses als gewohnheitsrechtliche Ausprägung von § 242. ■

**35** Jede dieser möglichen Anspruchsgrundlagen hat ihre eigenen Voraussetzungen, die Sie Schritt für Schritt durchgehen.

Bei der Prüfung der jeweils einschlägigen Anspruchsvoraussetzungen können Sie auf Tatbestandsmerkmale stoßen, die mittels sog. „Hilfsnormen" ausgefüllt werden müssen.

**Hilfsnormen** sollen uns bei der Anwendung von Tatbeständen helfen, indem sie Tatbestandsmerkmale definieren oder beschreiben.[33]

**Beispiel** Der Tatbestand des Anspruchs aus § 288 Abs. 1 S. 1 lautet: „Eine Geldschuld ist während des Verzugs zu verzinsen." Zum Tatbestand des gesetzlichen Zinsanspruchs aus § 288 Abs. 1 S. 1 gehört also auch das Merkmal des Verzugs. Wann Verzug eintritt, ergibt sich aus der Hilfsnorm des § 286.

Außerdem hat uns § 288 Abs. 1 S. 1 noch keine Auskunft darüber gegeben, wie hoch der Verzugszinssatz denn eigentlich ist. Hier hilft § 288 Abs. 1 S. 2: „Der Verzugszinssatz beträgt für das Jahr fünf Prozentpunkte über dem Basiszinssatz." Es stellt sich eine weitere Frage: Was ist der „Basiszinssatz"? Hier hilft wiederum § 247. ■

31 *Faust* BGB AT § 1 Rn. 4; *Leenen* BGB AT § 4 Rn. 27 m.w.N.
32 So auch *Petersen* JURA 2008, 180, 182 unter Ziff. II 1b.
33 *Medicus* Grundwissen zum Bürgerlichen Recht Rn. 16.

### c) Rechtshindernde Einwendungen

Wenn Sie nun alle Prüfungspunkte abgearbeitet haben, liegen die Voraussetzungen der jeweiligen Anspruchsgrundlage im Ergebnis entweder vor oder nicht. Liegen die Voraussetzungen vor, ist der Anspruch möglicherweise dennoch nicht entstanden. Es gibt nämlich Tatbestände, die die Entstehung des Anspruchs ausnahmsweise verhindern können. Man nennt diese Tatbestände „rechtshindernde Einwendungen" (des Schuldners/Beklagten).[34] Um sich diesen Begriff besser merken zu können, müssen Sie sich Folgendes vor Augen führen: 36

Der Zivilrichter ermittelt im Prozess die relevanten Tatsachen nicht von Amts wegen. Vielmehr müssen die Prozessparteien dem Richter den Sachverhalt „liefern". Für bestimmte Tatsachen ist der Kläger verantwortlich, für andere der Beklagte. Man nennt dies die Verteilung der **Darlegungs- und Beweislast.**

Im Grundsatz gilt: Jede Partei muss diejenigen Tatsachen darlegen und im Streitfalle beweisen, die ihr günstig sind. Gelingt einer Partei der Beweis nicht, wird die ihr günstige Tatsache bei der Bewertung nicht berücksichtigt.

Die Anspruchsvoraussetzungen muss folglich der Kläger darlegen und ggfs. beweisen. Bei den rechtshindernden Tatsachen handelt es sich dagegen um Ausnahmen von der regelmäßigen Entstehung des Anspruchs. Also muss diese im Prozess welche Partei darlegen und beweisen? Richtig, der Beklagte – denn ihm sind diese anspruchsverhindernden Tatsachen günstig. Er wendet die rechtshindernden Tatsachen im Prozess gegen den anspruchsbegründenden Klägervortrag ein, indem er sie seinerseits dem Richter vorträgt.

**Beispiele** Einwand fehlender Vertretungsmacht eines Vertreters bei Vertragsschluss (§ 177 Abs. 1), Einwand der Formnichtigkeit (§ 125 S. 1), Einwand der Sittenwidrigkeit (§ 138), Einwand anfänglicher Unmöglichkeit (§ 275 Abs. 1), Einwand der Kenntnis vom fehlenden Rechtsgrund zur Leistung nach § 814, Einwand bestehender Besitzberechtigung nach § 986, Einwand bestehender Duldungspflicht nach § 1004 Abs. 2, Einwand einer vereinbarten Haftungsbeschränkung. ■

**JURIQ-Klausurtipp**

In der Klausur müssen Sie nicht zwingend erst alle Anspruchsvoraussetzungen prüfen, um überhaupt ein Wort zu rechtshindernden Einwendungen verlieren zu können. Sie können rechtshindernde Einwendungen auch vorziehen, um überflüssige Ausführungen zu vermeiden oder weil es aus Gründen der Verständlichkeit und der Systematik geboten ist.

Prüfen Sie beispielsweise einen Anspruch auf Schadensersatz neben der Leistung wegen Leistungsverzögerung im Rahmen eines Grundstückskaufvertrages aus §§ 280 Abs. 1, Abs. 2, 286, gehört die Frage nach der Form(nichtigkeit) des Kaufvertrages nach § 125 S. 1 i.V.m. § 311b Abs. 1 S. 1 bereits zum ersten Prüfungspunkt „Schuldverhältnis". Der Abschluss des Kaufvertrages begründet grundsätzlich ein Schuldverhältnis als erste Voraussetzung des § 280 Abs. 1. Der begründete Einwand einer Formnichtigkeit macht den Kaufvertrag aber unwirksam und verhindert so die Entstehung des geprüften Schadensersatzanspruches. Die weiteren Anspruchsvoraussetzungen müssten dann nicht mehr geprüft werden.

34 *Medicus* Allgemeiner Teil des BGB Rn. 94; *Medicus/Petersen* Bürgerliches Recht Rn. 732, 734.

### 2. Anspruch erloschen?

37 Als Zwischenergebnis Ihrer bisherigen Prüfung ist der Anspruch nun entweder entstanden oder nicht. Wenn er entstanden ist, stellt sich die weitere Frage, ob der Anspruch jetzt **noch besteht.** Er könnte ja in der Zwischenzeit wieder erloschen sein. Schuld daran wären entweder **Rechtsgeschäfte** (z.B. Aufrechnung gem. § 389, Erlassvertrag gem. § 397) oder **gesetzliche Einwendungstatbestände,** die sinngemäß die Rechtsfolge anordnen: Dieser Anspruch besteht jetzt nicht mehr – drastisch gesprochen: Der Anspruch wird „vernichtet".

Welche Partei muss im Prozess solche rechtsvernichtenden Tatsachen darlegen und beweisen? Natürlich der beklagte Schuldner, denn ihm sind diese Tatsachen günstig. Man nennt sie deshalb rechtsvernichtende Einwendungen (des Schuldners/Beklagten).[35]

38 Solche rechtsvernichtenden Tatbestände erkennen Sie zum einen an folgenden Formulierungen:

*„Das Schuldverhältnis erlischt, wenn ...", vgl. z.B. §§ 362 Abs. 1, 364 Abs. 1, 389, 397;*
*„... der Schuldner wird befreit ...", vgl. z.B. § 378.*

Andere rechtsvernichtende Wirknormen sind nach ihrem Wortlaut nicht so eindeutig zu erkennen. Die rechtsvernichtende Wirkung bestimmter Umstände zeigt sich häufig erst indirekt. Wir werden in dieser Skriptenreihe im jeweiligen Sachzusammenhang darauf zurückkommen.

**Beispiel** Ein wirksam ausgeübter Rücktritt vernichtet die bisherigen vertraglichen Primäransprüche. Wenn ein Verkäufer beispielsweise von einem Kaufvertrag zurücktritt, kann er den Kaufpreis nicht mehr gem. § 433 Abs. 2 verlangen. Diese Folge ergibt sich indirekt aus § 346 Abs. 1: Wenn der Kaufpreis bereits gezahlt worden wäre, müsste er wieder zurückerstattet werden (§ 346 Abs. 1). Daraus folgt für den Fall, dass der Preis noch nicht gezahlt wurde, erst recht: Der Verkäufer kann die Zahlung des Kaufpreises nach einem wirksamen Rücktritt nicht mehr verlangen. Der Gesetzgeber hielt dies für so selbstverständlich, dass er uns in der Begründung seiner Regelungen zur Schuldrechtsreform mitgeteilt hat, diese Wirkung müsse man nicht eigens in § 346 Abs. 1 aussprechen.[36] ■

### 3. Anspruch durchsetzbar?

39 Wenn Sie nun festgestellt haben, dass der einmal entstandene Anspruch immer noch besteht, ist bald alles geschafft. Der Anspruchssteller ist fast am Ziel, aber eben nur fast. Sein Anspruch nützt ihm nichts, wenn dieser sich nicht **gerichtlich durchsetzen** lässt.

#### a) Fälligkeit

40 Der Richter darf den Beklagten grundsätzlich nur zu fälligen Leistungen verurteilen. Die Zivilprozessordnung (ZPO) erlaubt Ausnahmen nur in engen Grenzen (vgl. §§ 257–259 ZPO). Der Anspruch ist grundsätzlich also erst dann gerichtlich durchsetzbar, wenn er auch fällig ist.

35 *Medicus* Allgemeiner Teil des BGB Rn. 94.

36 BT-Drs. 14/6040, 194 li. Sp: „Der Rücktritt hat zugleich die Wirkung, dass die durch den Vertrag begründeten primären Leistungspflichten, soweit sie nicht erfüllt sind, erlöschen. Es erscheint allerdings in Übereinstimmung mit dem geltenden Recht nicht erforderlich, diese Befreiungswirkung im Gesetzeswortlaut ausdrücklich auszusprechen."

Der Begriff der **Fälligkeit** meint allgemein den Zeitpunkt, ab dem der Gläubiger (im Prozess: der Kläger) die aufgrund seines Anspruchs geschuldete Leistung verlangen kann.[37]

Im Zweifel kann der Gläubiger die Leistung sofort verlangen (§ 271 Abs. 1). Abweichende Fälligkeitstermine können vertraglich vereinbart, also durch **Rechtsgeschäft** geschaffen werden:

*„Zahlung in 14 Tagen", „Zahlung nach Rechnungserhalt".*

Fälligkeitstermine können sich auch **aus dem Gesetz** ergeben:

§§ 556b Abs. 1, 579, 587, 604, 614, 641, 1361 Abs. 4, 1585 Abs. 1, 1612 Abs. 3.

Schließlich können sich solche Ausnahmen mangels vertraglicher oder gesetzlicher Regeln auch **aus „den Umständen"** entnehmen lassen (vgl. § 271 Abs. 1):

**Beispiel** Der Vermieter von Wohnräumen muss eine Kaution des Mieters im Zweifel noch nicht bei Beendigung des Mietverhältnisses zurückzahlen, sondern erst dann, wenn feststeht, ob ihm noch Ansprüche gegen den Mieter zustehen. Zur Feststellung seiner Ansprüche stehen dem Vermieter regelmäßig 3–6 Monate zur Verfügung.[38] ■

### b) Einreden

Der Richter bzw. Rechtsanwalt – in der Klausur sind Sie das – hat bis hierher die Frage 41
beantwortet, ob dem Gläubiger (im Prozess: Kläger) ein fälliger Anspruch zusteht und der Schuldner (im Prozess: Beklagter) – leider – leisten muss, d.h. etwas zahlen, unterlassen, herausgeben muss oder was sonst auch immer Inhalt des Anspruchs sein mag.

Das Gesetz gibt dem Schuldner aber noch eine „Notbremse" an die Hand, die nur er betätigen darf: ein **Leistungsverweigerungsrecht**. Der Gesetzgeber begründet über entsprechende Tatbestände solche Leistungsverweigerungsrechte. Dem Schuldner steht es frei, sich auf dieses Recht zu berufen. Der Richter kann ihm diese Entscheidung nicht abnehmen. Man nennt diese Leistungsverweigerungsrechte auch **Einreden**.[39]

**Hinweis**

Bei den „Einreden" muss der Schuldner „reden", er muss sich **auf diese Einrederechte berufen**. Hat der Schuldner nicht „geredet", hat er von seinem Leistungsverweigerungsrecht also keinen Gebrauch gemacht, bleibt dem Richter nichts anderes übrig, als ihn zur Leistung zu verurteilen.

Hat der Schuldner nach dem Ihnen vorliegenden Sachverhalt die Einrede nicht erhoben, prüfen Sie den Einredetatbestand trotzdem durch und weisen ggfs. darauf hin, dass die Einrede noch geltend gemacht werden könnte.[40] Dies kann nämlich auch noch im späteren Prozess geschehen.

---

37 Palandt-*Ellenberger* § 271 Rn. 1.

38 Palandt-*Weidenkaff* Einf. v. § 535 Rn. 126.

39 *Medicus* Allgemeiner Teil des BGB Rn. 92 ff., *Medicus/Petersen* Bürgerliches Recht Rn. 732 f.

40 *Petersen* „Einwendungen und Einreden", JURA 2008, 422 unter Ziff. I.

» Überlegen Sie einmal selbst, wer die Darlegungs- und Beweislast für die wirksame Erhebung einer Einrede trägt: Kläger oder Beklagter? «

Die Darlegungs- und Beweislast für Einredetatbestände **und** für die Tatsache, dass der Schuldner sie erhoben hat (!) trägt – wer?

Je nach **Wirkungsweise** der Einreden unterscheiden wir zwischen zwei Einredearten.

#### aa) Peremptorische Einreden

42 Einredetatbestände können dem Schuldner ein **dauerhaftes** Leistungsverweigerungsrecht geben (sog. „peremptorische Einreden", vgl. auch § 813 Abs. 1 S. 1).[41] Macht der Schuldner von einer solchen Einrede Gebrauch, geht für den Gläubiger nichts mehr. Er hat zwar einen Anspruch, kann ihn aber nicht mehr durchsetzen. Der Anspruch besteht rechtlich zwar noch, ist faktisch aber verloren.[42] Sie erkennen diese Einredetatbestände an der Formulierung

*„... kann/ist berechtigt zu verweigern ..."*

**Beispiele** Verjährung (Einredetatbestand: § 214[43]), Einrede der ungerechtfertigten Bereicherung (Einredetatbestand: § 821), Arglisteinrede (Einredetatbestand: § 853), Einrede der beschränkten Minderjährigen- bzw. Erbenhaftung (Einredetatbestände: §§ 1629a, 1973, 1975, 1990), Anfechtbarkeitseinrede (Einredetatbestand: § 2083). ■

#### bb) Dilatorische Einreden

43 Andere Einredetatbestände geben dem Schuldner nur ein **vorübergehendes** Leistungsverweigerungsrecht (sog. „dilatorische Einreden").[44] In den entsprechenden gesetzlichen Einredetatbeständen wird diese Einschränkung an bestimmte Voraussetzungen geknüpft. Die Formulierungen lauten dann:

*„... kann/ist berechtigt zu verweigern, **bis/solange** ..."*

**Beispiele** Zurückbehaltungsrechte aus §§ 273, 320, 348, Einreden des Bürgen aus §§ 770, 771. ■

**Hinweis**

Bei den Zurückbehaltungsrechten sieht das Gesetz einen besonderen prozessualen Ausgang vor. Der Richter darf die Klage bei Geltendmachung des Zurückbehaltungsrechts nicht abweisen, sondern muss den beklagten Schuldner gleichwohl verurteilen – aber nicht uneingeschränkt. Die Verurteilung erfolgt nur zu einer **Leistung Zug-um-Zug** gegen Erbringung der Gegenleistung durch den klagenden Gläubiger (vgl. §§ 274 Abs. 1, 322 Abs. 1). Im Ergebnis also nur ein halber Triumph für den Kläger.

Mit der Prüfung der Durchsetzbarkeit haben Sie die Begutachtung des jeweiligen Anspruchs abgeschlossen und stellen Ihr Endergebnis abschließend dar.

41 *Medicus* Allgemeiner Teil des BGB Rn. 93; *Medicus/Petersen* Bürgerliches Recht Rn. 733.
42 Allerdings kann ein verjährter Anspruch noch unter den Voraussetzungen des § 215 für eine Aufrechnung oder die Geltendmachung eines Zurückbehaltungsrechts verwendet werden.
43 Beachten Sie hier den Kondiktionsausschluss nach §§ 813 Abs. 1 S. 2, 214 Abs. 2 S. 1 und die wichtige Bestimmung des § 215.
44 *Medicus*, Allgemeiner Teil des BGB Rn. 93; *Medicus/Petersen*, Bürgerliches Recht Rn. 733.

## C. Wie schreibe ich es auf?

Ihre Klausuren müssen – wie Urteile und anwaltliche Gutachten auch! – nicht nur inhaltlich, 44
sondern auch stilistisch überzeugen. Um den richtigen Stil zu finden, hilft wirklich nur eines: üben, üben, üben! Das ist so und einfach nicht zu ändern.

Am Anfang mag das nerven – zugegeben. Das liegt aber meistens an einer falsch verstandenen Auffassung vom sog. „Gutachtenstil". Dieser ist keinesfalls stur bei jedem Tatbestandsmerkmal durchzuhalten. Ansonsten kann dies zu seitenweisen Ausführungen führen, die erkenntnisarm und an Ödnis nicht zu überbieten sind:

**Beispiel** „Dem A könnte ein Anspruch gegen B auf Schadensersatz aus § 823 Abs. 1 zustehen. Dann müsste der B vorsätzlich oder fahrlässig das Leben, den Körper, die Gesundheit, die Freiheit, das Eigentum oder ein sonstiges Recht des A durch ein zurechenbares Verhalten widerrechtlich verletzt haben.

Im vorliegenden Fall wurde der Kotflügel des Autos infolge eines Fußtritts von B eingedrückt.

Als Rechtsgutsverletzung kommt deshalb die Verletzung des Eigentums von A in Betracht. Eine Eigentumsverletzung liegt vor, wenn auf eine im fremden Eigentum stehende Sache derart eingewirkt wird, dass sie in ihrer Substanz beeinträchtigt, ihr Besitz entzogen oder ihr bestimmungsgemäßer Gebrauch nicht nur kurzfristig vereitelt wird.

Das Auto müsste zunächst eine Sache sein. Sachen sind nach § 90 im Unterschied zu Rechten körperliche Gegenstände. Körperlich ist ein Gegenstand dann, wenn er im Raum abgrenzbar ist, entweder durch eigene körperliche Begrenzung, durch Fassung in einem Behältnis oder durch sonstige künstliche Mittel wie zum Beispiel Grenzsteine. Ein Auto ist ein durch seine Karosserie im Raum abgegrenzter Gegenstand. Es könnte im Übrigen auch in ein großes Behältnis (z.B. Container) gefasst werden. Ein Auto stellt deshalb eine Sache i.S.d. § 90 dar.

Durch Eindrücken des Kotflügels infolge des Fußtritts des B könnte die Substanz des Autos beeinträchtigt worden sein. Eine Substanzbeeinträchtigung liegt dann vor, wenn (...)" ■

» **Hier ist doch einiges überflüssig – oder? Zur besseren Variante kommen wir unter** **Rn. 52.** «

Die richtige Gewichtung ist für einen guten Stil unerlässlich. Sie werden feststellen, dass die 45
Anfertigung juristischer Gutachten Spaß machen kann. Sie müssen sich immer fragen: Wie argumentiere ich geschickt, wo lege ich meine Schwerpunkte, was stelle ich kurz und knapp dar und was kann ich ganz weglassen?

Folgende **Grundregeln** sollten Sie dabei unbedingt beherzigen:

### I. Gesetz ernst nehmen

Halten Sie sich bei der Begutachtung zunächst streng an das Gesetz, und zwar an jedes ein- 46
zelne Wort. Schließlich ist der Richter nach Art. 20 Abs. 3 GG an „Gesetz und Recht" gebunden. Die meisten Fehler entstehen durch Übersehen einzelner Tatbestandsmerkmale. Sie müssen das Gesetz immer wieder durchlesen, auch wenn es sicher spannendere Lektüre gibt. Es hilft nichts. Die spezielle Norm genießt im Ausgangspunkt den Vorrang vor allgemeinen Gerechtigkeitserwägungen. Das Normargument kann selbstverständlich keine Exklusivität für sich in Anspruch nehmen, da Generalklauseln (z.B. §§ 138, 242) und methodische

Instrumente existieren, um Ergebnisse des positiven Rechts mit einzelfallbezogenen Gerechtigkeitserwägungen korrigieren zu können (siehe dazu IX.: „Nagelprobe", Rn. 54). Einer solchen Korrektur sind jedoch Grenzen gesetzt, da stets die Gewaltenteilung zu beachten ist. Sie dürfen das Gesetz also nicht voreilig allgemeinen Gerechtigkeitserwägungen opfern. Der BGH hat dies im Einklang mit der Rechtsprechung des BVerfG so formuliert – es ging um den Anspruch des Verkäufers auf Nutzungsentschädigung aus § 346 Abs. 1 Hs. 2 Var. 2, Abs. 2 Nr. 1 i.V.m. § 439 Abs. 4:[45]

*„Eine einschränkende Auslegung des § 439 Abs. 4 dahin, dass die Verweisung auf die Rücktrittsvorschriften nicht auch einen Anspruch des Verkäufers auf Nutzungsvergütung begründet, widerspräche somit dem Wortlaut und dem eindeutig erklärten Willen des Gesetzgebers. Eine solche Auslegung ist unter Berücksichtigung der Bindung der Rechtsprechung an Recht und Gesetz (Art. 20 Abs. 3 GG) nicht zulässig (BVerfGE 71, 81, 105; 95, 64, 93). Die Möglichkeit der Auslegung endet dort, wo sie mit dem Wortlaut und dem klar erkennbaren Willen des Gesetzgebers in Widerspruch treten würde (BVerfGE 18, 97, 111; 98, 17, 45; 101, 312, 319)."*

## II. System abbilden

47 Durch Ihre Sprache sollten Sie immer das System der Anspruchsgrundlagen, Einwendungen und Einreden abbilden.

Rechtshindernde und rechtsvernichtende Einwendungstatbestände sowie Einreden führen Sie am besten immer mit der jeweiligen Rechtsfolgenformulierung des Gesetzes in das Gutachten ein. Jedes neue Thema im Gutachten wird also mit der Rechtsfolge des einschlägigen Einwendungs- oder Einredetatbestandes vorgestellt. Das macht in zweierlei Weise Sinn: Der Leser weiß sofort, warum Sie das Thema jetzt ansprechen. Er erkennt auf Anhieb die Bedeutung dieses Prüfungspunktes. Außerdem bekommt Ihr Gutachten durch eine Übernahme der Gesetzessprache die gewünschte Gesetzestreue (Regel I) und Präzision (Regel III).

**Formulierungsbeispiel** „(...) Ein Vertrag wurde somit zwischen A und B geschlossen. Möglicherweise ist der Vertrag aber *wegen Verstoßes gegen die guten Sitten nach § 138 Abs. 1 nichtig*. Dafür spricht hier, dass (...) Dem steht allerdings entgegen, dass (...) Eine Nichtigkeit des Vertrages nach § 138 Abs. 1 scheidet damit im Ergebnis aus. Sonstige rechtshindernde Einwendungen sind nicht ersichtlich. Der Anspruch ist damit entstanden.

Der Anspruch könnte aber durch Aufrechnung des B *nach § 389 erloschen sein*. Dies erfordert zunächst, dass ..." oder

„Der Anspruch könnte aber *gem. § 326 Abs. 1 S. 1 Hs. 1 wegen Leistungsbefreiung des A wieder entfallen sein*. Dies setzt voraus, dass ..." ■

Wenn Sie die Tatbestandsvoraussetzungen einer Anspruchsgrundlage oder eines Einwendungstatbestandes prüfen, wird der Obersatz eingeleitet mit Formulierungen wie zum Beispiel

*„Dies setzt voraus, dass ..."*

*„Erforderlich ist dafür, dass ..."*

*„Das ist nur dann der Fall, wenn ..."*

45 Vorlagebeschluss zum EuGH vom 16. August 2006 (Az: VIII ZR 200/05) = NJW 2006, 3200. Der Gesetzgeber hat das Thema für den Verbrauchsgüterkauf inzwischen durch § 474 Abs. 2 S. 1 n.F. erledigt. Wir werden den Fall im Kaufrecht näher behandeln.

Besteht ein Tatbestand aus verschiedenen Merkmalen, von denen einige sorgfältiger geprüft werden müssen, empfiehlt es sich, je einen Obersatz für die einzelnen erörterungsbedürftigen Teilmerkmale zu bilden. Sie müssen dann bei jedem Obersatz deutlich machen, dass es sich nur um ein **Teil**merkmal handelt.

**Formulierungsbeispiele**

„Dies setzt *zunächst* voraus, dass … (Prüfung und Zwischenergebnis)

Der Tatbestand erfordert *weiter*, dass … (Prüfung und Zwischenergebnis)

*Schließlich* muss auch noch … (Prüfung und Ergebnis)" ■

## III. Präzision im Ausdruck/Exakte Zitierweise

Eine klare Strukturierung und eine präzise Sprache sind die wichtigsten Werkzeuge des Juristen. **48**

Bleiben Sie im Satzbau und in der Sprache so einfach, klar und genau wie möglich. Ihre Formulierungen dürfen nicht mehrdeutig sein und müssen Ihren Gedanken genau abbilden. Überlegen Sie immer genau, was Sie mit dem nächsten Satz eigentlich sagen wollen und ob Ihnen das dann auch gelungen ist.

Normen sind ganz exakt zu zitieren, und zwar mit Absatz, Satz, Halbsatz, Variante, Nummer, Buchstabe, etc.

**Beispiel** Das in Klausuren häufig anzutreffende Zitat: „Anspruch aus § 812" genügt dieser Regel nicht. Zum einen besteht § 812 aus zwei Absätzen. Zum anderen fasst der erste Absatz in zwei Sätzen ganz verschiedene Anspruchsgrundlagen sprachlich zusammen. Im Falle der „condictio indebiti" muss es also heißen: „§ 812 Abs. 1 S. 1 Var. 1". ■

## IV. Übersichtliche Struktur

Gliedern Sie Ihr Gutachten nach den einzelnen Personenbeziehungen, den Anspruchszielen, den Anspruchsgrundlagen und den einzelnen Prüfungsschritten in der Anspruchsprüfung. Tun Sie alles, damit der Korrektor sich in Ihrem Text gut zurecht findet. Sie stimmen ihn dadurch freundlich, und das spielt bei der Bewertung – ob bewusst oder unbewusst – natürlich eine Rolle. **49**

## V. Obersatz und Ergebnis

Jeder juristische Prüfungsschritt in einem Gutachten beginnt mit einem Obersatz (These). Dann folgt die Überprüfung anhand des Sachverhalts und am Ende das Ergebnis. Obersatz und Ergebnis müssen sich entsprechen. Kein Ergebnis ohne Obersatz und kein neuer Obersatz ohne Ergebnis zum vorherigen Obersatz! **50**

## VI. Keine logischen Widersprüche

Widersprüchliche Aussagen sind verboten. Meistens liegt der Grund für logische Widersprüche in einem Gutachten daran, dass nicht mehr begründbare Wunschergebnisse doch noch irgendwie erreicht werden sollen. Ein als „wahrscheinlich richtig" empfundenes Ergebnis soll auf Biegen und Brechen erreicht werden, ohne Rücksicht auf logische Verluste. Mit Widersprüchen in den eigenen Ausführungen kann man niemanden überzeugen, schon gar nicht **51** den Korrektor. Logische Widersprüche in der eigenen Argumentation oder Widersprüche zu Normtexten werden – zu Recht – sehr streng mit Punktabzügen bewertet. Zu Recht deshalb, weil es sich um leicht vermeidbare Fehler handelt, die nichts mit den eigentlichen juristischen Problemen zu tun haben.

## VII. Richtig wichtig

52 Sorgen Sie für die richtige Gewichtung Ihrer Ausarbeitung. Anspruchsgrundlagen, deren Rechtsfolge das Begehren des Anspruchstellers offensichtlich nicht abdecken, dürfen im Gutachten nicht erwähnt werden. Das wäre überflüssig.

Entsprechendes gilt für Anspruchsgrundlagen, Einwendungen und Einreden, deren Tatbestand der Sachverhalt offensichtlich nicht erfüllt.

Bei konkurrierenden Ansprüchen ohne Auswirkungen auf das Ergebnis können Sie sich kurz fassen.

Außerdem dürfen Sie sich bei einzelnen Tatbestandsmerkmalen, die nach dem Sachverhalt ganz unproblematisch erfüllt sind, mit einer knappen Feststellung begnügen. Zum Problempunkt leiten Sie dann durch eine Formulierung wie etwa: „Fraglich ist allein/aber/hingegen …" über.

**Beispiel** In Anlehnung an das **Formulierungsbeispiel** in Rn. 44: „Dem A könnte gegen den B ein Anspruch aus § 823 Abs. 1 auf Schadensersatz wegen Eigentumsverletzung zustehen.

Eine Eigentumsverletzung in Form einer Substanzbeeinträchtigung liegt vor, da der Kotflügel des Autos durch den Fußtritt des B eingedrückt wurde. Fraglich ist aber, ob der Wagen zu diesem Zeitpunkt überhaupt im Eigentum des A stand. Laut Sachverhalt stand der Wagen ursprünglich im Eigentum des E. Zu prüfen ist deshalb, ob A vor der Beschädigung das Eigentum am Wagen erworben hat. In Betracht kommt ein Erwerb gem. § 929 S. 1 durch Rechtsgeschäft mit C …" ■

## VIII. Keine „Wissensleier"

53 Wenn Sie Punkte als problematisch erkannt haben, müssen Sie diese diskutieren und entscheiden. Ihre Entscheidung müssen Sie dann begründen. Als Begründung reicht selten ein einziger Satz, da Sie Pro und Contra abwägen sollen. Es genügt in der Regel auch kein Hinweis auf „die h.M." oder „den BGH". Entwickeln Sie die Argumente möglichst mit eigenen Worten (kein stures „Herunterleiern" auswendig gelernten Wissens!). Wenn Sie dazu imstande sind, zeigen Sie, dass Sie das Thema auch wirklich verstanden haben!

Aber: Bitte verwenden Sie keine persönlichen Wendungen wie „meines Erachtens" oder „nach meiner Ansicht". Dergleichen ist in juristischen Gutachten verpönt, da Sie die Rechtslage nicht aus Ihrer persönlichen Sicht der Dinge, sondern mit dem Blick von Rechtsprechung und Lehre begutachten sollen. Sie müssen sich mit Ihrer Meinung daher hinter (scheinbar) objektiven Formulierungen wie

*„Diese Sichtweise verdient den Vorzug, weil …";*

*„Eine solche Betrachtung ist aber abzulehnen, weil …"*

zurückziehen.

## IX. „Nagelprobe"

Sie müssen von Ihrem Ergebnis überzeugt sein. 54

Ein erstes Gefühl (Judiz) wird sich bei Ihnen nach der Erfassung des Sachverhalts eingestellt haben: Das kann der A vom B verlangen, jenes sicher nicht.

Nun lösen Sie sich von diesem Gefühl (soweit es eben geht) und prüfen „emotionslos" jeden Punkt durch. Dann kommt die Nagelprobe: Stimmt das Endergebnis mit Ihrem ersten Gefühl überein?

Wenn ja, ist die Wahrscheinlichkeit hoch, dass Ihre Prüfung im Einklang mit den wesentlichen Normen steht. Widerspricht Ihr Ergebnis jedoch Ihrem ersten Gefühl (Motto: „Das kann ja wohl nicht richtig sein!"), gibt es mehrere Möglichkeiten:

Ihre Prüfung könnte Sie zu Gesichtspunkten geführt haben, die Sie bei näherer Betrachtung doch von dem abweichenden Ergebnis überzeugen. Sie hatten bei Ihrer ersten Einschätzung einfach verschiedene Aspekte nicht bedacht und haben sich nun eines Besseren belehren lassen.

Wenn dies nicht der Fall ist, müssen Sie noch einmal jeden Punkt durchgehen. Möglicherweise haben Sie Anspruchsgrundlagen, Einwendungen oder Einreden übersehen und noch gar nicht geprüft.

Werden Sie auch insoweit nicht fündig, überlegen Sie doch einmal, ob es vertretbare methodische Möglichkeiten für eine Ergebniskorrektur gibt. Häufig sind gerade durch diese Erwägungen viele Punkte zu holen.

Sie könnten das Ergebnis vielleicht mittels einer **analogen Anwendung** einer anderen Norm ändern. Dazu müsste eine planwidrige Regelungslücke bestehen und der Gesetzgeber die andere Norm bei plangemäßer Regelung auch für diesen Fall entsprechend aufgestellt haben.[46]

Umgekehrt besteht die Möglichkeit, dass der Wortlaut einer von Ihnen angewendeten Norm zu weit geht und Sie den Anwendungsbereich der Norm nachträglich reduzieren wollen. Sie möchten die Norm also doch nicht auf Ihren Fall anwenden. Die Reduktion müsste dann nach Sinn und Zweck der Norm geboten sein. Man nennt diesen Vorgang auch **„teleologische Reduktion"**.[47]

Schließlich bleibt in besonderen Fällen die Möglichkeit einer Korrektur nach **Treu und Glauben** (§ 242), zum Beispiel wegen unzulässiger Rechtsausübung aufgrund widersprüchlichen Verhaltens.

## X. Auswertung der „Musterlösung"

Auch Juristen kochen nur mit Wasser. Die Tatsache, dass Sie mit Ihrem Gutachten mal neben der sog. „Musterlösung" gelegen haben, lässt noch keine Rückschlüsse auf Ihre juristischen Fähigkeiten zu. Entscheidend ist, ob die von Ihnen vertretene Auffassung anhand des Geset- 55

46 Palandt-*Ellenberger* Einl. v. § 1 Rn. 48.
47 Palandt-*Ellenberger* Einl. v. § 1 Rn. 49.

zes und bei Anwendung der methodischen Grundregeln vertretbar ist. Um das herauszufinden, müssen Sie Ihre Arbeiten sorgfältig mit der Musterlösung abgleichen. Prüfen Sie, welche Fehler auf Unaufmerksamkeit beruhten, welche Fehler die Folge fehlenden Wissens oder falschen Verständnisses von Normen und Normzwecken waren. Es verbleiben dann möglicherweise noch Feststellungen, welche Ihrer Meinung auch anders gesehen werden können. Hat Ihnen ein Korrektor solche Punkte ohne nähere Begründung als Fehler angekreidet, sollten Sie diesen Punkt mit ihm diskutieren. Auch Korrektoren machen Fehler und sich ihre Sache bei abweichenden Lösungsansätzen gelegentlich etwas zu einfach.

## Online-Wissens-Check

**Kennen Sie noch den Unterschied zwischen Einwendungen und Einreden?**

Überprüfen Sie jetzt online Ihr Wissen zu den in diesem Abschnitt erarbeiteten Themen. Unter **www.juracademy.de/skripte/login** steht Ihnen ein Online-Wissens-Check speziell zu diesem Skript zur Verfügung, den Sie kostenlos nutzen können. Den Zugangscode hierzu finden Sie auf der Codeseite.

# 2. Teil
# Die Funktion und Struktur von Rechtsgeschäften

Wie wir auf unserem Rundflug im vorhergehenden Abschnitt gesehen haben, spielt das Rechtsgeschäft auf jeder Ebene der Anspruchsprüfung offenbar eine wichtige Rolle. 56

Betrachten wir nun die Funktion und Struktur des Rechtsgeschäfts etwas genauer.

## A. Rechtsgeschäft und Privatautonomie

Jede rechtsfähige Person ist in der Gestaltung ihrer rechtlichen Verhältnisse grundsätzlich frei. Jede Person gestaltet ihre Rechtsbeziehungen autonom, d.h. selbstständig, nach ihrem eigenen Willen und unabhängig vom Staat. Diese **Freiheit der Selbstbestimmung des Einzelnen im Rechtsleben** nennen wir **Privatautonomie**.[1] Die Privatautonomie ist als Ausdruck unserer allgemeinen Handlungsfreiheit nach **Art. 2 Abs. 1 GG** verfassungsrechtlich gewährleistet und geschützt.[2] 57

Aus der in den Grundrechten verankerten Gewährleistung der Privatautonomie folgt, dass der Gesetzgeber **dem Einzelnen Gestaltungsmittel zur Verfügung stellen muss**, deren Ergebnisse als rechtsverbindlich zu behandeln sind und auch im Streitfall gerichtlich durchsetzbare Rechtspositionen begründen. Nur dann steht der Grundsatz der Privatautonomie nicht nur auf dem Papier, sondern wird als rechtliche Gestaltungsmacht tatsächlich gewährleistet. 58

Das in unserer Rechtsordnung vorgesehene **Mittel, mit dem eine Person ihre Privatautonomie ausüben und so ihre zivilrechtlichen Verhältnisse selbstständig und frei gestalten kann, ist das Rechtsgeschäft.**[3] Mit ihm kann eine Person nach ihrem Willen rechtlich verbindliche „Wirkungen" (vgl. § 158) schaffen, also zum Beispiel Ansprüche begründen, aufheben, abtreten, Eigentum übertragen, Verträge anfechten, kündigen oder durch Rücktritt auflösen. 59

**Beispiel** Nehmen wir als Beispiel für unsere Betrachtung einen Kaufvertrag:

Der Kaufvertrag i.S.d. § 433 ist ein Rechtsgeschäft mit dem Ziel der Begründung eines Anspruchs auf Übereignung und Übergabe einer mangelfreien Sache einerseits und eines Anspruchs auf Kaufpreiszahlung andererseits;

die Anfechtung eines Kaufvertrages ist das Rechtsgeschäft zum Zwecke der Vernichtung des Kaufvertrages (§ 142 Abs. 1) wegen Willensmängeln eines Vertragspartners;

die Aufrechnung des Käufers gegen die Kaufpreisforderung verfolgt das Ziel der Tilgung der Kaufpreisforderung ohne Zahlung durch Verrechnung mit einer Gegenforderung;

---

1 *BVerfG* in BVerfGE 89, 214 ff. unter Ziff. C II 2 m.w.N. = NJW 1994, 36, 38 f.; *Medicus* Allgemeiner Teil des BGB Rn. 174; Palandt-*Ellenberger* Überbl. v. § 104 Rn. 1.

2 *BVerfG* a.a.O.; in ihrer besonderen Ausprägung der Testierfreiheit genießt sie den besonderen Schutz des Art. 14 GG, die Eheschließungsfreiheit nach Art. 6 GG und die Vereinigungsfreiheit nach Art. 9 GG.

3 *Medicus* Allgemeiner Teil des BGB Rn. 175; Palandt-*Ellenberger* Überbl. v. § 104 Rn. 2.

der Rücktritt des Käufers vom Kaufvertrag führt zur Rückabwicklung des Vertrages nach §§ 346 ff. – etwa wegen eines Mangels des Kaufgegenstandes (§§ 437 Nr. 2, 323);

mit der Abtretung (§ 398) wird eine Forderung aus dem Kaufvertrag an einen Dritten übertragen;

die Übertragung des Eigentums am Kaufgegenstand auf den Käufer zum Zwecke der Erfüllung der Verkäuferpflicht gem. § 433 Abs. 1 geschieht durch das Rechtsgeschäft der Übereignung gem. §§ 929 ff. oder §§ 873, 925;

durch Vereinbarung einer Stundung der Kaufpreisforderung zwischen Verkäufer und Käufer wird die Fälligkeit der Forderung verschoben. ■

**60** Die verfassungsrechtliche Gewährleistung der Privatautonomie begründet eine Pflicht des Gesetzgebers, „die Privatautonomie so auszugestalten, dass der Selbstbestimmung des Einzelnen im Rechtsleben ein angemessener Betätigungsraum eröffnet wird."[4] Das BVerfG stellt bei der verfassungsrechtlich gebotenen Ausgestaltung der Privatautonomie aber nicht nur den Aspekt der Gewährleistung aktiver Teilnahme, sondern daneben auch die Schutzaufgabe des Staates in den Vordergrund – das BVerfG formuliert das so:[5]

*„Mit der Pflicht zur Ausgestaltung der Privatrechtsordnung stellt sich dem Gesetzgeber ein Problem praktischer Konkordanz. Am Zivilrechtsverkehr nehmen gleichrangige Grundrechtsträger teil, die unterschiedliche Interessen und vielfach gegenläufige Ziele verfolgen. Da alle Beteiligten des Zivilrechtsverkehrs den Schutz des Art. 2 Abs. 1 GG genießen und sich gleichermaßen auf die grundrechtliche Gewährleistung ihrer Privatautonomie berufen können, darf nicht nur das Recht des Stärkeren gelten. Die kollidierenden Grundrechtspositionen sind in ihrer Wechselwirkung zu sehen und so zu begrenzen, dass sie für alle Beteiligten möglichst weitgehend wirksam werden. (...) Allerdings kann die Rechtsordnung nicht für alle Situationen Vorsorge treffen, in denen das Verhandlungsgleichgewicht mehr oder weniger beeinträchtigt ist. Schon aus Gründen der Rechtssicherheit darf ein Vertrag nicht bei jeder Störung des Verhandlungsgleichgewichts nachträglich in Frage gestellt oder korrigiert werden.*

*Handelt es sich jedoch um eine typisierbare Fallgestaltung, die eine strukturelle Unterlegenheit des einen Vertragsteils erkennen lässt, und sind die Folgen des Vertrages für den unterlegenen Vertragsteil ungewöhnlich belastend, so muss die Zivilrechtsordnung darauf reagieren und Korrekturen ermöglichen. Das folgt aus der grundrechtlichen Gewährleistung der Privatautonomie (Art. 2 Abs. 1 GG) und dem Sozialstaatsprinzip (Art. 20 Abs. 1, Art. 28 Abs. 1 GG)."*

**61** Unsere Rechtsordnung muss also zum einen jedem die Teilnahme am Rechtsverkehr ermöglichen, also nicht nur denjenigen, die juristisch und kaufmännisch geschult sind. Und sie muss diejenigen schützen, denen typischerweise eine vernünftige und sachgerechte Vornahme eines Rechtsgeschäfts allgemein oder in bestimmten Situationen verwehrt ist. Diese Menschen sollen dann vor den wirtschaftlichen Nachteilen angemessen bewahrt werden, die durch eigene unvernünftige Rechtsgeschäfte entstehen können (Ausfluss des Sozialstaatsprinzips). **Die privatautonome Gestaltungsfreiheit ist somit nicht grenzenlos.** Der Gesetzgeber setzt der Gestaltungsfreiheit des Einzelnen zum Schutz anderer Personen Schranken. Die rechtlichen Wirkungen eines Rechtsgeschäfts sind daher nur verbindlich, soweit das Rechtsgeschäft nicht Grenzen überschreitet, die der Gesetzgeber aus Schutzgründen gesetzt hat.

---

4 *BVerfG* in BVerfGE 89, 214 ff. unter Ziff. C II 2a = NJW 1994, 36 ff.

5 *BVerfG* a.a.O. unter Ziff. C II 2b.

Der Gesetzgeber kommt diesen Regelungsaufgaben mit unterschiedlichen Instrumenten nach. 62

Zum einen schafft er **„dispositive Normen"**, man spricht auch von „nachgiebigen" Normen. Diese Normen stehen „zur Disposition", man kann sich also über die dort getroffenen Regelungen hinwegsetzen und etwas anderes bestimmen. Mit solchen dispositiven Normen will der Gesetzgeber Regeln zur Verfügung stellen, die typischerweise für einen angemessenen und fairen Interessenausgleich sorgen. Sie gelten, wenn nichts Abweichendes vereinbart ist und dem beiderseitigen Parteiwillen nicht erkennbar widersprechen.[6] Ohne solche Normen müssten wir bei allen Verträgen stets eigene Regeln formulieren und verhandeln. Diejenigen, die juristisch und kaufmännisch ungebildet sind, wären damit schnell überfordert und klar im Nachteil. Es gäbe außerdem keine schnelle Abwicklung von Geschäftsvorgängen mehr und unsere Rechts- und Wirtschaftsordnung wäre im wahrsten Sinne des Wortes lahmgelegt.

**Beispiel** Beim alltäglichen Einkauf bestimmen Verkäufer und Käufer regelmäßig nur den Kaufgegenstand und den Kaufpreis. Alles andere wird nicht verhandelt. Ohne die dispositiven Regelungen im BGB wäre ein solcher Vorgang höchst riskant. Wann muss der Käufer den Preis bezahlen und was ist, wenn der ihn nicht bezahlt? Hier helfen die § 271 (Fälligkeit und Erfüllbarkeit), §§ 280 ff. (Schadensersatz bei Leistungsverzögerung) und §§ 320 ff. (Zurückbehaltungs- und Rücktrittsrecht).

Was passiert, wenn die gekaufte Sache mangelhaft ist und für welche Mängel haftet der Verkäufer? Hier helfen die §§ 434 ff. (Rechte des Käufers bei Mängeln). ■

Allein mit dispositiven Normen kann der Gesetzgeber aber die strukturell unterlegenen Personen nicht davor schützen, im Einzelfall „über den Tisch gezogen zu werden". Denn der stärkere oder zumindest erfahrenere Partner wird ja dafür sorgen, dass im Vertrag von den dispositiven Regeln abgewichen und etwas für ihn Günstigeres vereinbart wird, insbesondere durch Einsatz Allgemeiner Geschäftsbedingungen (AGB). 63

Immer dann, wenn der Gesetzgeber mit bestimmten Vorgaben den Schutz einzelner Personenkreise sicherstellen will, ordnet er diese mit **zwingenden Regelungen**[7] an. „Zwingend" bedeutet, dass jede Person gezwungen ist, diese Regelung zu beachten und durch Rechtsgeschäft nichts Abweichendes wirksam bestimmen kann. Manchmal sieht der Gesetzgeber Heilungsmöglichkeiten vor, wenn der Schutzzweck für die Nichtigkeit entfallen ist. Der Schutzzweck und etwaige Heilungsmöglichkeiten werden in dieser Skriptenreihe bei dem jeweiligen Tatbestand dargestellt.

**Beispiel** Eben haben wir gesehen, dass für den Kaufvertrag eine Fülle dispositiver Vorschriften gelten. Aber auch viele zwingende Vorschriften finden auf ihn Anwendung:

So kann ein Kaufvertrag durch Willenserklärungen eines Geschäftsunfähigen wegen § 105 Abs. 1 nicht zustande kommen.

Ein wucherischer Kaufvertrag ist nach § 138 Abs. 2 (unheilbar) nichtig.

---

6 Palandt-*Ellenberger* § 157 Rn. 4; deswegen geht das dispositive Recht der ergänzenden Vertragsauslegung grundsätzlich vor.

7 Lateinisch: „ius cogens".

Für den Grundstückskauf gilt die in § 311b Abs. 1 S. 1 angeordnete notarielle Beurkundung. Ein ohne Beachtung dieser Form geschlossener Vertrag ist nichtig (§ 125 S. 1), kann aber immerhin dann wirksam werden, wenn die Auflassung und Eintragung im Grundbuch erfolgen (§ 311 b Abs. 1 S. 2).

Die Haftung wegen Vorsatzes können weder Verkäufer noch Käufer im Vertrag ausschließen (§ 276 Abs. 3). ■

Sofern zwingende Vorschriften vorsehen, dass nur Abweichungen zu Lasten einer Partei unwirksam sind, spricht man auch von **„einseitig-zwingenden"** Vorschriften.[8]

**Beispiel** Nach § 444 kann sich der **Verkäufer**, soweit er den Mangel arglistig verschwiegen oder eine Garantie für die Beschaffenheit der Sache übernommen hat, nicht auf eine Vereinbarung berufen, durch welche die Rechte des Käufers wegen eines Mangels ausgeschlossen oder beschränkt werden.

Bei einem Verbrauchsgüterkauf i.S.d. § 474 BGB ist der **Verkäufer** („Unternehmer") über § 444 hinaus noch viel weitreichender gehindert, die Rechte des Käufers („Verbraucher") wegen Mängeln zu beschränken. Dies ergibt sich aus der einseitig-zwingenden Vorschrift des § 475. ■

64 Die entscheidende Frage ist nun, **woran man eigentlich erkennt, dass eine Norm zwingenden Charakter hat oder bloß dispositiv ist**. Einfach ist es, wenn es sich dem Gesetzeswortlaut entnehmen lässt. Immer dann, wenn das Gesetz in der Rechtsfolge ausdrücklich oder sinngemäß ausspricht, dass eine davon abweichende Vereinbarung/Vorgehensweise **unwirksam ist, handelt es sich um zwingendes Recht**.

» Schlagen Sie die im Beispiel genannten Vorschriften im Gesetz jetzt gleich nach. «

**Beispiel** §§ 125, 134[9], 138, 248 Abs. 1: „...ist nichtig."

§ 276 Abs. 3: „...kann nicht erlassen werden."

§ 312k Abs. 1 S. 1: „...darf nicht abgewichen werden."

§§ 444, 475: „...kann sich nicht berufen."

§§ 536 Abs. 4, 553 Abs. 3, 555: „...ist unwirksam." ■

In allen anderen Fällen, wo das Gesetz keine ausdrückliche Klarstellung ausspricht, ist nach **Auslegung des Gesetzes** zu entscheiden.[10]

**Beispiel** Die Normen des Sachenrechts regeln abschließend, welche Typen von dinglichen Rechten es insgesamt gibt (sog. „Typenzwang"), welchen Inhalt diese Rechtstypen haben (sog. „Typenfixierung") und wie sie übertragen werden. Abweichende Vereinbarungen zur Ausgestaltung oder Übertragung von dinglichen Rechten sind unwirksam.[11] Ausdrücklich ausgesprochen wird dies aber nicht, sondern vorausgesetzt.

Entsprechendes gilt für die Ausgestaltung der verschiedenen Rechtstypen im Familien- und Erbrecht. ■

---

8 *Leenen* BGB AT § 1 Rn. 51.

9 Achtung: Aber nicht alle Verbotstatbestände sind Verbotsgesetze i.S.d. § 134, siehe im Skript „BGB AT II" unter Rn. 281 ff.

10 *Brox/Walker*, Allgemeiner Teil des BGB, 37. Aufl., § 2 Rn. 35.

11 Palandt-*Bassenge*, Einl. v. § 854 Rn. 3.

## B. Definition des Rechtsgeschäfts

Im Gesetz wird der Begriff „Rechtsgeschäft“ nicht näher definiert, sondern einfach zitiert.[12] 65
Die Bestandteile eines Rechtsgeschäfts ergeben sich erst aus einer Zusammenschau verschiedener Normen. In jedem Fall benötigt man mindestens eine Willenserklärung. Je nach Rechtsgeschäft können dann noch weitere Elemente notwendig sein, um den gewünschten Erfolg herbeizuführen.

> Das **Rechtsgeschäft** ist ein Tatbestand aus einer oder mehrerer Willenserklärungen, die allein oder in Verbindung mit anderen Tatbestandsmerkmalen eine Rechtsfolge herbeiführen, weil sie gewollt ist.[13]

### I. Willenserklärung

Aus der Funktion des Rechtsgeschäfts als Mittel der willentlichen Gestaltung von Rechtsver- 66
hältnissen ergibt sich ein **zwingendes und selbstverständliches Element** von Rechtsgeschäften: Rechtsgeschäfte müssen **zumindest eine „Willenserklärung“** aufweisen. Wenn eine Person mit Hilfe eines „Rechtsgeschäfts“ ihre rechtlichen Verhältnisse nach ihrem Willen autonom gestalten kann, muss der jeweilige Wille dieser Person im konkreten Fall auch bekannt werden. Der Wille, eine bestimmte Rechtsfolge herbeiführen zu wollen, muss also irgendwie zum Ausdruck kommen. Verbindliche Wirkungen lassen sich **durch den Willen allein nicht erzielen**, weil niemand, auch kein Richter, ermitteln kann, was insgeheim im Kopf einer Person vor sich geht. Unsere Rechtsordnung kann nur den **nach außen zutage getretenen Willen** berücksichtigen.

**Beispiel** Wer beim Bäcker Brötchen kaufen will, muss dies in irgendeiner Form erklären – sonst wird er sie nicht bekommen. ■

Das Rechtsgeschäft „als solches“ gibt es in der Lebenswirklichkeit nicht als abstraktes Gebilde. 67
Das Rechtsgeschäft existiert immer nur in einer konkreten Ausformung: Kauf eines bestimmten Gegenstandes, Rücktritt von einem bestimmten Vertrag, Kündigung eines bestimmten Vertrages mit oder ohne Frist, etc.). Welches Ziel genau verfolgt wird, hängt vom erklärten Willen der Person ab, die das Rechtsgeschäft vornimmt. **Die Willenserklärung konkretisiert also das im Einzelfall verfolgte Rechtsgeschäft. Sie legt fest, welche Wirkungen konkret gewollt sind.**[14]

---

12 Vgl. nur Überschrift zu Abschnitt 3 des 1. Buches sowie §§ 111, 117 Abs. 2, 125, 134, 138 ff., 158 ff., 311 Abs. 1.

13 Palandt-*Ellenberger* Überbl. v. § 104 Rn. 2.

14 *Leenen* BGB AT § 4 Rn. 101 ff.

**Beispiel** Für das Rechtsgeschäft „Kaufvertrag" brauchen wir Willenserklärungen (Angebot und Annahme), die den Verkäufer, den Käufer, den Kaufgegenstand und Kaufpreis festlegen;

für das Rechtsgeschäft „Anfechtung" benötigen wir eine entsprechende Anfechtungserklärung, also eine Willenserklärung, die zum Ausdruck bringt, dass ein bestimmte andere Willenserklärung – und damit zugleich ein anderes Rechtsgeschäft (z.B. ein Vertrag) – wegen eines Willensmangels des Erklärenden nicht gelten soll;

für das Rechtsgeschäft „Kündigung" brauchen wir eine Kündigungserklärung, also eine Willenserklärung, die deutlich macht, dass ein bestimmter Vertrag mit oder ohne Frist für die Zukunft beendet sein soll. ■

## II. Zusätzliche Elemente

68 Je nach Art des konkret gewollten Rechtsgeschäfts (Kaufvertrag, Übertragung von Eigentum, Anfechtung, Aufrechnung, Kündigung, etc.) müssen zur Willenserklärung regelmäßig noch weitere Voraussetzungen hinzutreten, um die gewünschten Wirkungen auszulösen.

### 1. Weitere Willenserklärung(en)

69 Zum einen kann das Rechtsgeschäft **zumindest eine weitere Willenserklärung** erfordern. Wie viele Willenserklärungen notwendig sind, ergibt sich aus der Art des jeweiligen Rechtsgeschäfts.

**Beispiele** Anfechtung, Kündigung und Rücktritt bestehen aus nur einer Willenserklärung. Ebenso ist es beim Beschluss des Alleingesellschafters einer GmbH (vgl. § 48 Abs. 3 GmbHG). Anders liegen die Dinge, wenn etwa die Kündigung bei mehreren Vertragspartnern auf einer Seite nur von allen Personen erklärt werden kann. Dann besteht die Kündigung aus mehreren Willenserklärungen.

Beim Vertrag genügt eine einzige Willenserklärung nie, da sein Zustandekommen ja eine Einigung durch zwei Willenserklärungen voraussetzt, Angebot/Antrag und die Annahme (vgl. §§ 145 ff.). ■

### 2. Sonstige Erfordernisse

70 Weitere Voraussetzungen ergeben sich aus gesetzlichen Regeln über das konkrete Rechtsgeschäft, die an seinen Inhalt oder an Eigenschaften der an ihm beteiligten Personen anknüpfen sowie aus den Bestimmungen der Parteien selbst.

**Beispiele** Zustimmung eines Dritten im Fall der §§ 108, 177; Realakte wie die Übergabe bei § 929; die Eintragung im Grundbuch bei § 873; die Einhaltung einer gesetzlich oder vertraglich vorgeschriebenen Form; Befugnisse wie die Kündigungs- oder Anfechtungsbefugnis. ■

## III. Abgrenzungen

71 Unsere Rechtsordnung knüpft eine Veränderung der rechtlichen Verhältnisse nicht nur an (wirksame) Rechtsgeschäfte. Vielmehr werden rechtliche Wirkungen auch per Gesetz angeordnet. Der Gesetzgeber lässt bestimmte Wirkungen eintreten, wenn die von ihm in den jeweiligen Normen beschriebene Umstände eingetreten sind. Der Unterschied zum Rechts-

geschäft besteht darin, dass die Wirkungen auch dann eintreten können, wenn sie von der betroffenen Person gar nicht gewollt sind. Deswegen ist es in der oben unter Rn. 65 angezeigten Definition des Rechtsgeschäfts so wichtig aufzunehmen, dass die Rechtsfolgen dort gelten, weil sie gewollt sind.

## 1. Geschäftsähnliche Handlung

72

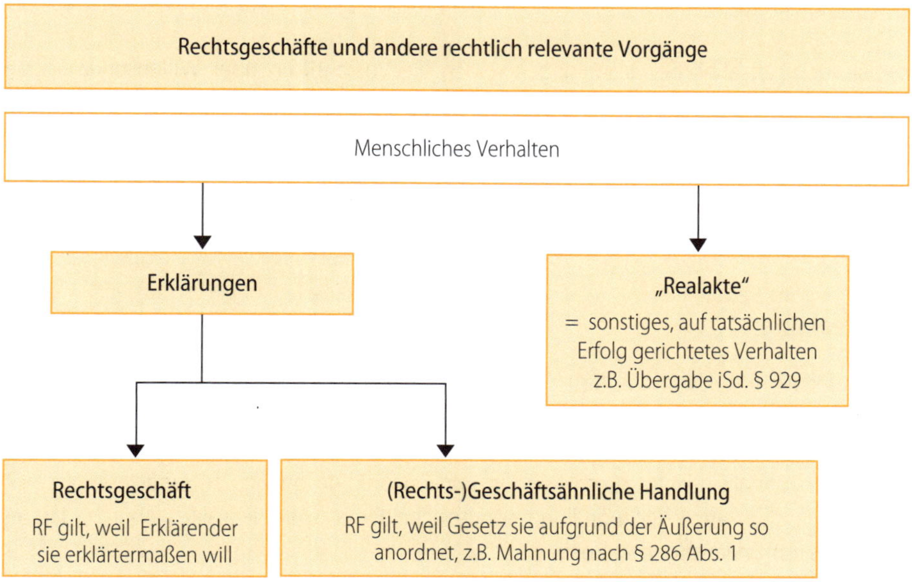


Dem Rechtsgeschäft am nächsten kommt die sog. „geschäftsähnliche Handlung". Auch bei ihr liegt eine menschliche Äußerung vor, die Rechtsfolgen auslöst. Inhalt der Erklärung ist aber nicht die Anordnung einer bestimmten Rechtsfolge, sondern ein rein tatsächlicher Erfolg. Die aufgrund der Erklärung ausgelösten Rechtsfolgen treten **kraft Gesetzes unabhängig vom Willen des Erklärenden ein.**[15] Die Rechtsfolgen gelten nicht, weil es der Erklärende will, sondern weil es der Gesetzgeber wegen der Äußerung so angeordnet hat.

**Beispiel** Bei der Aufforderung nach § 177 Abs. 2 geht es dem Erklärenden darum, dass der Vertretene das Handeln des Vertreters ohne Vertretungsmacht genehmigt. Die Erklärung der Genehmigung ist der gewünschte tatsächliche Erfolg. Das Gesetz knüpft an diese Aufforderung Rechtsfolgen, die in § 177 Abs. 2 beschrieben sind und an die der Erklärende womöglich gar nicht gedacht hatte: Eine vor der Aufforderung gegenüber dem Vertreter erklärte Genehmigung oder Verweigerung der Genehmigung wird jetzt unwirksam (§ 177 Abs. 2 S. 1 Hs. 2). Außerdem beginnt nun nach § 177 Abs. 2 S. 2 Hs. 1 eine Zwei-Wochen-Frist zu laufen, auch wenn diese in der Aufforderung nicht ausdrücklich gesetzt wurde. Und schließlich gilt die Genehmigung nach § 177 Abs. 2 S. 2 Hs. 2 als verweigert, wenn die Frist ohne Reaktion des Vertretenen verstreicht. Dies wiederum führt zu einer Haftung des Vertreters nach § 179. ■

15 Palandt-*Ellenberger* Überbl. v. § 104 Rn. 6; *Leenen* § 4 Rn. 9 f.; *Faust* § 2 Rn. 12.

> Eine **geschäftsähnliche Handlung** ist eine auf einen tatsächlichen Erfolg gerichtete Äußerung eines Menschen, die kraft Gesetzes mit Rechtsfolgen verbunden ist.[16]

**Beispiel** Zu den geschäftsähnlichen Handlungen zählen z.B. Aufforderungen nach §§ 108 Abs. 2, 177 Abs. 2, die Verweigerung i.S.d. § 179 Abs. 1[17], die Mahnung i.S.d. § 286, Fristsetzungen gem. §§ 281, 323, Schadensersatzverlangen nach § 281 Abs. 4, Anzeige nach § 409 Abs. 1. ■

73 Auf die geschäftsähnlichen Handlungen finden die **Vorschriften über Willenserklärungen und Rechtsgeschäfte trotz dieser Unterschiede grundsätzlich entsprechende Anwendung**, da in beiden Fällen eine menschliche Erklärung den Ausgangspunkt bildet.[18] Dies gilt insbesondere für die §§ 104 ff. (Geschäftsfähigkeit), §§ 116 ff. (Willensmängel), §§ 130 ff. (Abgabe und Zugang), §§ 133, 157 (Auslegung), §§ 164 ff. (Stellvertretung) und §§ 182 ff. (Zustimmung).

## 2. Realakte

74 Neben der Willenserklärung und der geschäftsähnlichen Handlung kennen wir noch die sog. „Realakte". Wie bei den geschäftsähnlichen Handlungen handelt es sich um tatsächliche menschliche Handlungen, an die das Gesetz Rechtsfolgen knüpft. Die rechtlichen Wirkungen treten auch hier allein kraft Gesetzes ein, also unabhängig davon, ob der Handelnde dies will. Von den geschäftsähnlichen Handlungen unterscheiden sich die Realakte dadurch, dass es sich **nicht um Erklärungen** handelt.[19]

> Unter einem **Realakt** verstehen wir jedes auf einen tatsächlichen Erfolg gerichtete Verhalten eines Menschen, das weder Willenserklärung noch geschäftsähnliche Handlung darstellt.[20]

**Beispiele** Besitzerwerb gem. § 854 Abs. 1, Übergabe i.S.d. § 929 S. 1, Verbindung, Vermischung, Verarbeitung i.S.d. §§ 946 ff., Fund (§ 965), Verletzung eines Rechtsguts i.S.d. § 823 Abs. 1 durch tatsächliches Handeln. ■

Auf Realakte sind die **Vorschriften über Willenserklärungen nicht anwendbar**.[19] So gelten beispielsweise beim Besitzerwerb gem. § 854 Abs. 1 die Regeln zur Geschäftsfähigkeit nach §§ 104 ff. oder zur Stellvertretung nach §§ 164 ff. BGB nicht.

---

16 *BGH* Urt. v. 17. Oktober 2000 (Az: X ZR 97/99) unter Ziff. II 1b aa = NJW 2001, 289, 290; Palandt-*Ellenberger* Überbl. v. § 104 Rn. 6; *Faust* a.a.O.
17 Sofern Sie nicht auf der Fiktion des § 177 Abs. 2 S. 2 Hs. 2 beruht.
18 Palandt-*Ellenberger* Überbl. v. § 104 Rn. 7; *Faust* a.a.O.; *Leenen* a.a.O.
19 Palandt-*Ellenberger* Überbl. v. § 104 Rn. 9; *Faust* BGB AT § 2 Rn. 13.
20 *Medicus* Allgemeiner Teil des BGB Rn. 196 f.

# C. Einteilung von Rechtsgeschäften

## I. Einseitige und mehrseitige Rechtsgeschäfte

Nach der Anzahl der für die Vornahme eines Rechtsgeschäfts seiner Art nach zwingend erfor- 75
derlichen Willenserklärungen unterscheidet man zwischen **einseitigen** und **mehrseitigen** Rechtsgeschäften.[21]

**Einseitige Rechtsgeschäfte** sind solche Rechtsgeschäfte, die ihrer Art nach zur Durchführung lediglich eine Willenserklärung erfordern.

**Mehrseitige Rechtsgeschäfte** müssen dagegen immer aus mindestens zwei Willenserklärungen gebildet werden.[22]

**Beispiele** **Einseitige Rechtsgeschäfte** sind zum Beispiel die Auslobung (§ 657), die Eigentumsaufgabe nach § 959, die Anfechtung, Kündigung, der Rücktritt und das Testament.

Der Einordnung steht nicht entgegen, dass im Einzelfall mehrere Personen das Rechtsgeschäft vornehmen müssen. So können z.B. mehrere Mieter eines einheitlichen Mietvertrages die Kündigung gegenüber ihrem Vermieter nur gemeinsam ausüben.[23] Gleichwohl ist auch diese Kündigung ein „einseitiges Rechtsgeschäft".

**Mehrseitige Rechtsgeschäfte** sind der Vertrag oder der Beschluss von Mitgliedern einer Personenvereinigung (sog. „Gesamtakt"), etwa gem. § 27 Abs. 1 beim Verein. ■

## II. Verpflichtungs- und Verfügungsgeschäfte

### 1. Verpflichtungsgeschäfte

Wir haben im ersten Teil dieses Skripts schon gesehen, dass durch Rechtsgeschäfte Ansprü- 76
che begründet werden können. Oder anders ausgedrückt, aus der Sicht des Schuldners: Durch Rechtsgeschäft kann man sich zu einer Leistung verpflichten. Ein solches Rechtsgeschäft nennt man deshalb auch „Verpflichtungsgeschäft" oder „obligatorisches Geschäft".[24] Dadurch entsteht ein Schuldverhältnis i.S.d. § 241.

Durch Rechtsgeschäft kann man aber niemandem einseitig eine Leistungspflicht „aufs Auge drücken". Es gibt keine Rechtsgeschäfte zu Lasten Dritter. Dem steht ja schon die Privatautonomie des Anderen entgegen, die die Reichweite der eigenen Gestaltungsmacht begrenzt. Umgekehrt muss sich niemand gegen seinen Willen einen Anspruch aufdrängen lassen.[25] Jeder muss sich dem Willen des Gesetzgebers beugen, aber nicht dem Willen einer anderen Privatperson. Wer einen anderen dazu bringen möchte, eine Leistung zu übernehmen, muss sich mit diesem darauf einigen. Deshalb stellt § 311 Abs. 1 klar, dass *„zur Begründung eines Schuldverhältnisses durch Rechtsgeschäft ein Vertrag zwischen den Beteiligten erforderlich ist."*

21 *Medicus* Allgemeiner Teil des BGB Rn. 202 ff; *Leenen* BGB AT § 4 Rn. 15 ff.
22 *Medicus* Allgemeiner Teil des BGB Rn. 202 ff; *Leenen* BGB AT § 4 Rn. 15 ff.
23 Palandt-*Grüneberg* § 425 Rn. 16; *Leenen* BGB AT § 4 Rn. 18.
24 Vom Lateinischen „obligatio" = Verpflichtung.
25 Zwar kann durch Vertrag zugunsten eines Dritten einer am Vertragsschluss nicht beteiligten Person ein Anspruch eingeräumt werden, vgl. § 328 Abs. 1. Ist der Dritte damit aber nicht einverstanden, kann er den Anspruch gem. § 333 zurückweisen.

Die Vertragstypen sind dabei im Gesetz nicht abschließend geregelt; es gilt der **Grundsatz der Vertragsfreiheit**.

**Verpflichtungsgeschäfte sind also fast immer Verträge.** Aber eben nur „fast immer", wie § 311 Abs. 1 am Ende zum Ausdruck bringt: *„...soweit nicht das Gesetz ein anderes vorschreibt."*

Das Gesetz sieht ausnahmsweise die Möglichkeit vor, durch **einseitiges Rechtsgeschäft** ein Schuldverhältnis zu begründen. Nach dem eben Gesagten geht das nur, wenn es der unbeteiligten Person ausnahmsweise zuzumuten ist, ohne ihre Zustimmung am Schuldverhältnis beteiligt zu sein.[26] Die entsprechenden Ausnahmen sind im Gesetz abschließend festgelegt.[27]

**Beispiel** Durch die einseitigen Rechtsgeschäfte Auslobung (§ 657), Gewinnzusage (§ 661a) und Vermächtnis (§§ 1939, 2147, 2174) werden Schuldverhältnisse begründet. Bei Auslobung und der Gewinnzusage widerspräche es gerade dem Schutz des „Gewinners", wenn ihm die zugesagte Leistung mit dem Argument vorenthalten werden könnte, es sei mangels Einigung gar kein Vertrag zustande gekommen. Beim Vermächtnis überwiegt die privatautonome Freiheit des Einzelnen, frei über die Verteilung seines Vermögens nach seinem Tod entscheiden zu können („Testierfreiheit"). Der durch das Vermächtnis Verpflichtete („Beschwerter") ist durch die erbrechtlichen Vorschriften ausreichend davor geschützt, dass sein eigenes Vermögen durch das Vermächtnis belastet werden könnte. Ihm fällt ja regelmäßig aus dem Nachlass ein zusätzlicher Vermögenswert in den Schoß, von dem er lediglich einen Teil als Vermächtnis abzugeben hat. ■

## 2. Verfügungsgeschäfte

77 Verpflichtungsgeschäfte schaffen Ansprüche, an bestehenden Rechten ändern sie nichts. Das ist bei den sog. Verfügungsgeschäften anders.[28] Mit Ihnen soll über ein bestehendes Recht verfügt werden, indem der bisherige Zustand dieses Rechts **unmittelbar geändert wird**.

**Verfügungsgeschäfte** sind Rechtsgeschäfte, die auf eine unmittelbare Änderung eines bestehenden Rechts gerichtet sind, indem das Recht (inhaltlich) **V**erändert, **Ü**bertragen, **B**elastet oder **A**ufgehoben wird.[29]

**Rechte** sind nicht-körperliche Gegenstände (Umkehrschluss aus § 90) wie zum Beispiel Ansprüche[30] (vgl. § 194), höchstpersönliche Rechte (vgl. § 823 Abs. 1), Eigentum (vgl. § 903), Pfandrecht (vgl. § 1204), Marken-, Patent- und Urheberrechte.

» Sie können sich die Wirkungen des Verfügungsgeschäfts mit der Abkürzung „VÜBA" merken oder sich selbst ein anderes Wort bzw. einen passenden Merksatz ausdenken. «

78 Bei den Verfügungsgeschäften gibt es keine Gestaltungsfreiheit. Vielmehr sieht der Gesetzgeber einen abschließenden Katalog (numerus clausus) der verschiedenen Typen von Verfügungsgeschäften vor.[31] Lediglich diese Verfügungsarten stehen zur Verfügung. Darüber

26 Siehe die Aufzählung bei Palandt-*Grüneberg* Überbl. v. § 311 Rn. 4.
27 Palandt-*Ellenberger* Überbl. v. § 104 Rn. 15.
28 Die Verfügungsgeschäfte werden auch „dingliche" Geschäfte genannt, vgl. *Leenen* BGB AT § 4 Rn. 19 ff. Sie wirken sozusagen unmittelbar auf den Rechtszustand an einem Gegenstand („Ding") ein.
29 *BGHZ* 101, 24, 26 = NJW 1987, 3177; Palandt-*Ellenberger* Überbl. v. § 104 Rn. 16.
30 Gleichbedeutend mit dem Begriff „Forderung" (vgl. Rn. 2 oben).
31 Palandt-*Ellenberger* a.a.O.

hinaus sind keine weiteren Verfügungsvarianten möglich. Dies dient der Klarheit und Rechtssicherheit, damit sich jedermann über mögliche Rechtsveränderungen zuverlässig informieren kann.

Wirksamkeitsvoraussetzung für die Verfügung ist bei allen Typen stets eine bestehende **Verfügungsmacht** des Verfügenden.[32] Fehlt sie, kann sie ausnahmsweise nach den Regeln des gutgläubigen Erwerbs überwunden werden Eine solche Rechtsmacht spielt bei Verpflichtungsgeschäften keine Rolle.

Ein weitere Eigenart des Verfügungsgeschäftes besteht darin, dass hier das sog. **„Prioritätsprinzip"** gilt. Verfügt jemand mehrmals in derselben Weise über ein Recht, ist grundsätzlich nur die zeitlich erste Verfügung wirksam, da sich die entsprechende Rechtsmacht mit der ersten Verfügung verbraucht hat. Ausnahmen können sich wiederum aus den Regeln des gutgläubigen Erwerbs ergeben. Eine solche zeitliche Rangfolge spielt bei Verpflichtungsgeschäften ebenfalls keine Rolle.

**Beispiel 1** Stellvertreter S schließt im Namen und Vollmacht des K1 einen Kaufvertrag über das gebrauchte Auto des V für 5000 €. K1 soll den Wagen mit Schlüssel und Papieren eine Woche später gegen Barzahlung abholen. Noch vor Übergabe meldet sich der K2 und bietet 8000 €. V nimmt dessen Angebot an. K2 bezahlt sofort bei V und nimmt den Wagen mit.

Der zweite Kaufvertrag mit K2 ist nicht deshalb unwirksam, weil V das Auto bereits an K1 verkauft hatte. Die Übereignung des Wagens an K2 gem. § 929 S. 1 ist ebenfalls wirksam, weil V sein Eigentum ja noch behalten hatte. Allerdings muss V den ersten Kaufvertrag mit K 1 noch erfüllen. Bleibt der Wagen bei K2, ist ihm die Erfüllung unmöglich. Der Anspruch ist dann nach § 275 Abs. 1 ausgeschlossen. K1 braucht nach § 326 Abs. 1 S. 1 seinerseits den Kaufpreis nicht zu bezahlen und kann gegen V Ersatzansprüche nach §§ 275 Abs. 4, 280 Abs. 1, 3, 283 bzw. 284 geltend machen. ■

**Beispiel 2** Der klamme Händler H verkauft seine Forderung (vgl. § 453 Abs. 1) gegen den zahlungsunwilligen Schuldner S an den K1, um schnell an Geld zu kommen und tritt sie ihm gem. § 398 ab. Sodann verkauft er sie ein zweites Mal an den K2 und tritt sie diesem ebenfalls ab.

Hier sind wieder beide Kaufverträge wirksam. Aber nur den ersten Kaufvertrag hat H durch Abtretung erfüllen können. Die zweite Abtretung ging aufgrund des Prioritätsprinzips ins Leere. H hatte seine Forderung durch die erste Abtretung auf K1 übertragen und damit seine Verfügungsmacht verloren. Ohne Zustimmung des neuen Rechtsinhabers K 1 konnte er sie nicht noch einmal auf K2 übertragen. Und ein gutgläubiger Erwerb des K2 ist ausgeschlossen, da es bei der Forderungsabtretung keinen Erwerb vom Nichtberechtigten gibt. Dem K2 haftet H aus §§ 275 Abs. 4, 280 Abs. 1, 3, 283 bzw. 284. ■

Verfügungsgeschäfte können **einseitige oder mehrseitige Rechtsgeschäfte** sein. **79**

**Beispiel** Die Aufrechnung ist ein einseitiges Verfügungsgeschäft, dass auf unmittelbares Erlöschen (= Aufhebung) wechselseitiger Ansprüche gerichtet ist (vgl. §§ 388, 389). Die Aufgabe des Eigentums an einer beweglichen Sache geschieht ebenfalls durch einseitiges Rechtsgeschäft („Dereliktion") gem. § 959. Der Erlass einer Forderung ist ebenfalls ein

32 *Leenen* BGB AT § 4 Rn. 24 f.

auf Erlöschen gerichtetes Verfügungsgeschäft, aber nach § 397 als mehrseitiges Rechtsgeschäft, nämlich den Erlassvertrag, ausgestaltet.

Die Übertragung eines Rechts geschieht jeweils durch mehrseitiges Rechtsgeschäft. Eine Forderung wird durch Abtretungsvertrag nach § 398 übertragen. Bei der Übertragung des Eigentums an einer beweglichen Sache gem. § 929 ist neben der vertraglichen Einigung noch eine Übergabe der Sache notwendig. Entsprechendes gilt für die Belastung des Eigentums an einer beweglichen Sache mit einem Pfandrecht (vgl. § 1205).

Bei der Veränderung eines Grundstücksrecht bedarf es nach §§ 873, 877 neben der vertraglichen Einigung noch der Eintragung im Grundbuch. ■

### 3. Hintergrund: Trennungs- und Abstraktionsprinzip

80 Die Unterscheidung zwischen Verpflichtungs- und Verfügungsgeschäften ist eine Eigenart des deutschen Rechts. Sie wird formal auch dann durchgehalten, wenn die Geschäfte stillschweigend durch einen einheitlichen Lebenssachverhalt vorgenommen werden, wie zum Beispiel beim alltäglichen Einkauf. Man bezeichnet diese Trennung von Verpflichtungs- und Verfügungsgeschäft auch als **„Trennungsprinzip"**.[33]

**Beispiel** Beim Kauf im Supermarkt wird zum einen ein Kaufvertrag über die an der Kasse vorgelegte Ware als Verpflichtungsgeschäft geschlossen. Er begründet einen Anspruch des Käufers auf Übereignung und Übergabe der vorgelegten Ware in mangelfreiem Zustand (vgl. § 433 Abs. 1) und einen Anspruch des Verkäufers (= Betreiber des Supermarktes) auf Zahlung des Kaufpreises (vgl. § 433 Abs. 2).

Diese Ansprüche werden beim Bargeschäft sogleich durch folgende Verfügungsgeschäfte wieder erfüllt: Das Eigentum an der Ware wird gem. § 929 durch Einigung und Übergabe auf den Käufer übertragen, der die Ware an sich nimmt. Umgekehrt wird der Kaufpreis durch Übereignung gültiger Geldscheine bzw. Münzen gem. § 929 gezahlt.

All dies geschieht regelmäßig stillschweigend durch die an der Kasse üblichen Verhaltensweisen. Nur der Jurist klassifziert diesen Vorgang als die eben bezeichneten, verschiedenen Rechtsgeschäfte.

Betrachten wir noch den Fall eines Erlasses im Sinne des § 397:

Beim Erlass ist der in § 397 bezeichnete Vertrag das Verfügungsgeschäft, aber nicht zugleich auch Rechtsgrund. Dieser kann zum Beispiel in einer Schenkung i.S.d. § 516 liegen oder in einem Vergleich i.S.d. § 779. ■

**JURIQ-Klausurtipp**

In der Klausur und mündlichen Prüfung müssen Sie stets darauf achten, dass Sie in Ihren Formulierungen das Trennungsprinzip beachten. Eine Aussage, wonach jemand Eigentümer einer Sache geworden sein könnte, weil er sie „gekauft" hat, wäre ein Verstoß gegen das Trennungsprinzip. Und ein solcher Verstoß führt regelmäßig zu einer „mangelhaften" Note.

33 Palandt-*Ellenberger* Überbl. v. § 104 Rn. 22; *Leenen* BGB AT § 4 Rn. 31 f.; *Faust* BGB AT § 5 Rn. 1 ff.

Auf dem Trennungsprinzip baut das sog. **„Abstraktionsprinzip"** auf. Damit ist gemeint, dass die Wirksamkeit eines Verfügungsgeschäftes losgelöst[34] vom Bestehen und der Wirksamkeit eines zugrunde liegenden Verpflichtungsgeschäftes ist (und umgekehrt). **Mängel des einen Geschäfts beeinträchtigen die Wirksamkeit des anderen Geschäftes nicht.** Die Wirksamkeit des Verfügungsgeschäftes ist daher unabhängig vom Bestehen und der Wirksamkeit eines zugrunde liegenden Verpflichtungsgeschäftes zu begutachten (und umgekehrt).[35] Die Wirksamkeit jedes Rechtsgeschäftes wird einzeln für sich geprüft. 81

**Beispiel** K kauft bei seinem Weinhändler V telefonisch eine Kiste Wein gegen Vorkasse. Als K nach Zahlung den Wein geliefert bekommt, bemerkt er beim Auspacken, dass er versehentlich die falsche Weinsorte genannt hatte und deswegen nicht den gewünschten Wein bekommen hat. Deswegen erklärt er nach § 119 Abs. 1 Var. 1 innerhalb der Frist des § 121 Abs. 1 die Anfechtung. Der Kaufvertrag ist nach § 142 Abs. 1 nichtig. Die Übereignung des Weins gem. § 929 S. 1 ist hingegen wirksam, weil K ja das Eigentum an der Kiste, die ihm gerade überreicht wurde, hatte erwerben wollen und die Verwechslung der Sorten erst im Nachhinein feststellte. ■

Das ist auch in den Fällen der sog. **„Fehleridentität"** nicht anders. Damit ist nur gemeint, dass in diesen Fällen ein Verpflichtungs- und ein Verfügungsgeschäft aus dem gleichen Rechtsgrund unwirksam sind. Beide Geschäfte weisen den gleichen Mangel auf, der bei beiden Geschäften gesondert zur Unwirksamkeit führt. **Nicht gemeint ist damit, dass ein Verfügungsgeschäft deshalb unwirksam sein soll, weil das Verpflichtungsgeschäft unwirksam ist.** Deswegen bringt dieser Begriff keine weiteren Erkenntnisse und verleitet nur dazu, in einer Klausur überflüssige Ausführungen zu anderen, davon zu trennenden Rechtsgeschäften zu machen.[36] 82

**Beispiel** Der beschränkt Geschäftsfähige A verkauft ohne Zustimmung seiner gesetzlichen Vertreter sein Handy an den volljährigen Käufer B gegen Barzahlung des Kaufpreises. Der Kaufvertrag ist nach §§ 106, 107, 108 Abs. 1 schwebend unwirksam, da er für den A mit Pflichten verbunden und daher rechtlich nachteilhaft ist. Gleiches gilt für die Übereignung des Handys, da K dadurch sein Eigentum an dem Gegenstand verliert. Beide Rechtsgeschäfte sind also aus dem gleichen Rechtsgrund (schwebend) unwirksam. Es liegt ein Fall der Fehleridentität vor. Umgekehrt ist die Übereignung des Geldes, das A von B zum Zwecke der Kaufpreiszahlung erhält, nicht nach § 108 Abs. 1 unwirksam. Denn dieses Verfügungsgeschäft ist für A rechtlich lediglich vorteilhaft, da er Eigentum erwirbt.

In der Falllösung[37] prüfen Sie stets nur das Rechtsgeschäft, auf das es im Rahmen der Anspruchsprüfung ankommt. Angenommen Sie würden einen Herausgabeanspruch des A aus § 985 prüfen: Dann käme es zunächst darauf an, ob A sein Eigentum am Handy auf B übertragen und damit verloren hat. Das entscheidet sich allein nach der Wirksamkeit des Verfügungsgeschäfts gem. § 929. Der Kaufvertrag spielt hier noch keine Rolle. Erst beim Recht zum Besitz des B i.S.d. § 986 kommt es darauf an, ob zwischen A und B ein wirksamer Kaufvertrag geschlossen wurde. ■

34 Lateinisch übersetzt: „abstractum", was den Namen des Prinzips erklärt.
35 Palandt-*Ellenberger* Überbl. v. § 104 Rn. 22; *Leenen* BGB AT § 4 Rn. 33 ff.; *Faust* BGB AT § 5 Rn. 1 ff.
36 Zu diesem „gefährlichen" Aspekt des Begriffes in aller Deutlichkeit: *Faust* BGB AT § 5 Rn. 4.
37 Vgl. Lösung in den Übungsfällen Nr. 6, 8 und 9.

83 Je nach Konstellation begegnet unsere Rechtsordnung Mängeln des Verpflichtungs- und/ oder Verfügungsgeschäftes mit unterschiedlichen Folgen:

Ist das **Verpflichtungsgeschäft wirksam**, das zu seiner Erfüllung eingegangene **Verfügungsgeschäft hingegen unwirksam**, besteht der Anspruch aus dem Verpflichtungsgeschäft fort. Er wurde mangels wirksamer Verfügung noch nicht erfüllt und ist deshalb noch nicht nach § 362 Abs. 1 erloschen.

Ist das **Verpflichtungsgeschäft unwirksam**, das zu seiner Erfüllung eingegangene **Verfügungsgeschäft hingegen wirksam** (wie im Beispiel unter Rn. 81), entsteht ein Bereicherungsanspruch in Form einer Leistungskondiktion nach § 812 Abs. 1 S. 1 Var. 1. Denn für die Verfügung fehlte der „rechtliche Grund" i.S.d. § 812 Abs. 1. Der Empfänger muss das durch die Verfügung Erlangte wieder herausgeben. Bei einer wirksamen Verfügung nach § 929 S. 1 wäre dies Eigentum und Besitz. Der Bereicherungsanspruch dient hier der Rückabwicklung unwirksamer Verpflichtungsgeschäfte.

Sind **sowohl das Verpflichtungs- als auch das Verfügungsgeschäft unwirksam** (wie im Beispiel unter Rn. 82), entsteht zum einen ein Bereicherungsanspruch nach § 812 Abs. 1 S. 1 Var. 1, soweit überhaupt etwas erlangt wurde. Zum anderen können besondere „dingliche" Ansprüche entstehen, die mit dem Recht, über das nicht wirksam verfügt wurde, verbunden sind, insbesondere die Vindikation nach § 985.

**Beispiel** Sind wie im vorigen Beispiel Kaufvertrag und Übereignung des Kaufobjektes unwirksam, hat der Erwerber infolge der Übergabe i.S.d. § 929 S. 1 zwar nicht das Eigentum, aber immerhin den (tatsächlichen) Besitz erlangt. Diesen muss er nach § 985 an den Eigentümer herauszugeben, da er kein Eigentum erhalten hat und ihm der unwirksame Kaufvertrag kein Recht zum Besitz verschaffen kann. Dem vermeintlichen Verkäufer schuldet er die Herausgabe des erlangten Besitzes daneben auch aus § 812 Abs. 1 S. 1 Var. 1.

Wurde eine Forderung verkauft und sind Kaufvertrag sowie die Abtretung unwirksam, hat der Erwerber („Zessionar") nichts erlangt, weswegen er ungerechtfertigt bereichert sein könnte. Anders lägen die Dinge, wenn ihm der Veräußerer („Zedent") bereits einen Schuldschein i.S.d. § 405 ausgehändigt hätte. Das Eigentum daran stünde wegen § 952 Abs. 1 unverändert dem bisherigen Gläubiger zu. Den Besitz daran hätte er diesem nach § 985 und ebenfalls bereicherungsrechtlich nach § 812 Abs. 1 S. 1 Var. 1 herauszugeben. ■

## III. Entgeltliche und unentgeltliche Rechtsgeschäfte

84 Die Unterscheidung zwischen entgeltlichen und unentgeltlichen Rechtsgeschäften spielt **allein bei Verpflichtungsgeschäften** eine Rolle. Wie wir eben gesehen haben, werden durch Verpflichtungsgeschäfte Leistungspflichten geschaffen. Dabei können die Beteiligten festlegen, ob nur eine Seite eine Leistungspflicht übernimmt, oder ob zugleich auch die andere Seite zur Leistung verpflichtet werden soll.

**Übernimmt jemand eine Leistungspflicht nur deshalb, weil auch sein Vertragspartner seinerseits sich zur Leistung verpflichtet[38], ist die eine Leistung das Entgelt für die andere Leistung.[39]**

38 Lateinisch: „do ut des" = „Ich gebe, damit Du gibst."
39 Palandt-*Grüneberg* Einf. v. § 320 Rn. 5; *Leenen* BGB AT § 4 Rn. 40.

**Hinweis**

Das Entgelt muss nicht in Geld bestehen. Klassisches Beispiel für ein Entgelt ohne Geld ist der Tausch zweier Sachen (§ 480 i.V.m. § 433). Die eine Sachleistung ist das Entgelt für die andere Sachleistung.

Die Vertragsfreiheit ermöglicht auch sonst eine freie Gestaltung des Entgeltes. So kann zum Beispiel bei einem Mietvertrag i.S.d. § 535 vereinbart werden, dass die „Miete" nicht in Form einer Geldzahlung, sondern ganz oder teilweise in Form von Hausmeisterleistungen, also Dienstleistungen, erbracht wird.[40]

Solche entgeltlichen Verträge bezeichnet das Gesetz auch als **„gegenseitigen Vertrag"** (vgl. 85
§§ 320 ff.). Gleichbedeutend ist der Ausdruck **„synallagmatischer Vertrag"**, weil das Versprechen der einen Leistung um der zugleich versprochenen Gegenleistung willen als „Synallagma" bezeichnet wird.[41]

Bei den **unentgeltlichen Verträgen** einigen sich die Parteien darüber, dass eine **Leistung ohne Gegenleistung**, also ohne Entgelt, erbracht werden soll.

**Beispiel** Schenkung (§§ 516 ff.), Leihe (§§ 598 ff.), zinsloses Darlehen[42] (§§ 488 ff.) bzw. unentgeltliches Sachdarlehen (§§ 607 ff.), Auftrag (§§ 662 ff.) oder Bürgschaft[43] (§§ 765 ff.). ■

**Hinweis**

Soll eine Dienst- oder Werkleistung erbracht werden und haben sich die Vertragspartner nicht ausdrücklich auf eine bestimmte Vergütung verständigt, liegt nicht unbedingt ein Auftrag i.S.d. § 662 vor. Entscheidend ist, ob sich der Einigung entnehmen lässt, dass die Leistungserbringung unentgeltlich erfolgen, oder dass es dafür irgendeine Vergütung als Entgelt geben soll. Soll eine Vergütung gezahlt werden, ist diese aber im Vertrag nicht bestimmt, hilft das Gesetz mit (dispositiven!) Regeln zur Vergütung (vgl. §§ 612, 632).

Bei den unentgeltlichen Geschäften stellt sich regelmäßig auch die Frage, ob tatsächlich ein Vertrag oder lediglich ein **Gefälligkeitsverhältnis** vorliegt.[44]

„Unentgeltlich" bedeutet nicht, dass nur eine Partei aufgrund des Vertrages primären Leis- 86
tungspflichten unterworfen ist. Auch die andere Seite kann durch den Vertrag Pflichten übernehmen. Bei unentgeltlichen Verträgen sind diese Pflichten aber nicht die Gegenleistung für die Hauptleistung, sondern Nebenpflichten ohne Entgeltcharakter. Man nennt Ver-

40 Palandt-*Weidenkaff* § 535 Rn. 71.

41 Palandt-*Grüneberg* Einf. v. § 320 Rn. 5; *Leenen* BGB AT § 4 Rn. 40.

42 Aus der Formulierung in § 488 Abs. 1 S. 2 („einen geschuldeten Zins") folgt, dass ein Zinsentgelt nicht vereinbart sein muss, um die §§ 488 ff. zur Anwendung zu bringen. Entsprechendes gilt für das unentgeltliche Sachdarlehen nach §§ 607 ff.

43 Im Verhältnis zwischen Bürgen und Hauptschuldner besteht ein weiteres Verpflichtungsgeschäft: Verpflichtet sich der Bürge gegenüber dem Schuldner, die Bürgschaft ohne Entgelt des Schuldners zu übernehmen, liegt zwischen diesen Parteien ein Auftrag vor; soll der Schuldner dem Bürgen etwas für die Bürgschaftsübernahme zahlen, besteht hingegen regelmäßig ein Geschäftsbesorgungsvertrag i.S.d. § 675, vgl. Palandt-*Sprau* Einf. v. § 765 Rn. 5.

44 Siehe dazu unter Rn. 250 ff.

träge mit einer unentgeltlichen Hauptleistung, bei denen aber auch die andere Seite (Neben-)Leistungspflichten übernimmt, **zweiseitig verpflichtende Verträge**.[45]

**Beispiel** Bei der Leihe ist der Entleiher nach § 601 Abs. 1 zur Tragung der gewöhnlichen Erhaltungskosten und zur Rückgabe der entliehenen Sache nach § 604 Abs. 1 verpflichtet. Beim zinslosen Darlehen schuldet der Darlehensnehmer nach § 488 Abs. 1 S. 2 Rückzahlung des zur Verfügung gestellten Darlehens. Entsprechendes gilt für das Sachdarlehen nach § 607 Abs. 1 S. 2.

Der Auftrag verpflichtet den Auftraggeber nach §§ 669, 670, Aufwendungen des Beauftragten wieder zu ersetzen und auf Verlangen für etwaige Aufwendungen Vorschüsse zu leisten, über die anschließend abgerechnet wird. ■

## IV. Kausale und abstrakte Rechtsgeschäfte

87 Wir haben eben unter Rn. 83 gesehen, dass Zuwendungen aufgrund unwirksamer Verpflichtungsgeschäfte mit Hilfe des Bereicherungsrechtes rückabgewickelt werden. Verpflichtungsgeschäfte begründen eine Leistungspflicht und schaffen damit regelmäßig einen Rechtsgrund[46] für das Behalten der zugewendeten Leistung i.S.d. § 812 Abs. 1. Es gibt allerdings Ausnahmen. Sie werden in § 812 Abs. 2 angesprochen: Danach gilt auch die „durch Vertrag erfolgte Anerkennung des Bestehens oder des Nichtbestehens eines Schuldverhältnisses als *Leistung*." Die Anerkennung eines Schuldverhältnisses i.S.d. § 781 begründet eine Leistungspflicht und ist damit sicher ein Verpflichtungsgeschäft.[47] Gleichwohl ist der Vertrag mit dem Schuldanerkenntnis seinerseits *„Leistung"* und nicht zugleich *Rechtsgrund* i.S.d. § 812 Abs. 1. Was unterscheidet nun das Schuldanerkenntnis von anderen Verpflichtungsgeschäften, die neben der Leistungspflicht zugleich einen Rechtsgrund schaffen? Die Antwort besteht darin, dass der Anerkenntnisvertrag gem. § 781 nicht beantwortet, zu welchem Zweck er vorgenommen wurde. Verpflichtungsgeschäfte, die **zugleich die Frage beantworten, warum die Leistung zugewendet wird,** stellen einen Rechtsgrund i.S.d. § 812 Abs. 1 (sog. „causa") dar. Sie werden daher auch **„kausale Geschäfte" oder kurz „Kausalgeschäfte"** genannt.[48]

**Hinweis**

Damit ist nicht gemeint, dass Kausalgeschäfte sämtliche Motive der Parteien offenlegen. Das geschieht nie. Entscheidend ist vielmehr, ob aus der Vereinbarung die wirtschaftliche Zweckrichtung der Leistung hervorgeht, insbesondere ob eine Leistung dauerhaft oder nur vorübergehend und ob sie entgeltlich oder unentgeltlich zugewendet wird.

88 Rechtsgeschäfte, die ihrerseits keinen Rechtsgrund darstellen, nennt man **„abstrakte Rechtsgeschäfte"**.[49] Sie sind von einem bestimmten Rechtsgrund losgelöst („abstrahiert") und unabhängig (Trennungs- und Abstraktionsprinzip!).

45 *Leenen* BGB AT § 4 Rn. 52 ff.

46 Lateinisch: „causa".

47 Das bloß „deklaratorische" Schuldanerkenntnis ist von § 812 Abs. 2 nicht gemeint, Palandt-*Sprau* § 812 Rn. 18.

48 Palandt-*Ellenberger* Überbl. v. § 104 Rn. 20 f.; *Faust* BGB AT § 6 Rn. 1 ff.; *Leenen* BGB AT § 4 Rn. 55 f.

49 *Ellenberger* Überbl. v. § 104 Rn. 20 f.; *Faust* BGB AT § 6 Rn. 1 ff.; *Leenen* BGB AT § 4 Rn. 55 f.

**Verfügungsgeschäfte sind daher zugleich abstrakte Rechtsgeschäfte.**[50] Der Grund und Zweck der Verfügung liegt außerhalb des Rechtsgeschäfts begründet und kann sich aus einem Kausalgeschäft oder aus dem Gesetz ergeben.

**Beispiel** Die Übereignung eines Kartons mit zehn Eiern gem. § 929 S. 1 besagt nichts darüber, zu welchem Zweck sie vorgenommen wird. Die Übereignung kann der Erfüllung einer vertraglichen Pflicht dienen, zum Beispiel aus einem zugrunde liegenden Kaufvertrag, einem Tausch, einer Schenkung, einem Werklieferungsvertrag oder einem Sachdarlehen. Sie kann aber auch zur Erfüllung eines gesetzlichen Schuldverhältnisses vorgenommen werden, zum Beispiel aus § 812 Abs. 1 S. 1 Var. 1, wenn eine rechtsgrundlose Übereignung rückabzuwickeln ist oder aus §§ 823 Abs. 1, 249 Abs. 1, wenn für zerstörte zehn Eier dem Eigentümer der zerstörten Eier Naturalrestitution durch Übereignung gleichartiger Eier zu leisten ist. ■

**Verpflichtungsgeschäfte sind hingegen bis auf ganz wenige Ausnahmen immer Kausalgeschäfte.**

Als Ausnahmen bleiben diejenigen Verpflichtungsgeschäfte, die der Erfüllung verschiedener Kausalgeschäfte dienen können und daher von diesen ihrerseits losgelöst sind. Sie sind ebenfalls „abstrakte Rechtsgeschäfte". Die mit diesen Geschäften geschaffenen Ansprüche können für unterschiedliche Zwecke eingeräumt werden, wobei sich der Zweck erst aus dem kausalen Rechtsverhältnis ergibt. Sie erkennen diese abstrakten Verpflichtungsgeschäfte daran, dass sie die Frage nach der Entgeltlichkeit oder Unentgeltlichkeit und auch nach dem Zweck der Leistung nicht beantworten.

**Beispiel** Schuldversprechen und Schuldanerkenntnis (§§ 780, 781), Anweisung (§§ 783 ff.), Inhaberschuldverschreibung (§ 793), Verpflichtungen aus Wechsel oder Scheck.[51]

Schuldversprechen oder Schuldanerkenntnis können beispielsweise der Abrechnung wechselseitiger Forderungen aus einem Arbeitsverhältnis, Darlehen oder Giro(konto)vertrages zur einvernehmlichen Ermittlung eines Schlußsaldos dienen, um damit einer vertraglichen oder gesetzlichen Abrechnungspflicht zu genügen (vgl. § 782).[52]

Sie können auch als Sicherungsinstrumente dienen, indem jemand etwa eine Zahlungsverpflichtung gem. § 780 verspricht, um damit der Bank eine (nichtakzessorische[53]) Personalsicherheit für das Darlehen eines anderen zuzuwenden.[54] Der Zweckzusammenhang zwischen der abstrakten Zahlungsverpflichtung aus dem Schuldversprechen und dem Darlehensvertrag ergibt sich erst aus der kausalen Sicherungsabrede. Dies ist bei der Bürgschaft anders: Hier ergibt sich der Sicherungszweck aus dem Bürgschaftsvertrag selbst, der den Sicherungswillen des Bürgen und wegen der Akzessorietät der Bürgschaft zugleich auch die zu sichernde Hauptforderung festlegen muss. Die Bürgschaft ist daher ein kausales Verpflichtungsgeschäft.[55]

Die Eingehung einer Scheckverbindlichkeit kann zum Beispiel der Erfüllung einer Zahlungsverpflichtung aus Kauf, Schenkung, Dienst- oder Werkvertrag dienen = regelmäßig eine Leistung erfüllungshalber, § 364 Abs. 2. ■

---

50 *Ellenberger* Überbl v § 104 Rn. 20 f.; *Faust* BGB AT § 6 Rn. 1 ff.; *Leenen* BGB AT § 4 Rn. 55 f.
51 Palandt-*Ellenberger* Überbl. v. § 104 Rn. 21.
52 Palandt-*Sprau* § 781 Rn. 7.
53 Sonst stünde ja eine Bürgschaft nach §§ 765 ff. zur Verfügung.
54 Palandt-*Sprau* § 780 Rn. 1a.
55 Palandt-*Sprau* Einf. v. § 765 Rn. 2, 4 und § 765 Rn. 1.

# D. Aufbau von Rechtsgeschäften

89 Alle Rechtsgeschäfte haben folgende Struktur[56]:

**Allgemeine Struktur von Rechtsgeschäften**

**I. Zustandekommen durch wirksame Willenserklärung(en) Rn. 90 ff.**
= Festlegung von Art und Inhalt des Rechtsgeschäfts

↓ Wirkungen treten wie gewünscht ein, wenn:

**II. Vorliegen aller Wirksamkeitserfordernisse Rn. 93 ff.**
= Rechtsgeschäft kann erst wirksam sein,
wenn alle Erfordernisse erfüllt sind

↓ Wirkungen treten wie gewünscht ein, es sei denn:

**III. Besondere Wirksamkeitshindernisse Rn. 95 f.**
= Rechtsgeschäft ist nichtig

Rechtliche Wirkungen löst ein Rechtsgeschäft nur aus, wenn verschiedene Voraussetzungen erfüllt sind. Die Voraussetzungen variieren je nach Art und Inhalt des konkret gewünschten Rechtsgeschäfts. Bei der Prüfung eines konkreten Rechtsgeschäfts ordnen wir die verschiedenen Voraussetzungen bestimmten Prüfungskategorien zu, die wir in eine logische Reihenfolge bringen. Wir unterscheiden gedanklich zwischen drei Kategorien: das **Zustandekommen** eines Rechtsgeschäfts[57], seine jeweiligen **Wirksamkeitserfordernisse** sowie besondere **Wirksamkeitshindernisse**.

**JURIQ-Klausurtipp**

Zwischen dem Zustandekommen und der Wirksamkeit eines Rechtsgeschäfts ist streng zu unterscheiden. Wir beginnen mit dem Zustandekommen eines Rechtsgeschäfts. Erst wenn das Rechtsgeschäft zustande gekommen ist, steht fest, was gewollt ist. Erst wenn feststeht, was gewollt ist, wissen wir, ob und welche Wirksamkeitserfordernisse und -hindernisse für dieses Rechtsgeschäft einschlägig sein können.

Das Zustandekommen des Rechtsgeschäfts ist logisch daher an erster Stelle zu prüfen. Sodann folgen die Wirksamkeitserfordernisse und -hindernisse. In der Klausur müssen Sie selbstverständlich nur solche Wirksamkeitserfordernisse und -hindernisse erörtern, zu deren Erwähnung der Fall Anlass gibt. Keinesfalls sind alle erdenklichen Tatbestände aufzuführen.

56 Dem Gesetz lässt sich die systematische (Prüfungs-)Struktur von Willenserklärung und Rechtsgeschäft nicht eindeutig entnehmen, so dass verschiedene Aufbauvorschläge existieren, die allesamt vertretbar sind. Bei der Prüfung von Willenserklärung und Rechtsgeschäft folgt dieses Skript dem z.B. von *Leenen* in seinem Lehrbuch zum BGB AT vertretenen Aufbau. Dieser hat sich in meiner langjährigen Praxis als Repetitor als der günstigste Weg erwiesen, um alle Prüfungsschritte gedanklich sauber abzuschichten und möglichst nahe und widerspruchsfrei (!) am Gesetzestext zu arbeiten.

57 Man kann auch vom „Tatbestand eines Rechtsgeschäfts" sprechen, vgl. *Leenen* BGB AT vor § 8 Rn. 1 ff.; § 11 Rn. 1 ff.

## I. Zustandekommen von Rechtsgeschäften durch wirksame Willenserklärung(en)

Zunächst ist daher zu fragen, **ob** und **welches konkrete Rechtsgeschäft** überhaupt **90**
zustande gekommen ist. Mit dem Zustandekommen ist die „Geburtsstunde" des Rechtsgeschäfts gemeint: In dem Moment, in dem es zustande gekommen ist, steht fest, welche Rechtsfolgen die beteiligten Personen mit dem Rechtsgeschäft herbeiführen wollen. Ein Rechtsgeschäft kommt zustande, wenn **Art und Inhalt** des gewollten Rechtsgeschäfts durch **wirksame Willenserklärungen eindeutig bestimmbar** sind. In diesem Moment existiert es als Gegenstand unserer weiteren Prüfung. Wenn es hier heißt, dass die *Willenserklärungen ihrerseits wirksam* sein müssen, ist damit offensichtlich *nicht die Wirksamkeit des Rechtsgeschäfts* gemeint. Das BGB unterscheidet in seinen Tatbeständen zwischen solchen Normen, die die Wirksamkeit der Willenserklärung betreffen (z.B. §§ 104 ff., §§ 116–118) und solchen, die die Wirksamkeit der mit diesen Willenserklärungen hervorgebrachten Rechtsgeschäfte behandeln. **Nur wirksame Willenserklärungen bringen ein Rechtsgeschäft zustande.**[58]

**Hinweis**

Im hier vorgestellten Aufbau[59] wird daher gedanklich zwischen der Wirksamkeit einer Willenserklärung und der Wirksamkeit eines Rechtsgeschäfts unterschieden.

Diese in den gesetzlichen Tatbeständen angelegte (feine) Unterscheidung wird von Vielen aber häufig auch gedanklich zusammengefasst, indem Fragen der Wirksamkeit einer Willenserklärung zugleich Fragen der Wirksamkeit des Rechtsgeschäfts sein sollen.[60]

Beide Darstellungsweisen sind vertretbar und werden nie zu unterschiedlichen Ergebnissen führen. Es ist eher eine Frage, welche gedankliche Prüfungsreihenfolge dem Gesetzeswortlaut am nächsten kommt und zu einer möglichst einfachen und klaren Abschichtung der Themen führt. Deswegen wurde dem hier vorgestellten Ansatz der Vorzug gegeben.

---

58 Vgl. *Leenen* BGB AT § 6 Rn. 1 ff.; *Petersen* JURA 2009, 183.

59 Siehe Fußnote 58.

60 Vgl. etwa Palandt-*Ellenberger* Überbl. v. § 104 Rn. 3, wo sämtliche Aspekte, die die Wirksamkeit von Willenserklärung und Rechtsgeschäft betreffen, unter dem Begriff „Wirksamkeitsvoraussetzungen" zusammengefasst werden.

Beim Zustandekommen eines Rechtsgeschäftes ist zwischen einseitigen Rechtsgeschäften und Verträgen zu unterscheiden:

| Zustandekommen von Rechtsgeschäften | |
|---|---|
| **Einseitige Rechtsgeschäfte**<br>(z.B. Anfechtung, Kündigung, Aufrechnung, Vollmacht) | **Mehrseitige Rechtsgeschäfte in der Form des Vertrages**<br>(z.B. Kaufvertrag, Abtretung, Übereignung, Verpfändung) |
| eine wirksame Willenserklärung | Einigung durch wirksames Angebot und und wirksame Annahme |
| ↓ | ↓ |
| Festlegung von Art und Inhalt des RG in eindeutig bestimmbarer Weise<br>(z.B. „Anfechtung des Vertrages zw. A und B wegen Irrtums des A") | Festlegung von Art und Inhalt des RG in eindeutig bestimmbarer Weise<br>(z.B. „KaufV zw. V und K über PKW des V zum Preis € 5000") |

## 1. Einseitige Rechtsgeschäfte

91 Bei einseitigen Rechtsgeschäften (z.B. Anfechtung, Kündigung, Widerruf, Rücktritt, Aufrechnung), bedarf es zur Festlegung von Art und Inhalt dieses Rechtsgeschäfts **nur einer (wirksamen) Willenserklärung.**

Die (einseitige) Willenserklärung einer Person legt Art und Inhalt des einseitigen Rechtsgeschäfts fest. Ein einseitiges Rechtsgeschäft kommt deshalb durch eine darauf gerichtete Willenserklärung zustande.[61]

Wir wissen anhand der Erklärung, welches konkrete Rechtsgeschäft gewollt ist und welche Regeln dabei zu beachten sind. Leistet die Erklärung dies nicht, kann dadurch ein einseitiges Rechtsgeschäft nicht zustande kommen.

**Beispiel** K kauft von V eine Uhr und teilt ihm später mit, er sei mit dem Kauf sehr unglücklich.

Hier wird noch nicht einmal deutlich, ob K überhaupt etwas Rechtliches erreichen will wie etwa eine Rückabwicklung durch eine Anfechtung oder einen Rücktritt. ■

61 *Leenen* BGB AT § 11 Rn. 13; *Medicus* Allgemeiner Teil des BGB Rn. 242 f.

## 2. Verträge[62]

Geht es einer Person um die Herbeiführung von Rechtsfolgen durch Vertrag (z.B. Kauf, Über- 92
eignung, Abtretung), gilt die aus §§ 147, 151 S. 1 Hs. 1 folgende Grundregel: Der Vertrag kommt erst durch Annahme des Angebots zustande.

Dabei ergeben sich aus §§ 150 Abs. 2, 154, 155 inhaltliche Anforderungen und aus §§ 146 Hs. 2, 147 ff. zeitliche Anforderungen an die vertragsbegründende Annahme. **Erst wenn Antrag (Angebot) und Annahme vorliegen und die Annahme den inhaltlichen sowie zeitlichen Anforderungen genügt, ist der Vertrag zustande gekommen.**[63] Erst die so erzielte Einigung legt Art und Inhalt des vertraglichen Rechtsgeschäfts fest.

**Beispiel** Aus dem Kaufangebot alleine können sich die Vertragspartner, der Kaufgegenstand und der Kaufpreis noch nicht verbindlich ergeben. Denn der Adressat des Angebots könnte das vorgeschlagene Geschäft ja gänzlich ablehnen (kein Vertragsschluss, vgl. § 146 Var. 1) oder aber Änderungswünsche haben (noch kein Vertragsschluss, vgl. § 150 Abs. 2). Was gelten soll, entscheidet erst die verbindliche Einigung über alle erheblichen Punkte. ■

## II. Wirksamkeitserfordernisse von Rechtsgeschäften

93

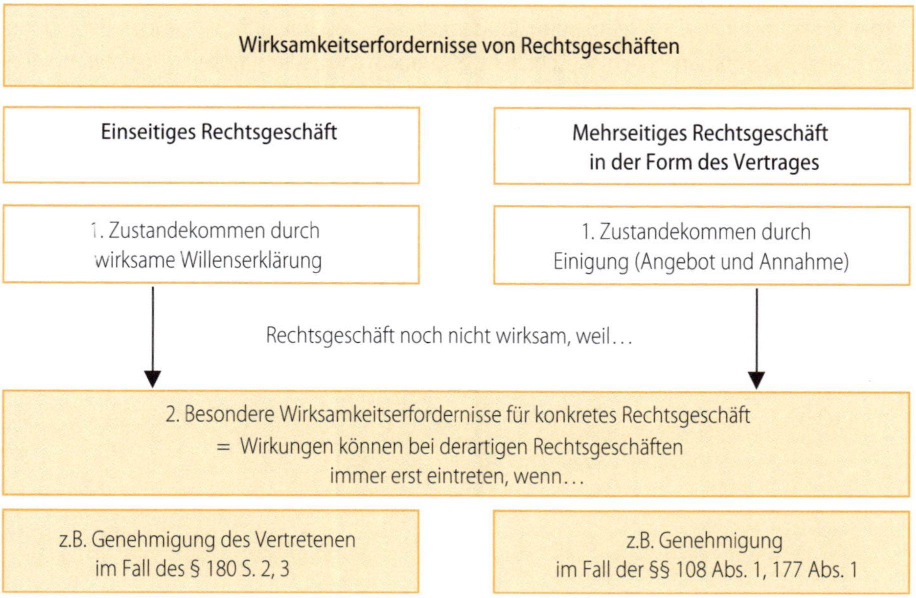


Obwohl das Rechtsgeschäft zustande gekommen ist, werden die mit ihm verfolgten Rechtsfolgen („Wirkungen") noch nicht unbedingt ausgelöst. Das Rechtsgeschäft **kann aus besonderen Gründen noch unwirksam sein**. Es müssen oft (aber nicht immer!) noch weitere Voraussetzungen erfüllt sein, damit das Rechtsgeschäft wirksam ist. **Wir unterscheiden streng zwischen dem Zustandekommen eines Rechtsgeschäfts und seiner Wirksamkeit.**

62 Das Zustandekommen von Beschlüssen als weitere Form eines mehrseitigen Rechtsgeschäfts gehört ins Gesellschaftsrecht und wird hier nicht näher behandelt.

63 *Leenen* BGB AT vor § 8 Rn. 1 ff.; *Medicus* a.a.O.

Je nach Art des Rechtsgeschäfts und der an ihm beteiligten Personen kennt das Gesetz besondere **Wirksamkeitserfordernisse**.

**Wirksamkeitserfordernisse** werden durch solche Normen begründet, die die Wirksamkeit eines konkret zustande gekommenen Rechtsgeschäfts von weiteren Voraussetzungen abhängig machen.[64]

94 Ein fehlendes Wirksamkeitserfordernis führt nicht zur endgültigen Unwirksamkeit (= Nichtigkeit) des Rechtsgeschäfts, sondern **zu seiner schwebenden Unwirksamkeit**. Das Rechtsgeschäft kann noch keine Wirkungen entfalten, weil es noch nicht wirksam ist.[65]

**Beispiele Wirksamkeitserfordernisse:**

- Genehmigungen nach §§ 108 Abs. 1, 177 Abs. 1, 180 S. 2, 3, 1365 Abs. 1, 1366 Abs. 1, 1369 Abs. 1, Abs. 3, 1829 Abs. 1,
- Realakte wie die Übergabe i.S.d. § 929 S. 1,
- Eintragung im Grundbuch i.S.d. § 873 Abs. 1.

Die **aufschiebende Bedingung** i.S.d. § 158 Abs. 1 fällt dagegen **nicht** hierunter. Der Eintritt einer vereinbarten aufschiebenden Bedingung ist kein Wirksamkeitserfordernis. Das liegt daran, dass die Geltung einer solchen Bedingung ihrerseits bereits eine gewünschte Rechtsfolge des Rechtsgeschäfts ist. Die Geltung einer aufschiebenden Bedingung setzt die Wirksamkeit ihrer Vereinbarung logisch voraus. Das mit aufschiebender Bedingung zustande gekommene Rechtsgeschäft ist also auch vor Bedingungseintritt notwendigerweise wirksam – das Rechtsgeschäft entfaltet nur vor Bedingungseintritt noch nicht seine sonstigen inhaltlichen Wirkungen; die vom Eintritt der Bedingung abhängig gemachten Rechtsfolgen werden hinausgezögert.[66] ■

64 *Leenen* BGB AT § 6 Rn. 5 ff. und § 9 Rn. 10 ff.
65 *Leenen* a.a.O.; Palandt-*Ellenberger* Überbl. v. § 104 Rn. 31.
66 Palandt-*Ellenberger* Überbl. v. § 104 Rn. 32; Einf. v. § 158 Rn. 8; MüKo-*Westermann* § 158 Rn. 1.

## III. Wirksamkeitshindernisse bei Rechtsgeschäften

95

Wirksamkeitshindernisse bei Rechtsgeschäften

| Einseitiges Rechtsgeschäft | Mehrseitiges Rechtsgeschäft in der Form des Vertrages |
|---|---|
| 1. Zustandekommen durch wirksame Willenserklärung | 1. Zustandekommen durch Einigung (Angebot und Annahme) |
| + | + |
| 2. Wirksamkeitserfordernisse | 2. Wirksamkeitserfordernisse |

Rechtsgeschäft dennoch unwirksam, weil …

3. Besondere Wirksamkeitshindernisse für konkretes Rechtsgeschäft
= gewünschte Wirkungen können mit diesem Rechtsgeschäft endgültig nicht erreicht werden (Nichtigkeit)
z.B. wegen §§ 125, 134, 138, 142 Abs. 1

Je nach Art und Inhalt des Rechtsgeschäfts und der an ihm beteiligten Personen können außerdem **besondere Wirksamkeitshindernisse für das Rechtsgeschäft** bestehen.[67] In diesen Fällen wird das Rechtsgeschäft von der Rechtsordnung **von Anfang an nicht anerkannt** und soll deshalb wirkungslos bleiben. Das Rechtsgeschäft kann die mit ihm gewünschten Folgen von Anfang an nicht herbeiführen. Dies wird regelmäßig als **„Nichtigkeit“** bezeichnet.[68]

> **Wirksamkeitshindernisse für ein Rechtsgeschäft** werden durch solche Normen begründet, die zur Nichtigkeit eines konkret zustande gekommenen Rechtsgeschäfts führen.[69]

Anders als die Wirksamkeitserfordernisse fällen die Wirksamkeitshindernisse das endgültige Urteil über die Wirksamkeit des Rechtsgeschäfts, indem sie es für **nichtig (= endgültig unwirksam)** erklären. Wirksamkeitshindernisse können sich aus Gesetz oder früheren Vereinbarung ergeben.

67 Der Ausdruck „Wirksamkeitshindernisse“ dient der Abgrenzung von den Wirksamkeitserfordernissen, die bis zu ihrer Erfüllung nur zur schwebenden Unwirksamkeit eines Rechtsgeschäfts führen, vgl. *Leenen* BGB AT § 9 Rn. 13; „Wirksamkeitserfordernisse“ und „Wirksamkeitshindernisse“ lassen sich unter dem Begriff „Wirksamkeitsvoraussetzungen“ zusammenfassen, *Leenen* a.a.O. m.w.N.

68 Palandt-*Ellenberger* Überbl. v. § 104 Rn. 27 der zugleich in Rn. 29 darauf hinweist, dass das Gesetz nicht immer von „Nichtigkeit“ spricht, wenn „Nichtigkeit“ gemeint ist und einen Überblick über die Varianten in den verschiedenen Tatbeständen gibt (unbedingt einmal nachlesen!).

69 *Leenen* BGB AT § 9 Rn. 10 ff.; diejenigen Normen, die zur Nichtigkeit einer Willenserklärung führen, werden nach dem hier vorgestellten Aufbau gedanklich bei der jeweiligen Willenserklärung auf der Ebene „Zustandekommen“ des Rechtsgeschäfts geprüft.

**Beispiele** Gesetzliche Nichtigkeitsanordnungen in §§ 111 S. 2, 3, 125 S. 1, 134, 138, 142 Abs. 1, 174 S. 1, 180 S. 1, 248 Abs. 1, 494 Abs. 1, 925 Abs. 2;

Verstoß gegen vertraglich vereinbartes Formerfordernis (vgl. Auslegungsregel in § 125 S. 2), z.B. formlose Kündigung eines Mietvertrages über Büroräume, obwohl dafür im Vertrag Schriftform vereinbart wurde. ■

96 In **Ausnahmefällen** gibt es gesetzlich angeordnete **Heilungsmöglichkeiten**.

**Beispiele** §§ 311b Abs. 1 S. 2, 494 Abs. 2, 518 Abs. 2, 766 S. 3. ■

Gibt es keine Heilungsmöglichkeit, ist das Rechtsgeschäft unheilbar nichtig, d.h. wirkungslos. Es muss unter Beachtung der Wirksamkeitshindernisse **neu vorgenommen** oder **bestätigt** (§ 141) werden.[70] Teilwirkungen des nichtigen Rechtsgeschäfts lassen sich möglicherweise noch über seine **Umdeutung** in ein wirksames Rechtsgeschäft nach § 140 „retten".[71]

70 Palandt-*Ellenberger* Überbl. v. § 104 Rn. 3, 27 ff.

71 Bestätigung und Umdeutung sind Gegenstand des Skripts „BGB AT II".

# 3. Teil
# Die Willenserklärung

## Willenserklärung

**I. (Objektiver) Tatbestand: Abgabe einer Erklärung**
- Abgabe bei zufälliger Kenntnisnahme? Rn. 117
- Fehlender Handlungswille Rn. 118
- „Abhandengekommene" Willenserklärung Rn. 119 ff.

**II. Zugang als Wirksamkeitserfordernis**
1. Empfangsbedürftigkeit der Willenserklärung
2. Zugang bei Abgabe unter Abwesenden
   - Zugang „nicht gespeicherter" Erklärungen Rn. 128 ff.
   - Zustellungshindernisse in der Sphäre des Empfängers Rn. 138
   - Verständnisprobleme des Empfängers Rn. 139 ff.
   - Zugangsvereitelung Rn. 142 ff.
3. Zugang bei Abgabe unter Anwesenden
   - Zugang durch Vorlage von Urkunden Rn. 152 f.
   - Zugang bei Verständnisproblemen Rn. 155
4. Zugang bei Beteiligung von Hilfspersonen
   - Unterscheidung von Vertreter und Boten Rn. 157 ff.
   - Zugang bei vollmachtlosem Empfangsvertreter Rn. 162 ff.
5. Zugang bei Geschäftsunfähigkeit des Adressaten
6. Zugang bei beschränkter Geschäftsfähigkeit des Adressaten
   - Verhältnis von § 131 Abs. 2 und § 108 Abs. 1 Rn. 190 f.

**III. Inhaltsbestimmung der Äußerung („Ob" und „Was")**
1. Auslegung empfangsbedürftiger Willenserklärungen
   - falsa demonstratio Rn. 202
2. Auslegung nicht empfangsbedürftiger Willenserklärungen
3. Schweigen als Willenserklärung

**IV. Nichtigkeitsgründe bzgl. Willenserklärung**
1. Geschäftsunfähigkeit des Erklärenden, §§ 105 Abs. 1
2. Vorübergehende Geistesstörung des Erklärenden, § 105 Abs. 2
3. Tatbestände der §§ 116–118
   - gescheitertes Scheingeschäft Rn. 227
4. Fehlendes Erklärungsbewusstsein
   - Lehre vom potentiellen Erklärungsbewusstsein Rn. 228 ff.
5. Widerruf, § 130 Abs. 1 S. 2

PRÜFUNGSSCHEMA

# A. Überblick

» Überlegen Sie mal: Welche Beispiele fallen Ihnen für einseitige Rechtsgeschäfte ein? «

97 Wie wir gesehen haben, erfordert das Zustandekommen eines einseitigen Rechtsgeschäfts eine Willenserklärung. Für das Zustandekommen eines Vertrages benötigen wir mindestens zwei Willenserklärungen, Antrag (Angebot) und Annahme. Dabei ist zu beachten, dass nur wirksame Willenserklärungen ein Rechtsgeschäft zustande bringen können. Das BGB unterscheidet sehr fein zwischen der Wirksamkeit einer Willenserklärung und der Wirksamkeit des mit dieser Erklärung verfolgten Rechtsgeschäfts.[1] Es gelten jeweils unterschiedliche Normen. Ohne wirksame Willenserklärung kann also ein einseitiges Rechtsgeschäft nicht zustande kommen. Ein Vertrag kann nur durch wirksames Angebot und wirksame Annahme geschlossen werden.[2]

Wenn wir das Zustandekommen eines Rechtsgeschäfts prüfen, beschäftigen wir uns also mit der oder den auf das Rechtsgeschäft gerichteten Willenserklärung(en) und mit der Wirksamkeit der jeweiligen Erklärung.

Wir sehen uns im Folgenden die Willenserklärung und ihre Wirksamkeitsvoraussetzungen eingehend an. Im Anschluss behandeln wir unter Rn. 245 ff. die Besonderheiten beim Zustandekommen von Verträgen als Hauptfall des mehrseitigen Rechtsgeschäfts.

**Hinweis**

Um Missverständnissen vorzubeugen, sei hier noch einmal auf Folgendes hingewiesen: Die Normen im Allgemeinen Teil des BGB sind nicht so formuliert, dass ihnen eine einzig richtige Aufbauvariante entnommen werden könnte. Demzufolge existieren verschiedene Aufbauvorschläge, die allesamt vertretbar sind. Bei der Prüfung von Willenserklärung und Rechtsgeschäft folgt dieses Skript im Wesentlichen dem z.B. von *Leenen* in seinem Lehrbuch zum BGB AT vertretenen Aufbau. Dies gilt insbesondere für die Einteilung in Zustandekommen (= Tatbestand), Wirksamkeitserfordernisse und Wirksamkeitshindernisse (= Nichtigkeitsgründe) sowie die Unterscheidung von Wirksamkeitsfragen in Bezug auf die Willenserklärung als solche und in Bezug auf das gesamte Rechtsgeschäft. Der Vorzug dieses Aufbaus besteht darin, dass er nach meiner Überzeugung und Erfahrung aus dem Unterricht im Repetitorium am ehesten geeignet ist, alle Prüfungsschritte gedanklich sauber abzuschichten und möglichst nahe und widerspruchsfrei (!) am Gesetzestext zu arbeiten.

Andere Aufbaukonzepte werden nie zu unterschiedlichen Ergebnissen führen, sondern sich nur im Aufbau und einzelnen Formulierungen unterscheiden. Nehmen wir an, ein Geschäftsunfähiger erklärt den Rücktritt von einem Vertrag, den sein gesetzlicher Vertreter wirksam für ihn geschlossen hatte: Es ist eben ein Unterschied, ob man dann im Einklang mit § 105 Abs. 1 formuliert, *„die Rücktrittserklärung“* sei nichtig, oder ob man sagt, *„der Rücktritt“* sei nichtig. Die erste Formulierung bezieht sich auf die Rücktrittserklärung, die zweite Formulierung auf das gesamte Rechtsgeschäft „Rücktritt“, das neben der Willenserklärung noch weitere Elemente (insbesondere ein Rücktrittsrecht) aufweist.

1 Siehe oben unter Rn. 90.
2 Siehe oben unter Rn. 92.

## I. Begriff

Die Willenserklärung ist Gegenstand verschiedener Regelungen im BGB und wird dort ohne **98**
Definition genannt.[3] Offenbar ist man bei Einführung des BGB davon ausgegangen, der Begriff könne als bekannt vorausgesetzt werden. Aus der Funktion einer Willenserklärung als zentraler Bestandteil des Rechtsgeschäfts lässt sich der Begriff aber umschreiben, nämlich:

> Die **Willenserklärung** ist eine Äußerung, die unmittelbar auf die Herbeiführung eines bestimmten rechtsgeschäftlichen Erfolges gerichtet ist.[4]

## II. Elemente einer Willenserklärung

**99**

**Handlungswille:**
„Ich will mich jetzt äußern!"

+

**Erklärungsbewusstsein/Rechtsbindungswille:**
„Ich will Rechtsfolgen herbeiführen"

+

**Geschäftswille:**
„Ich will eine bestimmte Rechtsfolge"

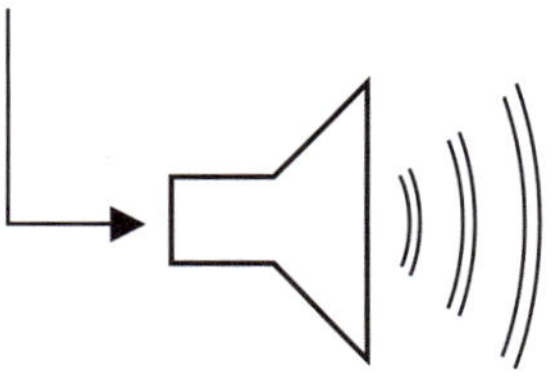

Ausdruck eines Geschäftswillens
durch objektiv wahrnehmbares Verhalten

Jede Willenserklärung hat logischerweise einen **subjektiven (inneren)** und einen **objektiven (äußeren)** Bestandteil. Der subjektive Bestandteil ist der hinter der konkreten Erklärung stehende Wille, der objektive Bestandteil ist das nach außen hervortretende Erklärungsverhalten. Trennen Sie das Wort in **Willens – Erklärung** und die beiden Bestandteile liegen auf der Hand.

Sehen wir uns die beiden Elemente genauer an:

### 1. Subjektiver Tatbestand: der Wille

Der subjektive Tatbestand der Willenserklärung, nämlich der zu der konkreten Erklärung führende **100**
Wille, berührt verschiedene Bewusstseinsebenen. Die verschiedenen Bewusstseinsebenen berücksichtigt man, indem man nicht einfach von „dem Willen" spricht. Vielmehr differenziert man sprachlich zwischen **drei verschiedenen Willenselementen.**[5]

---

3 Vgl. §§ 105, 107, 116–124, 130–133.

4 Urteil des *BGH* vom 7. November 2001 (Az: VIII ZR 13/01) unter II 3 b = NJW 2002, 363 ff.; *BGH* NJW 1993, 2100 unter I 1; Palandt-*Ellenberger* Einf. v. § 116 Rn. 1; *Faust* BGB AT § 2 Rn. 1.

5 Diese Aufteilung in drei Elemente entspricht den Erkenntnissen der Psychologie zur Zeit der Entstehung des BGB.

### a) Handlungswille

101 Der Handlungswille ist der hinter jeder Bewegung stehende natürliche Wille, sich irgendwie zu verhalten und dieses Verhalten zu steuern.

Mit **Handlungswillen** bezeichnet man den Willen des Erklärenden, überhaupt mit einem äußerlich wahrnehmbaren Verhalten etwas mitzuteilen, also zu schreiben, zu sprechen, die Hand zu heben, etc.[6]

### b) Erklärungsbewusstsein, Rechtsbindungswille

102 Wenn sich jemand mit seinem Verhalten überhaupt äußern will, heißt das aber noch nicht, dass er mit seiner Äußerung auch ein Rechtsgeschäft vornehmen möchte.

**Beispiele** Gruß an einen Bekannten, Einladung von Freunden zum Abendessen, unverbindliche Werbemaßnahme (sog. invitatio ad offerendum) ■

103 Der mit der Äußerung verfolgte rechtliche Gestaltungswille ist das charakteristische Willenselement einer Willenserklärung. Dieser Wille wird **Erklärungsbewusstsein,** oder auch **Erklärungswille** bzw. **Rechtsfolgewille** genannt. Die Terminologie ist hier nicht einheitlich. Bei den auf Abschluss eines Vertrages gerichteten Willenserklärungen wird zur Abgrenzung vom sog. Gefälligkeitsverhältnis sowie zur Abgrenzung des Angebots von einer „invitatio ad offerendum" üblicherweise vom **Rechtsbindungswillen** gesprochen.[7] Es handelt sich lediglich um eine rein begriffliche Unterscheidung.

Mit dem Begriff des **Erklärungsbewusstseins** bzw. **Rechtsbindungswillens** bezeichnet man das Bewusstsein und den Willen, mit dem Verhalten überhaupt eine rechtsgeschäftliche Erklärung abzugeben und sich dadurch rechtlich binden zu wollen.[8]

### c) Geschäftswille

104 Herkömmlicherweise wird zusätzlich noch der Begriff des „Geschäftswillens" verwendet, um die klassischen Anfechtungsfälle des § 119 Abs. 1 im subjektiven Tatbestand begrifflich besser erfassen zu können.

Als **Geschäftswillen** bezeichnet man den Willen, mit einem Rechtsgeschäft ganz bestimmte Rechtsfolgen herbeizuführen.[9]

Während das Erklärungsbewusstsein nur das allgemeinere und vorgelagerte Bewusstsein des Erklärenden beschreibt, mit seinem Verhalten **irgendetwas rechtlich Erhebliches** zu erklären,

---

6 *Medicus* Allgemeiner Teil des BGB Rn. 606; Palandt-*Ellenberger* Einf. v. § 116 Rn. 1; *Faust* BGB AT § 2 Rn. 4; *Petersen* „Der Tatbestand der Willenserklärung", JURA 2006, 178, 180 unter Ziff. II 2a.

7 Siehe z.B. Urteil des *BGH* vom 4. Februar 2009 (Az: VIII ZR 32/08) unter Tz. 12 = BGHZ 179, 319 ff; Urteil des BGH vom 18. Dezember 2008 (Az: IX ZR 12/05) unter Tz. 7 = NJW 2009, 1141 ff; *Faust* BGB AT § 3 Rn. 4.

8 *Medicus* Allgemeiner Teil des BGB Rn. 605; Palandt-*Ellenberger* Einf. v. § 116 Rn. 1, 4; *Faust* BGB AT § 2 Rn. 4, 6 und § 3 Rn. 4; *Petersen* JURA 2006, 178, 180 unter Ziff. II 2c.

9 Palandt-*Ellenberger* a.a.O.; *Petersen* JURA 2006, 178, 180 unter Ziff. II 2b.

geht es beim Geschäftswillen um die **konkrete Geschäftsabsicht**. Dabei ist zu beachten, dass derjenige, dem das Erklärungsbewusstsein bzw. der Rechtsbindungswille fehlt, natürlich auch keinen speziellen Geschäftswillen hat. Umgekehrt besitzt derjenige, der mit Geschäftswillen erklärt, auch das dazu notwendige Erklärungsbewusstsein.[10]

**Beispiel 1** A grüßt seinen Bekannten B – er hat dabei weder Erklärungsbewusstsein noch Geschäftswillen; ■

**Beispiel 2** A erklärt den Rücktritt von einem Kaufvertrag mit B – er hat sowohl Erklärungsbewusstsein als auch Geschäftswillen (nämlich eine konkrete Rücktrittsabsicht in Bezug auf einen bestimmten Vertrag); ■

**Beispiel 3** A will seine alte Waschmaschine für 100 € über die Internetplattform von „eBay" verkaufen, legt aber wegen eines Tippfehlers das „Sofortkauf–Angebot" auf 10 € fest – er handelt mit Erklärungsbewusstsein und Geschäftswillen. Der Geschäftswille („Verkauf für 100 €") ist aber unrichtig zum Ausdruck gekommen. ■

## 2. Objektiver Tatbestand: Erklärung eines Geschäftswillens

Für den objektiven Tatbestand der Willenserklärung genügt **jedes menschliche Verhalten**, **105**
das – ggfs. nach Auslegung – einen **konkreten Geschäftswillen erkennen lässt**.[11] Ein generelles Formerfordernis kennt unsere Rechtsordnung dabei nicht.

Ein Geschäftswille kann einmal **ausdrücklich formuliert** werden. Im Alltag wird ein Geschäftswille aber aus Zeitnot, mangelnder Formulierungslust oder aus Unwissen um die juristisch exakten Ausdrücke meistens gar nicht ausdrücklich erklärt. Da es gem. § 133 nie auf den „buchstäblichen Sinne des Ausdrucks" ankommt, kann ein Verhalten auch ohne ausdrückliche Formulierung einen Geschäftswillen zum Ausdruck bringen.

Wir sprechen bei den **nicht ausdrücklichen** Erklärungen auch von einer **„konkludenten"** Willenserklärung oder einer Erklärung durch „**schlüssiges** Verhalten".

**Beispiel** Wortlose Vorlage einer Zeitung am Kiosk kann als Angebot zum Abschluss eines Kaufvertrages über diese Zeitung verstanden werden.

Kopfnicken kann die Annahme eines Angebots bedeuten.

Das Einwerfen einer Münze in einen Automaten kann als Annahme der – wiederum konkludent – angebotenen entgeltlichen Leistung des Automatenaufstellers verstanden werden.

Die Formulierung eines Käufers gegenüber dem Verkäufer: „Ich will mit Ihnen nichts mehr zu tun haben, da sie trotz mehrfacher Aufforderung meinerseits immer noch nicht geliefert haben und dies scheinbar auch nicht mehr vorhaben!" bringt schlüssig einen Rücktrittswillen zum Ausdruck. ■

---

10 Der *BGH* verwendet die Begriffe „Erklärungsbewusstsein" und „Geschäftswille" demzufolge regelmäßig nebeneinander, z.B. in seinem Urteil vom 13. Juli 2005 (Az: VIII ZR 255/04) = NJW 2005, 2620 unter II 2; im Urteil vom 7. November 2001 (Az: VIII ZR 13/01) unter II 3b dd = NJW 2002, 363 ff.; *BGHZ* 91, 324 ff. – „Sparkassenfall".

11 Palandt-*Ellenberger* Einf. v. § 116 Rn. 1; *Faust* BGB AT § 2 Rn. 6; *Petersen* JURA 2006, 178, 179 unter Ziff. II 1.

Die Grenze zum reinen „Schweigen“ im Sinne der Rechtsgeschäftslehre kann folglich nicht akustisch bestimmt werden. Ein lautloses Kopfnicken kann – je nach Kontext – eine konkludente Willenserklärung darstellen. Wir kommen darauf unter Rn. 204 ff. zurück.

## III. Notwendigkeit der Auslegung

106 Idealerweise kommt der Wille des Erklärenden im objektiven Erklärungstatbestand korrekt zum Ausdruck, so dass die von der Erklärung betroffenen Personen ihn richtig verstehen. Gelegentlich geht dieser „Transport“ des Willens durch die objektiv wahrnehmbare Äußerung daneben.

**Beispiel** Sehen wir uns dazu noch einmal das *Beispiel 3* von eben an: A will seine alte Waschmaschine für 100 € über die Internetplattform von „eBay“ verkaufen, legt aber wegen eines Tippfehlers das „Sofortkauf-Angebot“ auf 10 € fest. B ist über dieses „Schnäppchenangebot“ sehr erfreut und erklärt strahlend die Annahme. ■

Was gilt in den Fällen, in denen sich objektiver und subjektiver Tatbestand nicht decken? Genießt der innere, subjektive Wille den Vorrang vor dem objektiven Ausdruck oder verhält es sich gerade umgekehrt?

Einerseits scheint § 133 die Marschroute klar vorzugeben: „Bei der Auslegung einer Willenserklärung ist der wirkliche Wille zu erforschen und nicht an dem buchstäblichen Sinne des Ausdrucks zu haften“. Es soll sich offenbar der tatsächliche Wille des Erklärenden durchsetzen. Dies wäre eine konsequente Umsetzung der Privatautonomie als Selbstbestimmungsrecht des Einzelnen.

Auf der anderen Seite verraten uns die Anfechtungsmöglichkeiten nach §§ 119 Abs. 1, 142 Abs. 1, die Sondervorschrift des § 116 S. 1 sowie die Auslegungsregel des § 157 aber, dass der tatsächliche Wille des Erklärenden gegenüber dem objektiven Erklärungstatbestand nicht ohne weiteres Vorrang beansprucht. Käme es nämlich tatsächlich ausschließlich auf den wahren Willen des Erklärenden an, liefen die Anfechtungsregeln der §§ 119 Abs. 1, 121 leer. Sie wären unnötig. Die dort bezeichneten Irrtümer über die „Bedeutung der Erklärung“ oder über die „Abgabe einer Erklärung diesen Inhalts“ könnte es nicht geben.

Unsere Rechtsordnung entscheidet sich bei fehlerhaften Formulierungen und Missverständnissen bewusst gegen eine einseitige Bevorzugung des tatsächlichen Willens des Erklärenden. Wäre der tatsächliche Wille des Erklärenden allein maßgeblich, würde damit eine erhebliche Unsicherheit in den Rechtsverkehr hineingetragen. Der Empfänger einer Erklärung muss sich mangels besseren Wissens in der Regel an den objektiven Ausdruck halten können. Von ihm kann nur verlangt werden, dass er die ihm zur Verfügung stehenden Erkenntnismöglichkeiten ausschöpft und sich um eine verständige Interpretation bemüht. In dem Vertrauen auf seine – redliche – Interpretation ist der Empfänger schutzbedürftig. Der Erklärende hat es hingegen in der Hand, seine Erklärung klar und deutlich zu gestalten und etwaigen Missverständnissen vorzubeugen.

Daher gilt im Ergebnis:

Mit den Auslegungsregeln wird ein **fairer Ausgleich zwischen der privatautonomen Selbstbestimmungsfreiheit des Erklärenden einerseits und dem Vertrauensschutz zugunsten der von der Erklärung betroffenen Personen andererseits geschaffen. Durch Auslegung kann eine Willenserklärung deshalb einen Inhalt bekommen, der nicht dem tatsächlichen Willen des Erklärenden entspricht.**

Wir gehen dabei sogar noch einen Schritt weiter: **Bereits die Frage, ob überhaupt eine Willenserklärung vorliegt, ist ebenfalls durch Auslegung zu entscheiden.**[12]

Wir werden uns mit den Auslegungsregeln eingehend unter Rn. 192 ff. beschäftigen.

## IV. Prüfungsreihenfolge

Allgemeine Struktur von Willenserklärungen 107

I. Zustandekommen der Willenserklärung durch Abgabe Rn. 108 ff.

↓

II. Besonderes Wirksamkeitserfordernis des Zugangs Rn. 123 ff.
beim richtigen Empfänger
wegen **Empfangsbedürftigkeit** der Willenserklärung
(Regelfall)

↓

Auslegung der Erklärung Rn. 192 ff.

↓ Wirksamkeit, es sei denn:

III. Wirksamkeitshindernisse bzgl. Willenserklärung Rn. 211 ff.
z.B. §§ 105 Abs. 1, Abs. 2, 116-118

In welcher Reihenfolge prüft man nun die verschiedenen Aspekte einer Willenserklärung im Gutachten?

Das Gesetz gibt uns hinsichtlich des Prüfungsaufbaus wichtige Hinweise. In § 130 Abs. 1 S. 1 heißt es, dass eine Willenserklärung, die in Abwesenheit des Empfängers „abgegeben wird", in dem Zeitpunkt „wirksam wird", wenn sie diesem „zugeht". Die **Abgabe** ist nach diesem Modell der vorgelagerte Tatbestand, mit dem die Willenserklärung geschaffen und „ins Leben gerufen" wird, also **zustande kommt**. Der **Zugang** baut auf der Abgabe auf und ist nach der Formulierung des § 130 Abs. 1 S. 1 **Wirksamkeitserfordernis**. Ferner ordnet § 105 Abs. 1 an, dass die Willenserklärung eines Geschäftsunfähigen nichtig ist. Die Geschäftsunfähigkeit ist damit **Nichtigkeitsgrund in Bezug auf die Willenserklärung** – wir können auch sagen: **Wirksamkeitshindernis.**[13]

Es gibt also auch bei der Willenserklärung die drei gedanklichen Ebenen: Zustandekommen, Wirksamkeitserfordernisse und Wirksamkeitshindernisse (= Nichtigkeitsgründe). **Wie beim Rechtsgeschäft finden wir bei der Willenserklärung dieselben gedanklichen Prüfungsstufen wieder.**[14]

---

12 *BGH* Urt. v. 7. November 2001 (Az: VIII ZR 13/01) unter II 3b aa = NJW 2002, 363 ff; Palandt-*Ellenberger* Einf. v. § 116 Rn. 1, 2; *Leenen* BGB AT § 5 Rn. 36 f.

13 *Leenen* BGB AT § 6 Rn. 1 ff.

14 Siehe dazu noch einmal oben unter Rn. 89 ff.

## B. Die Abgabe einer Willenserklärung

108

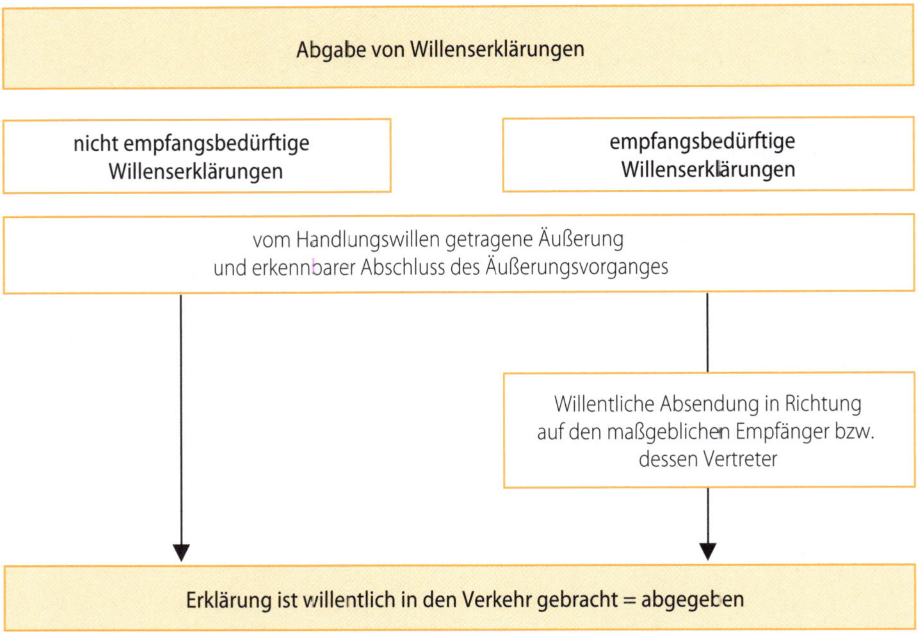


Wir beginnen die Prüfung der konkreten Willenserklärung nach den eben gewonnen Erkenntnissen gedanklich also mit ihrer Abgabe.

**Eine Willenserklärung kommt mit ihrer Abgabe zustande.**[15] Ohne Abgabe ist die Willenserklärung „als solche noch nicht existent".[16] Die Abgabe ist sozusagen die „Geburtsstunde" einer Willenserklärung.

Wann und wie eine Willenserklärung abgegeben wird, ist im Gesetz allerdings nicht definiert. Auch der bereits angesprochene Tatbestand des § 130 Abs. 1 gibt uns darüber keine genauere Auskunft.

### I. Abgabetatbestand

109 Für die Bestimmung der Abgabevoraussetzungen wird allgemein danach unterschieden, ob es sich um eine **empfangsbedürftige oder um eine nicht empfangsbedürftige Willenserklärung** handelt.

#### 1. Empfangsbedürftige und nicht empfangsbedürftige Willenserklärungen

110 **Empfangsbedürftig** ist eine Willenserklärung, deren Wirksamkeit den Zugang beim Empfänger erfordert.[17]

**Nicht empfangsbedürftige Willenserklärungen** werden hingegen – bei Fehlen von Wirksamkeitshindernissen – bereits mit ihrer Abgabe wirksam.[18]

---

15 *Medicus* Allgemeiner Teil des BGB Rn. 263.
16 *BGH* Urt. v. 8. März 2006 (Az: IV ZR 145/06) unter Ziff. II 2 = NJW-RR 2006, 847 ff.
17 *Medicus* Allgemeiner Teil des BGB Rn. 259, 268; Palandt-*Ellenberger* § 130 Rn. 2; *Faust* BGB AT § 2 Rn. 14; *Petersen* JURA 2006, 426 unter Ziff. II.
18 *Medicus* a.a.O. Rn. 293; Palandt-*Ellenberger* § 130 Rn. 1; *Faust* a.a.O.; *Petersen* a.a.O.

Die **Empfangsbedürftigkeit** einer Willenserklärung ist **der Regelfall,** da die Wirkungen des 111
mit ihr verfolgten Rechtsgeschäfts regelmäßig andere Personen betreffen, die darüber informiert werden müssen.[19]

**Beispiele für empfangsbedürftige Willenserklärungen** Angebot und Annahme (Ausnahme: § 151), Anfechtungserklärung (vgl. § 143), Vollmachtserteilung (§ 167 Abs. 1), Zustimmungserklärung (§ 182 Abs. 1), Rücktrittserklärung (§ 349), Aufrechnungserklärung (§ 388 S. 1). ■

**Hinweis**

Das Gesetz kennzeichnet eine empfangsbedürftige Willenserklärung mit der Formulierung: „Willenserklärung, die einem anderen gegenüber abzugeben ist", vgl. §§ 116 S. 2, 117 Abs. 1, 123 Abs. 2, 130 Abs. 1 S. 1.

Bei der Bestimmung des **richtigen Empfängers** einer empfangsbedürftigen Willenserklärung 112
hilft Ihnen das Gesetz, indem es den Empfänger ausdrücklich bestimmt. Im Übrigen ergibt sich der richtige Empfänger aus der Logik des jeweiligen Rechtsgeschäfts.

**Beispiele** Angebot und Annahme (Ausnahme: § 151) müssen dem jeweils anderen Vertragspartner zugehen; der Empfänger der Anfechtungserklärung wird mit Hilfe des § 143 bestimmt; bei der Vollmachtserteilung hilft § 167 Abs. 1, bei der Zustimmungserklärung § 182 Abs. 1, bei der Rücktrittserklärung § 349 und bei der Aufrechnungserklärung § 388 S. 1. ■

Entfaltet ein Rechtsgeschäft dagegen ausnahmsweise **keine unmittelbaren Wirkungen** 113
**gegenüber Dritten**

**Beispiele** Aufgabeerklärung nach § 959, Testament (§§ 2229 ff.) ■

oder entfalten Dritte typischerweise **kein schutzwürdiges Vertrauen** auf die Erklärung,

**Beispiele** Annahme nach § 151 (vgl. die Voraussetzungen in § 151 S. 1 Hs. 2) oder Auslobung (hier winkt auch dem Ahnungslosen eine Belohnung, § 657) ■

ist die Willenserklärung ausnahmsweise **nicht empfangsbedürftig**.

## 2. Abgabe einer nicht empfangsbedürftigen Willenserklärung

Bei **nicht empfangsbedürftigen Willenserklärungen** liegt Abgabe mit vollständigem 114
Abschluss des Äußerungsvorganges durch den Erklärenden vor.

Eine **nicht empfangsbedürftige Willenserklärung** ist **abgegeben**, wenn sich der Erklärende willentlich geäußert und seinen Äußerungsvorgang nach außen erkennbar abgeschlossen hat.[20]

19 *Medicus* Allgemeiner Teil des BGB Rn. 259; *Faust* BGB AT § 2 Rn. 10.
20 *Medicus* Allgemeiner Teil des BGB Rn. 264; Palandt-*Ellenberger* § 130 Rn. 4; *Faust* BGB AT § 2 Rn. 15.

### 3. Abgabe einer empfangsbedürftigen Willenserklärung

115 Bei **empfangsbedürftigen Willenserklärungen** genügt der erkennbare Abschluss des Äußerungsvorganges nicht. Vielmehr muss die Erklärung noch **mit Willen des Erklärenden in Richtung auf die Person „auf den Weg gebracht werden"**, die nach dem konkret zu prüfenden Rechtsgeschäft der maßgebliche Empfänger ist.

Eine **empfangsbedürftige Willenserklärung** ist (erst) **abgeben**, wenn die Erklärung mit Willen des Erklärenden in Richtung auf den maßgeblichen Empfänger so in den Verkehr gelangt ist, dass mit Zugang gerechnet werden kann.[21]

**Beispiele für Abgabe gegenüber anwesendem Empfänger** Persönliche Übergabe eines Schreibens; mündliche Erklärung in üblicher Lautstärke gegenüber Empfänger. ■

**Beispiele für Abgabe gegenüber abwesendem Empfänger** Beauftragung eines Boten (Post, eigener Mitarbeiter etc.) mit Übermittlung der Erklärung an namentlich bezeichneten Empfänger (z.B. Brief in adressiertem Umschlag);[22] Beauftragung eines Boten, einem bestimmten Empfänger eine mündliche Erklärung auszurichten. ■

116 Zwischen dem Vorbereiten der Erklärung und ihrer Absendung muss kein bestimmter Zeitraum liegen. Der Geschäftswille des Erklärenden kann weit vor dem Abgabezeitpunkt gebildet werden. Entscheidend ist allein, ob die spätere Versendung auf den Willen des Erklärenden zurückzuführen ist.[23]

**Beispiele** Mieter M bringt sein an den Vermieter V gerichtetes Kündigungsschreiben erst nach Monaten zur Post;

auf eine aktuelle Bestellung des K im Internetshop des V verschickt ein Computersystem, das von V bereits vor einem Jahr dafür eingerichtet und programmiert worden war, automatisch eine Annahmeerklärung per E-Mail an den K. Nicht das Computersystem, sondern die Person (oder das Unternehmen), die es als Kommunikationsmittel nutzt, gibt die Erklärung ab.[24] ■

## II. Abgabe bei zufälliger Kenntnisnahme?

117 Eine zufällige Kenntnisnahme des richtigen Empfängers, mit der der Erklärende nicht rechnen konnte, ist keine Folge einer Abgabe „in seine Richtung". Mangels ausreichender Abgabe liegt keine Willenserklärung ihm gegenüber vor, die dann durch Zugang wirksam werden könnte.[25]

---

21 *BGH* NJW 1989, 1671 unter Ziff. III 2; NJW 1979, 2032 f. unter Ziff. II 1; *Medicus* Allgemeiner Teil des BGB Rn. 265; Palandt-*Ellenberger* § 130 Rn. 4; *Petersen* JURA 2006, 426 unter Ziff. II 1.

22 Eine fehlende oder unzureichende Frankierung steht der Abgabe nicht entgegen, da der Brief dem Empfänger ausgehändigt werden kann, wenn dieser das Entgelt zahlt.

23 *Faust* BGB AT § 2 Rn. 15; *Petersen* JURA 2006, 178 f. unter Ziff. I.

24 *BGH* Urt. v. 16.10.2012 (AZ: X ZR 37/12) unter Tz. 17 = NJW 2013, 598 f. (wunderbarer Klausurfall – lesen!)

25 *BGH* NJW 1989, 1671, unter Ziff. II 2; NJW 1979, 2032 f. unter Ziff. II 1; *Medicus* Allgemeiner Teil des BGB Rn. 265; Palandt-*Ellenberger* § 130 Rn. 4.

**Beispiel 1** Mieter M hört zufällig durch geöffnete Fenster, wie der unter ihm wohnende Vermieter V zu seiner Frau sagt: „Da M seine Miete schon wieder nicht gezahlt hat, kündige ich ihm." Hier kann keine Kündigungserklärung des V vorliegen, weil die Erklärung nicht in Richtung auf den M als maßgeblichen Empfänger abgegeben wurde. ■

**Beispiel 2** K will vom notariell beurkundeten Grundstückskaufvertrag mit V zurücktreten. Irrtümlich hält er den beurkundenden Notar für den richtigen Rücktrittsgegner (vgl. aber § 349) und erklärt in einem an den Notar gerichteten Schreiben den Rücktritt vom Kaufvertrag. Dieser bemerkt den Rechtsirrtum und leitet das Schreiben kurz entschlossen an den V weiter.[26] Hier kann keine Rücktrittserklärung des K vorliegen, weil die Erklärung nicht in Richtung auf den V als maßgeblichen Empfänger abgegeben wurde. Auf den Zugang des Schreibens bei V durch Weiterleiten des Notars kommt es somit nicht an. ■

## III. Auswirkungen fehlenden Handlungswillens

Aus den genannten Abgabedefinitionen folgt, dass fehlender Handlungswille einer Abgabe entgegensteht. Denn die betreffende Person will in diesen Fällen ja gar nicht handeln – sie will sich nicht äußern. **Fehlt der Handlungswille, liegt mangels Abgabe keine Willenserklärung vor.**[27] **118**

**Beispiel** Reflexhandlungen, gewaltsames Heben der Hand durch den Sitznachbarn bei einer Versteigerung. ■

**Auf das Verständnis eines etwaigen Empfängers kommt es dabei nicht an.** Es liegt tatbestandlich gar keine rechtlich relevante Äußerung vor, die Gegenstand einer Inhaltsbestimmung durch Auslegung sein könnte.[28]

**Hinweis**

Das Verhalten muss trotz Handlungswillens nicht unbedingt freiwillig sein. Wer eine Erklärung aufgrund einer Drohung abgibt, z.B. einen Scheck ausstellt, weil ihm der Erpresser eine Pistole vorhält, handelt willentlich. Denn die Erklärung wird ja gerade absichtlich abgegeben, um die bestehende Drohsituation zu beenden. Das Gesetz gibt dem Erklärenden dafür aber ein Anfechtungsrecht nach § 123 Abs. 1 Var. 2

26 Nach *BGH* NJW 1979, 2032 f.

27 *Medicus* Allgemeiner Teil des BGB Rn. 606; Palandt-*Ellenberger* Einf. v. § 116 Rn. 16; *Faust* BGB AT § 21 Rn. 27; *Petersen* JURA 2006, 178 f. unter Ziff. II 2a.

28 Wie zuvor; a.A. *Leenen* BGB AT § 5 Rn. 35, der die Willenserklärung in diesen Fällen nicht bereits an der Abgabe scheitern lässt, sondern über die allgemeinen Auslegungsregeln zu dem Ergebnis kommt, die Äußerung könne keine Willenserklärung sein. Bei bestimmten Reflexhandlungen (z.B. versehentlicher Mausklick) soll hingegen die Auslegung eine Willenserklärung ergeben können, die dann aber nach § 119 Abs. 1 Var. 2 anfechtbar sein soll.

**Merke:** Was Anfechtungsgrund ist, hindert die Entstehung einer wirksamen Willenserklärung nicht. Denn die (spätere) Anfechtung setzt ja zunächst eine wirksame Willenserklärung voraus.

## IV. Sonderfall: „Abhandengekommene" Willenserklärung

119 Der Ausgangspunkt, dass eine Willenserklärung ohne Handlungswillen nicht existieren kann, wird ganz überwiegend vertreten. Jedoch besteht Streit über die Lösung derjenigen Fälle, in denen der Erklärende **eine empfangsbedürftige Willenserklärung willentlich verfasst hat, diese aber ohne seinen Willen in den Verkehr gelangt** ist. Der Handlungswille fehlt hier beim zweiten Element der Abgabe, nämlich dem Inverkehrbringen (vgl. oben unter Rn. 115 ff.).

**Beispiel** Die Mobilfunkanbieterin A AG hat eine Aktionswoche mit besonders günstigen Konditionen für Neukunden gestartet. Der B hat Interesse an einem Mobilfunkvertrag mit der A gefunden. Aus einer Filiale der A hat B umfangreiches Prospektmaterial und einen Formularantrag mitgenommen. In einer ersten Begeisterung füllt B den Antrag aus und unterschreibt ihn. Nach einem Anruf seines besten Freundes kommen ihm Zweifel, da dieser ihn auf schlechte Erfahrungen mit dem Funknetz der A und viele Funklöcher aufmerksam gemacht hat. B lässt den Antrag daher erst einmal auf seinem Schreibtisch liegen und vertagt seine Entscheidung. Seine Freundin F kommt später in ihre gemeinsame Wohnung und bemerkt den Antrag auf dem Schreibtisch des B. Da die Frist für die besonderen „Spezialtarife" der Aktionswoche um 24 Uhr desselben Tages abläuft und B unterwegs ist, will F dem B einen Gefallen tun und gibt das von B unterschriebene Formular noch schnell in der Filiale von A ab. Liegt ein Angebot des B auf Abschluss eines Mobilfunkvertrages mit A vor? ■

120 Geht man von der Abgabedefinition über empfangsbedürftige Willenserklärungen unter Rn. 115 aus, ist eine Willenserklärung erst abgeben, wenn die Erklärung mit Willen des Erklärenden in Richtung auf den maßgeblichen Empfänger so in den Verkehr gelangt ist, dass mit Zugang gerechnet werden kann. Im *Beispiel* hat B demnach kein Angebot abgegeben. Denn B hat seine Erklärung nicht willentlich in Richtung auf die A in den Verkehr gebracht. Insbesondere hatte er die F nicht beauftragt, den Antrag bei A abzugeben.

Für die Abgabe einer gültigen Willenserklärung könnte in diesen Fällen aber sprechen, dass § 119 Abs. 1 Hs. 1 Var. 2 demjenigen ein Anfechtungsrecht gibt, „der eine Erklärung diesen Inhalts überhaupt nicht abgeben wollte". Wenn § 119 Abs. 1 in diesen Fällen ein Anfechtungsrecht gewährt, muss eine Willenserklärung zustande gekommen sein. Denn bei bloßer Anfechtbarkeit soll ja erst eine fristgerechte (vgl. § 121) Anfechtung über § 142 Abs. 1 die Wirkungen des nicht gewollten Rechtsgeschäfts beseitigen.

Es ergeben sich aber Zweifel, ob § 119 Abs. 1 Hs. 1 Var. 2 diese Fälle wirklich erfasst. Schließlich heißt es dort: „eine Erklärung diesen Inhalts" und nicht bloß „eine Erklärung". Der Bezugspunkt des zum Anfechtungsrecht führenden Versehens liegt damit offenbar ebenso wie bei § 119 Abs. 1 Hs. 1 Var. 1 („über deren Bedeutung im Irrtum war") nicht im Abgabeakt als solchem, sondern in der inhaltlichen Bedeutung der abgegebenen Erklärung.

**In den Fällen willenloser Absendung ist nach Auffassung der Rechtsprechung[29] und einem Teil der Lehre[30] die Abgabe und damit die Existenz einer Willenserklärung zu verneinen.** Im *Beispiel* Rn. 119 liegt dann **kein Antrag** des B auf Abschluss eines Mobilfunkvertrages vor. 121

### Hinweis

Sind dem Empfänger im Vertrauen auf eine wirksame Willenserklärung Nachteile entstanden (z.B. Kosten für den Transport von vermeintlich wirksam gekauften Waren), kommt ein Anspruch aus §§ 280 Abs. 1, 311 Abs. 2 Nr. 3, 241 Abs. 2 wegen zu vertretender Rücksichtspflichtverletzung in Betracht.[31]

Diesen Schutz halten manche für unzureichend und wollen dem gutgläubigen Empfänger darüber hinaus mit einer verschuldensunabhängigen Haftung in analoger Anwendung des § 122 helfen.[32] Dem ist aber nicht zuzustimmen. Die verschuldensunabhängige Einstandspflicht aus § 122 lässt sich damit rechtfertigen, dass der Erklärende in den dort genannten Fällen der §§ 118–120 seine Willenserklärung willentlich in den Verkehr gesetzt und damit einen Vertrauenstatbestand für den gutgläubigen Empfänger geschaffen hat. Enttäuscht er das von ihm veranlasste Vertrauen, ist in der Abwägung eine Haftung für Vertrauensschäden auch ohne konkretes Verschulden gerechtfertigt. In den Fällen einer abhanden gekommenen Erklärung fehlt es aber gerade an einer willentlichen Herbeiführung eines solches Vertrauens.

Nach **anderer Auffassung** besteht eine Ähnlichkeit zu den Fällen des fehlenden Erklärungsbewusstseins (siehe Rn. 228 ff.).[33] Danach ist von einer **verbindlichen Abgabe der Willenserklärung auszugehen, wenn der Erklärende fahrlässig handelte und damit rechnen musste, der Empfänger werde die Erklärung als verbindlich ihm gegenüber abgegeben ansehen.**[33] Der Erklärende hat dann aber die Möglichkeit einer Anfechtung gem. § 119 Abs. 1 Hs. 1 Var. 2 BGB analog mit der sich daran anschließenden Schadensersatzpflicht direkt aus § 122 sowie – bei (vermutetem) Vertretenmüssen des Erklärenden – aus §§ 280 Abs. 1, 311 Abs. 2 Nr. 3, 241 Abs. 2. Bei fehlender Fahrlässigkeit des Erklärenden liegt dagegen keine Abgabe vor. 122

---

29 Z.B. Urteil des *BGH* vom 8. März 2006 (Az: IV ZR 145/05) unter Ziff. II 2 und IV 1 = NJW-RR 2006, 847 ff.

30 Z.B. *Bork* Allgemeiner Teil des Bürgerlichen Gesetzbuchs Rn. 615; Nachweise zu den Motiven des Gesetzgebers bei *Leenen* BGB AT § 6 Rn. 73; *Leenen* a.a.O. verneint in den Fällen abhanden gekommener Willenserklärungen den Tatbestand einer Willenserklärung mit Hilfe der Wertung des § 935.

31 *BGH* a.a.O.; *Bork* a.a.O.

32 Siehe Nachweise im Urteil des *BGH* vom 8. März 2006 (Az: IV ZR 145/05) unter Ziff. IV 2 = NJW-RR 2006, 847 ff.; der *BGH* (a.a.O.) hat dies offen gelassen, steht diesem Ansatz aber tendenziell ablehnend gegenüber.

33 *Medicus* Allgemeiner Teil des BGB Rn. 266; Palandt-*Ellenberger* § 130 Rn. 4 (Das dortige Zitat auf *BGH* NJW-RR 2006, 847 ff. ist nur in Bezug auf die c.i.c. richtig!); MüKo-*Einsele* § 130 Rn. 14; *Faust* BGB AT § 6 Rn. 70-73.

Diese Ansicht betont den Schutz des redlichen Empfängers, der von der fehlerhaften Abgabe keine Kenntnis haben konnte. Sie kann außerdem für sich in Anspruch nehmen, dem Erklärenden über die Anfechtung ein Wahlrecht zu verschaffen, das sich bei für ihn günstigen Erklärungen als vorteilhaft erweisen kann. Der Erklärende kann die aufgrund seiner Fahrlässigkeit in den Verkehr gelangte Erklärung als wirksame Erklärung „stehen lassen" und auf eine Anfechtung verzichten.

Im *Beispiel* läge nach dieser Auffassung eine Willenserklärung des B vor, wenn dieser Anhaltspunkte dafür haben musste, F werde den Antrag an A weiterleiten. Dafür fehlen aber ausreichende Tatsachen. Auch nach dieser Ansicht ist damit kein Antrag (Angebot) i.S.d. § 145 gegeben.

**JURIQ-Klausurtipp**

Beide Ansichten sind vertretbar. Prüfen Sie vor einer Streitentscheidung aber immer, ob die Ansichten überhaupt zu unterschiedlichen Ergebnissen kommen. Ist dies nicht der Fall, sind Diskussion und Entscheidung über den Vorzug einer Ansicht überflüssig.

## C. Zugang (bei Empfangsbedürftigkeit)

» Woran erkennen Sie, dass das Gesetz bei § 130 Abs. 1 S. 1 von einer „empfangsbedürftigen" Willenserklärung spricht? «

123

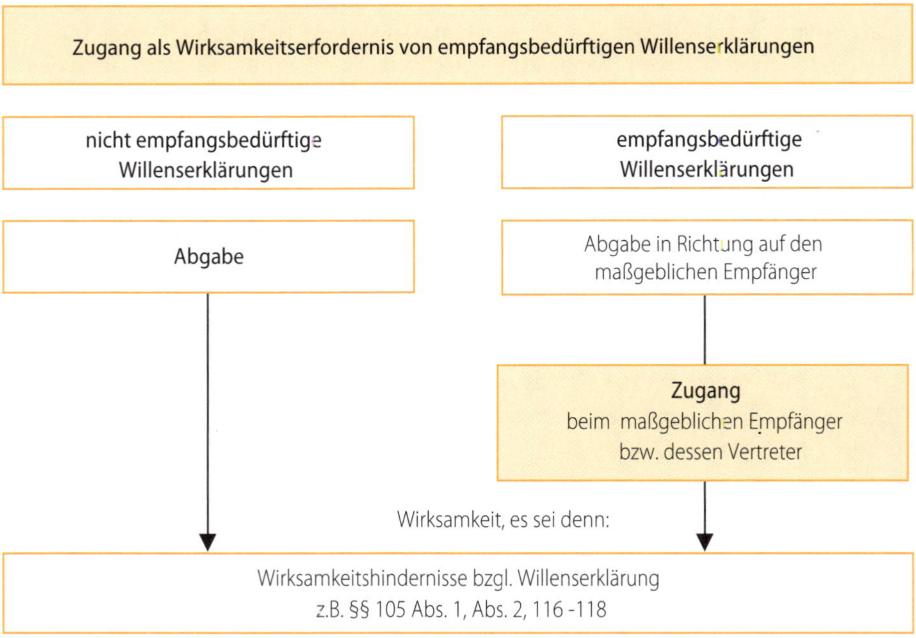

## I. Empfangsbedürftigkeit der Willenserklärung

Bei **nicht empfangsbedürftigen Willenserklärungen** führt **bereits die Abgabe zu ihrer Wirksamkeit**, sofern nicht Wirksamkeitshindernisse vorliegen (z.B. Nichtigkeit nach §§ 104, 105 Abs. 1). Ein Zugang ist zu ihrer Wirksamkeit nicht erforderlich. Das ist allgemein anerkannt, auch wenn das Gesetz dies nicht eigens ausspricht.[34] 124

**Beispiele für nicht empfangsbedürftige Willenserklärungen** Annahme nach § 151; Auslobung (§ 657), Aufgabeerklärung nach § 959, Testament (§§ 2229 ff.).

Bei **empfangsbedürftigen Willenserklärungen** ist dies anders. Wie wir bereits an der Formulierung des § 130 Abs. 1 S. 1 gesehen haben, werden empfangsbedürftige Willenserklärungen, die **unter Abwesenden abgegeben** werden, **erst mit Zugang beim richtigen Empfänger wirksam. Der Zugang ist bei ihnen also Wirksamkeitserfordernis. Der Zugang ist folglich nur bei empfangsbedürftigen Willenserklärungen zu prüfen.** 125

**Beispiele für empfangsbedürftige Willenserklärungen** Angebot und Annahme (Ausnahme: § 151), Anfechtungserklärung (vgl. § 143), Vollmachtserteilung (§ 167 Abs. 1), Zustimmungserklärung (§ 182 Abs. 1), Rücktrittserklärung (§ 349), Aufrechnungserklärung (§ 388 S. 1).

Bei **Abgabe** einer empfangsbedürftigen Willenserklärung **unter Anwesenden** gibt es keine dem § 130 Abs. 1 S. 1 entsprechende Regelung. Dies wird aber allgemein nicht so verstanden, dass bei ihnen allein die Abgabe zur Wirksamkeit führen kann. Vielmehr bedürfen **auch die unter Anwesenden abgegebenen Willenserklärungen zu ihrer Wirksamkeit des Zugangs beim richtigen Empfänger.**[35] Eine ganz andere Frage ist, wann der Zugang in diesen Fällen eintritt. Dazu gleich mehr. 126

**Hinweis**

Neben der Frage, ob eine Willenserklärung überhaupt wirksam geworden ist, ist der Zeitpunkt ihres Zugangs häufig von entscheidender Bedeutung für die Falllösung. Der Zeitpunkt ist immer dann bedeutsam, wenn Fristen (z.B. Kündigungsfristen) einzuhalten sind oder wenn die Frage nach dem rechtlichen Erfolg eines Widerrufs gem. § 130 Abs. 1 S. 2 im Raum steht.

Die Prüfung des Zugangs einer empfangsbedürftigen Willenserklärung ist also sowohl für das „Ob" als auch für das „Wann" ihres Wirksamwerdens entscheidend.

34 *Medicus* Allgemeiner Teil des BGB Rn. 293; Palandt-*Ellenberger* § 130 Rn. 1; *Faust* BGB AT § 2 Rn. 14; *Petersen* JURA 2006, 426 unter Ziff. II 1.

35 *Petersen* JURA 2006, 426 unter Ziff. II 1.

## II. Zugang bei Abgabe unter Abwesenden, § 130 Abs. 1 S. 1

127 Wie und wann geht eine empfangsbedürftige Willenserklärung dem jeweiligen Empfänger zu? Betrachten wir als erstes den Zugang bei Abgabe unter Abwesenden.

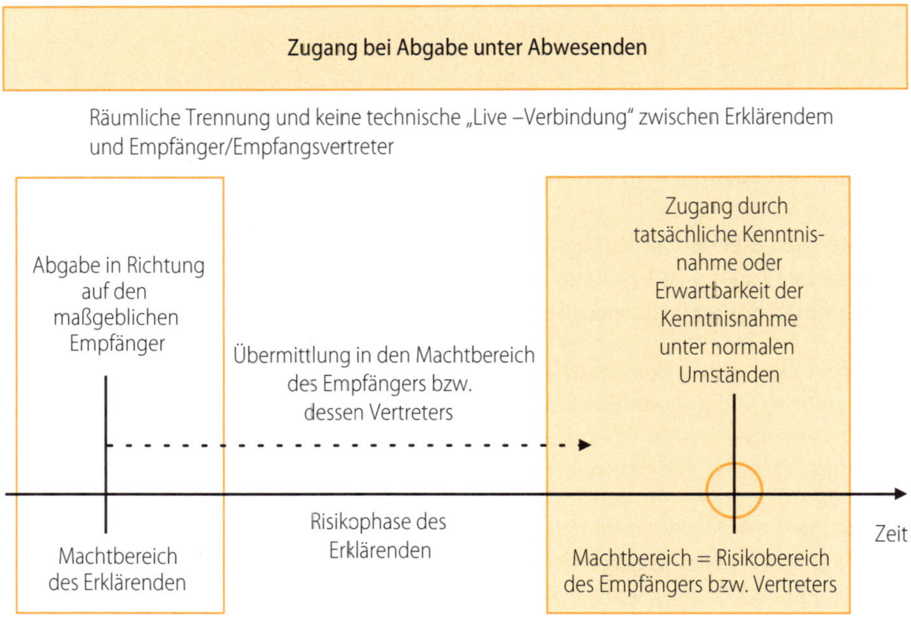


### 1. Abgabe unter Abwesenden

128 Eine Erklärung ist nach dem Wortsinn unter Abwesenden abgegeben, wenn sich der **Erklärende und der Adressat räumlich getrennt voneinander aufhalten**. Aus **§ 147 Abs. 1 S. 2** folgt aber, dass der Gesetzgeber die räumliche Trennung alleine nicht für das maßgebliche Unterscheidungsmerkmal hält. **Hinzukommen muss vielmehr, dass die Kommunikation nur mittels verkörperter, d.h. zur wiederholbaren Wahrnehmung gespeicherter Erklärungen erfolgt und kein unmittelbarer persönlicher Kontakt zwischen Erklärendem und Empfänger mit sofortiger Nachfragemöglichkeit** besteht.[36]

**Beispiele** Übermittlung der Erklärung an den räumlich getrennten Adressaten per Brief, Fax, E-Mail oder SMS;

aber auch: Übermittlung einer mündlichen Erklärung durch einen Boten des Erklärenden, weil hier keine unmittelbare Nachfragemöglichkeit zwischen Erklärendem und Empfänger besteht. ■

129 Die am **Telefon** oder im Rahmen einer **sonstigen „Live-Schaltung“** (z.B. in einer sog. „Videokonferenz“) gegenüber einem – räumlich entfernten – Empfänger abgegebene Erklärung erfolgt wertungsmäßig **„unter Anwesenden“** und nicht „unter Abwesenden“ i.S.d. § 130 Abs. 1 S. 1. In diesen Fällen besteht nämlich ein direkter Übermittlungskontakt mit Nachfragemöglichkeit und es fehlt an einer Speicherung, die dem Empfänger die Überprüfung des Ver-

36 *Medicus* Allgemeiner Teil des BGB Rn. 288; Palandt-*Ellenberger* § 130 Rn. 13 sowie Palandt-*Ellenberger* § 147 Rn. 5; *Petersen* JURA 2006, 426, 427 unter Ziff. II 2.

standenen durch wiederholte Wiedergabe ermöglichen würde.[37] Wird eine telefonische Nachricht demgegenüber auf den **Anrufbeantworter** des Empfängers gesprochen, liegt mangels unmittelbaren Kontakts und wegen der erfolgten Speicherung **Abgabe unter Abwesenden** vor.[38]

**Hinweis**

Wird die Erklärung gegenüber einem im vorgenannten Sinne anwesenden Empfangsvertreter des Adressaten abgegeben, gelten die Regeln über den Zugang von Willenserklärungen gegenüber Anwesenden.[39] Die **Anwesenheit des Vertreters ersetzt** die Anwesenheit des Adressaten.

## 2. Grundregeln für den Zugang

Die Frage, unter welchen Voraussetzungen von Zugang im Sinne des § 130 Abs. 1 S. 1 gesprochen werden kann, beantwortet das Gesetz nicht. 130

### a) Zugang durch Kenntnisnahme

Zunächst ist eines selbstverständlich: **Nimmt der Empfänger die Erklärung tatsächlich zur Kenntnis, ist der Zugang in diesem Moment erfolgt.**[40] Das Ziel der Kenntnisnahme des Empfängers von der abgegebenen Erklärung ist in diesem Moment ja erreicht. 131

### b) Zugang vor oder sogar ohne Kenntnisnahme

Wenn Zugang stets nur durch Kenntnisnahme des Empfängers eintreten könnte, hätte der Gesetzgeber dies aber in § 130 Abs. 1 S. 1 so ausgesprochen.[41] Mit Zugang ist offenbar **nicht nur die tatsächliche Kenntnisnahme gemeint**. Der Zugang kann folglich auch schon früher, also auch ohne tatsächliche Kenntnis eintreten. Dabei kommt theoretisch jeder Zeitpunkt in Betracht, der zwischen der Abgabe und der tatsächlichen Kenntnisnahme durch den Empfänger liegt. Je früher der Zugangszeitpunkt gelegt wird, desto mehr Risiken einer fehlerhaften oder gescheiterten Übermittlung werden dem Empfänger auferlegt – und umgekehrt. 132

Mit Hilfe der Zugangsdefinition sollen diese Risiken angemessen verteilt werden. Dabei ist zu bedenken, dass bei Abgabe unter Abwesenden kein unmittelbarer Kontakt zwischen den beteiligten Personen besteht. Der Erklärende kann auf die Kenntnisnahme durch den Empfänger hier nur begrenzten Einfluss nehmen. Der Erklärende muss auf typische Abläufe außerhalb seines Einflussbereiches vertrauen und den Zugangszeitpunkt einigermaßen zuverlässig einschätzen können. Fragen wie „Hast Du das jetzt verstanden? – Wirklich?" kann der Erklärende bei räumlicher Abwesenheit des Empfängers eben nicht stellen.

Der Empfänger kann demgegenüber bei räumlicher Trennung unvorbereitet sein und muss mit der Übermittlung einer Erklärung nicht unbedingt rechnen. Er soll zumindest die Mög-

---

37 *Medicus* a.a.O.; Palandt-*Ellenberger* a.a.O.; *Faust* BGB AT § 3 Rn. 7.

38 Palandt-*Ellenberger* a.a.O.; *Faust* a.a.O.

39 *BGH* NJW 1996, 1062, 1064 unter Ziff. II 2a; Palandt-*Ellenberger* § 147 Rn. 5.

40 *Medicus* Allgemeiner Teil des BGB Rn. 276; Palandt-*Ellenberger* § 130 Rn. 5; *Faust* BGB AT § 2 Rn. 19 f.

41 In einigen umliegenden Vorschriften stellt der Gesetzgeber – zwar in anderen Zusammenhängen – ausdrücklich auf die tatsächliche Kenntnis ab, vgl. §§ 121 Abs. 1 S. 1, 123 Abs. 2, 140.

lichkeit der Kenntnisnahme haben und darf den Wirkungen einer Erklärung nicht wehrlos ausgeliefert werden.

133 Unter Abwägung dieser Umstände hat sich für den Zugang einer unter Abwesenden abgegebenen Willenserklärung die sog. **„Empfangstheorie"** durchgesetzt. Danach trägt der Erklärende das Risiko einer fehlerhaften oder gescheiterten Übermittlung bis zur erfolgreichen Zustellung in den Machtbereich des Empfängers. Ab diesem Zeitpunkt ist der Empfänger mit der Gefahr einer fehlerhaften oder gescheiterten Kenntnisnahme belastet. Die Beteiligten werden also jeweils mit den Risiken belastet, die sie besser als der andere beherrschen und vermeiden können.

> Eine **unter Abwesenden abgegebene Willenserklärung geht** spätestens in dem Moment **zu**, in dem sich der Empfänger nach der Verkehrsanschauung üblicherweise und nicht nur durch Zufall Kenntnis vom Inhalt einer in seinen Machtbereich gelangten Erklärung verschaffen kann.[42]

134 Der Zugang erfordert demnach **kumulativ zwei Voraussetzungen**, nämlich zum einen den tatsächlichen Eintritt in den Machtbereich des Empfängers **(räumliches Element)** und zum anderen den Eintritt desjenigen Zeitpunkts, an dem nach allgemeinen Maßstäben eine Kenntnisnahme zu erwarten war **(normatives zeitliches Element)**. Erst mit Eintritt dieses Zeitpunkts ist der Zugang vollendet.[43]

### aa) Eintritt in den Machtbereich des Empfängers

135 Zunächst muss die Erklärung in den Machtbereich des Empfängers gelangt sein. Zum Machtbereich gehört der räumliche Herrschaftsbereich des Empfängers sowie ein nach der Verkehrsanschauung zur Entgegennahme für ihn bereit stehender Empfangsbote oder eine von ihm zur Empfangnahme bereit gehaltene Einrichtung.[44]

> **In den Machtbereich des Empfängers** (= Adressaten) **gelangt** die Erklärung, wenn sie in den persönlichen Herrschaftsbereich des Empfängers oder an einen von ihm nach der Verkehrsanschauung zur Entgegennahme bereit stehenden Empfangsboten bzw. an eine bereit gehaltene Einrichtung übermittelt wurde.[45]

**Beispiele** Ein Brief gelangt in den Machtbereich des Empfängers, wenn er ihm oder seinem Empfangsboten übergeben, wenn er in seinen Briefkasten eingeworfen oder wenn er in das von ihm unterhaltene Postfach einsortiert wurde;

ein Fax gelangt in den Machtbereich des Empfängers, wenn es von seinem Empfangsgerät gespeichert wurde;[46] eine SMS oder E-Mail gelangt in den Machtbereich des Empfängers, wenn sie im „Posteingangsordner" des Empfängers auf dem Server seines Providers abgespeichert wurde;

---

42 Vgl. Urteil des *BGH* vom 21. Januar 2004 (Az: XII ZR 214/00) unter Ziff. II 2 m.w.N. = NJW 2004, 1320; *Medicus* Allgemeiner Teil des BGB Rn. 273 f; Palandt-*Ellenberger* § 130 Rn. 5; *Faust* BGB AT § 2 Rn. 19 ff.

43 *BGH* a.a.O.; MüKo-*Einsele* § 130 Rn. 16, 19; *Faust* BGB AT § 2 Rn. 19.

44 Palandt-*Ellenberger* § 130 Rn. 5; *Faust* BGB AT § 2 Rn. 28-30.

45 Palandt-*Ellenberger* a.a.O.

46 Etwas anders allerdings *Faust* BGB AT § 2 Rn. 29 m. w. N., der bereits auf die Signalüberschreitung an der Schnittstelle vom Festnetzanschluss zum internen Netz abstellt.

eine mündliche, durch Erklärungsboten auf den Weg gebrachte Nachricht gelangt in den Machtbereich des Empfängers, wenn sie der Erklärungsbote dem Empfänger (oder dessen Empfangsboten) mündlich ausrichtet. Vergisst der Erklärungsbote die Übermittlung oder ändert er versehentlich ihren Inhalt, geht die ihm aufgetragene Erklärung dem Empfänger in ihrer ursprünglichen Form nicht zu. ■

### bb) (Objektivierte) Möglichkeit der Kenntnisnahme

Nach Eintritt in den Machtbereich ist der Zugang erst vollendet, sobald die Kenntnisnahme **möglich und nach der Verkehrsanschauung üblicherweise** zu erwarten ist.[47] Der **Zeitpunkt** hängt auch davon ab, ob der Empfänger mit der **konkreten Form der Zustellung** rechnen musste.[48] Im Interesse der Rechtssicherheit spielen die individuellen Umstände des Empfängers keine Rolle.[49] **136**

**Beispiel Brief** Mit der Zustellung von Briefen in den **allgemein zugänglichen Briefkasten** muss jederzeit gerechnet werden – dazu ist er ja da. Das heißt aber nicht, dass der Briefkasten stündlich geleert werden muss. Zugang kann – vorbehaltlich einer vorzeitigen Kenntnisnahme! – erst dann eintreten, wenn mit der Leerung üblicherweise zu rechnen ist. Das wird spätestens nach 18 Uhr oder an Sonntagen nicht mehr anzunehmen sein.[50] Ein eigenhändig um 23 Uhr in den Briefkasten eingeworfener Brief geht dem Empfänger also erst am nächsten Tag zu, da nachts typischerweise keine Briefkästen mehr geleert werden; bei Briefzustellung **an ein Geschäftsbüro des Empfängers** kann mit einer **Kenntnisnahme nur zu den Bürozeiten** gerechnet werden. Für den Fall, dass ein Brief am Silvestertag (31.12.) um 15.50 Uhr im Bürobriefkasten eingeworfen wird, kann Zugang – vorbehaltlich einer früheren tatsächlichen Kenntnisnahme – erst am 2. Januar (der 1. Januar ist Feiertag!) eintreten, da am Silvestertag nachmittags üblicherweise nicht mehr im Büro gearbeitet wird;[51] wird ein Brief im Haus des Empfängers versteckt, ist der Brief zwar in den Machtbereich des Empfängers eingetreten. Der Empfänger muss mit einer solchen „Zustellung" aber nicht rechnen, so dass eine Kenntnisnahme nach der Verkehrsanschauung noch nicht zu erwarten ist. Der Zugang kann hier erst vollendet werden, **wenn der Empfänger den Brief entdeckt hat**. Denn dann ist auch eine tatsächliche Kenntnisnahme seines Inhalts zu erwarten.[52] ■

**Beispiel Fax** Eine im Empfangsgerät abgespeicherte Nachricht kann üblicherweise erst **nach Ausdruck zur Kenntnis genommen werden**. Der Faxausdruck ist daher neben der Speicherung weitere Zugangsvoraussetzung.[53] Außerdem kommt es darauf an, um **welche Uhrzeit** der Ausdruck erfolgt. Geschieht dies im Geschäftsverkehr außerhalb üblicher Bürozeiten, geht die Erklärung erst am nächsten Werktag zu.[54] Hier gilt nichts anderes als bei der Briefzustellung. Bei Übermittlung an private Empfangsgeräte existieren zwar keine „Bürozeiten" – jedoch wird man mit einer Kenntnisnahme in den Nachtstunden nicht

---

47 *BGH* Urt. v. 21.1.2004 (AZ: XII ZR 214/00) = NJW 2004, 1320 ff.; Palandt-*Ellenberger* § 130 Rn. 5.
48 *Faust* BGB AT § 2 Rn. 31.
49 *BGH* Urt. v. 21.1.2004 (AZ: XII ZR 214/00) = NJW 2004, 1320 ff.; Palandt-*Ellenberger* § 130 Rn. 5.
50 Palandt-*Ellenberger* § 130 Rn. 6.
51 *BGH* Urt. v. 5. Dezember 2007 (Az: XII ZR 148/05) = NJW 2008, 843.
52 *Faust* BGB AT § 2 Rn. 31.
53 Vgl. Urteil des *BGH* vom 21. Januar 2004 (Az: XII ZR 214/00) unter Ziff. II 2 m.w.N. = NJW 2004, 1320; Palandt-*Ellenberger* § 130 Rn. 7.
54 Palandt-*Ellenberger* § 130 Rn. 7.

rechnen dürfen.[55] Wird ein Fax etwa um 23.30 Uhr ausgedruckt, kann Zugang auch bei privaten Empfangsgeräten erst am nächsten Tag eintreten. ■

**Beispiel SMS, E-Mail, Anrufbeantworter** Bei Übermittlung von Nachrichten per SMS, E-Mail oder Anrufbeantworter ist besonders darauf zu achten, ob der Empfänger mit **dieser Form der Übermittlung rechnen musste**. Schließlich kann es sich hier auch um Einrichtungen für eine rein private Kommunikation ohne Geschäftsabsicht handeln (z.B. „private" E-Mail-Adresse neben „beruflicher" E-Mail-Adresse). Hat der Empfänger die jeweiligen Kontaktdaten gegenüber dem Erklärenden nicht offenbart, sondern „geheim" gehalten, und erhält der Erklärende per Zufall Kenntnis davon, darf er nicht damit rechnen, der Empfänger werde seine dahin übermittelten Nachrichten zur Kenntnis nehmen. Zugang tritt frühestens erst dann ein, wenn der Empfänger vom Eingang der Erklärung Kenntnis erlangt.[56] ■

137 Da es nur darauf ankommt, wann mit der Kenntnisnahme üblicherweise zu rechnen ist, tritt **Zugang auch dann nach allgemeinen Regeln ein**, wenn der Empfänger **aus individuellen Gründen in seiner Sphäre nicht in der Lage war**, vom Inhalt der Nachricht Kenntnis zu nehmen. Denn gerade diese Risiken sollen dem Erklärenden definitionsgemäß nicht mehr aufgebürdet werden, sondern dem Empfänger zur Last fallen.

Dem Empfänger obliegt es, dafür zu sorgen, dass ihn die Nachrichten, die an seine für die Kommunikation mit dem Erklärenden bereit gehaltenen Empfangsvorrichtungen übermittelt werden, auch tatsächlich erreichen. Zugang tritt deshalb auch dann nach allgemeinen Regeln ein, wenn der Empfänger wegen urlaubsbedingter Abwesenheit oder aus Krankheitsgründen an der tatsächlichen Kenntnisnahme gehindert war.[57]

**Beispiel** Mieter M erklärt seinem Vermieter V am 31. März schriftlich die ordentliche Kündigung des unbefristeten Wohnraummietvertrages zum 30. Juni und sendet ihm das Kündigungsschreiben per Post zu. Der Zusteller wirft es am 2. April vormittags in den Briefkasten des V ein. V ist jedoch im Urlaub und kehrt erst am 10. April wieder zurück. Endet das Mietverhältnis zum 30. Juni?

Da die urlaubsbedingte Abwesenheit als individuelles Hindernis dem Zugang nicht entgegenstehen soll, ist die Kündigungserklärung noch am 2. April zugegangen und damit zu diesem Zeitpunkt wirksam geworden. Das Mietverhältnis wird nach § 573c Abs. 1 S. 1 zum 30. Juni beendet. Nichts anderes gilt, wenn die Reinigungskraft des V den Brief versehentlich zusammen mit Werbesendungen in einer Altpapiertonne „entsorgt" hätte. ■

## 3. Zustellungshindernisse und Treuwidrigkeit des Erklärenden

138 Umstritten ist bei den eben geschilderten Fällen, ob Zugang auch dann nach allgemeinen Regeln eintreten kann, wenn **der Erklärende die individuellen Zugangshindernisse auf Seiten des Empfängers kennt**.

55 Palandt-*Ellenberger* § 130 Rn. 7; MüKo-*Einsele* § 130 Rn. 20.

56 Palandt-*Ellenberger* § 130 Rn. 7a; MüKo-*Einsele* § 130 Rn. 18.

57 *BGH* im Urteil vom 21. Januar 2004 (Az: XII ZR 214/00) = NJW 2004, 1320 m.w.N.; Urteil des *BAG* vom 24. Juni 2004 (Az: 2 AZR 461/03) unter Ziff. B I 2 m.w.N. = NZA 2004, 1330; Palandt-*Ellenberger* § 130 Rn. 5; *Faust* BGB AT § 2 Rn. 32.

**Beispiel** Der kommunikationsschwache und konfliktscheue Arbeitgeber A will seinem Angestellten B kündigen. Um jedwede Diskussion zu vermeiden, schickt er seine schriftliche Kündigungserklärung an die Privatadresse des B, als dieser gerade Urlaub hat und für vier Wochen nach Mallorca verreist ist. Der Brief wird am 1.7. vormittags mit der sonstigen Post in den Briefkasten des B eingeworfen. Erst am 28.7. kehrt B wieder aus dem Urlaub zurück und leert den Briefkasten. Der Auslandsaufenthalt des B war dem A bekannt.

Wann ist die Kündigungserklärung dem B zugegangen?

Nach unserer Zugangsdefinition scheint der Fall klar zu sein. Der Brief gelangte am 1.7. durch Einwurf in den Briefkasten in den Machtbereich des B. Eine Kenntnisnahme war unter normalen Umständen noch am selben Tag möglich und zu erwarten, da bei privaten Briefkästen mit einer täglichen Leerung zu rechnen ist und die Leerung üblicherweise nach den Zustellzeiten erfolgt. Die Kündigungserklärung ist bei Anwendung der allgemeinen Regeln also am 1.7. zugegangen. Fraglich ist, ob sich an dem Ergebnis dadurch etwas ändert, dass B für die Dauer seiner reisebedingten Abwesenheit persönlich daran gehindert war, den Briefkasten in der sonst üblichen Weise zu leeren und der A dies auch wusste.

Grundsätzlich muss der Empfänger das Risiko tragen, dass er eine in seinen Machtbereich gelangte Erklärung aus individuellen Gründen nicht, nicht richtig oder nur verspätet zur Kenntnis nimmt. Allerdings stellt sich die Frage, ob sich der Erklärende auf diesen Grundsatz auch dann berufen kann, wenn er die Hinderungsgründe kennt. Die Ausnutzung der allgemeinen Zugangsregeln erscheint mit Rücksicht auf die Interessen des Empfängers treuwidrig, so dass in derartigen Fällen eine Korrektur des Zugangsdatums über § 242 in Betracht kommen kann.[58] Auf den zweiten Blick zeigt sich jedoch, dass es auch in diesen Fällen bei den **allgemeinen Regeln bleiben muss.**[59] Die Kenntnis des Erklärenden von einzelnen Übermittlungshindernissen im Machtbereich des Empfängers (z.B. Urlaub oder Krankheit des Empfängers) **ändert nichts daran**, dass der **Empfänger Vorsorgmaßnahmen treffen kann**, die eine rechtzeitige Übermittlung an ihn (Nachsendeaufträge, Leerung durch Empfangsboten) oder an Vertreter sicherstellen. Der Erklärende kann gar nicht wissen, ob und wann den Empfänger die Nachricht im Einzelfall tatsächlich erreicht. Das hat der Empfänger selbst in der Hand. Unterlässt er entsprechende Vorkehrungen, geht er das Risiko einer verspäteten Kenntnisnahme ein. ■

58 Dafür etwa *Medicus* Allgemeiner Teil des BGB Rn. 283.

59 *BAG* Urt. v. 24. Juni 2004 (Az: 2 AZR 461/03) unter Ziff. B I 2 m. w. N. = NZA 2004, 1330; Palandt-*Ellenberger* § 130 Rn. 5; *Faust* BGB AT § 2 Rn. 32.

**Hinweis**

Für den Arbeitnehmer kann die Anwendung der allgemeinen Zugangsregel gefährliche Konsequenzen haben. Erklärt der Arbeitgeber dem urlaubs- oder krankheitsbedingt abwesenden Arbeitnehmer die Kündigung, läuft dieser Gefahr, die in § 4 KSchG festgelegte Ausschlussfrist (3 Wochen nach Zugang) für die (gerichtliche) Geltendmachung von Unwirksamkeitsgründen der Kündigung zu versäumen. Nach § 7 KSchG gilt die Kündigung dann als von Anfang an rechtswirksam. Etwaige Unwirksamkeitsgründe sind aufgrund der Fristversäumnis geheilt. Allerdings kann der Arbeitnehmer nach § 5 KSchG einen Antrag auf nachträgliche Klagezulassung stellen, „wenn er trotz Anwendung aller ihm nach Lage der Umstände zuzumutenden Sorgfalt verhindert war, die Klage innerhalb von drei Wochen nach Zugang der schriftlichen Kündigung zu erheben." Das BAG hilft dem Arbeitnehmer, indem es eine urlaubs- oder krankheitsbedingte Abwesenheit auch dann als Entschuldigungsgrund anerkennt, wenn der Arbeitnehmer keine Vorsorge dafür getroffen hat, dass ihn Nachrichten im Urlaub erreichen.[60] Dies gilt auch dann, wenn der Arbeitnehmer mit dem Eingang der Kündigungserklärung rechnen konnte.[60] Führt die urlaubsbedingte Abwesenheit zur Fristversäumung, kann der Arbeitnehmer also innerhalb der in § 5 Abs. 3 KSchG bestimmten Frist Antrag auf nachträgliche Zulassung stellen und „ist wieder im Spiel".

## 4. Verständnisprobleme des Empfängers

139 Anhand der Definition des Zugangs und der sich daraus ergebenden Risikoverteilung lassen sich auch die Fälle lösen, in denen der Absender seine Erklärung in einer **Sprache bzw. mit Zeichen** verfasst hat, die der Empfänger **nicht versteht**.

**Beispiel 1** Arbeitgeber A erklärt seinem ausländischen Arbeitnehmer B, der als Aushilfskraft auf Baustellen des A tätig ist, die Kündigung in deutscher Sprache. B, der kaum Deutsch spricht, versteht das Schreiben nicht. ■

**Beispiel 2** Der erblindete Mieter M erhält das Kündigungsschreiben seines Vermieters V in normaler Schrift. ■

**Beispiel 3** Der international tätige Unternehmer A erklärt seinem deutschen Kooperationspartner B die Kündigung des Kooperationsvertrages versehentlich auf Englisch. ■

140 Unterstellen wir einmal, dass die Kündigungserklärungen in allen drei *Beispielen* tatsächlich in den Machtbereich des Empfängers gelangt sind. Nach der uns bekannten Definition wird der Zugang in dem Moment vollendet, in dem die Kenntnisnahme möglich und nach der Verkehrsanschauung üblicherweise zu erwarten ist. Möglich ist die Kenntnisnahme in allen drei Fällen, da die tatsächliche Kenntnisnahme ja mit Hilfe Dritter (sprachkundige Angehörige, professionelle Dolmetscher, etc.) erreicht werden kann. Nach der Verkehrsanschauung darf der Erklärende erwarten, dass sein **Adressat Vorkehrungen trifft, um individuellen Verständnisproblemen vorzubeugen**. Allerdings kann der Erklärende nicht mit jedweder Vorkehrung rechnen. Auf alle Sprachen und Zeichen kann und muss sich niemand einrichten. Geeignete Vorkehrungen zum richtigen Verständnis dürfen also dann nicht mehr erwartet werden, wenn der Erklärende seine Erklärung in Zeichen bzw. in einer Sprache verfasst hat, die in der Kommunikation mit dem Empfänger als unüblich anzusehen ist.[61]

---

60 *BAG* NJW 1989, 606, 607 unter Ziff. I 4b.

61 *Faust* BGB AT § 2 Rn. 31: im Ergebnis auch MüKo-*Einsele* § 130 Rn. 32, die das Thema aber bei der Auslegung ansiedelt und nicht beim Zugang.

Im *Beispiel 1* geht die Erklärung nach allgemeinen Regeln zu, da A damit rechnen darf, der in Deutschland lebende B werde zumindest mit Hilfe Dritter sein Schreiben verstehen können.[62] Grundsätzlich wird der Zugangszeitpunkt nicht um eine Übersetzungsfrist hinausgeschoben, da der Erklärende die sich aus individuellen Verständnisproblemen ergebenden Risiken zu tragen hat und der Erklärende ansonsten über den genauen Zugangszeitpunkt im Ungewissen bliebe.[63] **141**

Ebenso verfahren wir im *Beispiel 2*, da V damit rechnen darf, der M habe Vorkehrungen für solche Erklärungen getroffen, die nicht in Blindensprache verfasst sind.[64]

Im *Beispiel 3* stellt sich aber die Frage, ob A Kenntnisse der englischen Sprache bei B selbst erwarten oder zumindest davon ausgehen darf, B habe entsprechende Vorkehrungen (sprachkundige Mitarbeiter, externe Dolmetscher) geschaffen. Im Verkehr gegenüber Verbrauchern wird man dies regelmäßig nicht bejahen können. Im unternehmerischen Verkehr gilt je nach Branche, Größe und Ausrichtung eines Unternehmens jedoch etwas anderes. Wenn A aufgrund des konkreten Zuschnitts des Unternehmens von B auch mit einem Verständnis der englischen Sprache seitens B rechnen durfte, tritt Zugang nach allgemeinen Regeln ein – sonst nicht.[65]

## 5. Zugangsvereitelung durch den Empfänger

Die Übermittlung einer Willenserklärung in den Machtbereich des Empfängers kann durch dessen Verhalten verhindert oder verzögert werden. **142**

**Beispiel** Arbeitnehmer A ist gut mit dem Postboten B befreundet. Er kommt mit B überein, dass dieser ihm ein in Aussicht gestelltes Kündigungsschreiben seines Arbeitgebers gar nicht erst aushändigt, sondern jegliche Post seines Arbeitgebers bis auf weiteres mit dem Vermerk „unbekannt verzogen" zurückgibt. ■

Die Fälle der Zugangsvereitelung zeichnen sich dadurch aus, dass eine Erklärung allein **aus Gründen in der Sphäre des Empfängers gar nicht erst in dessen Machtbereich gelangt**.

**JURIQ-Klausurtipp**

An dieser Stelle müssen Sie sauber unterscheiden:

Ist die Erklärung in den Machtbereich gelangt, aber dort vom Empfänger nicht wahrgenommen worden, ist das für den Zugang nach der uns bekannten Definition unerheblich. Wer beispielsweise ein von seinem Empfangsgerät ausgedrucktes Fax nicht liest, kann den Zugang dadurch nicht mehr verhindern.

Es bleibt außerdem bei den allgemeinen Zugangsregeln, wenn die Zustellung aus Gründen unterbleibt oder verspätet erfolgt, die in den Risikobereich **des Erklärenden** fallen, etwa unzureichende Frankierung oder falsche Adressenangabe.

---

62 *LAG Köln* NJW 1988, 1870.

63 Palandt-*Ellenberger* § 130 Rn. 5; a.A. *LAG Hamm* NJW 1979, 2488.

64 *Neuner* „Die Stellung Körperbehinderter im Privatrecht", NJW 2000, 1822, 1825 f. unter Ziff. II 1.

65 Bejaht man den Zugang, trägt A bei der Auslegung der Erklärung allerdings noch ein gesteigertes Risiko von Missverständnissen. Bei der Auslegung fremdsprachiger Erklärungen wird man redliches Verständnis des Empfängers gem. §§ 133, 157 nicht mit dem Verständnis eines Muttersprachlers gleichsetzen können – das wäre übertrieben und einseitig zum Nachteil des Empfängers. Schließlich hatte es der Erklärende selbst in der Hand, das Schreiben in der Sprache des Empfängers zu formulieren.

143 Nach der grundlegenden Risikoverteilung müsste der Erklärende das Risiko von allen Zustellungsmängeln tragen, also auch bei Auftreten eines Zugangshindernisses in der Sphäre des Empfängers. Der Erklärende wird ja mit dem Transportrisiko so lange belastet, bis die Erklärung tatsächlich in den Machtbereich des Empfängers gelangt ist (vgl. Übersicht unter Rn. 127).

» Erinnern Sie sich: Was versteht man unter einer „Obliegenheit"? «

144 Eine automatische Korrektur über § 242 kommt nicht in Betracht. Denn es existiert keine allgemeine Pflicht, für den reibungslosen Empfang von Erklärungen zu sorgen. Allerdings ist derjenige, **der aufgrund einer bestehenden oder angebahnten vertraglichen Beziehung oder eines sonstigen geschäftlichen Kontakts zum Erklärenden mit dem Zugang rechtserheblicher Erklärungen zu rechnen hat, gehalten, geeignete Vorkehrungen zu treffen, damit ihn derartige Erklärungen auch tatsächlich erreichen.**[66] Es handelt sich um eine **Obliegenheit**, bei deren Verletzung es dem Empfänger **nach Treu und Glauben (§ 242) verwehrt sein kann, sich auf die vereitelte Zustellung zu berufen.**[67]

Die Folgen einer solchen Zugangsvereitelung gestalten sich im Einzelnen wie folgt:

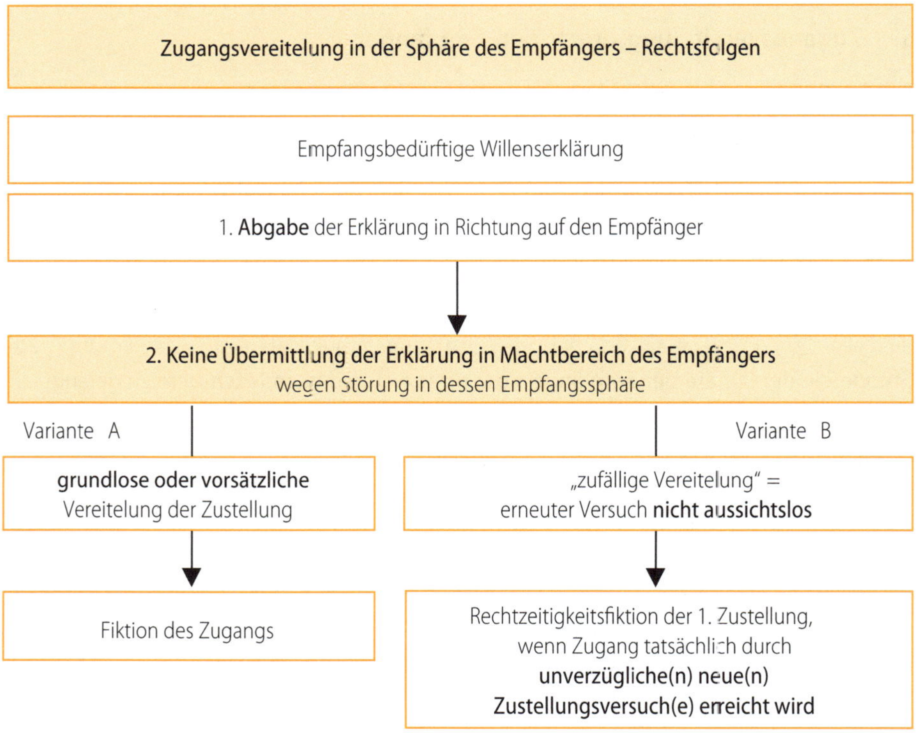


### a) Grundsatz der Rechtzeitigkeitsfiktion

145 Die herrschende Meinung arbeitet heute grundsätzlich mit der **Rechtzeitigkeitsfiktion**. Dies bedeutet folgendes:

Die Willenserklärung **geht erst zu**, wenn sie durch **Zustellungswiederholung(en) tatsächlich** in den Bereich des Empfängers gelangt ist.

---

66 *BGH* NJW 1998, 976 f.; *BGHZ* 67, 271, 278 = NJW 1977, 194.
67 *Medicus* Allgemeiner Teil des BGB Rn. 277 ff.; Palandt-*Ellenberger* § 130 Rn. 18; *Faust* BGB AT § 2 Rn. 35 f.

Dem Empfänger ist es verwehrt, sich auf eine Verspätung des Zugangs infolge Vereitelung des ersten Zugangs zu berufen, wenn der Erklärende nach Kenntnis von der gescheiterten Zustellung **unverzüglich** (§ 121 Abs. 1 S. 1) **einen erneuten Zustellversuch** (zur Not mehrmals) unternommen hat.

Ist die Erklärung schließlich tatsächlich zugegangen, **gilt sie in dem Zeitpunkt als zugegangen**, an dem der **erste Zustellversuch normalerweise** den Zugang bewirkt hätte.[68]

Der Erklärende kommt also erst dann in den Genuss der Rechtzeitigkeitsfiktion, wenn er seinerseits unverzüglich handelt und den Zugang tatsächlich herbeiführt. Den Interessen beider Parteien wird dadurch ausreichend Rechnung getragen.

### b) Zugangsfiktion bei vorsätzlicher oder grundloser Zugangsvereitelung

Ist dem Erklärenden ein erneuter Zustellungsversuch **unzumutbar**, führt der **Rechtsgedanke** **146**
**des § 162 Abs. 1** zu einer **Zugangsfiktion.** Die Erklärung gilt dann in dem Moment als zugegangen, an dem der Zugang beim ersten Zustellversuch unter normalen Umständen eingetreten wäre.

Eine solche Unzumutbarkeit wird in den Fällen einer **vorsätzlichen** oder **grundlosen Zugangsvereitelung** angenommen. In diesen Fällen ist davon auszugehen, dass eine **erneute Zustellung sinnlos** und damit dem Erklärenden unzumutbar ist.[68]

Im *Beispiel* oben unter Rn. 142 führt dies zu folgender Lösung: Da der Zugang absichtlich vereitelt wurde, träte Zugangsfiktion ein. Ein erneuter Zustellversuch des Kündigungsschreibens hätte ersichtlich keinen Erfolg und wäre dem Arbeitgeber daher nicht zuzumuten.

---

68 *BGHZ* 137, 205 ff. = NJW 1998, 976 f.; *BAG* NJW 1997, 146; *Medicus* Allgemeiner Teil des BGB Rn. 278 f.; *Faust* BGB AT § 2 Rn. 35 f.

## 6. Übungsfall Nr. 1

147 „Campingbus"[69]

» Versuchen Sie erst einmal, die Lösung dieses Falles selbstständig zu entwickeln. Das kostet nicht viel Zeit – eine Lösungsskizze genügt.
Lesen Sie bitte nicht Sachverhalt und Lösung einfach hintereinander weg. Das ist natürlich viel bequemer – es ist aber auch ohne nennenswerten Nutzen. «

Der pensionierte Valentin Vogel (V) hat mit seinem VW-Campingbus viele Länder bereist und möchte sich nun auf die Aufbereitung und Archivierung seiner Reisefotos konzentrieren. Er will deshalb seinen VW-Bus verkaufen und bereitet zu diesem Zweck eigens ein „Kaufantragsformular" für Interessenten vor. In dem Formular heißt es unter anderem:

*„Der unterzeichnende Kaufinteressent ist an diese Bestellung 10 Tage gebunden. Der Kaufvertrag ist abgeschlossen, wenn der Verkäufer die Annahme der Bestellung innerhalb dieser Frist schriftlich bestätigt oder die Lieferung des Kaufobjekts ausgeführt hat."*

Am 8. September übergab Karl Krämer (K) dem V persönlich ein solches, von ihm ausgefülltes und unterzeichnetes Formular, das ein Angebot zum Kauf des Campingbusses für 12 000 € enthielt.

Mit „Übergabe-Einschreiben"[70] vom 10. September erklärte V die Annahme des Angebots des K. Beim Versuch, die Postsendung zuzustellen, traf die Postbotin den K jedoch nicht an. Sie hinterließ deshalb in dessen Briefkasten die schriftliche Mitteilung, für ihn sei ein eingeschriebener Brief bei der näher bezeichneten Postfiliale niedergelegt. Über den Absender enthielt die Mitteilung keine Angaben. Der K holte das Einschreiben aber nicht ab. Mit dem Vermerk

*„Empfänger benachrichtigt – nach Ablauf der Lagerfrist zurück"*

ging der Einschreibebrief am 21. September wieder an V zurück. Der K nahm weder das Fahrzeug ab, noch leistete er die laut Bestellformular zu entrichtende Anzahlung. Eine schriftliche Aufforderung des V vom 24. November zur Abnahme des Campingbusses und Zahlung des Kaufpreises, verbunden mit einem Hinweis auf die von V am 10. September erklärte Angebotsannahme, ging dem K zu, blieb aber ergebnislos.

V, der keinen anderen Käufer zu einem annähernd gleichen Preis finden kann, will nun wissen, ob er mit K bereits einen wirksamen Kaufvertrag geschlossen hat und deshalb von K Kaufpreiszahlung sowie Abnahme des Campingbusses verlangen kann.

148 **Lösung**

Dem V könnte gegen K ein Anspruch auf Zahlung von 12 000 € und Abnahme des Campingbusses aus einem mit K geschlossenen Kaufvertrag gem. § 433 Abs. 2 zustehen.

### I. Anspruchsentstehung

Der Anspruch setzt voraus, dass zwischen V und K ein wirksamer Kaufvertrag zustande gekommen ist, der den K zur Zahlung eines Kaufpreises in Höhe von 12 000 € und zur Abnahme verpflichtet.

Das Zustandekommen eines Kaufvertrages zwischen V und K erfordert zunächst zwei übereinstimmende, auf Abschluss eines solchen Kaufvertrages gerichtete und jeweils wirksame Willenserklärungen (Angebot und Annahme i.S.d. §§ 145 ff.).

#### 1. Angebot

K hat unter dem 8. September dem V schriftlich den Abschluss eines Kaufvertrages über den VW-Bus des V zu einem Preis von 12 000 € angeboten. Dieses Angebot ist dem V durch persönliche Übergabe zugegangen und damit als empfangsbedürftige Willenserklärung wirksam geworden.

#### 2. Annahme

V wollte das Angebot des K einschränkungslos annehmen und hat unter dem 10. September eine entsprechende Erklärung gegenüber K abgegeben.

---

69 Nach *BGHZ* 137, 205 ff. = NJW 1998, 976 f.

70 Siehe zu den Unterschieden bei den verschiedenen Einschreibearten die Produktbeschreibungen der Deutschen Post AG unter www.deutschepost.de.

Fraglich ist aber, ob dem K die Erklärung des V auch rechtzeitig innerhalb der auf 10 Tage bestimmten Annahmefrist (§ 148) zugegangen ist. Als empfangsbedürftige Willenserklärung wird die Annahmeerklärung des V grundsätzlich erst mit Zugang bei K wirksam. Ein Zugang bei K ist im vorliegenden Fall nicht nach § 151 entbehrlich.[71] K hatte auf den Zugang einer Annahmeerklärung weder verzichtet noch ist der Zugang der Annahmeerklärung bei Abschluss von Kaufverträgen üblicherweise entbehrlich.

Eine wie hier unter Abwesenden abgegebene Willenserklärung geht bereits in dem Moment zu, in dem sich der Empfänger nach der Verkehrsanschauung üblicherweise und nicht nur durch Zufall Kenntnis vom Inhalt einer in seinen Machtbereich gelangten Erklärung verschaffen kann.

Nach dem Sachverhalt hat K allein den von der Postzustellerin gefertigten Benachrichtigungsschein erhalten. Dieser Zettel unterrichtete den K darüber, dass für ihn eine Einschreibesendung bei der Post zur Abholung bereit liegt. Er enthielt aber keinen Hinweis auf den Absender des Einschreibebriefs und ließ den K im Ungewissen darüber, welche Angelegenheit die Einschreibesendung eigentlich zum Gegenstand hatte. Zwar hatte K aufgrund der Benachrichtigung die Möglichkeit der Kenntnisnahme vom Inhalt des Einschreibens, wenn er oder ein von ihm beauftragter Dritter (Empfangsvertreter, -bote) sich tatsächlich zu dem Ort der Niederlegung begeben und den Brief ausgehändigt bekommen hätte. Dies kann aber nicht zum Zugang der konkreten Annahmeerklärung führen, da der konkret in den Machtbereich des K gelangte Benachrichtigungszettel nur irgendeine Nachricht ankündigte und deshalb die Annahmeerklärung des V inhaltlich nicht zu ersetzen vermag.[72]

Da ein Zugang der Annahmeerklärung des V tatsächlich nicht erfolgt ist und eine Ersatzzustellung nach § 132 hier ausscheidet, kann die Annahmeerklärung des V nur wirksam geworden sein, wenn der K sich gem. § 242 wegen einer Obliegenheitsverletzung in seiner Sphäre so behandeln lassen muss, als ob ihm die Annahmeerklärung des V (rechtzeitig) zugegangen wäre.

Eine allgemeine Obliegenheit zur Abholung von Einschreiben gibt es nicht.[73] Allerdings ist anerkannt, dass derjenige, der aufgrund angebahnter vertraglicher Beziehungen mit dem Zugang rechtserheblicher Erklärungen zu rechnen hat, geeignete Vorkehrungen treffen muss, dass ihn derartige Erklärungen auch erreichen. Die unterlassene Abholung des Einschreibens stellt hier deshalb eine solche Obliegenheitsverletzung dar. Dies führt aber nicht zwangsläufig dazu, den Adressaten nach Treu und Glauben im Wege einer Zugangsfiktion so zu behandeln, als habe ihn die infolge seiner Obliegenheitsverletzung nicht zugegangene Willenserklärung doch erreicht. Vielmehr geht man ganz überwiegend davon aus, dass der Erklärende aus seiner nicht zugegangenen Willenserklärung ihm günstige Rechtsfolgen nur dann ableiten kann, wenn er alles Erforderliche und ihm Zumutbare getan hat, damit seine Erklärung den Adressaten erreichen konnte. Dazu gehört in der Regel, dass er nach Kenntnis von dem nicht erfolgten Zugang unverzüglich einen erneuten Versuch unternimmt, seine Erklärung derart in den Machtbereich des Empfängers zu bringen, dass diesem ohne weiteres eine Kenntnisnahme ihres Inhalts möglich ist. Der Erklärende wird dann in der Weise geschützt, dass sich der Empfänger so behandeln lassen muss, als habe der erste Zustellungsversuch bereits zum Eintritt in seinen Machtbereich und damit zum Zugang unter normalen Umständen geführt.

Ein wiederholter Zustellungsversuch des Erklärenden ist allerdings dann nicht mehr zumutbar und deshalb entbehrlich, wenn der Empfänger die Annahme einer an ihn

71 Siehe dazu Rn. 111 ff. sowie Rn. 262 ff.

72 *BGHZ* 137, 205 ff. unter Ziff. II 1 = NJW 1998, 976 f.; *BAG* NJW 1997, 146; *Medicus* Allgemeiner Teil des BGB Rn. 280; MüKo-*Einsele* § 130 Rn. 21; a.A. Palandt-*Ellenberger* § 130 Rn. 18 a.E. m.w.N.

73 *BGHZ* 67, 271, 275 unter Ziff. 2b dd = NJW 1977, 194.

gerichteten schriftlichen Mitteilung grundlos oder vorsätzlich verweigert hatte. Eine derartige Situation liegt hier jedoch nicht vor. Der K hat weder die Annahme des Einschreibebriefs verweigert, noch rechtfertigt sein Verhalten den Vorwurf vorsätzlichen Verhaltens. Nach dem Sachverhalt musste K nicht damit rechnen, dass der Einschreibebrief die Annahme seines Kaufangebotes enthielt, weil im Benachrichtigungszettel keine Angaben über den Absender vermerkt waren. Hinzu kommt, dass nach dem Wortlaut des Bestellformulars auch eine Übersendung der schriftlichen Annahmeerklärung durch einfachen Brief der Form genügt hätte. Der K musste deshalb die Einschreibesendung nicht notwendig mit seinem Kaufangebot in Verbindung bringen.

Deswegen durfte es V nicht dabei bewenden lassen, dass er seine Annahmeerklärung dem K nur einmal per Einschreibebrief zuschickte. Da er nach Erhalt der Mitteilung, dass der K den Einschreibebrief nicht bei der Post abgeholt hatte, untätig blieb, kann V auch nach Treu und Glauben aus seiner Erklärung über die Annahme des Kaufangebots grundsätzlich keine Rechte herleiten.[74] Dass V im Schreiben vom 24. November an den K auf seine in der Einschreibesendung enthaltene Annahmeerklärung Bezug nahm, ändert daran nichts. Auch wenn man hierin eine Wiederholung der Annahmeerklärung sehen könnte, rechtfertigt dies keine andere Beurteilung. Zwar ist diese Erklärung dem K zugegangen. Jedoch wurde diese nicht unverzüglich i.S.d. § 121 Abs. 1 S. 1, sondern erst über einen Monat nach dem Zeitpunkt abgegeben, zu welchem V von der missglückten Zustellung erfahren hatte.

## II. Ergebnis

Da zwischen V und K kein Kaufvertrag zustande gekommen ist, ist ein Anspruch des V gem. § 433 Abs. 2 nicht entstanden. V kann von K keine Zahlung des Kaufpreises und Abnahme des Campingbusses verlangen.

74 *BGH* a.a.O.; a.A. Palandt-*Ellenberger* § 130 Rn. 18, der für eine Zugangsfiktion bei Nichtabholung trotz zugegangenen Benachrichtigungsschreibens plädiert.

## III. Zugang bei Abgabe unter Anwesenden

Beim Zugang unter Anwesenden sind zwei Fallgruppen zu unterscheiden: 149

Einmal kann dem anwesenden Empfänger eine verkörperte, d.h. zur wiederholten Wahrnehmung gespeicherte Willenserklärung (z.B. Brief) übergeben werden. Zum anderem kann die Abgabe ohne solche Speicherung, also mündlich oder „schlüssig" durch Gesten erfolgen.

In beiden Fallgruppen gilt ebenfalls der Grundsatz, dass Zugang in jedem Fall dann eintritt, wenn der Empfänger die Erklärung tatsächlich verstanden hat.

### 1. Abgabe unter Anwesenden

Eine Abgabe unter Anwesenden liegt vor, wenn Erklärender und Empfänger bei Abgabe 150
**räumlich anwesend** sind. Dem steht die Anwesenheit von Vertretern (nicht Boten!) gleich.[75] Trotz räumlicher Trennung wird die Abgabe einer Erklärung am Telefon oder im Rahmen einer sonstigen „Live-Schaltung" wie eine Abgabe einer nicht gespeicherten Erklärung unter Anwesenden behandelt (siehe vorstehend unter Rn. 128 f.).

### 2. Gespeicherte Willenserklärungen

**Zugang gespeicherter Erklärungen bei Abgabe unter Anwesenden** 151

Empfangsbedürftige Willenserklärung

Keine räumliche Trennung oder zumindest technische „Live – Verbindung" zwischen Erklärendem und Empfänger/Empfangsvertreter

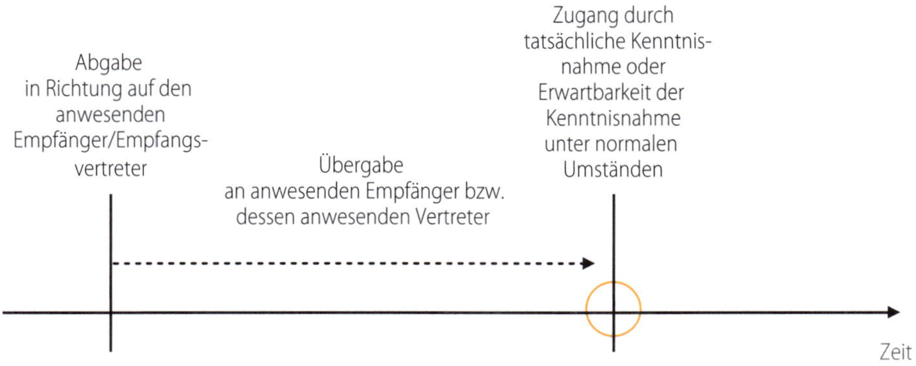


Für den Zugang einer zur wiederholten Kenntnisnahme gespeicherten (= „verkörperten") Willenserklärung unter Anwesenden **gilt nichts anderes als für den Zugang einer unter Abwesenden abgegebenen Willenserklärung**: Sie geht in jedem Fall bei Kenntnisnahme zu. Unabhängig von einer Kenntnisnahme tritt Zugang entsprechend § 130 Abs. 1 S. 1 **spätestens dann ein, wenn die Erklärung durch Übergabe in den Herrschaftsbereich des Empfängers gelangt ist und nach normalen Umständen mit der Kenntnisnahme gerechnet werden kann.**[76]

75 Palandt-*Ellenberger* § 130 Rn. 14.
76 *Medicus* Allgemeiner Teil des BGB Rn. 290 f.; Palandt-*Ellenberger* § 130 Rn. 13; *Faust* BGB AT § 2 Rn. 19.

Der einzige Unterschied zur Willenserklärung gegenüber Abwesenden besteht in dieser Fallgruppe darin, dass die Übermittlungsphase besonders kurz ist. Der Zugang wird deshalb **regelmäßig zum Zeitpunkt der Übergabe** vollendet. Denn zu diesem Moment kann unter normalen Umständen auch mit der Kenntnisnahme gerechnet werden.[77]

77 Urteil des *BAG* vom 4. November 2004 (Az: 2 AZR 17/04) unter Ziff. B I 2 = NJW 2005, 1533; *BGH* NJW 1998, 3344 unter Ziff. 2a; Palandt-*Ellenberger* § 130 Rn. 13.

## 3. Übungsfall Nr. 2

„Kündigung ohne Post“[78] 152

Arbeitgeber A will das Arbeitsverhältnis mit dem Arbeitnehmer B kündigen. Dazu fertigt er ein Kündigungsschreiben an, das er am Ende unterzeichnet. Von dem Original macht A eine Kopie, die für seine eigenen Akten gedacht ist. Im Gesprächstermin mit B gerät im Ablauf einiges durcheinander: A legt dem B das Original seines Kündigungsschreibens vor und bittet ihn versehentlich, darauf den Empfang per Unterschrift zu quittieren. Eigentlich sollte der Vermerk auf der Kopie erfolgen. Gleichzeitig händigt der A dem B die Kopie des Schreibens aus mit dem Hinweis, diese sei für B bestimmt. A verlässt mit den Worten: „Lassen Sie sich nur Zeit!“ kurz den Raum, um ein Telefonat anzunehmen. Nachdem der B den Empfang durch seine Unterschrift bestätigt hatte, händigte er das Original wieder der Sekretärin des A aus und verschwindet mit der Kopie nach Hause.

Unterstellt, der A wäre zur Kündigung berechtigt: Liegt dann eine wirksame Kündigung vor?

### Lösung 153

Die Kündigung des Arbeitsverhältnisses ist wirksam, wenn A gegenüber B eine Kündigungserklärung abgegeben hat, die dem B zugegangen ist, und der Wirksamkeit der erklärten Kündigung keine Umstände entgegen stehen. Insbesondere muss die nach § 623 zu beachtende Form gewahrt sein.

#### 1. Abgabe der Kündigungserklärung

Gegen die Abgabe der Kündigungserklärung bestehen keine Bedenken, da A dem B als maßgeblichen Empfänger das von ihm verfasste Originalschreiben vorgelegt hatte.

#### 2. Zugang der Kündigungserklärung

Fraglich ist aber, ob die Erklärung dem B auch zugegangen und als empfangsbedürftige Willenserklärung dadurch wirksam geworden ist.

Ein Zugang durch tatsächliche Kenntnisnahme lässt sich dem Sachverhalt nicht entnehmen, da nicht sicher ist, ob B das Schreiben tatsächlich gelesen hat.

Erfolgt die Abgabe einer körperlich fixierten Erklärung wie hier unter Anwesenheit der beiden Parteien, geht die Erklärung entsprechend § 130 Abs. 1 S. 1 aber auch ohne Kenntnisnahme dann zu, wenn sie durch Übergabe in den Herrschaftsbereich des Empfängers gelangt ist und sobald nach normalen Umständen mit der Kenntnisnahme gerechnet werden kann. Eine Übergabe ist hier sowohl in Bezug auf das Originalschreiben als auch in Bezug auf die Kopie erfolgt. Allerdings kommt es nicht auf den Zugang der Kopie an, da die in § 623 zur Wirksamkeit zwingend (§ 125 S. 1) vorgeschriebene Schriftform bei Zugang gewahrt sein muss[79] und durch Zugang einer Kopie mangels eigenhändiger Unterschrift i.S.d. 126 Abs. 1 nicht eingehalten werden kann.

Entscheidend ist daher, ob der Zugang durch die vorübergehende Übergabe des unterzeichneten Originalschreibens herbeigeführt werden konnte. Problematisch erscheint dabei, ob von einem Eintritt in den Machtbereich des Empfängers im Sinne der Zugangsregel auch dann gesprochen werden kann, wenn dieser das Dokument nur vorübergehend und nicht zum dauerhaften Verbleib erhält.[80] Die Frage

78 Nach Urteil des *BAG* vom 4. November 2004 (Az: 2 AZR 17/04) = NJW 2005, 1533.

79 Palandt-*Ellenberger* § 130 Rn. 10 m.w.N.

80 Ablehnend wohl *Medicus* Allgemeiner Teil des BGB Rn. 290.

kann nur anhand der hinter der Zugangsdefinition stehenden Risikoverteilung entschieden werden. Grundsätzlich wird der Erklärende mit dem Risiko einer fehlerhaften Zustellung belastet. Der Empfänger trägt hingegen das Risiko, von der Erklärung trotz Möglichkeit keine Kenntnis zu nehmen. Die Möglichkeit der Kenntnisnahme muss dem Erklärenden nicht für eine bestimmte Zeit eingeräumt werden. Vielmehr tritt Zugang stets in dem Moment ein, in dem die Möglichkeit der Kenntnisnahme bestand und die Kenntnisnahme nach der Verkehrsanschauung zu erwarten war. Entscheidend ist daher, ob dem Empfänger eine ausreichende Möglichkeit gewährt wurde, vom Inhalt des Schreibens vollständige Kenntnis zu nehmen.[81] Dies ist hier der Fall, da B das Schreiben hätte vollständig lesen können und den Bestätigungsvermerk nicht etwa „blind unterschreiben" musste.

Die Kündigungserklärung ist dem B damit zugegangen.

### 3. Form

Die bei der Kündigung nach §§ 125 S. 1, 623 zu beachtende Form der Erklärung ist gewahrt.

### 4. Kündigungsbefugnis

Die zur Wirksamkeit der Kündigung erforderliche Kündigungsbefugnis ist laut Sachverhalt ebenfalls gegeben.

### 5. Ergebnis

Sonstige Wirksamkeitshindernisse sind nicht ersichtlich, so dass A das mit dem B bestehende Arbeitsverhältnis wirksam durch Kündigung beendet hat.

81 *BAG* a.a.O. m.w.N; Palandt-*Ellenberger* § 130 Rn. 13.

## 4. Nicht gespeicherte Willenserklärungen

**Zugang nicht gespeicherter Erklärungen bei Abgabe unter Anwesenden** 154

Empfangsbedürftige Willenserklärung

Keine räumliche Trennung oder zumindest technische „Live – Verbindung" zwischen Erklärendem und Empfänger/Empfangsvertreter

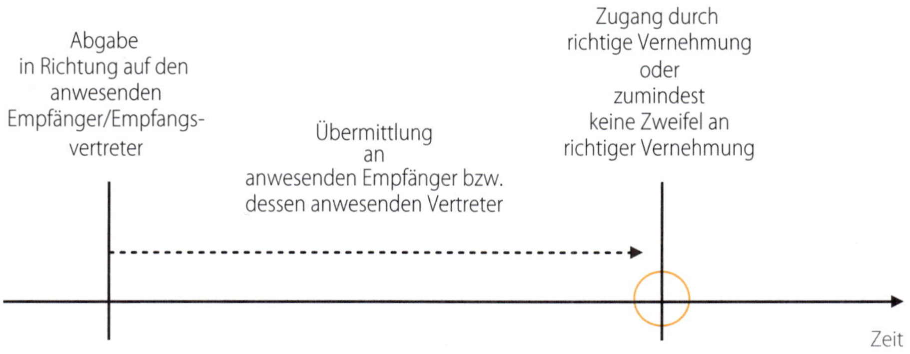


Bei der Übermittlung nicht gespeicherter (= nicht verkörperter), also **mündlicher** oder **konkludenter** Erklärungen, gelten andere Zugangsregeln.

Die Erklärungssituation ist hier nämlich entscheidend anders als bei der Abgabe gespeicherter Willenserklärungen. Der Empfänger der Erklärung hat hier keine Möglichkeit, die Erklärung auf ihre Richtigkeit hin durch wiederholte Kenntnisnahme zu überprüfen. Der Erklärende kann sich dagegen durch Nachfrage beim Empfänger vergewissern, ob dieser sie richtig verstanden hat. Es erscheint demzufolge gerechtfertigt, **dem Erklärenden** in diesen Fällen auch das **Risiko der tatsächlichen und richtigen Vernehmung durch den Empfänger** zuzuweisen.

Sofern der Erklärende aber keine Möglichkeit hatte, ein der richtigen Wahrnehmung entge- 155
genstehendes, individuelles Hindernis auf Seiten des Empfängers zu erkennen (z.B. Schwerhörigkeit), ist eine Einschränkung zu machen. Diese Risiken sind dem Empfänger zuzuweisen, um den Erklärenden nicht mit einer übermäßigen Rechtsunsicherheit zu belasten. Der Empfänger hätte den Erklärenden ja auf diese Hindernisse hinweisen können. Dies berücksichtigt die heute herrschende **„eingeschränkte Vernehmungstheorie"**.

Eine gegenüber dem **anwesenden Empfänger** abgegebene, **nicht verkörperte** Willenserklärung **geht** diesem **zu**, wenn der Erklärende bei Anwendung pflichtgemäßer Sorgfalt keine Zweifel an der richtigen Vernehmung durch den Empfänger haben kann.[82]

**Beispiel** V bietet dem K in einem Telefonat ein altes Kinderfahrrad für 50 € zum Kauf an. Das Fahrrad hat einen Wert von 80 €. K verhört sich aufgrund eines Konzentrationsmangels und versteht einen Preis von 15 €. K sagt sofort: „Oh, das ist ja günstig – damit bin

82 *Medicus* Allgemeiner Teil des BGB Rn. 289; Palandt-*Ellenberger* § 130 Rn. 14.

ich gerne einverstanden! Ich komme gleich vorbei und bringe das Geld mit." Beide verabschieden sich herzlich und legen den Hörer auf.

Ein Kaufvertrag ist hier zu einem Preis von 50 € zustande gekommen.

V hatte am Telefon gegenüber dem K ein Angebot über 50 € abgegeben. Zwar hatte K dies falsch verstanden. Nach den für V erkennbaren Umständen gab es für dieses Missverständnis aber keinerlei Anhaltspunkte, so dass sein Angebot nach den Grundsätzen der sog. „eingeschränkten Vernehmungstheorie" trotz Verhörens dem K zugegangen ist. Dem Angebot des V kommt auch durch Auslegung kein anderer Inhalt zu, da K sich aufgrund mangelnder Konzentration verhört hatte und nicht davon auszugehen ist, dass ein redlicher Empfänger in der Situation des K ebenfalls etwas Abweichendes verstanden hätte.

Die Annahmeerklärung des K hatte V richtig verstanden. An ihrem Zugang bestehen damit keine Zweifel. Der Inhalt der Annahmeerklärung von K richtet sich nach dem Empfängerhorizont des V.[83] V durfte gem. §§ 133, 157 verstehen, K sei mit seinen Konditionen einverstanden. Schließlich war ihm das Missverständnis bei K nicht bekannt und auch anhand der Begleitumstände nicht erkennbar. Damit liegt eine Einigung zu den Konditionen des V vor.

(Anm.: Allerdings kann sich der K vom Kaufvertrag wieder durch unverzügliche Anfechtung seiner Erklärung gem. §§ 119 Abs. 1 Var. 1, 121 lösen.[84]) ■

## IV. Hilfspersonen beim Zugang

156 Die Entgegennahme einer Willenserklärung kann durch den Empfänger selbst[85] oder durch eingeschaltete Hilfspersonen geschehen. Wir unterscheiden dabei zwischen dem **Empfangsboten** und **Empfangsvertreter**.

**Hinweis**

Wir behandeln an dieser Stelle nur die Tätigkeit von Hilfspersonen beim Zugang, also die Tätigkeit des Empfangsvertreters und Empfangsboten. Die Stellvertretung insgesamt stellen wir im zweiten Band dieser Skriptenreihe zum BGB AT dar.

Je nach Art der beim Zugang tätigen Hilfsperson hat dies unterschiedliche Auswirkungen auf den Zugang.

83 Zu den Auslegungsregeln siehe Rn. 197 ff.

84 Siehe dazu im Skript „BGB AT II" unter Rn. 352 ff.

85 Juristischen Personen und rechtsfähige Personengesellschaften können als solche eine Willenserklärung nie selber zur Kenntnis nehmen, sondern nur durch ihre Organe und sonstigen Vertreter.

**Zugangszeitpunkt bei Empfangsvertreter**

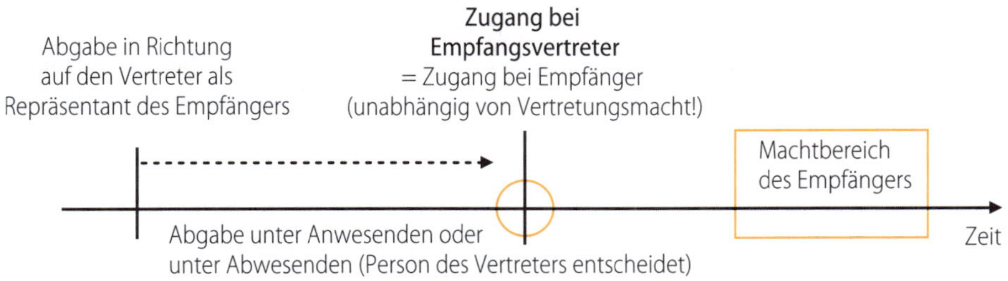


**Zugangszeitpunkt bei Empfangsboten**

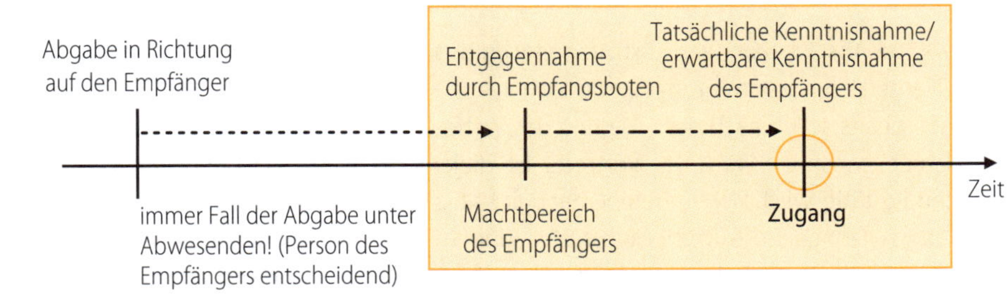


## 1. Zugang bei Auftreten eines Empfangsvertreters

Beginnen wir mit dem Zugang bei Auftreten eines Empfangsvertreters. Anschließend behan- 157
deln wir den Zugang bei Einschalten eines Boten.

### a) Der Empfangsvertreter

§ 164 Abs. 3 beschreibt den Fall der Empfangsvertretung in der Weise, dass eine **gegenüber** 158
**einem anderen abzugebende Willenserklärung dessen Vertreter gegenüber erfolgt.** Wann eine Person als „dessen Empfangsvertreter" anzusehen ist, sagt § 164 Abs. 3 aber nicht ausdrücklich. Das Gesetz gibt uns jedoch wichtige Hinweise:

» Bitte im Gesetz genau mitlesen! «

In § 164 Abs. 3 wird die Erklärungssituation in der Weise beschrieben, dass die Willenserklärung **inhaltlich an den Vertretenen** gerichtet ist, während die Übermittlung an den **Empfangsvertreter sozusagen als „Zustellungsadressaten"** erfolgt. Man nennt die Empfangsvertretung deshalb auch „passive Stellvertretung" im Gegensatz zur „aktiven" Stellvertretung gem. § 164 Abs. 1.

Für die Beurteilung, ob jemand tatsächlich Empfangsvertreter und nicht nur Empfangsbote des Erklärenden ist, hilft der Verweis auf § 164 Abs. 1 in § 164 Abs. 3. Danach handelt der Vertreter ausdrücklich oder nach den Umständen (vgl. § 164 Abs. 1 S. 2) **im Namen des Vertretenen**. Man beschreibt dieses Merkmal des Vertreterhandelns auch als **Offenkundigkeitsgrundsatz**.[86]

86 *Medicus* Allgemeiner Teil des BGB Rn. 905; Palandt-*Ellenberger* Einf. v. § 164 Rn. 2.

Aus dem Verweis des § 164 Abs. 3 auf § 164 Abs. 1 folgt, dass **das Auftreten der Hilfsperson der maßgebliche Anknüpfungspunkt** dafür ist, ob jemand als Empfangsvertreter anzusehen ist.[87]

**Zunächst wird dadurch, dass die Hilfsperson eine inhaltlich an den Vertretenen gerichtete Erklärung entgegennimmt deutlich, dass die Hilfsperson im fremden und nicht im eigenen Namen tätig wird.**[88] Einer darüber hinausgehenden Erklärung bedarf es nicht mehr, um die Tätigkeit im fremden Namen deutlich zu machen.[88]

Die Entgegennahme fremder Erklärungen alleine liefert allerdings noch keinen ausreichenden Anknüpfungspunkt dafür, ob die Hilfsperson **Empfangsvertreter** oder nur **Bote** ist. Schließlich tun der Empfangsvertreter und der Empfangsbote tatsächlich dasselbe, indem beide eine Erklärung entgegennehmen, die an den Hintermann als Empfänger gerichtet ist.[89]

Der Verweis auf § 164 Abs. 1 bringt aber noch etwas zum Ausdruck, was uns zum Ziel führt:

Der in § 164 Abs. 1 behandelte „Aktivvertreter" gibt selbst eine **eigene Willenserklärung** ab. Die Willenserklärung stammt im Fall des § 164 Abs. 1 also vom Vertreter, die Wirkungen des Rechtsgeschäfts sollen nach der Erklärung des Vertreters aber den Vertretenen treffen, in dessen Namen gehandelt wird. **Der Vertreter ist diejenige Person, die beim Rechtsgeschäft selbständig tätig wird.** Der Vertretene handelt selbst nicht. Ihn treffen aber unter den weiteren Voraussetzungen des Vertretungsrechts unmittelbar die Wirkungen des Vertreterhandelns. Man nennt diese **Selbstständigkeit des Vertreters** auch **Repräsentationsprinzip**.[90]

159 Demgegenüber handelt der **Bote nicht selbstständig**.[91] Der Bote ist lediglich das **„Transportmittel"** einer fremden Willenserklärung, er ist anders als der Vertreter nicht Repräsentant einer anderen Person.

Aus diesen Grundsätzen lässt sich nun folgende Schlussfolgerungen ziehen:

Eine Person ist dann als **Empfangsvertreter** anzusehen, wenn sie ausdrücklich zu verstehen gibt oder nach den sonstigen Begleitumständen (§ 164 Abs. 3 i.V.m. Abs. 1 S. 2) davon auszugehen ist, die Person nehme die inhaltlich an den Vertretenen gerichtete Willenserklärung als Repräsentant für diesen wie in eigenen Angelegenheiten entgegen und nicht nur zur Weiterleitung an diesen (dann Bote).[92]

87 Palandt-*Ellenberger* Einf. v. § 164 Rn. 12 und § 164 Rn. 17; MüKo-*Schramm* Vor § 164 Rn. 59.
88 Palandt-*Ellenberger* Einf. v. § 164 Rn. 12 und § 164 Rn. 17.
89 Palandt-*Ellenberger* Einf. v. § 164 Rn. 12.
90 *Medicus* Allgemeiner Teil des BGB, Rn. 899; Palandt-*Ellenberger* Einf. v. § 164 Rn. 2.
91 *Medicus* Allgemeiner Teil des BGB, Rn. 886; Palandt-*Ellenberger* Einf. v. § 164 Rn. 11.
92 *Häublein* „Entbehrlichkeit von Vertretungsmacht für das Zustandekommen von Verträgen bei Beteiligung eines Vertreters", JURA 2007 728, 729 unter Ziff. II 1 („kurzer und knackiger" Aufsatz – sehr lesenswert!); MüKo-*Schramm* Vor § 164 Rn. 59.

Von einem Auftreten als Repräsentant ist einmal dann auszugehen, wenn jemand als **Vertreter einen Vertrag schließt**. Er agiert dabei als aktiver und zugleich passiver Stellvertreter in Bezug auf Abgabe und Zugang von Angebot und Annahme. 160

In der Praxis erleichtert man sich die Abgrenzung außerdem durch folgende Regel: Wenn eine Person **tatsächlich über Empfangsvertretungsmacht**[93] verfügt und eine an den Vertretenen gerichtete Willenserklärung entgegennimmt, ist sie nie als Empfangsbote, sondern immer als **Empfangsvertreter** anzusehen.[94] Auf das Auftreten als Repräsentant ist dann nicht mehr besonders einzugehen.

**Beispiel** Nimmt der Geschäftsführer einer frisch gegründeten GmbH über sein privates Postfach an die GmbH gerichtete Briefe entgegen, handelt er als Empfangsvertreter, da er gem. § 35 GmbHG als Organ der GmbH über eine umfassende aktive und passive Vertretungsmacht verfügt. ■

## b) Zugangsregeln

Aus der selbständigen Repräsentation des Vertretenen (= Adressaten der Erklärung) durch den Empfangsvertreter folgt, dass bei Erklärung gegenüber einem Empfangsvertreter **der Zugang beim Empfangsvertreter ausreichend ist, um das Zugangserfordernis zu erfüllen**. Die Willenserklärung wird wirksam, wenn sie dem Empfangsvertreter zugeht. [95] Ob der Empfangsvertreter die Erklärung an den eigentlichen Empfänger weitergibt, ist für die Frage des Zugangs ohne Bedeutung. Der Empfänger trägt das Risiko, dass ihm die Nachricht verspätet, inhaltlich falsch oder gar nicht übermittelt wird.[96] 161

**Hinweis**

Im Falle der Empfangsvertretung ist bei **Anwendung der Zugangsregeln folglich auf die Person des Empfangsvertreters** abzustellen. Ist der Empfangsvertreter bei Abgabe anwesend, liegt Abgabe unter Anwesenden vor, auch wenn der vertretene Erklärungsempfänger abwesend ist![97]

---

93 Zur Empfangsvertretung ohne Vertretungsmacht siehe sogleich unter Rn. 162.
94 Urteil des *BGH* vom 28. November 2001 (Az: VIII ZR 38/01) = NJW 2002, 1041; im Ergebnis auch *Faust* BGB AT § 29 Rn. 6.
95 *Leenen* BGB AT § 6 Rn. 14 ff.; *Häublein* JURA 2007, 728 f.; *Faust* BGB AT § 29 Rn. 5 ff.
96 Palandt-*Ellenberger* Einf. v. § 164 Rn. 11.
97 *BGH* NJW 1996, 1062, 1064 unter Ziff. II 2a; Palandt-*Ellenberger* § 130 Rn. 14.

### c) Empfangsvertretung ohne Vertretungsmacht

162 Aus den Formulierungen in §§ 177, 179, 180 S. 3 folgt, dass die **Vertretungsmacht** für die rechtliche Charakterisierung einer Person als „Vertreter" **nicht entscheidend** ist. Die genannten Vorschriften sprechen auch dann von einem „Vertreter", wenn diese Person keine Vertretungsmacht hat. Es kommt also nicht darauf an, ob der Empfangsvertreter überhaupt befugt war, die Erklärung für den Zustelladressaten entgegenzunehmen.[98] Die Erklärung ist auch dann zugegangen, wenn der Empfangsvertreter keine Vertretungsmacht hatte.[99] Der Vertretene wird durch § 177 (beim Vertragsschluss) und § 180 (beim einseitigen Rechtsgeschäft) geschützt:[100] Diese Tatbestände sorgen dafür, dass die Willenserklärung trotz ihres Zugangs ohne Zustimmung des Vertretenen keine rechtlichen Wirkungen hervorrufen kann.

#### aa) Fall des § 177

163 Nach § 177 Abs. 1 hängt „die Wirksamkeit des Vertrages", den jemand ohne Vertretungsmacht im Namen eines anderen „schließt", für und gegen den Vertretenen von dessen Genehmigung ab. Aus der Formulierung in § 177 folgt zwingend, dass ein Vertreter ohne Vertretungsmacht (aus Vollmacht, Gesetz oder Rechtsschein)[101] einen Vertrag schließen kann. Denn das setzt diese Vorschrift als selbstverständlich voraus. Das Zustandekommen eines Vertrages erfordert den Zugang von Angebot und Annahme (siehe oben unter Rn. 92). Da diese Willenserklärungen empfangsbedürftig sind, können sie nur mit Zugang wirksam werden. Die Regelung des § 177 Abs. 1 geht also notwendigerweise davon aus, dass die zwischen dem vollmachtlosen Vertreter und dem Geschäftspartner ausgetauschten Willenserklärungen zugegangen und damit wirksam geworden sind.

Da es für die Empfangsvertretung auf die Vertretungsmacht folglich nicht ankommt, ist eine gegenüber einem **anwesenden** Vertreter ohne Vertretungsmacht abgegebene Willenserklärung nach den Regeln über den **Zugang unter Anwesenden** zu behandeln und bei **Abwesenheit des Vertreters** nach den Regeln über den **Zugang unter Abwesenden**.[102]

Der von einem Vertreter ohne Vertretungsmacht geschlossene Vertrag ist (natürlich) noch nicht wirksam, sondern bedarf gem. § 177 Abs. 1 zu seiner Wirksamkeit noch der **Genehmigung des Vertretenen** (Wirksamkeitserfordernis). Der Vertrag entfaltet vor der Genehmigung noch keine Wirkungen. Aber nur weil der Vertrag zustande gekommen ist, kann er gem. § 177 Abs. 1 überhaupt genehmigt werden.[103]

Die Frage der Genehmigung ist nicht beim Zugang, sondern als Wirksamkeitserfordernis des geschlossenen Vertrages zu prüfen (siehe unter Rn. 89 ff.).

**Beispiel** K beauftragt den S, in seinem Namen bei V eine Waschmaschine für einen Preis bis max. 400 € zu kaufen. S geht zu V und führt im Namen des K mit V die Verkaufsgespräche. Der in Verkaufsgesprächen versierte V bietet dabei die Waschmaschine Typ X zu

98 *Leenen* BGB AT § 6 Rn. 14 ff.; *Häublein* JURA 2007, 728 f.
99 *BGH* a.a.O.; Palandt-*Ellenberger* § 130 Rn. 14; *Leenen* BGB AT § 6 Rn. 14 ff.; *Häublein* JURA 2007, 728 f.
100 Siehe dazu im Skript „BGB AT II" unter Rn. 147 ff.
101 Auf die Vertretungsmacht gehen wir ausführlich im Skript „BGB AT II" ein.
102 *BGH* NJW 1996, 1062, 1064 unter Ziff. II 2 a; Palandt-*Ellenberger* § 130 Rn. 14 und § 147 Rn. 5.
103 *BGH* NJW 1996, 1062, 1064 unter Ziff. II 2 a: „(…) Die Genehmigung des Vertrages gehört jedoch – wie insbesondere § 182 Abs. 2 zeigt – nicht mehr zum Tatbestand des Abschlusses, setzt diesen vielmehr voraus. Ein noch nicht geschlossener Vertrag könnte nicht genehmigt werden (…)".

einem Preis von 700 € an. S ist von den technischen Ausführungen des V derart beeindruckt, dass er schließlich namens des K gegenüber V die Annahme erklärt. K ist darüber verärgert und erklärt später dem V, mit dem Kauf nicht einverstanden zu sein.

Kann V von K dennoch Zahlung des Kaufpreises in Höhe von 700 € und Abnahme der Waschmaschine verlangen?

**Lösung**

Zwischen V und K ist ein Kaufvertrag über die Waschmaschine Typ X zustande gekommen, indem V dem S als Vertreter des K den Kauf der Waschmaschine Typ X zu einem Preis von 700 € anbot und S im Namen des K die Annahme dieses Angebots erklärte. Da die dem S erteilte Vollmacht aber auf Kaufverträge bis zu einem Preis von 400 € begrenzt war, handelte S bei Abschluss des Kaufvertrages als Vertreter ohne Vertretungsmacht. Wie sich aus § 177 Abs. 1 ergibt, steht dies dem Zustandekommen des Vertrages nicht entgegen. Der Vertrag ist zustande gekommen, bedarf nach § 177 Abs. 1 zu seiner Wirksamkeit aber noch der Genehmigung des K. Da K diese Genehmigung jedoch verweigert hat, ist der Vertrag endgültig unwirksam.

V kann somit von K weder Zahlung des Kaufpreises noch Abnahme der Waschmaschine gem. § 433 Abs. 2 verlangen. ■

### bb) Fall des § 180

Die **gleichen Grundsätze** gelten auch beim **einseitigen Rechtsgeschäft**, das einem vollmachtlosen Empfangsvertreter gegenüber vorgenommen wird. Die im Fall des § 180 S. 3 vorgesehene Genehmigungsmöglichkeit durch den Vertretenen entsprechend § 177 zeigt, dass das einseitige Rechtsgeschäft, schwebend unwirksam sein, der Zugang aber nicht verhindert werden soll. Auch bei einem einseitigen Rechtsgeschäft geht die Erklärung folglich auch einem vollmachtlosen Empfangsvertreter nach den allgemeinen Regeln zu. Davon logisch zu trennen ist die Frage, ob das einseitige Rechtsgeschäft nach § 180 unwirksam ist.[104] **164**

**Beispiel** Vermieter V will dem Mieter M kündigen, da er ihn für einen unerträglichen Querulanten hält. Da M durch seinen Rechtsanwalt R gerade Mängel in der Wohnung gerügt und ihre Beseitigung angemahnt hat, schickt V seine inhaltlich an M gerichtete[105] Kündigungserklärung dem R als Rechtsanwalt des M zu. R ist von M bislang aber nur wegen der Mängel mandatiert worden und besitzt keine Vollmacht für alle sonstigen Mietangelegenheiten des M. Er ist daher nicht bevollmächtigt, die Kündigungserklärung als Vertreter des M entgegenzunehmen. Die Erklärung geht zwar dem R als Zustellungsadressaten zu. Die Willenserklärung bleibt aber wirkungslos, da die Kündigung (als Rechtsgeschäft) gegenüber einem vollmachtlosen Vertreter vorgenommen wurde und damit gem. § 180 S. 1 nichtig ist (= Wirksamkeitshindernis, vgl. Rn. 95). Hätte R sich zu Entgegennahme bereit erklärt, wäre die Kündigung gem. §§ 180 S. 3, 177 (als Rechtsgeschäft) nur schwebend unwirksam und könnte durch Genehmigung des M noch wirksam werden (= Wirksamkeitserfordernis, vgl. Rn. 93). ■

104 *Leenen* BGB AT §11 Rn. 33.

105 Wäre die Erklärung inhaltlich an R persönlich gerichtet, läge keine Abgabe in Richtung auf den M vor!

### 2. Zugang bei Auftreten eines Empfangsbotens

#### a) Empfangsbote und Erklärungsbote

##### aa) Definitionen

165 Ist die beim Zugang tätige Hilfsperson nach den oben dargestellten Grundsätzen nicht als Empfangsvertreter anzusehen, stellt sich die weitere Frage, ob sie als **Empfangsbote** oder als **Erklärungsbote** gehandelt hat. Die Hilfsperson könnte als Empfangsbote für den Empfänger oder als Erklärungsbote für den Erklärenden tätig geworden sein. Der Empfangsbote muss daher nicht nur vom Empfangsvertreter, sondern auch vom Erklärungsboten abgegrenzt werden.

**Empfangsbote** ist, wer vom Empfänger zur Entgegennahme und Weiterleitung der Erklärung bestellt wurde oder nach der Verkehrsanschauung zumindest als bestellt anzusehen ist.[106] Entscheidend ist, ob nach der Lebenserfahrung davon ausgegangen werden darf, dass die jeweilige Person ein für den Adressaten entgegengenommenes Schriftstück alsbald an diesen weiterleiten wird.[107]

**Erklärungsbote** ist, wer eine fremde Willenserklärung übermittelt, ohne Empfangsvertreter oder Empfangsbote zu sein.[108]

##### bb) Fallgruppen

##### (1) Beauftragter Empfangsbote

166 Zunächst ist derjenige als Empfangsbote anzusehen, **den der Empfänger (nur) mit der tatsächlichen Weiterleitung ihn betreffender Nachrichten beauftragt hatte.**[106]

**Beispiel** A beauftragt den Hausmeister B, ihm während seiner Urlaubsabwesenheit eingehende Post nachzusenden. ■

##### (2) Empfangsbote aufgrund Verkehrsanschauung

167 Aus Gründen des Verkehrsschutzes werden aber auch solche Personen als Empfangsboten dem Machtbereich des Empfängers zugerechnet, die vom Empfänger zwar **nicht als Boten bestellt** wurden, aber **nach der Verkehrsanschauung als bestellt anzusehen sind.** Auch ohne „Botenmacht“ der Hilfsperson kann daher Zugang eintreten, wenn die Hilfsperson aufgrund ihrer Tätigkeit als „Empfangsbote“ anzusehen ist.

Für die Entscheidung, wer nach der Verkehrsanschauung als Empfangsbote anzusehen ist, muss zwischen **gespeicherten („verkörperten“)** und **nicht gespeicherten („nicht verkörperten“, regelmäßig mündlichen)**, Willenserklärungen unterschieden werden.

168 Im Falle einer **gespeicherten Willenserklärung** sind angesichts dessen, dass das Risiko einer Falschübermittlung für den Empfänger aufgrund der Fixierung kleiner ist, geringere Anforderungen an den Empfangsboten zu stellen als bei der Übermittlung mündlicher Erklärungen.

---

106 *BGH* NJW 1994, 2613 f. unter Ziff. II; Palandt-*Ellenberger* § 130 Rn. 9; *Faust* BGB AT § 29 Rn. 11.
107 *BGH* NJW 1994, 2613 f. unter Ziff. II.
108 Palandt-*Ellenberger* § 130 Rn. 9.

**Beispiel** Als Empfangsbote für verkörperte Erklärungen werden nach der Verkehrsanschauung beispielsweise **angesehen:** nicht getrennt lebende Ehegatten[109] oder Partner einer nichtehelichen Lebensgemeinschaft,[110] andere im Haushalt lebende Personen;[111] Schwägerin des Adressaten, die nicht in derselben Wohnung, aber im selben Haus wohnt.[112] ■

Der Empfangsbote einer **mündlich** abgegebenen Erklärung muss dagegen in der Lage sein, 169
die Erklärung zuverlässig zu erfassen und weiterzugeben. Das wird bei **erwachsenen** Haushaltsmitgliedern und Angehörigen in der Regel zu bejahen sein.[113]

**Beispiel** Die zehnjährige Tochter des Empfängers kann Empfangsbotin einer schriftlichen Willenserklärung sein. Sie ist aber noch nicht in der Lage, eine mündliche Willenserklärung zuverlässig entgegenzunehmen; hier würde es also an der Boteneigenschaft fehlen. ■

Gibt der Erklärende die Willenserklärung gegenüber einer Vermittlungsperson ab, die nach 170
den vorgestellten Kriterien **weder als Empfangsvertreter noch als Empfangsbote** zu behandeln ist, so ist diese als **Erklärungsbote** anzusehen. Das heißt: Der Erklärende wird – unabhängig von seiner eigenen Vorstellung – so behandelt, als hätte er zur Übermittlung einen Boten eingesetzt.[114]

### b) Zugangsregeln

**Zugangszeitpunkte bei Erklärungsboten** 171

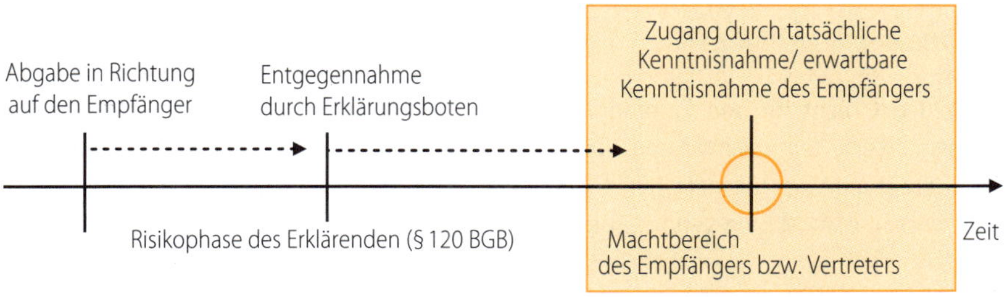


**Zugangszeitpunkte bei Empfangsboten**

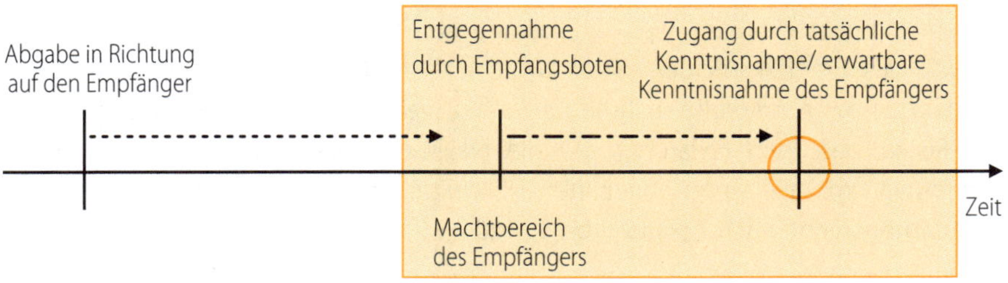


109 *BGH* NJW 1951, 313.
110 *LAG Bremen* NZA 1988, 548.
111 *BSG* NJW 2005, 1303; *BGH* NJW 1997, 3437, 3439.
112 Beschluss des *OLG Köln* vom 18.1.2006 (Az: 22 U 164/05) = MDR 2006, 866.
113 Palandt-*Ellenberger* § 130 Rn. 9 m.w.N.
114 Palandt-*Ellenberger* § 130 Rn. 9.

### aa) Zugang bei Tätigkeit eines Empfangsboten

172 Empfangsboten gehören zum Machtbereich des Empfängers. Der Empfangsbote wird lediglich als **„Briefkasten"** tätig.

> **Hinweis**
>
> Das Handeln des Boten erschöpft sich in einer rein tatsächlichen Tätigkeit und stellt somit einen „Realakt" dar. Der Bote muss daher nicht geschäftsfähig sein.

Erhält ein Empfangsbote eine für seinen Auftraggeber bestimmte Nachricht, ist dies nicht anders zu beurteilen, als sei die Erklärung in den Briefkasten des Empfängers eingeworfen oder auf dessen Anrufbeantworter gesprochen worden. Es gelten stets die Regeln über den **Zugang bei Abgabe unter Abwesenden**, da der Empfänger bei Abgabe nicht persönlich anwesend ist und selbst keinerlei Möglichkeit unmittelbarer Nachfrage hat[115] (siehe oben unter Rn. 128).

Bei Entgegennahme einer Erklärung durch einen Empfangsboten tritt deshalb Zugang der Erklärung in dem Moment ein, **wo nach normalen Umständen mit einer Weiterleitung an den Adressaten und dessen Kenntnisnahme nach der Verkehrsanschauung zu rechnen ist.**[116] Da es auf die normalen Umstände ankommt, ist es für den Zugang der dem Empfangsboten übermittelten Nachricht ohne Bedeutung, ob der Empfangsbote die Weiterleitung an den Empfänger vergisst, verzögert oder nur unter inhaltlichen Änderungen vornimmt.[117]

> **Hinweis**
>
> **§ 120 gilt nicht für den Empfangsboten.**[118] Das folgt aus den Zugangsregeln: Das Risiko einer fehlerhaften Übermittlung durch den Empfangsboten trägt ja der Empfänger selbst. Die Erklärung wird mit dem Inhalt wirksam, den ein redlicher Empfänger bei Übermittlung an den Empfangsboten verstehen musste.[119]

### bb) Zugang bei Tätigkeit eines Erklärungsboten

173 Bei Entgegennahme einer Erklärung durch einen **Erklärungsboten** ist die Erklärung **noch gar nicht in den Machtbereich des Empfängers gelangt**. Hier kann Zugang erst in dem Moment eintreten, wo die Erklärung durch den Erklärungsboten in den Machtbereich des Empfängers übermittelt worden ist und sobald danach unter normalen Umständen mit der Kenntnisnahme gerechnet werden kann. Den **Erklärenden** trifft hier das **Risiko**, dass sein Erklärungsbote die Erklärung **verspätet, falsch oder gar nicht** übermittelt. Im Falle einer fehlerhaften Übermittlung steht **dem Erklärenden aber ein Anfechtungsrecht nach §§ 119 Abs. 1, 120** zu.[120]

---

115 Palandt-*Ellenberger* § 147 Rn. 5.

116 *BGH* NJW 1994, 2613 f. unter Ziff. II; *Medicus* Allgemeiner Teil des BGB Rn. 285; Palandt-*Ellenberger* § 130 Rn. 9 m.w.N.; *Faust* BGB AT § 29 Rn. 14.

117 *Faust* BGB AT § 29 Rn. 14.

118 Palandt-*Ellenberger* § 120 Rn. 2.

119 *Faust* BGB AT § 29 Rn. 10.

120 *Faust* BGB AT § 29 Rn. 10; *Leenen* § 14 Rn. 59 f.

**Hinweis**

Agiert jemand als Erklärungsbote, ohne vom Erklärenden beauftragt zu sein („Pseudo-Bote"), werden die Regeln über die Stellvertretung analog angewendet, insbesondere §§ 174, 179, 180.[121] Wir gehen auf diese Tatbestände bei der Darstellung der Stellvertretung im zweiten Band ein.[122]

121 *Faust* BGB AT § 29 Rn. 13; *Leenen* § 14 Rn. 63.
122 Siehe im Skript „BGB AT II" Rn. 12 ff.

## 3. Übungsfall Nr. 3

174 „Kündigung auf Umwegen" [123]

Anne Acker (A) ist bei der B GmbH (B) auf unbestimmte Zeit angestellt. Kurz nach einer längeren, krankheitsbedingten Abwesenheit beantragte die A bei ihrem Vorgesetzten für die Zeit vom 5. Juni bis 4. Juli Urlaub. Dies lehnte ihr Vorgesetzter ab. Die A flog mit ihrem Ehemann gleichwohl am 5. Juni nach Kenia in den Urlaub und kehrte erst am 4. Juli zurück.

Carsten Carstensen (C) erstellte daraufhin am 12. Juni als Assistent der Geschäftsführung der B nach mündlicher Anweisung und nach den inhaltlichen Vorgaben des Geschäftsführers Gerhard Grün (G) ein Schreiben unter dem Briefkopf der B, in der die fristlose Kündigung des zwischen B und A bestehenden Arbeitsverhältnisses erklärt und mit der vertragswidrigen Abwesenheit der A begründet wurde. C unterschrieb dieses Schreiben unterhalb der Angabe „Geschäftsführer" mit dem Zusatz „i.A.".

Das an die Heimatadresse der A geschickte Kündigungsschreiben wurde von dem mit der Beförderung beauftragten Zusteller am 13. Juni dem auf einem Spaziergang in unmittelbarer Nähe befindlichen Onkel Otto (O) der A ausgehändigt. Dieser wohnt einige Straßen entfernt und übergab das Schreiben noch am 13. Juni der Mutter Maria (M) von A. M wohnt mit A in demselben Haus, allerdings ein Stockwerk tiefer. Die M verweigerte die Annahme und sendete das Schreiben ungeöffnet an die B zurück. B ließ es daraufhin am 5. Juli dem Ehemann der A, Erich (E), aushändigen, der mit A in derselben Wohnung wohnt.

Ist die Kündigung des Arbeitsverhältnisses wirksam?

### 175 Lösung

Die Kündigung des Arbeitsverhältnisses ist nur dann wirksam, wenn die Kündigung gegenüber A erklärt und der Wirksamkeit der Kündigung keine Umstände entgegen stehen. Insbesondere muss die nach § 623 zu beachtende Form gewahrt sein.

#### 1. Abgabe einer Kündigungserklärung

Der C selbst hatte vorliegend keine Kündigungserklärung abgeben wollen, sondern war lediglich auf Weisung des G im Rahmen der Übermittlung der Erklärung an A tätig. Das ergibt sich auch aus der Art der Zeichnung des C. Der „i.A.", also „im Auftrag" Unterzeichnende macht deutlich, dass nicht er selbst für die Erklärung verantwortlich ist, sondern diese von seinem Geschäftsherrn stammt, in dessen „Auftrag" er handelt und die Erklärung übermittelt.[124] Ein Vertreter hätte ein anderes Kürzel, nämlich „i.V." (= „in Vertretung") verwendet. Für die bloße Botenstellung des C spricht auch, dass er unterhalb der Bezeichnung „Geschäftsführer" gezeichnet hat.

Der G hatte hingegen seinen Willen zum Ausdruck gebracht, das Arbeitsverhältnis zwischen B und A im Wege der Kündigung beenden zu wollen. Indem er den C mündlich mit der Verfassung des entsprechenden Kündigungsschreibens nach seinen Vorgaben beauftragte, hatte er alles aus seiner Sicht Erforderliche getan, um diese Erklärung in Richtung auf die Empfängerin A in den Verkehr zu bringen. Damit hat der G eine Kündigungserklärung gegenüber der A abgegeben.

123 Nach *ArbG Hamburg* Urteil vom 8. Dezember 2006 (27 Ca 21/06) = ArbRB 2007, 72 und *BAG* NJW 1993, 1093 ff.

124 Dieses Verständnis des Kürzels „i.A." entspricht st. Rspr., vgl. *BAG* NZA 1997, 1343, 1345; *BGH* NJW 1988, 210 f.

## 2. Zugang der Kündigungserklärung

Diese Kündigungserklärung bedurfte als empfangsbedürftige Willenserklärung zu ihrer Wirksamkeit des Zugangs beim Kündigungsgegner. Zugegangen ist eine – wie hier – unter Abwesenden abgegebene Willenserklärung dann, wenn sie in den Machtbereich des Empfängers gelangt ist und sobald mit der Möglichkeit der Kenntnisnahme durch den Empfänger unter normalen Umständen zu rechnen ist. Sobald die Möglichkeit der Kenntnisnahme besteht, ist es unerheblich, wann der Empfänger die Erklärung tatsächlich zur Kenntnis genommen hat oder ob er daran durch Krankheit, zeitweilige Abwesenheit oder andere Umstände im konkreten Fall gehindert war. Das gilt auch für eine urlaubsbedingte Abwesenheit.

Ein Zugang der Kündigung noch am 13. Juni kommt zunächst in Betracht, wenn O oder M zu diesem Zeitpunkt Empfangsvertreter der A waren und der Zugang bei ihnen deshalb für das Wirksamwerden der Willenserklärung ausreichend ist. Aus dem Sachverhalt ist aber nicht ersichtlich, dass sie sich in besonderer Weise als Empfangsvertreter ausgegeben oder über die erforderliche Vertretungsmacht verfügt hätten.

Fraglich ist jedoch, ob O oder M dem Machtbereich der A als sog. Empfangsboten zugeordnet werden müssen. Ein Zugang tritt dann ein, sobald mit der Weiterleitung des Schreibens unter normalen Umständen an die A gerechnet werden konnte. Ob eine Person als Empfangsbote dem Machtbereich des Empfängers zugerechnet werden kann, bestimmt sich nach der Verkehrsanschauung. Nicht getrennt lebende Ehepartner sind wechselseitig als Empfangsboten des anderen anzusehen, da in aller Regel davon auszugehen ist, dass eine Weiterleitung an den betroffenen Ehepartner alsbald erfolgen wird. Sonstige Angehörige des Empfängers sind in jedem Fall dann als Empfangsboten anzusehen, wenn sie in der Wohnung des Empfängers leben. Dafür spricht auch die Zustellungsregel des § 178 Abs. 1 Nr. 1 ZPO. Zu diesem Personenkreis gehören aber weder O noch die M. Letztere wohnt zwar in demselben Haus, aber eben nicht in derselben Wohnung wie A.

Damit ist die Frage der Botenstellung aber noch nicht abschließend beantwortet. Eine verwandtschaftliche Beziehung alleine vermag zwar noch keinen Machtbereich des Empfängers zu begründen, innerhalb dessen eine alsbaldige Kenntnisnahme zu erwarten ist. Im Falle einer räumlichen Nähebeziehung der Angehörigen zueinander kann es jedoch anders liegen. Während der O bei Anlegung dieser Maßstäbe nicht mehr als Empfangsbote anzusehen ist, ist eine solche Botenschaft bei der M zu bejahen. Schließlich wohnt M im selben Haus wie A und nur ein Stockwerk tiefer und hat als Mutter der A eine besonders enge familiäre Beziehung zu ihr.[125]

Die M hat die Annahme jedoch verweigert, so dass mit einer Weiterleitung an A nicht mehr gerechnet werden konnte. A ist auch nicht nach Treu und Glauben daran gehindert, sich auf die Annahmeverweigerung der M zu berufen, da sie selbst keinerlei Kenntnis von diesem Vorgang hatte und es ihr deshalb nicht verwehrt sein kann, sich auf das Verhalten der M zu berufen. Die Urlaubsabwesenheit als solche darf ebenfalls nicht als treuwidrige Zugangsvereitelung angesehen werden, da sie einem Zugang (etwa durch Einwurf in den Briefkasten) nicht entgegenstehen kann.

Das Kündigungsschreiben könnte der A jedoch am 5. Juli zugegangen sein, als es dem E in der Wohnung der A übergeben wurde. Dieser ist als mit A zusammenlebender Ehemann nach der Verkehrsanschauung als Empfangsbote der A anzusehen. Mit einer Weiterleitung durch ihn war noch am selben Tag zu rechnen, so dass die Kündigungserklärung der A am 5. Juli zugegangen ist.

## 3. Inhalt

Zu prüfen ist weiter, welcher Inhalt dem Schreiben bei redlichem Verständnis aus Sicht der A zukommt. Das der A zugegangene Schreiben macht deutlich, dass das Arbeitsverhältnis zwischen B und A im Wege der Kündigung seitens B beendet werden soll. Aus Sicht eines redlichen Empfängers konnte dieses

---

125 So auch *BAG* NJW 1993, 1093, 1094 unter Ziff. III 3; *OLG Köln* MDR 2006, 866.

Schreiben, welches der C „i.A.", also „im Auftrag" erklärte, nur so verstanden werden, dass nicht C selbst, sondern lediglich der oberhalb der Unterschrift angeführte „Geschäftsführer" der B die Kündigungserklärung abgegeben hat. Somit liegt auch vom Empfängerhorizont der A aus keine Kündigungserklärung des C, sondern eine von C als Bote übermittelte Kündigungserklärung des Geschäftsführers der B-GmbH vor.

#### 4. Formwirksamkeit, § 125 S. 1

Möglicherweise ist die derart erklärte Kündigung wegen Verletzung der in §§ 125 S. 1, 623 gesetzlich angeordneten Schriftform nichtig. Gemäß § 126 Abs. 1 musste die Urkunde mit der Kündigungserklärung von ihrem Aussteller eigenhändig durch Namensunterschrift oder mittels notariell beglaubigten Handzeichens unterzeichnet werden. „Aussteller" i.S.d. § 126 ist weder derjenige, der nur als Schreibgehilfe die Erklärung mechanisch herstellt, noch ihr Überbringer. „Aussteller" der Erklärung war hier also nicht der C als Bote, sondern der Geschäftsführer der B-GmbH. Da der Geschäftsführer der B die Erklärung aber nicht selbst eigenhändig unterschrieben hatte, konnte die Unterschrift des C diesen Mangel nicht heilen. Die Kündigung ist deshalb wegen Verletzung der Schriftform nach §§ 125 S. 1, 623 nichtig und kann das Arbeitsverhältnis nicht wirksam beenden.

**Hinweis**

Auf die Kündigungsbefugnis und die Frage der Vertretungsmacht des G (Fehlende Kündigungsbefugnis bzw. fehlende Vertretungsmacht wären wie der Formmangel ebenfalls Wirksamkeitshindernisse[126]) kommt es hier nicht mehr an.

126 Palandt-*Ellenberger* Überbl. v. § 104 Rn. 27.

## V. Zugang bei Geschäftsunfähigkeit des Adressaten, § 131 Abs. 1

Die Geschäftsunfähigkeit eines Menschen kann sowohl bei der Abgabe einer Willenserklärung 176
als auch beim Zugang empfangsbedürftiger Willenserklärungen zum Gegenstand Ihrer Prüfung werden. § 131 Abs. 1 behandelt den Fall des **Zugangs einer empfangsbedürftigen Willenserklärung, die einem Geschäftsunfähigen gegenüber abzugeben ist**. Die Person, an die die Erklärung gerichtet ist („Adressat"), ist – erkannt oder unerkannt – geschäftsunfähig.

**Hinweis**

Die Voraussetzungen der Geschäftsunfähigkeit und der beschränkten Geschäftsfähigkeit behandeln wir ausführlich unter Rn. 295 ff. Um Wiederholungen zu vermeiden, fassen wir uns hier insoweit kurz und konzentrieren uns auf den Tatbestand des § 131.

### 1. Geschäftsunfähigkeit des Adressaten

177

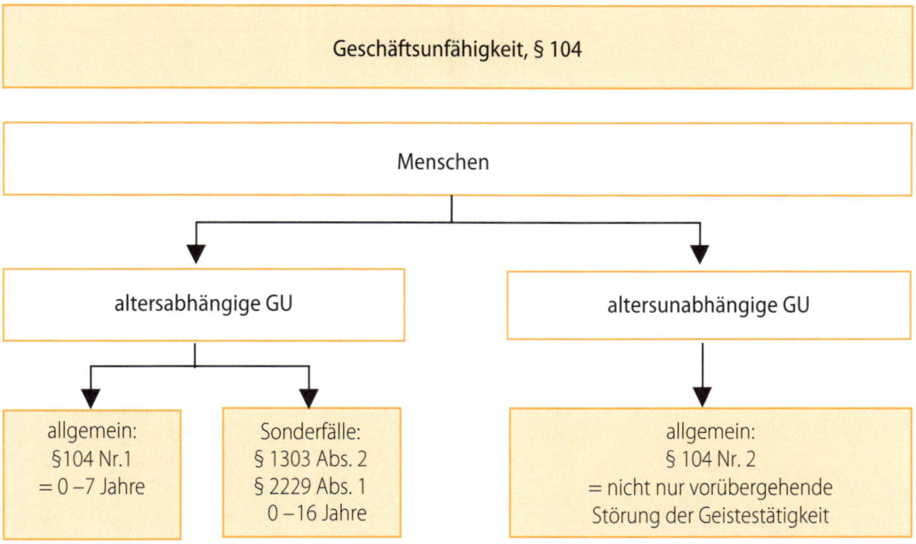


In § 104 hat der Gesetzgeber definiert, welchen Personen er die Geschäftsfähigkeit zu Ihrem eigenen Schutz ganz aberkennt.

Geschäftsunfähig sind zum einen Kinder, die das **7. Lebensjahr nicht vollendet** haben, **§ 104 Nr. 1**.

Geschäftsunfähig sind nach **§ 104 Nr. 2** ferner diejenigen, die sich in einem die freie Willensbestimmung ausschließenden Zustand krankhafter Störung der Geistestätigkeit befinden, sofern der Zustand **nicht nur vorübergehend** ist. Die Vorschrift meint Fälle der krankhaften Geistesstörungen, in denen der Betroffene nicht mehr in der Lage ist, seinen Willen frei zu bilden, d.h. seine Entscheidung von vernünftigen Erwägungen abhängig zu machen.[127] In der Klausur wird Ihnen dieser Befund ausdrücklich mitgeteilt („… der unerkannt geisteskranke A …").

127 *BGH* NJW 1996, 918, 919 unter Ziff. II 2b; *Medicus* Allgemeiner Teil des BGB Rn. 542; Palandt-*Ellenberger* § 104 Rn. 5.

**Hinweis**

Die Besonderheiten der Geschäftsfähigkeit bei der Eheschließung und im Erbrecht sind nicht Gegenstand dieses Skriptes, sondern werden im Zusammenhang mit der Darstellung des Familienrechts bzw. Erbrechts behandelt.

178 Bei der Frage, zu welchem Zeitpunkt die Voraussetzungen für die Geschäftsunfähigkeit vorliegen müssen, kommt es nach Sinn und Zweck des § 131 Abs. 1 auf die Verhältnisse zum **Zeitpunkt des Zugangs der Erklärung** an. Erst jetzt kann die Willenserklärung nach allgemeinen Regeln wirksam werden. Der Schutzmechanismus des § 131 Abs. 1 muss deshalb in diesem Moment des Zugangs greifen.

## 2. Wirkung des § 131 Abs. 1

179 **Zugang bei geschäftsunfähigem Adressaten**
(Wirkung des § 131 Abs. 1)

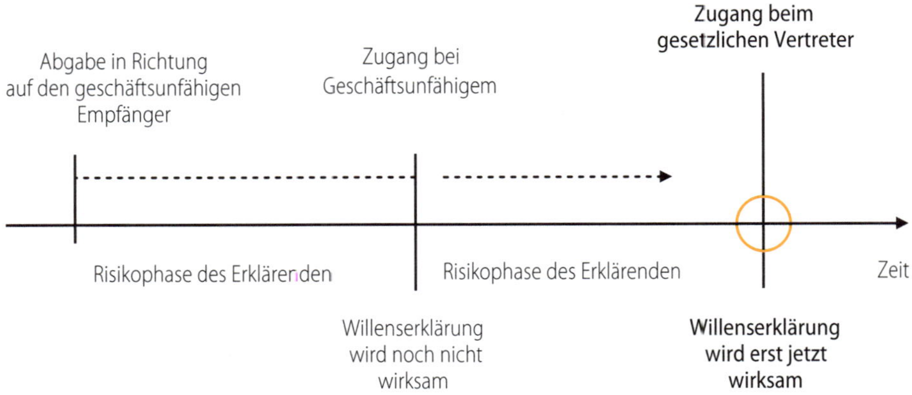


Beim Zugang einer an einen Geschäftsunfähigen gerichteten empfangsbedürftigen Willenserklärung greift § 131 Abs. 1 weniger stark als § 105 Abs. 1 ein. Denn nach § 131 Abs. 1 ist die einem Geschäftsunfähigen zugegangene Erklärung nicht etwa nichtig. Das wäre auch unnötig und möglicherweise kontraproduktiv, da die Erklärung dem Geschäftsunfähigen nützlich sein kann (z.B. Zugang eines Schenkungsversprechens). Nach § 131 Abs. 1 wird eine empfangsbedürftige Willenserklärung, die einem Geschäftsunfähigen gegenüber abzugeben ist und diesem gegenüber abgegeben wurde, vielmehr **erst dann wirksam, wenn sie seinem gesetzlichen Vertreter zugeht.**[128] Das gilt analog § 131 Abs. 1 auch für den Zugang geschäftsähnlicher Handlungen wie zum Beispiel der Mahnung.[129] Denn auf diese finden die Vorschriften zu Willenserklärungen grundsätzlich entsprechende Anwendung (siehe Rn. 72 f.).

128 Zu den gesetzlichen Vertretern nicht voll Geschäftsfähiger ausführlich unter Rn. 304 ff.
129 *BGHZ* 47, 352 ff. = NJW 1967, 1800 ff.; Palandt-*Ellenberger* § 131 Rn. 1 m.w.N.

**Beispiel** Der wegen geistiger Behinderung geschäftsunfähige M (§ 104 Nr. 2) wird durch den Betreuer B vertreten. Vertreten durch den B hat er einen unbefristeten Mietvertrag mit V geschlossen. V möchte den Mietvertrag nun wegen Eigenbedarfs kündigen und erklärt schriftlich die Kündigung gegenüber M. M erhält das Schreiben auf dem Postwege.

Gem. § 131 Abs. 1 liegt noch keine wirksame Kündigungserklärung vor, da die Erklärung empfangsbedürftig ist und dem B als dem gesetzlichen Vertreter des M noch nicht zugegangen ist. ■

**Hinweis**

Der Geschäftsunfähige kann wegen § 131 Abs. 1 kein Empfangsvertreter sein (§ 164 Abs. 3), da ihm empfangsbedürftige Erklärungen nicht wirksam zugehen können.

Er kann hingegen als Empfangsbote fungieren, wenn er zumindest über die dafür erforderliche Eignung verfügt. Dies hängt von der Verkehrsanschauung und der Frage ab, ob die Willenserklärung verkörpert ist oder nicht (siehe Rn. 167 ff.). Ist der Geschäftsunfähige zur Weiterleistung objektiv ungeeignet, kann er nur als Erklärungsbote angesehen werden.

## VI. Zugang bei beschränkter Geschäftsfähigkeit des Adressaten, § 131 Abs. 2

Auch beim beschränkt Geschäftsfähigen werden die allgemeinen Zugangsregeln zu seinem Schutz modifiziert, wenn eine empfangsbedürftige Willenserklärung ihm gegenüber abzugeben ist. Der Zugang einer solchen Erklärung bei ihm selber genügt grundsätzlich nicht. 180

### 1. Beschränkte Geschäftsfähigkeit des Adressaten

181

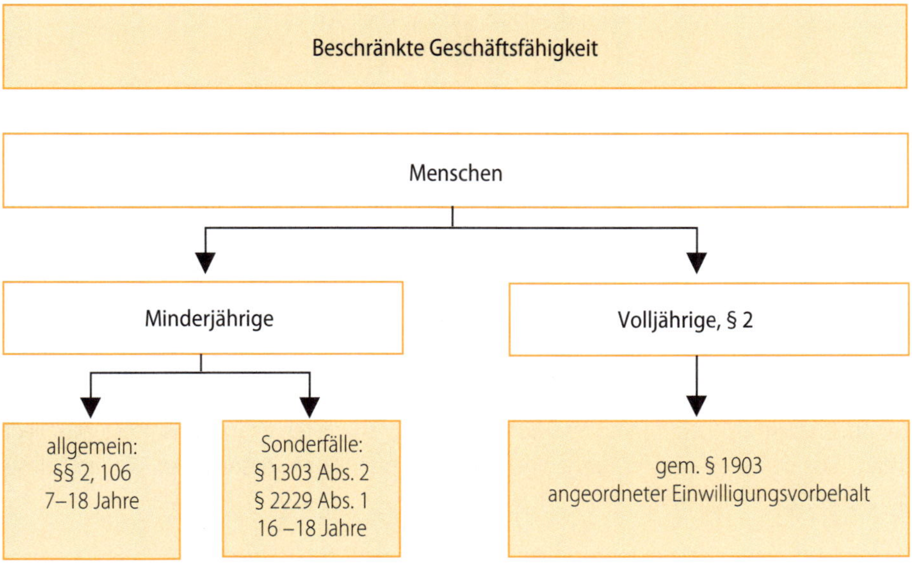

182 Die wichtigste Gruppe der beschränkt Geschäftsfähigen stellen die Minderjährigen dar, die das **7. Lebensjahr vollendet** haben. Sie sind **bis zu ihrer Volljährigkeit beschränkt geschäftsfähig, §§ 2, 106**. Die Minderjährigkeit endet zu Beginn des 18. Geburtstages (0 Uhr), § 187 Abs. 2 S. 2.

183 Weiterhin werden **volljährige, unter Betreuung stehende Personen**, die **nicht geschäftsunfähig sind und bei denen das Betreuungsgericht einen Einwilligungsvorbehalt angeordnet** hat, wie beschränkt Geschäftsfähige behandelt, **§ 1903 Abs. 1 S. 2, Abs. 3 S. 1**. Wesentliches Merkmal der rechtlichen Ausgestaltung der Beschränkung ist die Bezugnahme auf die rechtlichen Folgen des Handelns der §§ 108 ff. und 131 Abs. 2 in § 1903 Abs. 1 S. 2.

## 2. Wirkung des § 131 Abs. 2

184 **Zugang bei beschränkt geschäftsfähigem Adressaten (Wirkung des § 131 Abs. 2)**

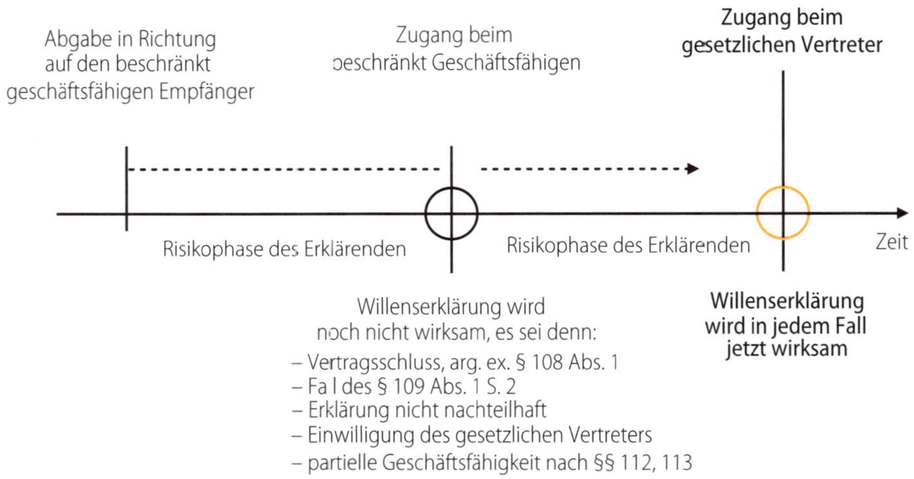


### a) Grundregel

185 Ähnlich wie beim Geschäftsunfähigen lässt § 131 Abs. 2 S. 1 den Zugang einer empfangsbedürftigen Willenserklärung beim beschränkt geschäftsfähigen Adressaten grundsätzlich nicht genügen. Die Erklärung wird **grundsätzlich erst mit Zugang bei dessen gesetzlichen Vertreter** wirksam. Die Vorschrift gilt analog für den Zugang einer geschäftsähnlichen Äußerung (siehe Rn. 72 f.).[130]

### b) Ausnahmen nach § 131 Abs. 2 S. 2

186 Vom besonderen Zugangserfordernis des § 131 Abs. 2 S. 1 gelten aber Ausnahmen. Dies liegt daran, dass den „nur" beschränkt geschäftsfähigen Personen ein gesteigertes Maß an Selbstständigkeit zugebilligt wird.[131]

130 Palandt-*Ellenberger* § 131 Rn. 1.

131 Details zur gesetzlichen Vertretung des beschränkt Geschäftsfähigen und der Zustimmungsbedürftigkeit der von ihm vorgenommenen Rechtsgeschäfte finden Sie in der zusammenfassenden Darstellung unter Rn. 287 ff.

#### aa) Lediglich rechtlich vorteilhafte Erklärung, § 131 Abs. 2 S. 2 Var. 1

Nach § 131 Abs. 2 S. 2 Var. 1 genügt der Zugang beim beschränkt geschäftsfähigen Adressa- **187**
ten, wenn die Erklärung für ihn rechtlich lediglich einen Vorteil bringt.[132]

**Beispiel** Zugang einer Vollmachtserklärung, mit der dem beschränkt geschäftsfähigen Empfänger Vertretungsmacht verliehen wird (vgl. § 165).[133]

Der Zugang einer Gestaltungserklärung wie etwa Anfechtungs-, Kündigungs-, Aufrechnungs- oder Rücktrittserklärung bringt dagegen stets rechtliche Nachteile, da dem Empfänger durch diese Rechtsgeschäfte Rechte einseitig wieder entzogen werden. ■

#### bb) Einwilligung des gesetzlichen Vertreters, § 131 Abs. 2 S. 2 Var. 2

Weiter genügt der Zugang beim beschränkt Geschäftsfähigen, wenn dessen gesetzliche Ver- **188**
treter seine Einwilligung (= vorherige Zustimmung, § 183) für das Rechtsgeschäft erteilt hatte oder ein Fall der „partiellen Geschäftsfähigkeit" nach §§ 112, 113 vorliegt.[134]

**Beispiel** Der 17-jährige M wohnt mit Einwilligung seiner Eltern auf unbestimmte Zeit bei V zur Miete. Als V das Mietverhältnis kündigen will, erklärt er die Kündigung des mit M geschlossenen Mietvertrages schriftlich und unter Wahrung der gesetzlichen Frist gegenüber M. M hat seinen Eltern von einer entsprechenden Ankündigung des V berichtet.

Die Kündigungserklärung bringt dem M – eine Kündigungsbefugnis des V gemäß § 573 unterstellt – rechtliche Nachteile: Er verliert z.B. seine Primäransprüche gem. § 535 Abs. 1 gegen V. Solange die Erklärung den Eltern des M als dessen gesetzliche Vertreter (§§ 1626 Abs. 1, 1629 Abs. 1) nicht zugeht, bleibt sie unwirksam. Haben die Eltern jedoch dem M vorher mitgeteilt, er solle die angekündigte Kündigung V gelassen entgegennehmen und akzeptieren, ist die Entscheidung der Eltern zu diesem Rechtsgeschäft ja schon getroffen. Sie haben ihm gegenüber die Einwilligung gem. §§ 182, 183 erteilt. Nun muss die Kündigungserklärung den Eltern nicht noch gesondert zugehen. ■

#### cc) Widerrufserklärung des Vertragspartners, § 109 Abs. 1 S. 2

Schließt der beschränkt Geschäftsfähige einen Vertrag ohne die erforderliche Einwilligung **189**
seines gesetzlichen Vertreters, ist der Vertrag nach §§ 107, 108 Abs. 1 schwebend unwirksam. Dem anderen Teil steht dann nach § 109 ein Widerrufsrecht zu, das auch durch Erklärung gegenüber dem beschränkt Geschäftsfähigen ausgeübt werden kann.[135] Es genügt also der Zugang der Widerrufserklärung beim beschränkt Geschäftsfähigen.

### 3. Verhältnis von § 131 Abs. 2 zu § 108 Abs. 1

Zwischen § 108 Abs. 1 und § 131 Abs. 2 kann es zu einem Wertungswiderspruch kommen. **190**
§ 131 Abs. 2 ist nach seinem Wortlaut nicht nur auf einseitige Rechtsgeschäfte anwendbar, sondern auf den Zugang aller empfangsbedürftigen Willenserklärungen, also auch auf den Zugang von Angebot und Annahme. Der **Zugang einer Annahmeerklärung** ist für den

132 Siehe zum Begriff des „rechtlichen Vorteils" bei beschränkt Geschäftsfähigen ausführlich unter Rn. 348 ff.
133 Palandt-*Ellenberger* § 131 Rn. 3.
134 Siehe dazu Rn. 388 ff.
135 Dazu ausführlich unter Rn. 398 ff.

beschränkt Geschäftsfähigen rechtlich nachteilhaft, sofern dadurch ein Vertrag zustande kommt, der Leistungspflichten des beschränkt Geschäftsfähigen begründet. Fehlt eine Einwilligung des gesetzlichen Vertreters, müsste die Annahmeerklärung also gem. § 131 Abs. 2 S. 1 dem gesetzlichen Vertreter zugehen; andernfalls könnte sie nicht wirksam werden. Mangels Zugangs der Annahmeerklärung wäre ein Vertrag noch gar nicht zustande gekommen, d.h. geschlossen worden.

**§ 108 Abs. 1** geht hingegen wie selbstverständlich auch in diesem Fall von einem Vertragsschluss aus und verschafft dem gesetzlichen Vertreter die Möglichkeit, den ohne seine Einwilligung geschlossenen Vertrag noch zu genehmigen.

Wie ist der Konflikt zu lösen?

### Hinweis

Der Zugang eines *Angebots* beim beschränkt Geschäftsfähigen bereitet diese Probleme nicht. Denn ein fremdes Angebot bindet den Empfänger in keiner Weise. Er allein hat es in der Hand, ob er das Angebot annimmt oder nicht. Wegen dieser Option ist das Angebot für den Empfänger lediglich rechtlich vorteilhaft und unterliegt nicht den besonderen Zugangsbeschränkungen nach § 131 Abs. 2 S. 1 (vgl. § 131 Abs. 2 S. 2). Hier bleibt es ohnehin bei den allgemeinen Zugangsregeln.

**191** Vergleicht man den Tatbestand des § 108 Abs. 1 mit dem Fall des § 177 Abs. 1, tritt die Parallele zutage. Indem der Gesetzgeber in beiden Fällen das Zustandekommen des Vertrages voraussetzt, will er den Vertragsschluss nicht am fehlenden Zugang der Willenserklärungen scheitern lassen. Nur ein zustande gekommener Vertrag kann genehmigt werden![136]

**§ 131 Abs. 2 wird bei Vertragsschlüssen daher durch die §§ 108, 109 verdrängt.**[137]

### JURIQ-Klausurtipp

Nach anderer Auffassung führt die Genehmigung des Vertrages nach § 108 gleichzeitig zur Heilung eines nach § 131 Abs. 2 S. 1 fehlerhaften Zugangs der Annahmeerklärung. Entgegen dem Wortlaut des § 131 Abs. 2 S. 2 ist danach also auch die Genehmigung des Zugangs einer Annahmeerklärung möglich.[138] Beide Auffassungen führen zum selben Ergebnis.

In der Klausur empfiehlt es sich zum Zwecke eines klareren und verständlicheren Aufbaus, bei Vertragsschlüssen durch beschränkt Geschäftsfähige das Zustandekommen des Vertrages unter kurzem Hinweis auf die Regelungstechnik des § 108 Abs. 1 nach allgemeinen Regeln zu behandeln. **§ 131 Abs. 2 wird bei Vertragsschlüssen also nicht angewendet. § 108 Abs. 1 bildet dann erst als Wirksamkeitserfordernis für den Vertrag den Einstieg in die Regeln der beschränkten Geschäftsfähigkeit und ist nach dem Vertragsschluss zu prüfen.**[139]

---

136 *BGH* NJW 1996, 1062, 1064 unter Ziff. II 2a.

137 *Leenen* BGB AT §§ 6 Rn. 59 f. m.w.N.; *Petersen* „Die Geschäftsfähigkeit", JURA 2003, 97, 99 unter Ziff. III 2 m.w.N.; a.A. z.B. *Faust* BGB AT § 18 Rn. 36, 40.

138 Palandt-*Ellenberger* § 131 Rn. 3.

139 So auch die Empfehlung von *Leenen* und *Petersen* a.a.O.

**Online-Wissens-Check**

**Was ist der Unterschied zwischen einer Willenserklärung und einer geschäftsähnlichen Handlung?**

Überprüfen Sie jetzt online Ihr Wissen zu den in diesem Abschnitt erarbeiteten Themen. Unter **www.juracademy.de/skripte/login** steht Ihnen ein Online-Wissens-Check speziell zu diesem Skript zur Verfügung, den Sie kostenlos nutzen können. Den Zugangscode hierzu finden Sie auf der Codeseite.

# D. Die Auslegung

## I. Der Ausgangspunkt im Gutachten

192 Wir haben uns bereits klar gemacht, dass der bei Abgabe einer Erklärung verfolgte **Wille** des Erklärenden im objektiven Erklärungstatbestand nicht immer korrekt zum Ausdruck gekommen sein muss.

» Wenn Sie die Gründe nicht mehr genau vor Augen haben, lesen Sie sich jetzt schnell noch einmal den Abschnitt unter Rn. 106 ff. durch. «

**Beispiel** K will gegenüber V auf dessen Inserat ein schriftliches Kaufangebot für den Pkw des V über „3500 €" abgeben und schreibt stattdessen versehentlich „5300". V ist über den Brief sehr erfreut und erklärt gegenüber K strahlend die Annahme. ■

Weiter hatten wir festgestellt, dass bei empfangsbedürftigen Willenserklärungen **immer nur das ausgelegt werden kann, was dem Empfänger auch zugegangen ist.**

Diese Gedanken führen uns zu unserem nächsten Schritt in der Begutachtung einer Willenserklärung.

193 Wenn Sie eine **empfangsbedürftige** Willenserklärung prüfen, haben Sie aufgrund Ihrer bisherigen Prüfungsschritte bis hierhin entweder festgestellt, dass eine Erklärung abgegeben und dem richtigen Empfänger zugegangen ist, oder dass eine der beiden Voraussetzungen nicht vorliegt. Liegen Abgabe und Zugang vor, folgt jetzt die Frage nach der inhaltlichen Ausgestaltung der Erklärung. Bei der Abgabe der Erklärung haben Sie zwar schon etwas zum Willen des Erklärenden sagen können. Jetzt geht es aber darum, ob es dabei bleibt oder ob der Erklärung durch Auslegung ein anderer Inhalt zukommt, kurz: **Welchen Inhalt hat die Erklärung tatsächlich?**

**JURIQ-Klausurtipp**

Ist in Ihrem Fall nichts dafür ersichtlich, dass der tatsächliche Wille des Erklärenden nicht richtig zum Ausdruck gekommen ist und der Äußerung durch Auslegung ein anderer Inhalt zukommen könnte, brauchen Sie zu diesem Prüfungspunkt keine besonderen Ausführungen zu machen. Sie können den Schritt überspringen und machen nach der Prüfung des Zugangs einfach mit etwaigen Nichtigkeitsgründen weiter.

Im Fall der Prüfung einer **nicht empfangsbedürftigen** Erklärung konnten Sie den Punkt „Zugang" überspringen und mussten nur den Abgabetatbestand prüfen. Haben Sie die Abgabe bejaht, stellen sich die Fragen nach dem Inhalt der Erklärung nun in derselben Weise.

194 Bei der Frage, ob der tatsächliche oder ein davon abweichend verstandener Geschäftswille maßgeblich ist, geht es ähnlich wie bei den Zugangsregeln wieder um **eine gerechte Risikoverteilung und Abwägung der Interessen von Erklärendem und Empfänger**:

Der Empfänger einer Erklärung will sich auf das verlassen und einrichten, was er verstanden hat. Der Erklärende hat demgegenüber von Anfang an die Möglichkeit, dafür Sorge zu tragen, dass seine Erklärung entsprechend seinem Willen auch richtig verstanden wird. Das Risiko eines Missverständnisses seiner Erklärung kann er besser beherrschen. Andererseits darf der Erklärende erwarten, dass sich der Empfänger redlicherweise um ein möglichst korrektes Verständnis seiner Erklärung bemüht. Der Erklärende ist im Vertrauen auf ein übliches und redliches Verständnis schutzwürdig. Schließlich verdient der tatsächliche Geschäftswille des Erklärenden dann den Vorzug vor einem abweichenden objektiven Ausdruck, wenn schutzwürdige Interessen Dritter nicht nennenswert betroffen sein können. Warum sollte man den Erklärenden in solchen Fällen an seinem missglückten Ausdruck festhalten?

Die Aufgabe der Auslegungsregeln besteht darin, den Inhalt des Erklärungstatbestandes unter Abwägung dieser Interessen festzulegen. **Damit geht es nicht nur um eine möglichst zutreffende Ermittlung des Geschäftswillens, sondern auch darum, ob überhaupt eine Willenserklärung abgegeben wurde.**[140]

195 Auf **geschäftsähnliche Handlungen** finden die nachstehenden Auslegungsregeln grundsätzlich entsprechende Anwendung, soweit es um die Ermittlung dessen geht, was der Erklärende zum Ausdruck bringen wollte.[141]

## II. Die Auslegungsregeln

196 Die **Art der Auslegung hängt von der Empfangsbedürftigkeit der Willenserklärung ab.** Das hängt damit zusammen, dass bei nicht empfangsbedürftigen Willenserklärungen Dritte kein unmittelbares Vertrauen in den Inhalt der – ihnen ja nicht bekannten – Willenserklärung entwickeln können. Deshalb kommt dem tatsächlichen Willen des Erklärenden hier eine viel größere Bedeutung zu als bei den empfangsbedürftigen Willenserklärungen.

140 *BGH* Urt. v. 7. November 2001 (Az: VIII ZR 13/01) unter II 3b aa = NJW 2002, 363 ff.; Palandt-*Ellenberger* Einf. v. § 116 Rn. 1, 2; *Leenen* BGB AT § 5 Rn. 36 f.

141 Siehe oben unter Rn. 72 f.

### 1. Auslegung empfangsbedürftiger Willenserklärungen, §§ 133, 157

#### a) Grundregel

Nach §§ 133, 157 BGB ist bei der Auslegung von empfangsbedürftigen Willenserklärungen und Verträgen der wirkliche Wille der Erklärenden zu erforschen. Dabei kommt es entscheidend darauf an, wie der Empfänger die ihm zugegangene Äußerung nach **Treu und Glauben** und mit Rücksicht auf die **Verkehrssitte** verstehen durfte (sog. **normative Auslegung nach dem Empfängerhorizont**).[142] Zitiert werden bei Anwendung dieser Auslegungsregel stets gemeinsam die §§ 133, 157. 197

**Hinweis**

Die Auslegungsregel des § 157 gilt über ihren Wortlaut hinaus also nicht nur für die Inhaltsbestimmung von Verträgen, sondern allgemein für die Inhaltsbestimmung empfangsbedürftiger Willenserklärungen, also auch im Rahmen einseitiger Rechtsgeschäfte (wie der Anfechtung, Kündigung, Rücktritt, Aufrechnung, etc.).[143]

Die Auslegung kann **nur an das anknüpfen, was dem Empfänger zugegangen ist**. Der **objektive Inhalt der zugegangenen Erklärung** ist der **maßgebliche Ausgangspunkt**.[144] 198

Im Übrigen sind **nur die dem Empfänger bekannten oder für den Empfänger erkennbaren Begleitumstände zu berücksichtigen**, insbesondere der mit der Erklärung verfolgte Zweck und die Interessenlage der Parteien.[145]

**Beispiel** Im einführenden Beispiel (Rn. 192) konnte V nicht wissen, dass K sich verschrieben hat. Der Schreibfehler ist daher bei der Auslegung nicht zu berücksichtigen. Das Angebot des K gilt daher mit dem Inhalt: „Ich kaufe für 5300 €“, da auch die Begleitumstände keinen Anlass zu einem abweichenden Verständnis gegeben haben. ■

Im Zweifel gilt auf dieser Grundlage, was nach den Maßstäben der Rechtsordnung vernünftig ist und der erkennbaren Interessenlage des Erklärenden entspricht.[146] Dazu gehört es, einer Auslegung den Vorzug zu geben, die die Nichtigkeit des Rechtsgeschäfts vermeidet.[147] 199

Werden Willenserklärungen **mit Hilfe automatisierter Prozesse generiert und ausgetauscht** (z.B. Getränkeautomaten oder Onlineplattformen im Internet), ist für die Auslegung **nicht entscheidend, wie das automatisierte System die Erklärung aufgrund der bestehenden Programmierung voraussichtlich verarbeiten wird,** sondern danach, wie sie der menschliche Adressat, also der Nutzer des Systems einerseits bzw. der Betreiber des Systems andererseits, die jeweilige Erklärung gem. §§ 133, 157 nach Treu und Glauben und der Ver- 200

142 *Medicus* Allgemeiner Teil des BGB Rn. 322 ff.; Palandt-*Ellenberger* § 133 Rn. 9, 14 ff.
143 *Medicus* Allgemeiner Teil des BGB Rn. 319 ff.; Palandt-*Ellenberger* § 157 Rn. 1.
144 MüKo-*Busche* § 133 Rn. 56; *Medicus* Allgemeiner Teil des BGB Rn. 313; *Petersen* „Die Wirksamkeit der Willenserklärung“, JURA 2006, 426 unter Ziff. I.
145 *BGH* Urt. v. 9.7.2007 (Az: II ZR 232/05) unter Ziff. II 2c = NJW 2007, 2912 – „Flaschenpfand I“; BGH Urt. v. 16.11.2007 (A: V ZR 208/06) unter Tz. 7 m.w.N. = NJW-RR 2008, 683; *BGH* Urt. v. 16.10.2012 (AZ: X ZR 37/12) unter Tz. 18 = NJW 2013, 598 f.
146 *BGH* Urt. v. 22.10.2003 (Az: I ZB 45/02) unter Ziff. B I 5c = *BGHZ* 156, 335 ff. = NJW 2004, 506 ff. – „Euro-Einführungsrabatt“.
147 Palandt-*Ellenberger* § 133 Rn. 25.

kehrssitte verstehen darf.[148] Denn nicht das Computersystem, sondern die Person (oder das Unternehmen), die das System als Kommunikationsmittel nutzt, gibt darüber ihre Erklärung ab oder ist Empfängerin der abgegebenen Erklärung.

201 **Fallen tatsächlicher Wille und Auslegungsergebnis auseinander, gilt die Erklärung mit dem vom Empfänger nach §§ 133, 157 ermittelten Inhalt.** Dem Recht auf privatautonome Selbstbestimmung des Erklärenden wird durch die **Möglichkeit der Anfechtung** nach §§ 119 Abs. 1, 121, 143 mit der Nichtigkeitsfolge des § 142 Abs. 1 Rechnung getragen. Der Erklärende kann seine falsch verstandene Willenserklärung also wieder „aus dem Verkehr ziehen", dies aber nur um den Preis einer Schadensersatzhaftung nach § 122.

### b) Sonderfall: Falsa demonstratio

202 Hat der Empfänger einer empfangsbedürftigen Willenserklärung den **tatsächlichen Willen** des Erklärenden erkannt, dann bestimmt dieser Wille den Inhalt des Rechtsgeschäfts, ohne dass es auf weiteres ankommt.[149] Es spielt dann gerade keine Rolle, ob der Parteiwille objektiv richtig zum Ausdruck gebracht wurde. Es gilt der Grundsatz **„falsa demonstratio non nocet"**.[150] Eine abweichende Auslegung der Willenserklärungen kann es nach §§ 133, 157 hier auch nicht geben, da der Empfänger den wirklichen Willen des Erklärenden ja gekannt hat.[151]

**Beispiel** V und K wollen übereinstimmend Grundstück A zum Gegenstand ihres Kaufvertrages machen. Sowohl im notariell beurkundeten Kaufvertrag als auch bei der Auflassung sprechen beide versehentlich von Grundstück B. K wird sodann als neuer Eigentümer des Grundstücks B eingetragen.

Der Kaufvertrag ist hier über das Grundstück A und nicht B zustande gekommen, da sich beide über dieses Grundstück einig waren und ihnen eine unbewusste Fehlbezeichnung unterlaufen ist. Hingegen ist K weder Eigentümer des Grundstücks A noch des Grundstücks B geworden. Hinsichtlich des Grundstücks A liegt zwar nach der „falsa demonstratio" – Regel eine entsprechende Auflassung nach §§ 873, 925 vor. Für den Eigentumsübergang fehlt es jedoch am Wirksamkeitserfordernis der Eintragung (vgl. § 873 Abs. 1). Umgekehrt liegt bezüglich des Grundstücks B zwar eine Eintragung, aber keine korrespondierende Auflassung vor. ■

**Hinweis**

Wegen des **Trennungsprinzips** ist zwischen der irrtümlichen Falschbezeichnung im Kaufvertrag (schuldrechtlicher Vertrag) und der irrtümlichen Falschbezeichnung bei der Auflassung (Verfügungsgeschäft gem. §§ 873, 925) zu unterscheiden![152]

---

148 *BGH* Urt. v. 16.10.2012 (AZ: X ZR 37/12) unter Tz. 17 = NJW 2013, 598 f. (wunderbarer Klausurfall – unbedingt lesen!).

149 St. Rspr. seit RGZ 99, 148 („Haakjöringsköd"), vgl. z.B. Urteil des *BGH* vom 18. Januar 2008 (Az: V ZR 174/06) unter Ziff. II 2b = NJW 2008, 1658; *Medicus* Allgemeiner Teil des BGB Rn. 327; Palandt-*Ellenberger* § 133 Rn. 8.

150 Lateinisch: „Ein falscher Ausdruck schadet nicht".

151 *BGH* NJW 1999, 486, 487 unter Ziff. II 2.

152 Die Fälle der falsa demonstratio beim Grundstückskauf berühren noch einen anderen Problemkreis, nämlich die Wahrung der gem. § 311b Abs. 1 beim Kaufvertrag und nach § 925 bei der Auflassung einzuhaltenden Form; vgl. dazu das Skript „BGB AT II" unter Rn. 259 ff.

### 2. Auslegung nicht empfangsbedürftiger Willenserklärungen, § 133

Die vorstehenden Überlegungen führen bei nicht empfangsbedürftigen Willenserklärungen wie zum Beispiel der Annahme nach § 151 und dem Testament zu folgender Konsequenz: Da der Gedanke des Verkehrs- und Vertrauensschutzes dort mangels Empfangsbedürftigkeit dieser Willensäußerungen keine entscheidende Rolle spielt, **bleibt es bei der Auslegungsregel des § 133**. Dabei geht man ebenfalls vom objektiven Erklärungstatbestand aus. Es dürfen aber **sämtliche Begleitumstände ohne Rücksicht auf ihre Erkennbarkeit für einen Empfänger** – den es hier ja nicht gibt! – berücksichtigt werden.[153] Eine Grenze bildet auch hier die Regel des § 116 S. 1, die auch auf nicht empfangsbedürftige Willenserklärungen Anwendung findet.[154] Nicht nach außen hervortretende Willensvorbehalte sind unbeachtlich. 203

## III. Schweigen als Willenserklärung

Schweigen ist das Gegenteil von Erklärung. **Schweigen ist deshalb grundsätzlich keine Willenserklärung** – anders gesagt: Schweigen hat keinen Erklärungswert. Schweigen kann deshalb auch nicht ausgelegt werden. Der Erklärungswert kann beim Schweigen also nicht durch Auslegung, sondern allenfalls durch eine besondere gesetzliche oder vertragliche Regelung geschaffen werden. 204

### 1. Tatbestand des Schweigens

Wann aber liegt „Schweigen" im Gegensatzes zu einer Willenserklärung vor? 205

» Fallen Ihnen spontan Fälle ein, in denen ein Rechtsgeschäft einer bestimmten Form unterworfen ist? «

Die Bestimmung ist nicht so einfach, da der Gesetzgeber für Willenserklärungen nur in bestimmten Fällen eine besondere Form vorschreibt. Im Übrigen kann man auch „formlos" erklären.

Die Umschreibung des „Schweigens" setzt daher am besten bei einer negativen Abgrenzung zur Willenserklärung an. „Schweigen" liegt danach tatbestandlich vor, **wenn gar keine Willenserklärung abgegeben wurde.** 206

**Beispiel** Mieter M liegt entspannt in der Badewanne und singt lauthals seine Lieblingslieder. Mit Blick auf Willenserklärungen „schweigt" er aber. ■

Bei empfangsbedürftigen Willenserklärungen liegt „Schweigen" auch dann vor, wenn die Erklärung zwar abgegeben, aber nicht dem richtigen Empfänger zugegangen ist. 207

**Beispiel** Mieter M schreibt an seinen Vermieter V einen Brief, in dem er die Kündigung des Mietvertrages erklärt und gibt den adressierten Briefumschlag bei der Post auf. Der Brief geht aber auf dem Postweg verloren und wird dem V nicht zugestellt. ■

153 Palandt-*Ellenberger* § 133 Rn. 14 ff.

154 *BGH* NJW-RR 1986, 415 unter Ziff. II 2b dd (zur Annahme nach § 151); Palandt-*Ellenberger* § 116 Rn. 3.

### 2. Ausnahme: Schweigen mit Erklärungswert

#### a) Erklärungswert kraft Gesetzes

208 BGB und HGB normieren Fälle, in denen auch dem Schweigen Erklärungswert beigemessen wird. In diesen Fällen fingiert das Gesetz eine entsprechende Willenserklärung.

Zu unterscheiden sind diejenigen Konstellationen, in denen das **Schweigen als Ablehnung** und diejenigen, in denen das **Schweigen als Zustimmung** gewertet wird.[155]

**Beispiele für Schweigen als Ablehnung** Fälle des Schweigens auf Aufforderung zur Genehmigung: §§ 108 Abs. 2 S. 2, 177 Abs. 2 S. 2, 415 Abs. 2 S. 2, 451 Abs. 1 S. 2. ■

**Beispiele für Schweigen als Annahme bzw. Genehmigung** Fälle der §§ 416 Abs. 1 S. 2, 455 S. 2, 516 Abs. 2 S. 2, 1943 sowie der §§ 362 Abs. 1, 377 Abs. 2 HGB. ■

#### b) Erklärungswert kraft vertraglicher Vereinbarung

209 Dem Schweigen kann auch durch Vereinbarung der Beteiligten ein Erklärungswert beigemessen werden.[156] Im Falle formularmäßiger Vereinbarungen denken Sie aber immer an eine mögliche Unwirksamkeit nach § 308 Nr. 5!

**Beispiel** K und Buchhändler V vereinbaren, dass K die ihm von V zugesandten Bücher zum Buchhandelspreis abkauft, wenn er sie nicht innerhalb einer Woche zurücksendet. V schickt dem K darauf die ersten drei Bücher zu, worauf K binnen Wochenfrist nicht reagiert. Hier stellt die Zusendung der Bücher ein Angebot dar, das K aufgrund der vorherigen Vereinbarung durch Schweigen angenommen hat. ■

#### c) Schweigen auf kaufmännisches Bestätigungsschreiben

210 Das Schweigen auf ein kaufmännisches Bestätigungsschreiben ist der wichtigste Fall des rechtserheblichen Schweigens: Schweigt der Empfänger eines kaufmännischen Bestätigungsschreibens, so gilt der Vertrag mit dem Inhalt, der sich aus dem Bestätigungsschreiben ergibt, als zustande gekommen.[157]

## E. Nichtigkeitsgründe in Bezug auf Willenserklärungen

211 Liegt ein Wirksamkeitshindernis vor, ist die Willenserklärung nichtig. Es handelt sich um den stärksten Eingriff in die Privatautonomie. Mit einer nichtigen Willenserklärung kann weder ein einseitiges Rechtsgeschäft zustande kommen noch ein Vertrag geschlossen werden.

155 Palandt-*Ellenberger* Einf. v. § 116 Rn. 9.
156 Palandt-*Ellenberger* Einf. v. § 116 Rn. 7.
157 Siehe dazu im Skript „Handels- und Gesellschaftsrecht" Rn. 267 ff.

## I. Geschäftsunfähigkeit des Erklärenden, § 105 Abs. 1

### 1. Geschäftsunfähigkeit des Erklärenden

Ob der Erklärende geschäftsunfähig ist, ergibt sich aus § 104 BGB (siehe dazu Rn. 295 ff.). 212
**Maßgeblicher Zeitpunkt ist die Abgabe der Erklärung**. Denn nach § 130 Abs. 2 hat es auf die Wirksamkeit einer Willenserklärung keinen Einfluss, wenn der Erklärende erst nach ihrer Abgabe geschäftsunfähig wird.

Bei **Schweigen mit Zustimmungswirkung** ist der **Zeitpunkt maßgeblich, an dem die** 213
**Zustimmungswirkung eintritt**.

**Beispiel** Im Falle der Erbschaftsannahme durch Verstreichen der Ausschlagungsfrist (§ 1943 Hs. 2) käme es für die Frage der Geschäftsfähigkeit des potentiellen Erben auf die Verhältnisse bei Fristablauf an. ■

### 2. Wirkung des § 105 Abs. 1

Zum Schutz der Geschäftsunfähigen greift der Gesetzgeber im Falle ihrer aktiven Teilnahme 214
an Rechtsgeschäften strikt ein. Während § 131 Abs. 1 beim Zugang lediglich eine schwebende Unwirksamkeit anordnet,[158] ist die von einem geschäftsunfähigen Menschen abgegebene eigene Willenserklärung nach **§ 105 Abs. 1 unheilbar nichtig**. Diese Regel ist zwingend. Unabhängig von der rechtlichen Vorteilhaftigkeit seiner Willenserklärung kann der Geschäftsunfähige selbst somit keine wirksamen Willenserklärungen abgeben.

**Beispiel** Nichtig sind deshalb etwa das vom Geschäftsunfähigen erklärte Angebot zum Abschluss eines Vertrages mit schuldrechtlicher Wirkung (z.B. Kaufvertrag) oder mit verfügender Wirkung (z.B. Übereignung nach § 929), die Erklärung der Annahme eines Vertragsangebotes, die Erklärung der Anfechtung, der Kündigung, des Rücktritts, des Widerrufs, der Zustimmung. ■

**Hinweis**

Der Geschäftsunfähige kann somit auch **nicht als aktiver Stellvertreter i.S.d. § 164 Abs. 1** auftreten, da der Stellvertreter zwar im fremden Namen handelt, aber eine eigene Willenserklärung abgibt.

Der Geschäftsunfähige kann hingegen grundsätzlich als **Erklärungsbote** fungieren, da er als Bote ja keine eigene Willenserklärung abgibt, sondern nur eine fremde Willenserklärung übermittelt.

§ 105 Abs. 1 gilt analog für die Vornahme **rechtsgeschäftsähnlicher Handlungen**[159] 215

**Beispiel** Mahnung i.S.d. § 286 Abs. 1 oder die Fristsetzung i.S.d. §§ 281 Abs. 1, 323 Abs. 1. ■

oder für **Schweigen mit Zustimmungswirkung**.[160]

158 Siehe dazu oben unter Rn. 179.
159 Palandt-*Ellenberger* Einf. v. § 104 Rn. 6 f.
160 Palandt-*Ellenberger* Einf. v. § 104 Rn. 6 ff. und Einf. v. § 116 Rn. 12.

**Beispiel** Schweigen auf kaufmännisches Bestätigungsschreiben, Schweigen auf befristetes Schenkungsangebot (§ 516 Abs. 1 S. 2), Erbschaftsannahme durch Verstreichen der Ausschlagungsfrist (§ 1943 Hs. 2). ■

## II. Vorübergehende Störung der Geistestätigkeit, § 105 Abs. 2

### 1. Voraussetzungen

216 Nach § 104 Nr. 2 führt **nur die dauerhafte Störung** der Geistestätigkeit zum Wegfall der Geschäftsfähigkeit. Der Zustand des § 105 Abs. 2 entspricht dem des § 104 Nr. 2 mit dem Unterschied, dass der Zustand nur vorübergehender Natur ist.

Die in § 105 Abs. 2 genannte Bewusstlosigkeit ist nicht ganz wörtlich zu verstehen. Gemeint ist hier vielmehr ein Zustand, bei der die Person noch über einen Handlungswillen verfügt. Andernfalls wäre die Erklärung mangels Handlungswillens ohnehin nicht wirksam zustande gekommen und § 105 Abs. 2 überflüssig. Man spricht besser von **„Bewusstseinstrübung"** (z.B. wegen Drogeneinflusses).[161]

217 Entscheidend sind wie bei § 105 Abs. 1 allein die **tatsächlichen Verhältnisse der Person bei Abgabe der Erklärung**. Auch hier gibt es keinen „Gutglaubensschutz" zugunsten von Personen, die die Geistesstörung nicht erkennen. Auf die Wirksamkeit einer Willenserklärung ist es analog § 130 Abs. 2 ohne Einfluss, wenn der Erklärende erst nach ihrer Abgabe in den vorübergehenden Zustand des § 105 Abs. 2 eintritt.

**Hinweis**

Die vorübergehende Störung der Geistestätigkeit **eines Erklärungsempfängers** spielt beim **Zugang keine besondere Rolle**. § 131 Abs. 1 findet auf Personen, die sich im Stadium des § 105 Abs. 2 befinden, nach seinem Wortlaut keine Anwendung. Auch eine analoge Anwendung scheidet aus. Es gilt vielmehr § 130 und die allgemeinen Regeln.[162] Das ist auch ohne Weiteres einleuchtend:

Beim **Zugang mündlicher Erklärungen unter Anwesenden** tritt Zugang ein, wenn an einer korrekten Vernehmung keine vernünftigen Zweifel bestehen.[163] Bei einer Person, die sich im Stadium des § 105 Abs. 2 (Bewusstlosigkeit, sonstige Störung) befindet, wird ein Zugang nach dieser Definition regelmäßig nicht erreicht. Nehmen Sie dazu etwa folgendes Beispiel:

*V bietet dem Trinker T in der Kneipe mündlich den Kauf einer CD an. T befindet sich aber bereits im Vollrausch und lallt nur noch wirres Zeug.*

V kann hier von einer korrekten Vernehmung seines Angebots durch T nicht ausgehen.

Bei der **Übermittlung verkörperter Erklärungen** tritt Zugang ein, wenn die Erklärung so in den Machtbereich gelangt ist, dass unter normalen Umständen mit einer Kenntnisnahme gerechnet werden kann. Besondere Umstände in der Person des Empfängers finden keine Berücksichtigung.[164] Eine abnormale vorübergehende Störung der Geistestätigkeit ist danach

161 Palandt-*Ellenberger* § 105 Rn. 2; *Medicus* Allgemeiner Teil des BGB Rn. 544.
162 Palandt-*Ellenberger* § 131 Rn. 1; *Medicus* Allgemeiner Teil des BGB Rn. 545.
163 Siehe oben unter Rn. 149 ff.
164 Siehe oben unter Rn. 130 ff.

ohne Bedeutung. Dies ist auch sachgerecht, da diese Person von selbst wieder in den Zustand der Geschäftsfähigkeit eintritt und dann auf die verkörperte Erklärung selbst wieder angemessen reagieren kann. Umgekehrt soll der Erklärende nicht mit dem für ihn unvorhersehbaren Zugangsrisiko belastet werden, auf das er keinen Einfluss hat.

§ 105 Abs. 2 gilt wie § 105 Abs. 1 analog für die Vornahme rechtsgeschäftsähnlicher Handlungen[165] oder Schweigen mit Zustimmungswirkung.[166] **218**

## 2. Wirkung des § 105 Abs. 2

Auch die nur vorübergehende Störung der Geistestätigkeit bei einem sonst Geschäftsfähigen führt zur Nichtigkeit **der in diesem Zustand abgegebenen Willenserklärungen**, § 105 Abs. 2. **219**

**Beispiel** Trinker T bestellt in einer Kneipe mit über 3 Promille im Blut ein weiteres Bier und trinkt es aus. Kann der Wirt den Preis dafür verlangen?

Ein Kaufvertrag kann wegen der Trunkenheit des T und der damit einhergehenden vorübergehenden Geschäftsunfähigkeit (i.d.R. erst ab 3 Promille[167]) nicht zustande gekommen sein. Schließlich sind die von T im Stadium der Trunkenheit abgegebenen Erklärungen nach § 105 Abs. 2 nichtig.
Ein Bereicherungsanspruch aus §§ 812 Abs. 1 S. 1 Fall 1, 818 Abs. 2 scheidet mangels noch vorhandener Bereicherung gem. § 818 Abs. 3 aus. Eine verschärfte Haftung nach § 819 Abs. 1 kommt aufgrund der Schutzzwecke der §§ 104 ff. nicht in Betracht, da ansonsten über den Umweg des Bereicherungsrechts das Ergebnis der nach § 105 Abs. 2 ausgeschlossenen vertraglichen Haftung erreicht würde.

Hingegen sind die vertraglichen Zahlungsansprüche bezüglich derjenigen Bestellungen wirksam begründet worden, die T noch im Stadium der Zurechnungsfähigkeit (unter 3 Promille Blutalkohol) abgegeben hat. ■

# III. Tatbestände der §§ 116–118

Die Tatbestände der §§ 116–118 regeln Fälle, in denen eine Willenserklärung aufgrund eines Willensmangels bereits **ohne Anfechtung nichtig ist**. Eine Willenserklärung, die nicht vom Willen des Erklärenden gedeckt ist, soll nur dann automatisch nichtig sein, wenn es kein schützenswertes Vertrauen eines Empfängers gibt. **220**

**JURIQ-Klausurtipp**

Dogmatisch entscheidet sich das BGB in §§ 116 S. 2, 117 Abs. 1, 118 ganz pragmatisch für eine Nichtigkeitsanordnung. Die genannten Vorschriften sind für die Willenserklärung also Wirksamkeitshindernisse. Vertretbar ist es aber auch zu sagen, in diesen Fällen läge im Ergebnis der Auslegung schon tatbestandlich gar keine Willenserklärung vor.[168]

165 Palandt-*Ellenberger* Einf. v. § 104 Rn. 6.
166 Palandt-*Ellenberger* a.a.O. und in Einf. v. § 116 Rn. 12.
167 Palandt-*Ellenberger* § 105 Rn. 2.
168 Vgl. *Leenen* BGB AT § 5 Rn. 9 ff. und § 6 Rn. 91 ff.

Aus den Tatbeständen der §§ 116 ff. folgt, dass das BGB mit dem Begriff „Willenserklärung" auch solche Erklärungen bezeichnet, die erkennbar ohne Rechtsbindungswillen[169] abgegeben wurden.[170]

In der Klausur empfiehlt sich stets, die Rechtsfolgenformulierungen der Wirknormen zu übernehmen und damit Gesetzestreue zu zeigen (vgl. Rn. 47). In den Fällen der §§ 116 S. 2, 117 Abs. 1, 118 sollten Sie daher im Einklang mit diesen Normen von der *„Nichtigkeit"* der Willenserklärung sprechen.

## 1. Willensvorbehalt, § 116

221 Nach § 116 S.1 ist ein **geheimer Vorbehalt**, das Erklärte doch nicht zu wollen (sog. „Mentalreservation"), grundsätzlich unbeachtlich. Dies folgt bereits aus den Auslegungsregeln des § 133 und § 157, nach denen geheim gebliebene Vorbehalte keine Berücksichtigung finden können.[171]

**Hinweis**

Im **Unterschied zu §§ 117, 118** geht der Erklärende bei § 116 davon aus, der Empfänger werde den mangelnden Willen nicht erkennen. Die **Geheimhaltung des mangelnden Willens geschieht also vorsätzlich.**[172]

222 **§ 116 S. 2** führt zur (automatischen) **Nichtigkeit empfangsbedürftiger Willenserklärungen** („wenn die Erklärung einem anderen gegenüber abzugeben ist"), **wenn der Empfänger den Vorbehalt „kennt"**. Der Empfänger hat den Willensvorbehalt des Erklärenden also durchschaut.

Die Formulierung des § 116 S. 2 ist nicht ganz selbstverständlich. Nach §§ 133, 157 würde es ja genügen, wenn ein redlicher Empfänger den Vorbehalt bei Anwendung der gebotenen Sorgfalt[173] hätte erkennen können. § 116 S. 2 macht also vom Grundsatz der Auslegung vom objektiven Empfängerhorizont eine Ausnahme, indem er **nur auf die tatsächliche positive Kenntnis des Empfängers abstellt.**[174] Die Geheimnistuerei des Erklärenden wird mit diesem gesteigerten Maßstab bestraft.

223 Während § 116 S. 1 auf alle Arten von Willenserklärungen Anwendung findet, gilt § 116 S. 2 nur bei empfangsbedürftigen Willenserklärungen.[175]

169 Und damit auch ohne jeglichen Geschäftswillen abgegeben wurden, vgl. oben unter Rn. 104.
170 Vgl. *Leenen* a.a.O.
171 Siehe oben unter Rn. 198; *Medicus* Allgemeiner Teil des BGB Rn. 592.
172 *Faust* BGB AT § 20 Rn. 1; MüKo-*Armbrüster* § 116 Rn. 3.
173 Also *„nach Treu und Glauben mit Rücksicht auf die Verkehrssitte"* i.S.d. § 157.
174 *Faust* BGB AT § 20 Rn. 2.
175 Allerdings wird vertreten, § 116 S. 2 solle auch auf die Auslobung (§ 657) anwendbar sein, vgl. Palandt-*Ellenberger* § 116 Rn. 5.

## 2. Scheingeschäft, § 117

Nach § 117 Abs. 1 ist eine **empfangsbedürftige Willenserklärung** nichtig, wenn sie **mit dem Einverständnis des anderen nur zum Schein abgegeben wird**. Das Ergebnis ist nach den Auslegungsregeln selbstverständlich, da auch der Empfänger bei dieser Sachlage nicht von einer wirksamen Willenserklärung ausgeht und die Äußerung deshalb nach §§ 133, 157 redlicherweise nicht als Willenserklärung ausgelegt werden kann. Gleichwohl spricht das BGB hier pragmatisch von „Nichtigkeit" und nicht davon, eine Willenserklärung läge schon tatbestandlich gar nicht vor. [176] 224

**Beispiel** V und K einigen sich auf den Verkauf des Grundstücks des V zu einem Preis von 500 000 €. Um Notargebühren und Grunderwerbsteuern zu sparen, verabreden sie, im Notartermin (§ 311b Abs. 1 S. 1) den Kaufpreis nur mit 400 000 € anzugeben. Die vor dem Notar abgegebenen Erklärungen sind nach § 117 Abs. 1 nichtig. ■

Wenn – *wie im Beispiel* – durch das Scheingeschäft ein anderes Geschäft verdeckt werden sollte (sog. „dissimuliertes Geschäft"), finden nach § 117 Abs. 2 die für dieses Rechtsgeschäft geltenden Regelungen Anwendung. Das verdeckte Geschäft ist also wirksam, wenn alle übrigen Voraussetzungen erfüllt sind.[177] Letzteres ist wiederum ohne Weiteres einsichtig, weil es ja das zwischen den Parteien wirklich gewollte Rechtsgeschäft ist, das nur durch den Schein eines anderen Rechtsgeschäftes für Dritte verborgen sein sollte.[178] In der Sache geht es um die Anwendung des Grundsatzes, der uns bereits unter Rn. 202 begegnet ist: „Falsa demonstratio non nocet." 225

**Beispiel** Im vorstehenden *Beispiel* hatten V und K, sofern sie mit allen anderen Regeln des beurkundeten Kaufvertrages einverstanden waren, sich tatsächlich auf einen Vertrag mit einem Kaufpreis von 500 000 € verständigt. Dieser ist nach § 117 Abs. 2 i.V.m. §§ 125 S. 1, 311b Abs. 1 S. 1 zwar ebenfalls unwirksam. Insoweit besteht aber eine Heilungsmöglichkeit nach § 311b Abs. 1 S. 2!

Wandeln wir das *Beispiel* ab: Nun haben V und K zwar den Kaufpreis vor dem Notar bei der Beurkundung korrekt angegeben. Jedoch haben sie aus steuerlichen Gründen einvernehmlich in der Urkunde zum Schein Nebenpflichten angegeben, die tatsächlich nicht gewollt waren. Insoweit liegt ein Scheingeschäft vor, das nach § 117 Abs. 1 nichtig ist. Das ändert aber nichts daran, dass die von den Parteien tatsächlich gewollten Vereinbarungen in der Urkunde formgerecht niedergelegt sind. Der Kaufvertrag ist damit also nicht nach §§ 117 Abs. 2 i.V.m. §§ 125 S.1, 311 b Abs. 1 S. 1 nichtig.[179] Die Nichtigkeit folgt auch nicht aus § 139, da V und K den Kaufvertrag ja tatsächlich ohne die zum Schein aufgenommenen Nebenabreden schließen wollten.[179] ■

Das bei Geschäftsabschluss unter den Beteiligten notwendige Einverständnis, nur den äußeren Schein eines Rechtsgeschäfts hervorzurufen, dessen Rechtswirkungen aber nicht eintreten lassen zu wollen, ist seinerseits kein selbstständiges Rechtsgeschäft.[180] Es gehört zum Tat- 226

176 Siehe dazu unter Rn. 220 sowie bei *Leenen* § 6 Rn. 98.

177 Palandt-*Ellenberger* § 117 Rn. 8.

178 Palandt-*Ellenberger* § 117 Rn. 8; MüKo-*Armbrüster* § 117 Rn. 26.

179 *BGH* Urt. v. 5.7.2002 (AZ: V ZR 229/01) = NJW-RR 2002, 1527.

180 *BGH* Urt. v. 26. Mai 2000 (Az: V ZR 399/99) unter Ziff. II 1 = NJW 2000, 3127, 3128 m.w.N.; *BGH* Urt. v. 7. Dezember 2000 (Az: IX ZR 330/99) unter Ziff. II 1 = NJW 2001, 1062.

bestand des Scheingeschäfts und muss unter den erklärenden Personen vorliegen.[181] Im Fall der Stellvertretung kommt daher Nichtigkeit nach § 117 Abs. 1 auch dann in Betracht, wenn die Scheinabrede ohne Kenntnis des Vertretenen nur zwischen dem Stellvertreter und dem Vertragspartner erfolgte.[182]

### 3. Scherzerklärung, § 118

227 Im Falle des § 118 liegt die Situation zwischen § 116 und § 117: Der **Erklärende** hat seinen Willensvorbehalt nicht verheimlichen wollen, aber auch keinen Konsens über die fehlende Verbindlichkeit seiner Erklärung wie bei § 117 erzielt. **Er rechnete damit, dass sein mangelnder Geschäftswille erkannt werde**. Erfasst wird nur der **„gut gemeinte Scherz"**.[183] Auf das **Verständnis des Empfängers** kommt es dabei **nicht** an. § 118 stellt daher einen Fremdkörper im Recht der Willenserklärungen dar.

Wichtiger Anwendungsfall ist das „misslungene Scheingeschäft".

**Beispiel**[184] Mit notariellem Vertrag vom 17. März kaufte K unter gleichzeitiger Auflassungserklärung ein Grundstück zum Preis von 40 000 € von V. Dem Kaufvertragsschluss waren Verhandlungen zwischen V und dem von K als Verhandlungsführer eingeschalteten Makler M vorausgegangen. Nach Zahlung des Kaufpreises wurde K in der Folge im Grundbuch eingetragen. V verlangt nun die Rückabwicklung des Vertrages, d.h. Rückübereignung und Rückgabe des Grundstücks Zug um Zug gegen Rückzahlung des Kaufpreises. Er ist der Ansicht, der Vertrag sei nichtig, weil mit dem M in Wahrheit ein Preis von 85 000 € im Vorfeld verabredet worden sei. Auf sein Anraten sei jedoch nur ein Preis von 40 000 € beurkundet worden und er sei davon ausgegangen, M habe dem K dies mitgeteilt. Dies trifft zu, allerdings hatte K selbst bei Vertragsschluss von diesen „Abmachungen" keine Kenntnis.

Wie ist die Rechtslage?

Der von V geltend gemachte Anspruch könnte sich aus § 812 Abs. 1 S. 1, 1. Var. ergeben. Die Leistung des V, Übereignung und Übergabe des Grundstücks, muss hierzu rechtsgrundlos gewesen sein. Dies setzt voraus, dass weder ein Vertrag über den beurkundeten Kaufpreis noch ein Vertrag über den lediglich mit dem Verhandlungsführer „vereinbarten" Preis wirksam zustande gekommen ist.

K wollte den Vertrag so schließen, wie er tatsächlich beurkundet wurde, und musste so auch die Vertragserklärungen des V verstehen. Schließlich hatte K von der zwischen M und V getroffenen Abrede keine Kenntnis und konnte den Scheincharakter der Erklärung des V nicht erkennen.

Fraglich ist, ob K sich das Wissen des M zurechnen lassen muss, so dass die beurkundeten Erklärungen als Scheingeschäft nach § 117 Abs. 1 nichtig sind.

---

181 *BGH* Urt. v. 26. Mai 2000 (Az: V ZR 399/99) unter Ziff. II 1 = NJW 2000, 3127, 3128 m.w.N; *BGH* Urt. v. 7. Dezember 2000 (Az: IX ZR 330/99) unter Ziff. II 1 = NJW 2001, 1062.

182 *BGH* NJW 1999, 2882f. unter Ziff. II 2.

183 Handelt der Erklärende dagegen in der Absicht, sein Scherz werde vom Empfänger nicht verstanden („böser Scherz"), gilt § 116 S. 1: Der Erklärende muss die Erklärung dann gegen sich gelten lassen, Palandt-*Ellenberger* § 118 Rn. 2.

184 Angelehnt an Urteil des *BGH* vom 26. Mai 2000 (Az: V ZR 399/99) = NJW 2000, 3127.

Eine unmittelbare oder analoge Anwendung des § 166 Abs. 1 scheidet aus, weil es nicht um eine Wissenszurechnung, sondern um das bei Geschäftsabschluss unter den Beteiligten notwendige Einverständnis geht, nur den äußeren Schein eines Rechtsgeschäfts hervorzurufen, dessen Rechtswirkungen aber nicht eintreten lassen zu wollen. Dieser Wille muss bei den abschließenden Personen vorhanden sein, und nur aus ihm ergibt sich wertungsmäßig die vom Gesetz festgelegte Nichtigkeitsfolge. Eine Erklärung kann keine rechtsgeschäftlichen Folgen haben, wenn die Handelnden dies übereinstimmend nicht wollen. Daraus folgt, dass die notwendige Willensübereinstimmung nicht über eine Wissenszurechnung ersetzt werden kann.[185]

Damit fehlt es an dem in § 117 vorausgesetzten tatsächlichen Konsens über die Simulation.[185]

Der Fall ist daher nach den Grundsätzen des „misslungenen Scheingeschäfts" zu beurteilen, das von § 118 erfasst wird. Schließlich liegt seitens V eine nicht ernst gemeinte Erklärung vor, deren fehlende Ernstlichkeit nach seiner Einschätzung auch K erkannte. Die Anwendung des § 118 führt zur Nichtigkeit seiner Erklärung.

Der Anspruch des V ist damit begründet. ■

Mit dem Scheingeschäft gemeinsam hat diese Situation, dass das objektiv Erklärte nicht gilt. Sie unterscheidet sich vom Scheingeschäft dadurch, dass kein Konsens über das vom Erklärenden wirklich gewollte Scheingeschäft (§ 117 Abs. 2) vorliegen kann. Es liegt vielmehr überhaupt kein wirksames Rechtsgeschäft vor. Der ahnungslose Erklärungsempfänger ist aber über einen Schadensersatzanspruch aus § 122 geschützt.

## IV. (Schuldlos) Unerkannt fehlendes Erklärungsbewusstsein

Bei fehlendem Erklärungsbewusstsein bzw. fehlendem Rechtsbindungswillen stellt sich die Frage, unter welchen Voraussetzungen das Vorliegen einer Willenserklärung bejaht werden darf.[186] Zur Beantwortung dieser Frage bedarf es einer sorgfältigen Interessenabwägung. **228**

### 1. Schritt: Auslegung

Wie wir bereits wissen, ist durch Auslegung nicht nur der Inhalt einer Willenserklärung zu bestimmen, sondern auch, ob die Äußerung überhaupt mit Erklärungsbewusstsein bzw. Rechtsbindungswillen abgegeben wurde.[187] Am Anfang steht also die Auslegung. **Wenn das fehlende Erklärungsbewusstsein bei Anwendung der allgemeinen Auslegungsregeln gemäß §§ 133, 157 (Auslegung nach dem objektiven Empfängerhorizont) erkennbar war, liegt keine Willenserklärung vor.** **229**

**Beispiel** Betrüger A übersendet der B ein „Angebot" über den Kauf einer Lexikonreihe zum Preis von 250 €. Das Angebotsschreiben ist auf den ersten Blick wie eine Rechnung gestaltet. B überweist den Betrag in der irrigen Annahme, ihr Mann C habe das Lexikon offenbar bestellt und es handele sich um eine fällige Rechnung.[188] Fraglich ist, ob B das Angebot des A durch die irrtümliche Überweisung konkludent angenommen hat.

---

185 *BGH* a.a.O.

186 Siehe dazu unter Rn. 102 f.; beliebter Schulfall ist die „Trierer Weinversteigerung", vgl. *Faust* BGB AT § 2 Rn. 4 und § 21 Rn. 24.

187 Siehe dazu oben unter Rn. 106.

188 *AG Hannover* NJW-RR 1998, S. 267.

Im Beispiel liegt seitens B möglicherweise ein schlüssiges Annahmeverhalten (Zahlung des Kaufpreises) vor. A kann sich aber nicht darauf berufen, der Kaufvertrag sei trotz des fehlenden Erklärungsbewusstseins der B durch deren schlüssiges Annahmeverhalten zustande gekommen. Denn A musste aufgrund der Aufmachung seines Angebotes redlicherweise davon ausgehen, dass die B es für eine Rechnung halten und ohne entsprechendes Erklärungsbewusstsein handeln würde. ■

## 2. Schritt: „Lehre vom potentiellen Erklärungsbewusstsein"

230 Eine Willenserklärung ohne Erklärungsbewusstsein des Erklärenden ist **also nur dann denkbar, wenn das fehlende Erklärungsbewusstsein nicht erkennbar war.** Der Empfänger konnte den Willensmangel trotz Anwendung der ihm zumutbaren Sorgfalt (§§ 133, 157) nicht erkennen. Das Gesetz beantwortet die Frage nach der Wirksamkeit der Willenserklärung in solchen Fällen nicht eindeutig:

Einerseits scheint sich aus **§ 118** zu ergeben, dass fehlendes Erklärungsbewusstsein immer zur Nichtigkeit führt, ohne dass es einer Anfechtung bedarf. In dem dort geregelten Fall will der Erklärende bewusst keine Bindung und erwartet, dass dies vom Erklärungsempfänger auch erkannt werde. Ob der Empfänger die fehlende Ernstlichkeit tatsächlich erkennt, spielt nach dieser Vorschrift keine Rolle. Entscheidend ist in diesem Fall also der rein subjektive Wille des Erklärenden, sich mit seiner Äußerung nicht binden zu wollen. Dies entspricht auch dem Prinzip der privatautonomen Selbstbestimmung.

231 Andererseits folgt aus den **Regelungen der §§ 116, 117**, dass der fehlende Wille, sich rechtsgeschäftlich zu verpflichten, nur dann beachtlich sein soll, wenn dies für den anderen Teil auch erkennbar ist. In diesen Regeln überwiegt also der Schutz des gutgläubigen Erklärungsempfängers, der auf eine gültige Willenserklärung vertraut. Auch die Auslegungsregel des § 157 und die in § 119 Abs. 1 vorgesehene Anfechtungsmöglichkeit zeigen, dass das Recht der Willenserklärung nicht nur auf der Selbstbestimmung des Erklärenden aufbaut. Es schützt im Falle empfangsbedürftiger Willenserklärungen auch das Vertrauen des Erklärungsempfängers und die Verkehrssicherheit. An diesem Vertrauensschutz setzt die **herrschende „Lehre vom potentiellen Erklärungsbewusstsein"** an und entwickelt für alle Fälle fehlenden Erklärungsbewusstseins, die nicht von §§ 116–118 erfasst sind, eine eigenständige Lösung.

232 Da es im Kern darum geht, den Erklärenden für einen von ihm gesetzten Rechtsschein, nämlich das Bestehen einer wirksamen Willenserklärung, eintreten zu lassen, kann trotz fehlenden Erklärungsbewusstseins eine Willenserklärung nach allgemeinen Rechtsscheinsgrundsätzen dann angenommen werden, wenn die Erklärung als solche dem Erklärenden **auch zugerechnet werden kann**.

**Das setzt voraus, dass der Erklärende bei Anwendung der im Verkehr erforderlichen Sorgfalt hätte erkennen und vermeiden können, dass seine Erklärung oder sein Verhalten vom Empfänger nach Treu und Glauben und mit Rücksicht auf die Verkehrssitte als Willenserklärung aufgefasst werden durfte.**[189]

189 Z.B. *BGH*, Urteil vom 11. Juni 2010 (Az: V ZR 85/09) unter Tz. 18; Palandt-*Ellenberger* Einf. v. § 116 Rn. 17.

In einem solchen Fall erscheint es interessengerecht, zwar von einer **wirksamen Willenserklärung** auszugehen, dem Erklärenden aber ein **Anfechtungsrecht nach § 119 Abs. 1 Var. 2**[190] zuzubilligen. Dadurch erhält er die Wahl, ob er nach § 119 Abs. 1 anfechten will und dann das Vertrauensinteresse nach § 122 ersetzen muss oder ob er bei seiner Erklärung stehen bleiben und sie als verbindliche Erklärung so gelten lassen will, wie sie der Empfänger verstanden hat.[191] **233**

Die Fälle, in den der Erklärende gar kein Erklärungsbewusstsein hatte, lassen sich durchaus der 2. Variante des § 119 Abs. 1 zuordnen. „Eine Erklärung dieses Inhalts" wollte nicht nur derjenige nicht abgeben, der sich zwar mit Erklärungsbewusstsein geäußert, sich dabei aber einen anderen rechtsgeschäftlichen Inhalt vorgestellt hatte, sondern eben auch derjenige, der gar keine rechtsgeschäftliche Erklärung hatte abgeben wollen.[192]

Die Befugnis des Erklärenden, diese durch Anfechtung rückwirkend (§ 142 Abs. 1) vernichten zu können, trägt dem Gedanken privatautonomer Selbstbestimmung ausreichend Rechnung und berücksichtigt durch die Schadensersatzfolge des § 122 und die kurze Frist des § 121 auf der anderen Seite die Interessen des Erklärungsempfängers. Für diese Lösung spricht auch, dass es der Erklärende selbst in der Hand hat, bei seinen Äußerungen jeden Zweifel über die damit gewünschten Rechtsfolgen auszuräumen und für Klarheit zu sorgen. Er wird bei dieser Lösung also auch unter Berücksichtigung der kurzen Anfechtungsfrist des § 121 nicht unangemessen benachteiligt.[193] **234**

**Hinweis**

Durch **Auslegung** wird also nicht nur ermittelt, **welchen Geschäftswillen** eine Person verfolgt, sondern auch, ob in der Äußerung **überhaupt eine mit Erklärungsbewusstsein/ Rechtsbindungswillen** abgegebene Willenserklärung zu sehen ist.[194] Die Besonderheit besteht bei fehlendem Erklärungsbewusstsein/Rechtsbindungswillen aber darin, dass das redliche Verständnis des Empfängers gem. §§ 133, 157 für die Annahme einer Willenserklärung nicht genügt, sondern der hervorgerufene Schein einer Willenserklärung dem Erklärenden auch zurechenbar sein muss.

Musste der Erklärende nicht damit rechnen, seine ohne Erklärungsbewusstsein/Rechtsbindungswillen abgegebene Äußerung werde als Willenserklärung verstanden, ist die Willenserklärung automatisch nichtig. Es bedarf dazu keiner Anfechtung.

---

190 Während der *BGH* eine unmittelbare Anwendung dieser Vorschrift bejaht, vertreten andere Stimmen eine analoge Anwendung, vgl. Nachweise bei *Leenen* BGB AT § 14 Rn. 46. Der Streit ist indes ohne Bedeutung.

191 *BGH*, Urteil vom 11. Juni 2010 (Az: V ZR 85/09) unter Tz. 18; Palandt-*Ellenberger* Einf. v. § 116 Rn. 17.

192 St. Rspr. *BGHZ* 91, 324 ff. – „Sparkassenfall" = NJW 1984, 2279 ff.; *BGHZ* 109, S. 171 ff. = NJW 1990, 454 ff. (Bestätigung in Bezug auf schlüssiges Verhalten); *Medicus/Petersen* Bürgerliches Recht Rn. 130.

193 St. Rspr. *BGHZ* 91, 324 ff. – „Sparkassenfall" = NJW 1984, 2279 ff.; *BGHZ* 109, S. 171 ff. = NJW 1990, 454 ff.

194 *BGH* Urteile vom 7. November 2001 (Az: VIII ZR 13/01) unter Ziff. II 3b aa = *BGHZ* 149, 129 ff. und vom 18. Dezember 2008 (Az: IX ZR 12/05) unter Tz. 7 = NJW 2009, 1141 ff.

## 3. Übungsfall Nr. 4

235 „Unglückliche Formulierungen"[195]

» Wie immer: Versuchen Sie den Fall erst einmal allein zu lösen! «

Die Gießener Gusswerke GmbH (G) hatte im August 2012 von ihrer Kundin, der Stuttgarter Stahlbau GmbH (S), Großaufträge über Stahllieferungen erhalten.

G verlangte deshalb von S, eine Bankbürgschaft zu ihren Gunsten beizubringen, die ihre Forderungen aus den mit S geschlossenen Verträgen sichern sollten. Das sagte der Geschäftsführer der S auch zu. Dieser nahm deshalb entsprechende Verhandlungen mit dem Leiter der Stuttgarter Filiale seiner Hausbank, der B-Bank AG (B), auf. Die Verhandlungen scheiterten jedoch im Dezember 2012.

Obwohl eine Bürgschaft noch nicht vorlag, führte die G in der Folge aufgrund der geschlossenen Verträge Stahllieferungen an die S aus.

Am 8.9. 2013 führte der neue Leiter der Stuttgarter Filiale der B, der Prokurist Erich Eifrig (E), eine routinemäßige Kontrolle der seitens B gestellten Bürgschaften durch und schrieb in diesem Zusammenhang unter dem Briefkopf der B folgendes an die G:

*„Betr.: Unsere Bürgschaft in Höhe von 150 000 € zugunsten der Stuttgarter Stahlbau GmbH*

*Sehr geehrte Damen, sehr geehrte Herren,*
*zugunsten der Firma Stuttgarter Stahlbau GmbH haben wir gegenüber Ihrer Firma eine selbstschuldnerische Bürgschaft in Höhe von 150 000 € übernommen. Wir wären Ihnen für eine kurze Mitteilung sehr verbunden, wie hoch sich die Verbindlichkeiten dieser Firma bei Ihnen derzeit belaufen. Aus unseren Unterlagen geht dies nicht hervor. Mit freundlichen Grüßen,*

*B Bank AG, i.V. Eifrig, ppa."*

E ging bei Abfassung des Schreibens davon aus, dass die B bereits eine Bürgschaft übernommen hatte und wollte lediglich den Haftungsumfang klären.

Bei G hingegen nimmt man das Schreiben des E erleichtert zur Kenntnis und freut sich über die Bereitschaft der B, endlich die geforderte Bürgschaft zu übernehmen.

Die G antwortete unter dem 17.9.2013 durch Schreiben ihres Geschäftsführers daher wie folgt:

*„(…) Wir danken für Ihr Schreiben vom 8.9.2013 und haben gerne zur Kenntnis genommen, dass Sie für Verbindlichkeiten der Firma Stuttgarter Stahlbau GmbH die selbstschuldnerische Bürgschaft gegenüber unserer Firma in Höhe von 150 000 € übernommen haben. Unsere Forderungen an die oben genannte Firma betragen mit heutigem Stand 236 102,54 € (…)"*

*Dieser Brief ging der B am nächsten Tag zu.*

Da die S ihrer Zahlungsverpflichtung gegenüber der G aus den bislang vertragsgemäß durchgeführten Stahllieferungen in Höhe von 236 102,54 € nicht nachkommt, verlangt die G nun von der B Zahlung in Höhe von 150 000 €.

Mit Recht?



195 Nach *BGHZ* 91, 324 ff. – „Sparkassenfall" = NJW 1984, 2279 ff.

## Lösung

236

Anspruch der G gegen B auf Zahlung von 150 000 € gem. § 765 Abs. 1

Der G könnte gegen die B ein Anspruch auf Zahlung von 150 000 € aus einem zwischen den Parteien geschlossenen Bürgschaftsvertrag zustehen.

### I. Anspruchsentstehung

#### 1. Abschluss eines Bürgschaftsvertrages zwischen G und B

Notwendige Anspruchsvoraussetzung ist zunächst, dass zwischen G und B überhaupt ein Bürgschaftsvertrag geschlossen wurde. Dies setzt grundsätzlich die Fähigkeit dieser beiden Gesellschaften voraus, Trägerinnen eigener Rechte und Pflichten sein zu können. Die Rechtsfähigkeit der G ergibt sich aufgrund ihrer Rechtsform aus § 13 Abs. 1 GmbHG, für die B folgt diese Fähigkeit aus § 1 Abs. 1 AktG.

Das Zustandekommen eines Bürgschaftsvertrages erfordert weiter zwei übereinstimmende, auf Übernahme einer konkreten Bürgschaft durch B gegenüber der G gerichtete Willenserklärungen. Dabei muss die Bürgschaftserklärung den wesentlichen Inhalt des Bürgschaftsvertrages zumindest in eindeutig bestimmbarer Weise umfassen, um die notwendige Konkretisierung der Bürgschaft zu gewährleisten. Zum wesentlichen Inhalt des Bürgschaftsvertrages gehören neben den Vertragspartnern der Bürgschaft die als Gläubiger und Schuldner an der Hauptforderung beteiligten Personen, die Hauptforderung und eine etwaige Haftungsgrenze.

#### a) Bürgschaftserklärung im Schreiben vom 8. September 2013

In dem Schreiben des E vom 8.9.2013 könnte zum Ausdruck gekommen sein, dass sich die B als Bürgin gegenüber G verpflichten will.

Als Prokurist ist E nach § 49 Abs. 1 HGB grundsätzlich zu allen Arten von gerichtlichen und außergerichtlichen Geschäften und Rechtshandlungen ermächtigt, die der Betrieb eines Handelsgewerbes mit sich bringt. Da nach § 49 Abs. 2 HGB von diesem Grundsatz lediglich die Veräußerung und Belastung von Grundstücken ausgenommen sind, erstreckt sich seine Vertretungsbefugnis auch auf den Abschluss von Bürgschaftsverträgen im Namen der B.

##### aa) Abgabe und Zugang

E hatte sein Schreiben an die G adressiert und in ihre Richtung abgegeben. Die späteren Reaktionen der G zeigen, dass ihr das Schreiben des E auch zugegangen ist. Abgabe und Zugang liegen damit vor.

##### bb) Inhalt

Der Wortlaut dieses Schreibens erlaubt zum einen den Rückschluss, dass E die G lediglich um eine Mitteilung über die aktuelle Höhe ihrer Forderungen gegenüber S bittet und dabei das Bestehen einer Bürgschaft voraussetzt, einen Vertrag mit diesem Schreiben also gar nicht begründen will. Aus dem Sachverhalt geht hervor, dass der E tatsächlich in diesem Sinne handeln wollte, also bei der Unterzeichnung und Absendung dieses Schreibens nicht den Willen hatte, überhaupt eine verbindliche Willenserklärung abzugeben.

Zum anderen kann das Schreiben aber auch so verstanden werden, dass E die G mit diesem Schreiben davon unterrichten möchte, dass B im Ergebnis der intern mit S geführten Verhandlungen bereit ist, für die Verbindlichkeiten der S eine Bürgschaft bis zum Höchstbetrag von 150 000 € zu übernehmen und die G deshalb als Gläubigerin nunmehr um die notwendigen Informationen bzgl. der Hauptforderung bittet. So hat G das Schreiben auch verstanden. Bei einem solchen Verständnis stellt das Schreiben ein Angebot zum Abschluss eines Bürgschaftsvertrages zwischen B und G dar. Sowohl der Verbürgungswille als solcher als auch die wesentlichen Merkmale der Bürgschaft gehen aus der Erklärung hervor.

Fraglich ist, auf welchen Standpunkt abzustellen ist.

Als empfangsbedürftige Willenserklärung ist das Schreiben des E gem. §§ 133, 157 vom objektiven Empfängerhorizont der G auszulegen. Von diesem Standpunkt aus ist zu entscheiden, welchem Verständnis des Schreibens der Vorzug zu geben ist. Die G hatte von ihrer Kundin S eine Bankbürgschaft zur Sicherung ihrer Forderungen verlangt. Obwohl G bis zum Eingang des betreffenden Schreibens weder von der S noch von einer in ihrem Auftrag handelnden Bank etwas gehört hatte, hatte sie bereits mit ihren Lieferungen an S begonnen. Ihr Sicherungsbedürfnis war nicht entfallen, sondern hatte sich damit sogar noch verschärft. G hatte des Weiteren vom Scheitern der zwischen B und S geführten Bürgschaftsverhandlungen keine Kenntnis, sondern musste davon ausgehen, dass S sich weiter um eine Bankbürgschaft bemühen würde. Da das betreffende Schreiben der B die erste Kontaktaufnahme mit G darstellte, durfte G das Schreiben so verstehen, dass E ihr mit diesem Brief nun im Namen der B mitteilen wollte, im Ergebnis der mit S geführten Verhandlungen ihr gegenüber eine selbstschuldnerische Bürgschaft bis zu einem Höchstbetrag von 150 000 € für die aus Lieferungen von Stahl herrührenden Verbindlichkeiten der S eingehen zu wollen.

Aus der maßgeblichen Sicht der G liegt demnach eine Bürgschaftserklärung im Namen der B vor.

#### cc) Nichtigkeit mangels Erklärungsbewusstseins

Möglicherweise ist die Erklärung aber auch ohne Anfechtung von Anfang an deshalb nichtig, weil dem E bei ihrer Abgabe das Erklärungsbewusstsein fehlte.

Nach der sog. „Lehre vom potentiellen Erklärungsbewusstsein" steht der Fall einer Erklärung ohne Erklärungsbewusstsein dem Fall der als rechtserheblich gewollten, aber irrtümlichen Erklärung i.S.d. § 119 Abs. 1 nahe, sofern der Erklärende hätte erkennen können, dass seine Äußerung als Willenserklärung verstanden werden kann. In einem solchen Fall erscheint es interessengerecht, dem Erklärenden die Wahl einzuräumen, ob er nach § 119 Abs. 1 anfechten will und dann das Vertrauensinteresse nach § 122 ersetzen muss oder ob er bei seiner Erklärung stehen bleiben möchte. Diese Lösung trägt dem Gedanken privatautonomer Selbstbestimmung des Erklärenden ausreichend Rechnung und berücksichtigt durch die Schadensersatzfolge des § 122 und die kurze Frist des § 121 auf der anderen Seite die Interessen des Erklärungsempfängers. Für diese Lösung spricht auch, dass es der Erklärende selbst in der Hand hat, bei seinen Äußerungen jeden Zweifel über die damit gewünschten Rechtsfolgen auszuräumen und für Klarheit zu sorgen. Er wird bei dieser Lösung also auch unter Berücksichtigung der kurzen Anfechtungsfrist des § 121 nicht unangemessen benachteiligt.

Zu prüfen ist daher, ob E als Vertreter der B die Deutung seines Schreibens als Willenserklärung bei pflichtgemäßer Sorgfalt hätten erkennen können. In seinem Schreiben sind Gläubiger und Schuldner bezeichnet, die Verbindlichkeiten, die verbürgt werden soll, ist ausreichend bestimmbar und der Verbürgungswille objektiv zum Ausdruck gebracht. Außerdem war der B bekannt, dass G von S eine Bankbürgschaft verlangt hatte, da sie deswegen mit S in Verhandlungen eingetreten war. Jedenfalls eine Sparkasse oder Bank, die eine solche Erklärung einem Gläubiger ihres Kunden als ersten Akt einer Kontaktaufnahme zugehen lässt, muss bei Anwendung der im Kreditgewerbe erforderlichen Sorgfalt damit rechnen, dass der Empfänger die Erklärung entsprechend ihrem Inhalt als Bürgschaftsverpflichtung auffassen werde. Angesichts des Wortlauts des von ihm verfassten Schreibens vom 8.9.2013 hätte sich E die Erkenntnis aufdrängen müssen, der Empfänger könnte sein Schreiben als verbindliches Angebot auf Abschluss eines Bürgschaftsvertrags verstehen.

Im Ergebnis liegt daher eine verbindliche Bürgschaftserklärung vor. Das schuldhaft fehlende Erklärungsbewusstsein begründet ein Anfechtungsrecht, macht die Erklärung aber nicht automatisch nichtig.

### b) Annahmeerklärung seitens der G

Diese Erklärung hatte der Geschäftsführer als gem. §§ 35, 36 GmbHG vertretungsberechtigtes Organ der G in deren Namen mit Schreiben vom 17.9.2013 angenommen.

### c) Zwischenergebnis

Ein Bürgschaftsvertrag ist damit zwischen B und G zustande gekommen.

### 2. Formnichtigkeit gem. § 125 S. 1

Nach §§ 766 S. 1, 125 S. 1 bedarf der Bürgschaftsvertrag zu seiner Wirksamkeit aber grundsätzlich der Schriftform der Bürgschaftserklärung. Allerdings macht § 350 HGB von diesem Grundsatz für die Bürgschaftserklärungen von Kaufleuten eine Ausnahme. Diese können formlos abgegeben werden. Da diese Ausnahmevorschrift auf die Bürgschaftserklärung der B als Aktiengesellschaft gem. § 6 Abs. 1 HGB i.V.m. § 3 Abs. 1 AktG Anwendung findet, bedarf es von vorneherein keiner Erörterung, ob das Schreiben des E der Form des §§ 766 S. 1, 126 Abs. 1 gerecht wurde.

### 3. Bestand der Hauptforderung

Nach § 767 Abs. 1 S. 1 ist für die Verpflichtung des Bürgen der Bestand der gesicherten Hauptforderung maßgeblich. Diese beträgt im vorliegenden Fall 236 102,54 €, so dass B bis zum vollen Höchstbetrag der Bürgschaft von 150 000 € einstehen muss.

### 4. Zwischenergebnis

Ein Anspruch der G gegen B auf Zahlung von 150 000 € aus einem zwischen ihnen geschlossenen Bürgschaftsvertrag ist damit entstanden.

## II. Durchsetzbarkeit des Anspruchs

### 1. Fälligkeit

Die Fälligkeit der Bürgschaftsverpflichtung der B bestimmt sich hier nach § 271 Abs. 1, so dass der Anspruch der G sofort erfüllt werden muss.

### 2. Einredefreiheit

### a) Einreden i.S.d. § 768

Gem. § 768 Abs. 1 S. 1 kann der Bürge die dem Hauptschuldner gegen die Durchsetzung der Hauptforderung zustehenden Einreden geltend machen. Solche Einreden sind hier aber nicht ersichtlich. Insbesondere hat G ihre Gegenleistungen nach dem Sachverhalt bereits erbracht, so dass S ihre Zahlungen auch nicht nach § 320 verweigern darf.

### b) Eigene Einreden der B

Eigene Einreden der B gegenüber der G sind ebenfalls nicht ersichtlich. Die Einrede der Vorausklage nach § 771 S. 1 kann B nicht erheben, da sie sich in Ihrem Schreiben vom 8.9.2013 selbstschuldnerisch verbürgt hatte. Die Einrede der Vorausklage ist damit gem. § 773 Abs. 1 Nr. 1 ausgeschlossen.

## III. Ergebnis

Der G steht gegen B im Ergebnis ein fälliger, einredefreier Anspruch auf Zahlung von 150 000 € aus einem zwischen ihnen wirksam zustande gekommenen Bürgschaftsvertrag zu.

### V. Widerruf, § 130 Abs. 1 S. 2

237 Schließlich steht der Wirksamkeit einer **empfangsbedürftigen Willenserklärung** endgültig entgegen, wenn **vor oder gleichzeitig mit ihrem Zugang ein Widerruf des Erklärenden** zugeht, § 130 Abs. 1 S. 2. Soll eine Willenserklärung nach § 130 Abs. 1 S. 2 widerrufen worden sein, müssen Sie sowohl den Zeitpunkt des Zugangs der Ursprungserklärung als auch den des Zugangs der Widerrufserklärung bestimmen. Erst danach kann entschieden werden, ob die Ursprungserklärung infolge eines früher oder gleichzeitig zugegangenen Widerrufs nicht wirksam geworden ist.

#### Online-Wissens-Check

**Kennen Sie noch den Unterschied zwischen Empfangsvertreter und Empfangsboten?**

Überprüfen Sie jetzt online Ihr Wissen zu den in diesem Abschnitt erarbeiteten Themen. Unter **www.juracademy.de/skripte/login** steht Ihnen ein Online-Wissens-Check speziell zu diesem Skript zur Verfügung, den Sie kostenlos nutzen können. Den Zugangscode hierzu finden Sie auf der Codeseite.

# 4. Teil
# Das Zustandekommen von Verträgen

## Zustandekommen eines Vertrages (= Vertragsschluss) 238

PRÜFUNGSSCHEMA

**I. Antrag (Angebot) einer Partei**
1. Abgabe und Zugang beim anderen Teil nach allgemeinen Regeln
2. Inhaltsbestimmung durch Auslegung
   - P Abgrenzung zur invitatio und zum Gefälligkeitsverhältnis Rn. 249, 250
   - P Bestimmbarkeit der essentialia negotii Rn. 259
3. (Etwaige) Nichtigkeitsgründe (z.B. §§ 105, 116 ff.)

**II. Übereinstimmende Annahme**
1. Annahme nach § 151
   - P Auslegung eines Verhaltens als Annahme Rn. 262
   - P Sonderfall des § 241a Rn. 266
2. Annahme durch zugangsbedürftige Annahmeerklärung (Prüfung wie Antrag)
3. Annahme durch Schweigen

**III. Bindung des Anbietenden bei Annahme**
1. Kein Ablauf der Annahmefrist
2. Kein Erlöschen des Angebots aus anderen Gründen

**IV. Kein Dissens**

Wie wir bereits wissen, erfordert das Zustandekommen eines Vertrages (= Vertragsschluss) als mehrseitiges Rechtsgeschäft in der Regel mindestens zwei wirksame Willenserklärungen, nämlich Antrag (Angebot) und Annahme, §§ 145 ff.

Vom Zustandekommen eines Vertrages, also dem Vertragsschluss durch Angebot und Annahme, ist die nachfolgende Frage der Wirksamkeit eines geschlossenen Vertrages streng zu unterscheiden (siehe oben unter Rn. 89 ff.). Dies erkennen Sie zum Beispiel an den Formulierungen in §§ 108 Abs. 1, 177 Abs. 1, 1366 Abs. 1. Ist ein Vertrag geschlossen worden, heißt das noch nicht, dass er wirksam ist. Ist der Vertrag unwirksam, ist er sozusagen nur „äußerlich zustande gekommen", er löst also die von den Vertragsschließenden gewollten Wirkungen nicht aus. Ist ein Vertrag umgekehrt mangels Einigung nicht zustande gekommen, liegt gar kein Rechtsgeschäft („Nicht-Rechtsgeschäft") vor.[1] Die Frage der Nichtigkeit kann sich nicht stellen, weil es gar kein Rechtsgeschäft gibt, das nichtig sein könnte.

Bevor wir uns jetzt mit dem Zustandekommen eines Vertrages beschäftigen, will ich Ihnen noch einmal kurz die Bedeutung von Verträgen in der Anspruchsprüfung vor Augen führen.

1 *Leenen* BGB AT vor § 8 Rn. 1 ff. und § 9 ff.

# A. Überblick

239 Verträge tauchen in der Anspruchsprüfung je nach den im Einzelfall verfolgten Wirkungen an unterschiedlicher Stelle auf.

## I. Vertrag als Anspruchsgrundlage

» Erinnern Sie sich, durch welche einseitigen Rechtsgeschäfte Schuldverhältnisse begründet werden können? «

240 Nach § 311 Abs. 1 kann ein Schuldverhältnis – und damit ein Anspruch – „durch Rechtsgeschäft" begründet werden. Außerdem heißt es in § 311 Abs. 1, dass dazu ein Vertrag erforderlich ist, „soweit nicht das Gesetz ein anderes vorschreibt". Gleiches gilt auch für die „Änderung des Inhalts eines Schuldverhältnisses", soweit die Änderung nicht bereits durch ein einseitiges Gestaltungsrecht herbeigeführt werden kann.[2]

**Beispiel** Durch Abschluss eines Kaufvertrages lassen die Parteien ein Schuldverhältnis mit Leistungspflichten gem. §§ 433 ff. entstehen. Soll der Kaufpreis nachträglich geändert werden, ist dazu grundsätzlich wieder der Abschluss eines entsprechenden (Änderungs-)Vertrages erforderlich. ■

Die Regel, dass rechtsgeschäftliche Schuldverhältnisse nur durch Vertrag begründet werden können, ist nur eine andere Beschreibung der **Privatautonomie**. Denn jeder Person steht es ja grundsätzlich frei zu entscheiden, ob und wem gegenüber sie sich verpflichten will (sog. **„Abschlussfreiheit"**). Keine andere Person kann ihr eine Verpflichtung einseitig aufbürden. Daher sind für eine wirksame rechtsgeschäftliche Verpflichtung regelmäßig zwei übereinstimmende Willenserklärungen (Angebot und Annahme) erforderlich: Wenn jede Person selbst entscheiden darf, ob und mit wem sie sich rechtlich bindet, kann eine solche Bindung nur dadurch zustande kommen, dass beide Seiten eines beabsichtigten Schuldverhältnisses einen dementsprechenden Willen übereinstimmend bekunden.

241 Eine **Beschränkung** findet diese (Abschluss-) Freiheit durch das Rechtsinstitut des **Kontrahierungszwangs**. Hier besteht ausnahmsweise die Pflicht, mit einem anderen einen Vertrag abzuschließen.[3] Stellt die Ablehnung eines Vertragsschlusses eine unerlaubte Handlung dar, ergibt sich eine mittelbare Abschlusspflicht über die schadensrechtliche Pflicht zur Naturalrestitution aus § 249 Abs. 1.[4]

**Hinweis**

Bei Gesellschaftsverträgen, mit denen juristische Personen oder rechtsfähige Personengesellschaften errichtet werden sollen (vgl. bspw. für die GmbH: § 2 GmbHG, für die AG: § 2 AktG, für die Außen-GbR: § 705, für die OHG: § 105 Abs. 3 HGB i.V.m. § 705, für die Partnerschaftsgesellschaft: § 3 PartGG), erschöpft sich die Wirkung nicht in der Schaffung eines Schuldverhältnisses zwischen den Gesellschaftern. Vielmehr wird gleichzeitig die Organisation und Struktur der Gesellschaft festgelegt („Satzungscharakter" des Gesellschaftsvertrages).

Auf die Besonderheiten des Gesellschaftsvertrages gehen wir in diesem Skript nicht näher ein.[5] Dies ist der Darstellung des Gesellschaftsrechts vorbehalten. Entsprechendes gilt für die Besonderheiten der familien- und erbrechtlichen Verträge.[6]

---

2 Dazu sogleich unter Rn. 243.

3 Z.B. § 22 PBefG.

4 Z.B. aus §§ 826, 249 Abs. 1 oder aus §§ 19, 20, 33 Abs. 1, 3 GWB.

5 Siehe dazu im Skript „Handels- und Gesellschaftsrecht".

6 Diese sind Gegenstand der Darstellung im Skript „Familien- und Erbrecht".

## II. Verträge als Instrument der Verfügung über Rechte

Verträge dienen **nicht nur der freiwilligen Begründung eines Schuldverhältnisses.** Auch 242
bei der **Herbeiführung einer unmittelbaren Rechtsänderung**, also bei den sog. **Verfügungsgeschäften**, die auf die unmittelbare Übertragung, Belastung, Aufhebung oder inhaltliche Änderung eines Rechts gerichtet sind, bedarf es aus den Gründen der wechselseitig zu respektierenden Privatautonomie grundsätzlich eines Vertragsschlusses zwischen Veräußerer und Erwerber.

**Beispiele** Erlassvertrag (§ 397), Abtretungsvereinbarung (§ 398), Einigung i.S.d. §§ 873, 925 oder §§ 929 ff., Einigung über Verpfändung einer beweglichen Sache (§ 1205 Abs. 1). ■

Eine Änderung der Rechtslage ist nur dann durch **einseitiges Rechtsgeschäft** möglich, 243
wenn einer Partei in Form eines sog. **„Gestaltungsrechts"** die Befugnis zugewiesen wurde, auf den Rechtsbestand durch einseitige Verfügung einzuwirken.

**Beispiele** Anfechtung, Kündigung, Rücktritt, Widerruf oder Aufrechnung. ■

## III. Definition

Unter Berücksichtigung beider Wirkungsmöglichkeiten von Verträgen, Verpflichtungsge- 244
schäfte einerseits und Verfügungsgeschäfte andererseits, lässt sich der Vertrag wie folgt allgemein definieren:

> Ein **Vertrag** ist die von zwei oder mehreren Personen erzielte Willensübereinstimmung über die Herbeiführung eines rechtlichen Erfolges.[7]

Sehen wir uns nun den Vertragsschluss mit seinen einzelnen Prüfungsstationen an.

# B. Der Antrag (§ 145)

Verträge kommen durch wirksamen Antrag (= Angebot oder Offerte) und rechtzeitige sowie 245
inhaltlich übereinstimmende wirksame Annahme desselben zustande. Die zeitliche Reihenfolge ist dabei unerheblich. Die Annahme kann deshalb auch vorweg erklärt werden.[8]

Außerdem kommt es sehr häufig vor, dass beide Erklärungen zeitgleich abgegeben werden, zum Beispiel bei schriftlichen oder notariell beurkundeten Verträgen. Die nachfolgenden Ausführungen zum notwendigen Inhalt des Angebots gelten dann für beide Erklärungen entsprechend.

**JURIQ-Klausurtipp**

Heißt es im Sachverhalt, „A kauft bei B" oder „A und B vereinbarten, dass …" ist eine Differenzierung zwischen Angebot und Annahme nicht möglich. Müssen Sie – z.B. wegen einer Anfechtung oder wegen einer Stellvertretung – in solchen Fällen auf eine der beiden Willenserklärungen näher eingehen, sprechen Sie einfach von der „auf Abschluss des Vertrages gerichteten Willenserklärung" (des A bzw. des B).

---

7 Palandt-*Ellenberger* Einf. v. § 145 Rn. 1.

8 Urteil des *BGH* vom 7. November 2001 (Az: VIII ZR 13/01) unter Ziff. II 3a = *BGHZ* 149, 129 ff. = NJW 2002, 363.

## I. Abgabe und Zugang des Antrags

246 Der Antrag ist **im Regelfall die zeitlich erste, auf Abschluss eines Vertrages gerichtete Willenserklärung**. Der Antrag ist eine empfangsbedürftige Willenserklärung, die also erst mit Zugang beim gewünschten Vertragspartner wirksam wird. Sie kann ausdrücklich oder konkludent erklärt werden, sofern das Gesetz nicht eine bestimmte Form vorschreibt, etwa in §§ 311b Abs. 1 S. 1, 492, 518 Abs. 1 S. 1, 766 S. 1.

Die Wirksamkeit der beiden Willenserklärungen Antrag und Annahme ist im Rahmen der Prüfung des Vertragschlusses jeweils gesondert zu untersuchen. Es handelt sich um zwei getrennt zu prüfende Willenserklärungen. Für jede der beiden Willenserklärungen gilt die im Prüfungsschema vor Rn. 97 vorgestellte Prüfungsreihenfolge, und es stellen sich alle damit verbundenen Fragen. Wir brauchen das jetzt nicht alles zu wiederholen, sondern können uns auf neu hinzutretende Fragen konzentrieren. Diese drehen sich größtenteils um das Thema „Auslegung".[9]

## II. Auslegung

247 Mit dem Antrag bringt der Erklärende aus der Sicht eines redlichen Empfängers (§§ 133, 157 – „objektiver Empfängerhorizont") seinen Willen zum Ausdruck, im Einverständnis mit dem anderen Teil bestimmte Rechtsfolgen herbeiführen zu wollen.

### 1. Abgrenzung zum einseitigen Rechtsgeschäft

248 Der im Antrag geäußerte Wille, Rechtsfolgen gemeinsam mit dem anderen Teil setzen zu wollen, unterscheidet den Antrag vom einseitigen Rechtsgeschäft, bei dem eine Person bestimmte Rechtsfolgen unabhängig vom Willen des anderen herbeiführen möchte.

**Beispiel** Anfechtungs-, Rücktritts- oder Widerrufserklärung im Unterschied zum Antrag auf Abschluss eines Aufhebungsvertrages;

Aufrechnungserklärung im Unterschied zum Antrag auf Abschluss einer Verrechnungsvereinbarung. ■

### 2. Abgrenzung zur invitatio ad offerendum

249 Nach § 145 ist der Antragende an sein Angebot nach dessen Zugang grundsätzlich gebunden. Von einem solchen Angebot zu unterscheiden ist die **invitatio ad offerendum**[10], **also die nach außen gerichtete Aufforderung, jemand solle selbst ein verbindliches Angebot abgeben.** Die invitatio ad offerendum soll den Einladenden gerade nicht binden. Erst durch die Annahme des auf die invitatio abgegebenen Angebots kann ein Vertrag zustande kommen. Ob ein Angebot oder nur eine invitatio ad offerendum vorliegt, hängt davon ab, ob der Erklärende **Rechtsbindungswillen** hatte. Dies ist zunächst **durch Auslegung vom Empfängerhorizont gem. §§ 133, 157** zu bestimmen.[11] Ergibt die Auslegung, dass ein Angebot abgegeben wurde, fehlte dem Erklärenden aber tatsächlich der Rechtsbindungswille, ist die

9 Siehe zur Auslegung von Willenserklärungen grundsätzlich unter Rn. 192 ff.
10 Lateinisch: „Einladung zur Abgabe eines Angebots".
11 St. Rspr. des *BGH*, z.B. Urteil vom 4.2.2009 (Az: VIII ZR 32/08) unter Tz. 11 f. = NJW 2009, 1337 ff.

Frage der Wirksamkeit der Erklärung nach der „Lehre vom potentiellen Erklärungsbewusstsein" zu bestimmen (siehe Rn. 228 ff.).

**Beispiele** Eine verbindliche Erklärung wird regelmäßig bei „Angeboten" an einen unbegrenzten Adressatenkreis zu verneinen sein, bei denen sich die betreffende Person ersichtlich eine Entscheidung über eine vertragliche Bindung noch vorbehalten will: „Angebote" in der Werbung[12] (Kataloge, Zeitungsannoncen, etc.) oder in Speisekarten;

auch eine Erklärung mit der Formulierung: „Dieses Angebot ist freibleibend" ist als invitatio ad offerendum anzusehen.[13] ■

### 3. Abgrenzung zum Gefälligkeitsverhältnis

Insbesondere bei der Verabredung **unentgeltlicher Geschäfte**[14] kann unklar sein, ob die Per- 250
sonen mit „Rechtsbindungswillen" gehandelt haben oder ob ein reines Gefälligkeitsverhältnis ohne vertragliche Bindung vorliegt. Ob durch Äußerungen ein Vertragsverhältnis zustande kommen soll oder ob nur eine Gefälligkeitshandlung ohne rechtliche Bindung vorliegt, **ist wieder durch Auslegung vom Empfängerhorizont gem. §§ 133, 157 zu beurteilen.**[15] Bei fehlendem Rechtsbindungswillen gilt die „Lehre vom potentiellen Erklärungsbewusstsein".[16] Eine vertragliche Bindung wird insbesondere dann zu bejahen sein, wenn **erkennbar** ist, dass für den Leistungsempfänger **wesentliche Interessen wirtschaftlicher Art** auf dem Spiel stehen und er sich auf die **Einhaltung der Zusage verlassen muss** oder wenn der Leistende seinerseits an der Angelegenheit ein **erkennbares rechtliches** oder **wirtschaftliches Interesse** hat.[17] Ist dies hingegen nicht der Fall, kann dem Handeln der Beteiligten nur unter besonderen Umständen ein rechtlicher Bindungswille zugrunde gelegt werden. Ein Bindungswille wird deshalb in der Regel bei den **Gefälligkeiten des täglichen Lebens**, bei **Zusagen im rein gesellschaftlichen Verkehr** oder bei **Vorgängen, die diesen ähnlich sind, zu verneinen** sein.[18]

Dem Umstand, dass für eine Leistung kein Entgelt gezahlt wird, kommt indes kein entscheidendes Gewicht zu.[19] Das erkennen Sie daran, dass die im BGB typisierten Gefälligkeitsverträge wie Schenkung (§§ 516, 518), Leihe (§ 598) oder Auftrag (§ 662) als echte Verträge mit Rechtsbindungswillen geschlossen werden, obwohl sie eine unentgeltliche Leistung zum Gegenstand haben.

**Beispiel** Student Albert (A) wird eines Morgens von seiner schönen Nachbarin Barbara (B) gebeten, auf seinem Heimweg ihren abgeschleppten Wagen bei der Polizei abzuholen. A sagt gerne zu und nimmt ihren Zweitschlüssel mit. Da A gerade an seiner Seminararbeit schreibt, vergisst er die Sache aber und kehrt abends müde und ohne Auto wieder zurück. B ist konsterniert, da sie nun für einen weiteren Tag Standgebühren zahlen muss. Ist A zur Erstattung verpflichtet?

---

12 Urteil des *BGH* vom 4.2.2009 (Az: VIII ZR 32/08) unter Tz. 12 = NJW 2009, 1337 ff.

13 *BGH* NJW 1996, 919, 920; MüKo-*Kramer* § 145 Rn. 7.

14 Siehe dazu Rn. 84 ff.

15 *BGH* Urt. v. 18.12.2008 (Az: IX ZR 12/05) unter Tz. 7 = NJW 2009, 1141 ff; *BGH* NJW 1992, 498 unter Ziff. 2a; Palandt-*Ellenberger* Einf. v. § 116 Rn. 4.

16 Siehe dazu oben unter Rn. 228 ff.

17 *BGH* a.a.O. m.w.N.

18 *BGH* a.a.O. m.w.N.; Palandt-*Ellenberger* Einl. vor § 241 Rn. 7.

19 *BGH* Urt. v. 18.12.2008 (Az: IX ZR 12/05) unter Tz. 8 = NJW 2009, 1141 ff.

Hier wäre ein Anspruch der B gegen A aus §§ 280 Abs. 1, Abs. 2, 286 Abs. 2 Nr. 1 wegen Leistungsverzögerung zu verneinen, da kein Auftragsverhältnis i.S.d. §§ 662 ff. und damit auch keine fällige Leistungspflicht des A begründet wurde. Die wechselseitig ausgetauschten Äußerungen lassen bei redlichem Verständnis (§§ 133, 157) nicht auf einen Rechtsbindungswillen der Beteiligten schließen. B war in der Situation der „Verabredung" nicht besonders auf A angewiesen, sondern konnte ohne ernsthafte Probleme einen anderen fragen oder den Wagen mit ihrem eigenen Schlüssel selbst herbeiholen. Umgekehrt musste A in der Lage sein, ohne Haftungsrisiken wegen Pflichtverletzung, etwa aufgrund eines anderen Termins, das Vorhaben wieder abzubrechen. B konnte nicht erwarten, dass sich A einer verbindlichen Leistungspflicht unterwerfen wollte. ■

## III. Mindestinhalt: „essentialia negotii"

251 Das Angebot muss alle Festlegungen treffen, die weder durch dispositive Gesetzesvorschriften noch durch eine – im Streitfalle vom Richter vorzunehmende – ergänzende Vertragsauslegung (§§ 133, 157) geregelt werden können. Man spricht hier von den sog. „essentialia negotii". Nur wenn die Vertragserklärungen diesen Anforderungen inhaltlich gerecht werden, kann ein bestimmter Vertrag zustande kommen.

### 1. Beteiligte Personen

252 Aus dem Angebot muss sich deshalb zunächst ergeben, zwischen welchen Parteien der Vertrag eigentlich geschlossen werden soll. Handelt der Erklärende im eigenen Namen oder im fremden Namen?

Beim echten Vertrag zugunsten Dritter i.S.d. § 328 müsste außerdem deutlich sein, welcher am Vertragsschluss nicht beteiligten Person aus dem Vertrag ein Anspruch zustehen soll.[20]

Diese Personenentscheidungen kann der Gesetzgeber bzw. der Richter den privatautonom handelnden Personen nicht abnehmen. Außerdem ist die Festlegung des Vertragspartners entscheidend für die Frage, wem das Angebot eigentlich zugehen muss, um wirksam zu werden.

### 2. Vertragsgegenstand

253 Weiter muss das Angebot Aussagen über den Vertragsgegenstand treffen.

#### a) Begründung eines Schuldverhältnisses

254 Soll durch den Vertrag ein Schuldverhältnis begründet werden (§ 311 Abs. 1), muss das Angebot deutlich machen, welche Leistungspflichten eigentlich Gegenstand des Schuldverhältnisses sein sollen.

Der Gesetzgeber hilft den Parteien je nach Vertragstyp mit zahlreichen Normen, so dass die Parteien insoweit keine detaillierteren Festlegungen treffen müssen und teilweise – soweit zwingendes Recht vorliegt – auch gar nicht abweichen können.

20 Siehe dazu im Skript „Schuldrecht AT I" Rn. 29 ff.

**Beispiele** Vergütungsregeln in §§ 612 Abs. 2, 632 Abs. 2, 653 Abs. 2; Fälligkeitsregeln in §§ 614, 641, 652 Abs. 1 S. 1; Regeln bei Leistungsstörungen (§§ 280 ff., §§ 346 ff. i.V.m. §§ 323 ff., §§ 437 ff.); Nebenleistungspflichten wie bspw. §§ 371, 469 Abs. 1 S. 1, 539, 541, 553 Abs. 1 S. 1. ■

Die Anwendbarkeit dieser Regeln erfordert aber immerhin solche Aussagen der Parteien, die 255
eine Anwendung dieser dispositiven Normen ermöglichen.

**Beispiel** Um §§ 612 Abs. 2, 614 zur Anwendung zu bringen, müssen sich die Parteien zumindest über einen Vertrag geeinigt haben, der dem gesetzlichen Typ des „Dienstvertrages" zugeordnet werden kann. Es muss also eine Einigung des Inhalts vorliegen, dass die Erbringung von bestimmten Dienstleistungen gegen die Zahlung eines Entgelts geschuldet sein soll. Lediglich die Höhe des Entgelts muss nicht zwingend festgelegt werden, da hier bereits § 612 Abs. 2 hilft. ■

Diese Festlegung kann auch der Richter nicht im Wege ergänzender Vertragsauslegung vornehmen, da er sich dabei außerhalb der Grenzen dieser Auslegungsmethode befände.[21]

Die Zuordnung eines Vertrags zu einem der gesetzlich genannten Typen erfordert also zwingend eine Aussage zu den sog. „Primärleistungspflichten", d.h. jener Pflichten, die den Vertrag kennzeichnen und unmittelbar durch ihn begründet werden sollen.

Natürlich müssen sich die Vertragschließenden nicht auf einen gesetzlichen Vertragstyp ver- 256
ständigen. Möglich ist es aufgrund der Vertragsfreiheit vielmehr auch, dass die Parteien einen **Vertrag eigener Art („sui generis")** schaffen oder etwa gesetzlich geregelte Vertragstypen mischen.

**Beispiel** Mobilfunkvertrag, „Clubmitgliedschaft in einem Fitness-Studio", Lizenzvertrag, Kooperationsvertrag, Geheimhaltungsvereinbarung ■

### b) Verfügung über ein Recht

Bei den Verfügungsgeschäften kann der Gesetzgeber bzw. der Richter den Parteien nicht die 257
Entscheidung abnehmen, über welchen Gegenstand in welcher Weise verfügt werden soll. Die Parteien müssen also den Gegenstand und die Art der Verfügung in ihren Vertragserklärungen festlegen.

**Hinweis**

Das Gesetz hilft hier nur teilweise, z.B. § 926 Abs. 1 S. 2.

Wegen des im Sachenrecht festgelegten „Typenzwangs" können die Parteien von der inhalt- 258
lichen Ausgestaltung der Verfügung nur in ganz engen Grenzen abweichen.

**Beispiel** Eine bewegliche Sache kann nur nach §§ 929 ff. übereignet und nur nach §§ 1204 ff. verpfändet werden. ■

21 Vgl. Palandt-*Ellenberger* § 157 Rn. 7 ff.

**Hinweis**

Die Festlegung von Gegenstand und Art der Verfügung haben die Parteien also selbst in der Hand, die Regelung des Verfahrens und inhaltliche Ausgestaltung der Verfügung hingegen nur begrenzt.

### 3. Genauigkeit

259 Hinsichtlich der Genauigkeit der notwendigen Aussagen gilt der Grundsatz, dass diese Festlegungen anhand des Angebots zumindest in eindeutiger Weise bestimmt werden können. Anders ausgedrückt: In Bezug auf den notwendigen Inhalt eines Rechtsgeschäfts muss der Wille des Anbietenden anhand seines Angebots **eindeutig bestimmbar** sein. Der Empfänger muss anhand der Angebotserklärung in der Lage sein, den Vertrag durch **ein schlichtes „Ja"** abzuschließen.[22]

**Beispiel 1** Das Angebot eines eBay-Verkäufers richtet sich im Falle des „Auktionsverfahrens" an den Höchstbietenden. Der gewünschte Vertragspartner ist zwar noch nicht individualisiert, aber doch eindeutig bestimmbar, nämlich „jeder, sofern er ein eBay-Teilnehmer ist" bzw. „derjenige Teilnehmer, der im Rahmen des Gebotszeitraums regelkonform das Höchstgebot abgegeben hat." Im letzteren Fall ergibt sich aus dem Angebot zugleich, dass das Höchstgebot der zu zahlende Kaufpreis für die zur „Versteigerung" gestellte Sache sein soll. ■

**Beispiel 2** Angebot des V, dem K eine von diesem auszuwählende Menge an DVD-Playern aus dem Sortiment des V zu einem Stückpreis von 100 € zu verkaufen. Auch das genügt. Zwar steht die Liefermenge und damit der Gesamtpreis noch nicht fest. Diese darf aber von K (nach §§ 315, 319) festgelegt werden und ist dann vom Angebot des V erfasst.[23] ■

## C. Die Annahme

### I. Regelfall

260 Regelmäßig wird der Vertrag durch eine gegenläufige, inhaltlich vollständig übereinstimmende und rechtzeitige Annahmeerklärung geschlossen.

Die Annahmeerklärung ist ihrerseits eine empfangsbedürftige Willenserklärung, die erst mit Zugang beim Antragenden als dem maßgeblichen Empfänger wirksam wird.

**Hinweis**

Eine Ausnahme hiervon macht § 152, wonach bei getrennter notarieller Beurkundung von Angebot und Annahme der Vertrag bereits mit Beurkundung der Annahme zustande kommt und nicht erst bei Zugang der beurkundeten Annahmeerklärung.

22 Palandt-*Ellenberger* § 145 Rn. 2.
23 *Medicus* Allgemeiner Teil des BGB Rn. 432.

Eine Annahme kann ausdrücklich oder schlüssig erklärt werden, wenn keine besondere Form vorgeschrieben ist. Ob überhaupt eine Annahme erklärt wurde und ob sie einen identischen Inhalt hat, ist bei Unklarheiten durch Auslegung zu entscheiden.

Die Qualifizierung eines Verhaltens als (schlüssige) Annahmeerklärung setzt voraus, dass die Beteiligten sich darüber bewusst sind, dass für das Zustandekommen des Vertrages (möglicherweise) noch eine Erklärung erforderlich ist und das Verhalten deshalb als Erklärung betrachten, mit dem der Vertragsschluss zweifelsfrei vollendet wird.[24] Hat der Empfänger einer Äußerung diese als Annahme verstanden, fehlte dem Erklärenden jedoch ein solches Erklärungsbewusstsein, gelten die oben unter Rn. 228 ff. beschriebenen Regeln nach der „Lehre vom potentiellen Erklärungsbewusstsein".

**Beispiel** K macht dem V ein Angebot auf Abschluss eines Kaufvertrages, das V verspätet annimmt. Der Verspätung und den damit verbundenen Folgen sind sich weder V noch K bewusst. K zahlt deshalb ohne weitere besondere Erklärung den Kaufpreis an V. Nach Ansicht des BGH ist hier kein Vertrag geschlossen worden.[24]

Die Annahmeerklärung des V konnte den Vertrag mit K nicht zustande bringen, da das Angebot des K bei Zugang der Annahmeerklärung aufgrund der Verspätung nach § 146 Hs. 2 bereits erloschen war. Die verspätete Annahmeerklärung des V gilt nach § 150 Abs. 1 als neuer Antrag. Dieser könnte konkludent durch Zahlung des Kaufpreises von K angenommen worden sein. Eine Würdigung der Zahlung als eine auf den Abschluss des Kaufvertrages gerichtete Willenserklärung setzt jedoch voraus, dass V bei Eingang der Zahlung eine Annahmeerklärung noch für erforderlich hielt und die Zahlung nicht nur als Erfüllungsverhalten betrachtete. Beide Parteien gingen bei Zahlung des Kaufpreises von einem Vertragsschluss und damit davon aus, dass der K mit der Zahlung lediglich den vermeintlich bereits zustande gekommenen Vertrag erfüllen wollte. Die Zahlung wurde also nicht als Annahme verstanden. K kann seine Zahlung damit nach § 812 Abs. 1 S. 1 Var. 1 zurückfordern. ■

Decken sich die beiden Erklärungen inhaltlich nicht vollständig, spricht man von einem „Einigungsmangel", auch „Dissens"[25] genannt. Die abändernde Annahmeerklärung kann den Vertragsschluss noch nicht bewirken, sondern stellt ihrerseits ein neues Angebot dar, § 150 Abs. 2. Zum Dissens sogleich mehr unter Rn. 277 ff. 261

Wir werden nun auf Sonderformen der Annahme eingehen. Die Fälle der Annahme durch Schweigen nach § 362 Abs. 1 HGB sowie die Grundsätze über das kaufmännische Bestätigungsschreiben sind allerdings der Darstellung des Handelsrechts vorbehalten.[26]

## II. Annahme nach § 151

In den Fällen des § 151 muss die Annahme ausnahmsweise nicht gegenüber dem Antragenden erklärt werden, wenn der Zugang der Annahmeerklärung nach der Verkehrssitte nicht zu erwarten ist oder der Antragende darauf verzichtet hat. 262

24 Urteil des *BGH* vom 11. Juni 2010 (Az: V ZR 85/09) unter Tz. 18.

25 Dieser Begriff stammt von dem lateinischen Verb „dissentire" = „uneinig sein".

26 Siehe im Skript „Handels- und Gesellschaftsrecht" Rn. 268 ff. und 290 ff.

Der Zugang der Annahme soll nach der Verkehrssitte beispielsweise nicht zu erwarten sein bei für den Empfänger des Antrags lediglich vorteilhaften Geschäften (vgl. § 516 Abs. 2).[27]

Es bedarf in diesen Fällen dann lediglich der Annahme als solcher, d.h. **eines als Willensbetätigung zu wertenden, nach außen hervortretenden Verhaltens des Angebotsadressaten, aus dem sich dessen Annahmewille unzweideutig ergibt.**[28] Teilweise wird der Annahme i.S.d. § 151 S. 1 der Charakter einer Willenserklärung abgesprochen, da der Wille der Person gerade nicht erklärt, sondern nur anhand von Fakten beweisbar sei. Der Streit ist aber ohne Bedeutung, da die Regeln über Willenserklärungen grundsätzlich entsprechend angewendet werden.[29]

**263** In welchen Handlungen eine genügende Betätigung des Annahmewillens zu finden ist, lässt sich nur aufgrund einer Würdigung des konkreten Einzelfalles entscheiden. Dabei ist mangels Empfangsbedürftigkeit der Willensbetätigung **bei der Auslegung nicht auf den Empfängerhorizont (§ 157)** abzustellen. Vielmehr kommt es darauf an, ob vom Standpunkt eines unbeteiligten objektiven Dritten aus das Verhalten des Angebotsempfängers aufgrund aller äußeren Indizien auf einen „wirklichen Annahmewillen" (§ 133) schließen lässt.[30]

**264** Einigkeit besteht auch darin, dass die subjektiven Elemente einer Willenserklärung vorliegen müssen. Erforderlich ist also, dass der Angebotsempfänger bei Vornahme der nach objektiven Gesichtspunkten als Annahme anzusehenden Handlung einen entsprechenden Handlungswillen sowie – tatsächlich, nicht nur potentiell! – über das so genannte „Erklärungsbewusstsein" verfügte, ihm also bewusst war, dass sein Verhalten als Ausdruck eines Annahmewillens gedeutet werden könnte.[31]

Bei objektiv nicht erkennbarem Willensvorbehalt ist § 116 aber zumindest entsprechend anwendbar.[32] Denn diese Vorschrift gilt als unerlässliche Ausnahme auch bei nicht empfangsbedürftigen Willenserklärungen.

**265** Die Frist, innerhalb derer die Annahme nach § 151 erklärt sein muss, um den Vertragsschluss herbeizuführen, ergibt sich nach § 151 S. 2 entweder aus der ausdrücklichen oder durch Auslegung zu ermittelnden Bestimmung des Antragenden. Eine verspätete Annahme lässt den Antrag erlöschen (§ 146 Var. 2); ein Vertrag kommt nicht zustande. § 150 Abs. 1 gilt grundsätzlich nicht, weil § 150 Abs. 1 einen (verspäteten) Zugang der Annahmeerklärung voraussetzt, an dem es bei § 151 gerade fehlt.[33]

**266** Bei § 151 müssen Sie sich auch das **Zusammenspiel mit § 241a** merken. Dabei geht es um folgende Konstellationen, bei denen Verbraucher zu einem Vertragsschluss durch Annahme nach § 151 verleitet werden sollen:

Ein **Unternehmer** (§ 14) sendet einem **Verbraucher** (§ 13) ohne dessen Bestellung, also ohne eine dem Verbraucher zurechenbare Aufforderung (invitatio oder verbindliches Angebot)

---

27 *BGH* NJW 2000, 276; NJW 2000, 1563; Palandt-*Ellenberger* § 151 Rn. 3.

28 St. Rspr. des *BGH* – z.B. Entscheidung vom 10. Mai 2001 (Az: XII ZR 60/99) = NJW 2001, 2324 m.w.N.; Palandt-*Ellenberger* § 151 Rn. 2.

29 Palandt-*Ellenberger* § 151 Rn. 2b.

30 St. Rspr. des *BGH* – z.B. NJW 2000, 276.

31 *BGH* NJW-RR 1986, 415 unter Ziff. II 2a bb; Palandt-*Ellenberger* § 151 Rn. 2a; *Faust* BGB AT § 21 Rn. 26.

32 *BGH* a.a.O.; Palandt-*Ellenberger* § 151 Rn. 2b a.E.

33 MüKo-*Busche* § 150 Rn. 2.

eine Sache zu oder erbringt eine sonstige unbestellte Leistung. Wenn der Unternehmer dem Verbraucher nun zugleich den Abschluss eines entgeltlichen Vertrages über die Sache bzw. die Leistung anträgt und zusätzlich auf den Zugang der Annahmeerklärung des Verbrauchers verzichtet, könnte unter den Voraussetzungen des § 151 ein Vertrag zustande kommen.

**Beispiel** Händler V schickt dem K unaufgefordert eine elektrische Zahnbürste, die V in einem Begleitschreiben als „Messeneuheit" deklariert und ihm als „sauberes Schnäppchen" für 69,90 € anbietet. Weiter führt V aus, dass er von einem Einverständnis des K ausgehe, wenn er von diesem binnen 14 Tagen nichts höre. K ist neugierig und probiert die Zahnbürste sofort begeistert aus. Nach einer Woche ist ihm die Sache aber zu lästig. Zu einer jetzt anstehenden Geschäftsreise bricht K deshalb mit seiner konventionellen Handbürste auf. Nach drei Wochen kehrt K zurück findet in seinem Briefkasten eine Rechnung des V vor.

Hier könnte ein Kaufvertrag dadurch zwischen V und K zustande gekommen sein, dass K das Angebot des V nach § 151 angenommen hat. V hatte auf den Zugang einer Annahmeerklärung verzichtet, so dass es für den Vertragsschluss eigentlich genügt, wenn K durch sein Verhalten objektiv eine Annahme des Angebots zum Ausdruck bringt, ohne dass diese Erklärung gegenüber dem V abgegeben werden und diesem zugehen müsste. Eine solche Betätigung des Annahmewillens liegt hier vor, da eine mehrtägige Nutzung bei objektiver Betrachtung (§ 133) nicht mehr als Test, sondern als Einverständnis mit dem Kauf zu verstehen ist. Erst durch den Kaufvertrag erhält K den Rechtsgrund für die von ihm zu diesem Zeitpunkt offenbar beabsichtigte dauerhafte Nutzung der Sache. Ein insgeheimer Willensvorbehalt („Ich will die Bürste behalten, aber nicht bezahlen.") wäre nach § 116 S. 1 unbeachtlich. ■

Diesem Treiben macht § 241a Abs. 1 einen Strich durch die Rechnung. Danach wird durch die Lieferung unbestellter Sachen oder durch die Erbringung unbestellter sonstiger Leistungen durch einen Unternehmer an einen Verbraucher ein Anspruch gegen diesen (= Verbraucher) „nicht begründet". Dies bedeutet, dass ein Vertrag über § 151 nicht zustande kommen, sondern nur durch eine gegenüber dem Absender abgegebene und diesem zugegangene Annahmeerklärung geschlossen werden kann.[34] Bei der Bestimmung der Unternehmer- und Verbrauchereigenschaft der handelnden Personen ist darauf abzustellen, welche Eigenschaft den Personen im Falle eines fiktiven Vertragsschlusses zukäme.[35] Im *Beispiel* ist daher noch kein Kaufvertrag zustande gekommen.

34 Palandt-*Grüneberg* § 241a Rn. 6; MüKo-*Finkenauer* § 241a Rn. 16.
35 Palandt-*Grüneberg* § 241a Rn. 2; MüKo-*Finkenauer* § 241a Rn. 4.

## III. Übungsfall Nr. 5

267 „Geschickter Scheck"

Klaus Knieple (K) war lange Jahre erfolgreich als Steuerberater in Stuttgart tätig. Sein Büro unterhielt er in repräsentativen Räumen, die er von Valérie Vogel (V) zu einem monatlichen Mietzins von 3000 € gemietet hatte.

Aufgrund gesundheitlicher Probleme des K brach seine Beratungspraxis plötzlich ein. Wegen zahlreicher Haftungsfälle geriet er in der Folge auch noch in eine finanzielle Krise und konnte seine Büromiete nicht mehr zahlen.

Die rückständigen Mietraten betragen 18 000 €.

K schickte unter dem 31. März ein Schreiben an die V, das dieser am 3. April zuging. Darin schilderte er zunächst seine persönliche und finanzielle Situation und fügte dann hinzu:

„Ich möchte Ihnen deshalb von mir aus folgendes anbieten: Um alle Verbindlichkeiten ein für allemal abzuwenden, zahle ich Ihnen 10 000 €.

Ich gehe davon aus, dass Sie mit dieser Regelung einverstanden sind und füge Ihnen aus diesem Grunde einen Verrechnungsscheck in Höhe von 10 000 € bei. Von dem Scheck möchten Sie bitte zum Zwecke der Abwicklung der Angelegenheit Gebrauch machen.

Für mich ist die Sache damit erledigt. Ich verzichte deshalb auch darauf, dass Sie mir gegenüber noch weitere Stellungnahmen abgeben."

Dem Schreiben war der darin erwähnte Verrechnungsscheck beigefügt. Er trug den handschriftlichen Hinweis: „Verwendungszweck: Schreiben vom 31. März".

V löste den Scheck bei ihrer Bank ein. Das Schreiben des K vom 31. März beantwortete V zunächst nicht.

K bestätigte mit einem der V am 15. April zugegangenen Schreiben die Scheckbuchung und bedankte sich für die „Annahme" seines „Vergleichsangebotes". V nahm das Schreiben zur Kenntnis, unternahm jedoch erst einmal nichts. Später ließ die V durch Schreiben des von ihr beauftragten Rechtsanwalts am 15. Juni erklären, sie habe das Angebot des K gar nicht annehmen wollen und werde ihre Restforderung gerichtlich geltend machen. Die Schecksumme betrachte sie nur „als Anzahlung".

Kann V von K noch rückständigen Mietzins verlangen?

## 268 Lösung

A Anspruch der V gegen K auf Zahlung rückständigen Mietzinses aus Mietvertrag gem. § 535 Abs. 2

### I. Anspruchsentstehung

V hat mit K einen Mietvertrag geschlossen, gegen dessen Wirksamkeit keine Bedenken bestehen. Laut Sachverhalt stehen der V daraus Mietzinsforderungen i.H.v 18 000 € zu.

### II. Rechtsvernichtende Einwendungen

#### 1. Erfüllung gem. § 362 Abs. 1

Im Hinblick auf die von K an die V mit Hilfe des Schecks geleisteten Zahlung ist der Zahlungsanspruch der V in Höhe von 10 000 € durch Erfüllung gem. § 362 Abs. 1 erloschen.

> **Hinweis**
>
> Auf die Rechtsnatur der Hingabe eines Schecks als Leistung erfüllungshalber[36] brauchen Sie hier nicht näher einzugehen, da der Scheck nach dem Sachverhalt erfolgreich eingelöst wurde.

#### 2. Erlassvertrag gem. § 397 Abs. 1

Wegen des Restbetrages könnte der Zahlungsanspruch durch Abschluss eines Erlassvertrages erloschen sein. Ein solcher

36 Palandt-*Grüneberg* § 364 Rn. 6.

Vertrag fordert zwei übereinstimmende, auf Aufhebung der Restschuld gerichtete Willenserklärungen.

#### a) Vertragsschluss

#### aa) Angebot des K

Der K hat der V in seinem Schreiben vom 31. März ein Abfindungsangebot gemacht, welches sich auf die Gesamtforderung der V bezogen hat.

Diese empfangsbedürftige Erklärung ist der V auch zugegangen und damit wirksam geworden.

#### bb) Annahme durch V

Eine Annahme des Abfindungsangebots des K könnte hier unter den Voraussetzungen des § 151 S. 1 erfolgt sein.

Nach § 151 S. 1 kommt der Vertrag durch die Annahme des Antrags zustande, ohne dass die Annahme dem Antragenden gegenüber erklärt zu werden braucht, wenn eine solche Erklärung nach der Verkehrssitte nicht zu erwarten ist oder der Antragende auf sie verzichtet hat. K hat in seinem Schreiben vom 31. März ausdrücklich auf eine ihm gegenüber abzugebende Erklärung verzichtet.

Im Falle eines derartigen Verzichts bedarf es lediglich der Annahme als solcher, d.h. eines als Willensbetätigung zu wertenden, nach außen hervortretenden Verhaltens des Angebotsadressaten, aus dem sich dessen Annahmewille unzweideutig ergibt.[37]

In welchen Handlungen eine genügende Betätigung des Annahmewillens zu finden ist, lässt sich nur aufgrund einer Würdigung des konkreten Einzelfalles entscheiden. Dabei ist mangels Empfangsbedürftigkeit der Willensbetätigung nicht auf den Empfängerhorizont (§ 157) abzustellen. Vielmehr kommt es darauf an, ob vom Standpunkt eines unbeteiligten objektiven Dritten aus das Verhalten des Angebotsempfängers aufgrund aller äußeren Indizien auf einen „wirklichen Annahmewillen" (§ 133) schließen lässt. Ein solcher Schluss ist regelmäßig gerechtfertigt, wenn der Anbietende dem Angebotsempfänger eine mit der Erfüllung des angestrebten Vertrages zusammenhängende, den Anbietenden beeinträchtigende Handlung nur für den Fall der Annahme des Angebotes, also des Vertragsschlusses, gestattet und der Angebotsempfänger diese Handlung vornimmt. Denn grundsätzlich ist davon auszugehen, dass der Angebotsempfänger sich rechtmäßig und redlich verhält und demgemäß die Handlung nur ausführt, wenn er auch die Voraussetzung akzeptiert, an die der Anbietende sie geknüpft hat.[38]

K hatte in seinem Schreiben vom 31. März mitgeteilt, dass er den Verrechnungsscheck zur Erfüllung des Abfindungsangebotes überreiche, um die bestehenden Verbindlichkeiten ein für allemal abzuwenden, und voraussetze, dass die V sein Angebot annehme. Hieraus ergibt sich eindeutig, dass der V die Einlösung des Schecks nur gestattet war, wenn sie das Abfindungsangebot des K annahm. Reichte sie – wie geschehen – den Scheck zur Einlösung ein, ohne das Abfindungsangebot durch eine nach außen erkennbare Willensäußerung abzulehnen, so zeigte sie damit aus der maßgeblichen Sicht eines unbeteiligten Dritten, der von der Redlichkeit der V ausgeht, ein Verhalten, das objektiv und unzweideutig die Betätigung ihres Annahmewillens dokumentierte. Dem steht auch das Verhältnis zwischen der Gesamtforderung der V und der Höhe des Abfindungsangebotes des K nicht entgegen. Die Annahme des Abfindungsangebotes mag zwar wirtschaftlich unvernünftig erscheinen. Das Missverhältnis zwischen Abfindungsangebot und Forderung ist aber nicht so groß, dass ein tatsächlicher Annahmewille der V aus der Sicht eines objektiven Dritten ausgeschlossen werden muss.

Sollte die V bei Veranlassung der Scheckeinlösung insgeheim den Willen gehabt haben, das Abfindungsangebot des K – dem Verwendungszweck des Schecks widersprechend – gleichwohl nicht anzunehmen, so wäre dies gem. § 116 S. 1 unbeachtlich. Ist – wie hier der V – dem Empfänger eines Vertragsangebotes eine bestimmte Handlung vom Anbietenden nur für den Fall

37 St. Rspr. des *BGH* – z.B. Entscheidung vom 10. Mai 2001 (Az: XII ZR 60/99) = NJW 2001, 2324 m.w.N.; Palandt-*Ellenberger* § 151 Rn. 2.

38 Urteil des BGH vom 10. Mai 2001 (Az: XII ZR 60/99) = NJW 2001, 2324 m.w.N.; *BGH* NJW 1990, 1656, 1657.

gestattet, dass er das Vertragsangebot annimmt und führt er in Kenntnis der Sachlage diese Handlung aus, hat dabei aber den Willen, das Angebot nicht anzunehmen, so gleicht er demjenigen, der eine Willenserklärung unter dem geheimen Vorbehalt abgibt, sie solle nicht gelten. Deshalb ist in solchen Fällen nach allgemeiner Auffassung das Fehlen eines Annahmewillens entsprechend § 116 S. 1 rechtlich ohne Bedeutung.

b) Nichtigkeit nach § 142 Abs. 1

Zu prüfen bleibt, ob der Erlassvertrag gem. § 142 Abs. 1 aufgrund der erklärten Anfechtung von Anfang an als nichtig anzusehen ist.

aa) Anfechtungserklärung

Eine der V gem. § 164 Abs. 1 zurechenbare Anfechtungserklärung liegt im Schreiben des von ihr bevollmächtigten Anwalts vom 15. Juni vor. Die Erklärung ist dem K als dem gem. § 143 Abs. 2 richtigen Empfänger zugegangen und damit als empfangsbedürftige Willenserklärung wirksam geworden.

bb) Anfechtungsbefugnis

Eine Anfechtungsbefugnis aus § 123 scheidet bereits deshalb aus, weil nicht ersichtlich ist, worüber V trotz des klaren Inhalts des Schreibens des K vom 31. März getäuscht worden sein soll.

Denkbar ist allein ein Anfechtungsrecht wegen Irrtums gem. § 119 Abs. 1 Fall 2, da V zum Ausdruck gebracht hat, eine Annahme, also eine „Erklärung diesen Inhalts" niemals habe abgeben wollen.

Fraglich ist, ob die Anfechtungsregeln auf eine Annahme gem. § 151 S. 1 überhaupt anwendbar sein.

Die in den §§ 119, 123 geregelten Anfechtungsrechte beziehen sich auf Willensmängel bei Abgabe einer Willenserklärung. Teilweise wird der Annahme i.S.d. § 151 S. 1 aber der Charakter einer Willenserklärung abgesprochen, da der Wille der Person gerade nicht erklärt, sondern nur anhand von Fakten beweisbar sei.[39]

Die Frage kann aber dahin gestellt bleiben, wenn die V aus anderen Gründen nicht zur Anfechtung berechtigt war. Gem. § 121 Abs. 1 S. 1 kann von diesem Recht nur unverzüglich nach Kenntnis des Anfechtungsgrundes Gebrauch gemacht werden.

Die V hat von ihrem Irrtum spätestens durch das Schreiben des K vom 15. April Kenntnis erlangt, mit dem sich der K für die Annahme seines Abfindungsangebotes bedankte. Das Schreiben ihres Anwalts vom 15. Juni ist damit verspätet, da der Fall keinen Anlass für eine derart lange Bedenkzeit bietet und besondere Gründe zur Entschuldigung der verzögerten Reaktion nicht ersichtlich sind.

Nach allem konnte die Anfechtungserklärung der V in jedem Fall den durch ihre Annahme gem. § 151 S. 1 zustande gekommenen Erlassvertrag nicht rückwirkend beseitigen.

Somit ist auch die nicht durch Zahlung des K erfüllte Restforderung der V durch Abschluss eines Erlassvertrages gem. § 397 Abs. 1 erloschen.

## III. Endergebnis

V kann von K keinen rückständigen Mietzins mehr verlangen.

**Hinweis**

Fallkonstellationen wie diese werden unter dem Stichwort „Erlassfalle" zusammengefasst. Der Schuldner lockt den Gläubiger mit einem Scheck über einen Teilbetrag und mit gleichzeitigem Erlassantrag unter Verzicht auf Zugang der Annahmeerklärung „in die Falle". Die Einlösung des Schecks kann aber nur dann als Annahme nach § 151 gewertet werden, wenn Scheckbetrag und Restschuld nicht in einem groben Missverhältnis stehen. Bei groben Missverhältnissen ist in der Einlösung des Schecks aus Sicht eines objektiven Dritten lediglich eine Einlösung zur Anzahlung zu sehen. Alles andere wäre Ausdruck wirtschaftlicher Unvernunft, die dem Gläubiger nicht unterstellt werden kann.[40]

39 Vgl. Palandt-*Ellenberger* § 151 Rn. 2b.

40 *BGH* Urt. v. 10.5.2001 (Az: XII ZR 60/99) = NJW 2001, 2324 m.w.N.

## IV. Sonderfall: Zuschlag gem. § 156

Bei Versteigerungen liegt das Angebot stets im Gebot des Bieters und die Annahme im zeitlich darauf folgenden Zuschlag des Versteigerers. Daraus folgt, dass in der Präsentation des Versteigerungsobjekts stets eine invitatio ad offerendum zu sehen ist. Der Zuschlag aufgrund eines konkreten (Höchst-)Gebots ist also immer die Annahmeerklärung des Versteigerers. Sie ist keine empfangsbedürftige Willenserklärung (arg. ex § 15 S. 2 BeurkG) und bringt den Vertrag daher auch in Abwesenheit des Bieters ohne Zugang bei diesem zustande. Der Vertrag kommt daher auch zustande, wenn sich der Höchstbietende vor dem Zuschlag entfernt hatte.[41] 269

# D. Bestand des Angebots zum Zeitpunkt der Annahme

## I. Erlöschen des Angebots nach § 146

Nach § 146 erlischt der Antrag durch Ablehnung oder durch Ablauf der Annahmefrist. 270

### 1. Ablehnung

Die Ablehnung ist ihrerseits eine **empfangsbedürftige Willenserklärung.** Sie kann entweder durch schlichtes „Nein!" erfolgen oder durch ein „Ja, aber…" Es handelt sich im letzteren Fall um eine abändernde Annahmeerklärung, die inhaltlich nicht vollständig mit dem Angebot übereinstimmt. Sie ist zum einen eine Ablehnung des bisherigen Angebots. Denn zu den vorgeschlagenen Konditionen soll der Vertrag ja nicht geschlossen werden. Da der Ablehnende einen Vertrag aber prinzipiell will, wird die **abändernde Annahme** nach § 150 Abs. 2 ihrerseits **als neues Angebot** aufgefasst. Dieses wiederum kann vom anderen Teil angenommen werden, so dass sich die Parteien dann vollständig geeinigt hätten. 271

### 2. Fristablauf und ähnliche Erlöschensgründe

Ein durch Zugang wirksam gewordenes Angebot kann keine ewige Bindung entfalten. Andernfalls wäre der Anbietende in seiner Disposition unzumutbar eingeschränkt. 272

Wie lange der Anbietende an sein Angebot gebunden sein soll, kann dieser selbst bestimmen. Er kann **Annahmefristen festlegen** (§ 148 bzw. § 151 S. 2) oder sich ein über § 130 Abs. 1 S. 2 hinausgehendes **Widerrufsrecht einräumen.**[42] Schließlich kann er sein Angebot unter eine **auflösende Bedingung** (§ 158 Abs. 2) stellen. Was im Einzelnen gewollt ist, bedarf der Auslegung vom Empfängerhorizont, §§ 133, 157.

**Beispiel** „Angebot solange Vorrat reicht" = entweder auflösende Bedingung oder Widerrufsvorbehalt.[43] ■

41 Palandt-*Ellenberger* § 156 Rn. 1.

42 *BGH* Urt. v. 8.6.2011 (AZ: VIII ZR 305/10) unter Tz. 17 = NJW 2011, 2643 ff. (Vorbehalt der Angebotsrücknahme bei eBay-Auktion); ebenso *BGH*, Urt. v. 8.1.2014 (AZ: VIII ZR 63/13) = NJW 2014, 1292 ff.

43 Palandt-*Ellenberger* § 145 Rn. 4.

Im Falle eines Widerrufsvorbehalts ist im Zweifel anzunehmen (§§ 133, 157), dass der Widerruf nur bis zum Zugang der Annahmeerklärung des Empfängers zulässig ist.[44]

273 Wenn der Anbietende keine Aussagen über die zeitliche Bindungswirkung trifft, bestimmt das Gesetz in § 147 je nach Situation die Annahmefristen.

Der **unter Anwesenden** erklärte Antrag kann nur **sofort** angenommen werden (§ 147 Abs. 1).

Ist der Antrag **gegenüber einem Abwesenden** erklärt worden, gilt für die Fristbestimmung § 147 Abs. 2. Dort ist keine starre Frist vorgesehen. Die Frist ist vielmehr im Einzelfall nach **objektiven Maßstäben** zu bestimmen. Sie setzt sich zusammen aus der Zeit für die Übermittlung des Antrages an den Empfänger, dessen Bearbeitungs- und Überlegungszeit sowie der Zeit der Übermittlung der Antwort an den Antragenden. Sie beginnt mit der Abgabe der Erklärung und nicht erst mit deren Zugang bei dem Empfänger.[45]

274 Nach Ablauf der Bindungsfrist ist das Angebot erloschen und kann nicht mehr angenommen werden.

**Hinweis**

Beachten Sie in diesem Zusammenhang den Sonderfall des § 149.

Eine nach Ablauf der Annahmefrist, also verspätet zugegangene Annahmeerklärung bringt ihrerseits wieder den Willen für einen Vertragsschluss zum Ausdruck, so dass sie nach § 150 Abs. 1 als **neues Angebot** angesehen wird.

## II. Fälle des §§ 153

275 Nach § 130 Abs. 2 ist es für die Wirksamkeit einer Willenserklärung **ohne Einfluss,** wenn der **Erklärende nach der Abgabe stirbt oder geschäftsunfähig** wird. Dies gilt deshalb auch für eine Angebotserklärung. § 153 spricht nun aus, dass deshalb ein Vertrag durch Annahme eines Angebots auch dann zustande kommen kann, wenn der Antragende nach Abgabe seiner Erklärung stirbt oder geschäftsunfähig wird. Die Annahmeerklärung muss dann gegenüber den Erben (diese werden Vertragspartner) bzw. gegenüber dem gesetzlichen Vertreter des Geschäftsunfähigen (§ 131 Abs. 1) abgegeben werden und diesen Personen zugehen.

Das **Angebot erlischt** aber durch Tod bzw. Geschäftsunfähigkeit des Anbietenden, wenn sich dies durch **Auslegung vom Empfängerhorizont** (§§ 133, 157) ermitteln lässt.[46]

**Beispiel** Der 89 Jahre alte K bestellt bei dem Apotheker V seine Tabletten gegen Herzbeschwerden. Stirbt K vor Annahme seiner Bestellung, kann das Angebot nicht durch Erklärung gegenüber den Erben angenommen werden. Ersichtlich handelt es sich um einen Vertrag, an dessen Erfüllung der K ein höchstpersönliches Interesse hatte, so dass seine Bestellung mit seinem Tod hinfällig geworden, also erloschen ist ■

44 Palandt-*Ellenberger* § 145 Rn. 4.
45 Urteil des *BGH* vom 11. Juni 2010 (Az: V ZR 85/09) unter Tz. 11 (sehr lesenswerte Entscheidung!).
46 *Medicus* Allgemeiner Teil des BGB Rn. 377.

**Hinweis**

Stirbt umgekehrt der Adressat des Angebots bzw. wird er geschäftsunfähig, im *Beispiel* also der V, und zwar nach Zugang des Antrags und vor Abgabe seiner Annahmeerklärung, ist wiederum durch Auslegung zu entscheiden, ob der Antrag weiterhin gelten soll oder nicht. Sind im *Beispiel* die Erben keine Apotheker, soll das Angebot im Zweifel nicht aufrechterhalten werden. K möchte ersichtlich nicht von Dilettanten bedient werden.

### III. Fälle des § 156 S. 2

Bei Versteigerungen nennt man das Angebot „Gebot" und die Annahme „Zuschlag". Ein **276**
Gebot erlischt nach § 156 S. 2 bei Abgabe eines höheren „Übergebots" und kann dann nicht mehr durch Zuschlag angenommen werden.

## E. Der Einigungsmangel (Dissens)

**277**

Angebot

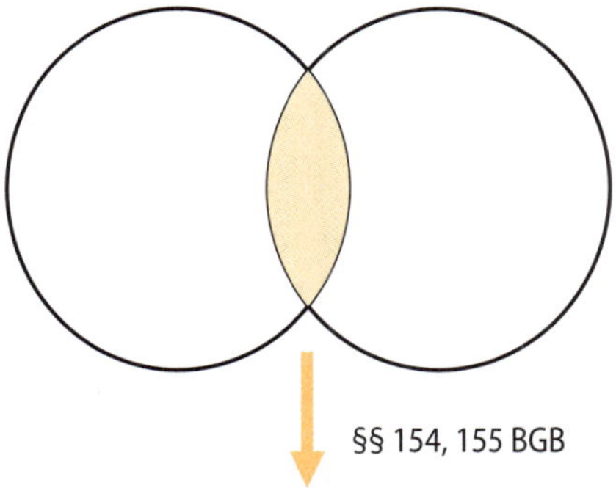

Abändernde Annahmeerklärung
iSd. § 150 Abs. 2 BGB

§§ 154, 155 BGB

Vertrag ist (nur) über übereinstimmende Punkte geschlossen, soweit diese den notwendigen Mindestinhalt abdecken und die Parteien den Vertrag trotz der offenen Punkte gelten lassen wollen.

Zeigt sich ein Einigungsmangel, ist zu prüfen, ob und wie sich dieser auf den Vertragsschluss auswirkt. Hierfür hält das Gesetz in §§ 154, 155 **Auslegungsregeln** bereit. Bevor diese Auslegungsregeln im Einzelfall zur Anwendung gebracht werden, muss aber zunächst sicher feststehen, dass es sich tatsächlich um einen Einigungsmangel im Sinne der §§ 154, 155 handelt.

### I. Der offene Einigungsmangel, § 154

Unproblematisch ist die Feststellung eines offenen Einigungsmangels im Sinne von § 154: **278**
Wissen beide Parteien, dass sie sich über einen Punkt nicht geeinigt haben, der nach **dem Willen zumindest einer Partei geregelt werden sollte**, gilt der Vertrag gem. § 154 Abs. 1 im Zweifel als nicht geschlossen. Das überrascht nicht: Nach dem Prinzip der Privatautonomie ist ja niemand zum Abschluss eines Vertrages verpflichtet, den er so nicht will. Man spricht insoweit auch von einer „negativen Vertragsfreiheit". Der offene Dissens ist **kein Nichtigkeitsgrund**. Vielmehr ist der Vertrag noch gar nicht geschlossen worden, das Rechtsgeschäft

scheitert bereits auf der ersten Stufe des Zustandekommens.[47] Sie erkennen daran wieder die systematische Trennung zwischen Zustandekommen und Wirksamkeit eines Vertrages.

**Beispiel** M will von V in dessen Haus eine frei gewordene Wohnung inkl. Tiefgaragenstellplatz sowie noch einen weiteren Tiefgaragenstellplatz mieten. Über die Konditionen besteht grundsätzlich Einvernehmen. Jedoch kann V bislang den zweiten Tiefgaragenstellplatz noch nicht zusagen, da dieser möglicherweise von anderen Mietern benötigt wird. Solange M den Mietvertrag nur mit zwei Tiefgaragenstellplätzen abschließen möchte und sich mit V auch über diesen Punkt noch nicht geeinigt hat, ist der Mietvertrag gem. § 154 Abs. 1 im Zweifel insgesamt noch nicht zustande gekommen. ■

§ 154 Abs. 2 stellt klar, dass auch die von mindestens einer Partei gewünschte Form ein Punkt sein kann, ohne dessen Erfüllung der Vertrag im Zweifel noch nicht geschlossen ist.

**Hinweis**

§ 154 Abs. 2 gilt nur in Bezug auf eine freiwillige Form und ergänzt die Regelung in § 125 S. 2. Mit einer gesetzlich vorgeschriebenen Form hat § 154 Abs. 2 nichts zu tun. Ist ein Vertrag ohne Beachtung der gesetzlich vorgeschriebenen Form (etwa nach §§ 311b Abs. 1, 518 Abs. 1, 766) geschlossen worden, ist er nach § 125 S. 1 nichtig. Etwas anderes gilt nur dann, wenn der Formmangel ausnahmsweise geheilt worden ist (z.B. nach §§ 311b Abs. 1 S. 2, 518 Abs. 2, 766 S. 3).

**279** Unerheblich ist, ob der fehlende Punkt aus Sicht eines objektiven Dritten wesentlich ist oder nicht.[48] Das ergibt sich wiederum aus dem Prinzip der Privatautonomie. Wenn der Einzelne in seiner Entscheidung über den Vertragsinhalt frei ist, kann es auf eine objektive Beurteilung des Vertragsinhalts bzw. der Wesentlichkeit eines fehlenden Punktes nicht ankommen.

**Beispiel** Bauer K beschließt den Kauf eines Traktors bei V. K und V haben sich bereits auf ein bestimmtes Modell und den Kaufpreis geeinigt. K ist hinsichtlich der Farbe der Maschine aber noch unentschlossen und will noch überlegen.

Auch wenn die Farbe einer landwirtschaftlichen Maschine aus Sicht eines objektiven Dritten völlig irrelevant ist, ist ein Vertrag zwischen K und V zu diesem Zeitpunkt (noch) nicht zustande gekommen. Es liegt ein offener Einigungsmangel vor und es gibt auch keinen Anhaltspunkt dafür, dass die Parteien die Gültigkeit des Vertrages bereits jetzt schon wollten. ■

**280** Aus dem Prinzip der Privatautonomie folgt aber auch, dass die Parteien die Bedeutung eines offenen Punktes für ihre vertraglichen Beziehungen fallen lassen können. Das meint § 154 Abs. 1 S. 1, wenn danach der Vertrag nur „im Zweifel" nicht geschlossen wurde. Der Vertrag ist also entgegen der Auslegungsregel des § 154 Abs. 1 S. 1 trotz offen gebliebener Punkte ausnahmsweise doch geschlossen, wenn sich die Parteien trotz des Einigungsmangels **erkennbar vertraglich binden wollten.** Ein entsprechender Wille der Parteien, sich dennoch zu binden, lässt sich beispielsweise daraus ableiten, dass sie trotz offener Punkte übereinstimmend mit der Durchführung des Vertrages beginnen.

47 *Medicus* Allgemeiner Teil des BGB Rn. 438; MüKo-*Busche* § 154 Rn. 11.
48 MüKo-*Busche* § 154 Rn. 4.

**Beispiel** Unternehmer K will bei Unternehmer V Ware einkaufen, wobei beide sich bereits über Kaufgegenstand, Kaufpreis und Erfüllungsort geeinigt haben. In ihren Erklärungen weisen beide darauf hin, dass auf den Vertrag ausschließlich ihre eigenen AGB Anwendung finden sollen. Die „Allgemeinen Einkaufsbedingungen" des K enthalten teilweise abweichende Regelungen als die „Allgemeinen Verkaufs- und Lieferbedingungen" des V. Obwohl K und V die Frage der AGB-Geltung nicht geklärt haben, führen beide den Vertrag einvernehmlich durch und tauschen Ware gegen Kaufpreis aus. Im Umfang der sich widersprechenden (= „kollidierenden") AGB-Regelungen bestand zwischen K und V ein offener Dissens. Die aus § 154 Abs. 1 folgende Vermutung des fehlenden Vertragsschlusses ist hier durch das tatsächliche Verhalten der Parteien widerlegt worden. Da sich K und V auf die essentialia negotii geeinigt haben, liegt kein Totaldissens vor. Der Vertrag ist unter Einschluss der übereinstimmenden AGB geschlossen worden. Die sich widersprechenden AGB gelten nicht und werden nach § 306 Abs. 2 durch die gesetzlichen Bestimmungen ersetzt.[49] ■

Bei offen gebliebenen Punkten kann die Rechtsordnung einen Vertrag aber nur dann verbindlich anerkennen, wenn die Ausfüllung der bestehenden Lücken – etwa mit **Hilfe des dispositiven Rechts oder der ergänzenden Vertragsauslegung** – überhaupt möglich ist. 281

Ein Ausfüllen der offen gebliebenen Punkte ist dann nicht möglich, wenn es an der Einigung über die **essentialia negotii** fehlt, sog. **„Totaldissens"**.[50] Unter „essentialia negotii" versteht man solche Regelungen, die durch dispositives Gesetzesrecht nicht ersetzt werden können und von den Parteien bei Vertragsschluss mindestens vereinbart werden müssen (siehe Rn. 251 ff). Dann kommen die §§ 154 f. gar nicht erst zur Anwendung: Ein Vertrag kann hier nicht zustande kommen, da sich die Hauptleistungspflichten der Parteien nicht bestimmen lassen.[51] 282

## II. Der versteckte Einigungsmangel, § 155

### 1. Formen des versteckten Einigungsmangels

Beim versteckten Einigungsmangel sind sich die Parteien nicht darüber bewusst, dass ihre Einigung sich nicht in allen Punkten deckt und ein Vertrag noch gar nicht zustande gekommen ist. 283

Der Grund dafür kann einmal darin liegen, dass die Parteien einen von beiden Seiten als regelungsbedürftig gehaltenen Punkt vergessen oder übersehen haben („verdeckte Unvollständigkeit").

Dies kann zum anderen auch daran liegen, dass die abgegebenen Erklärungen objektiv mehrdeutig sind und die Auslegung ergibt, dass die Parteien tatsächlich voneinander Abweichendes meinten („Scheinkonsens").

49 Palandt-*Ellenberger* § 154 Rn. 3; MüKo-*Basedow* § 305 Rn. 102 m.w.N.
50 *Medicus* Allgemeiner Teil des BGB Rn. 438.
51 *Medicus* a.a.O; Palandt-*Ellenberger* Überbl. v. § 104 Rn. 3.

**Beispiel**[52] K bittet V um ein Angebot über Lieferung von 1500 Stück Original IBM-Druckkassetten Art. Nr. 1234567 für IBM-Drucker 8910. V macht darauf folgendes Angebot: Lieferung von „1500 Stück Druckkassetten für IBM-Drucker 8910" zu einem bestimmten Preis. K erklärt nun, er bitte um die Lieferung „der angebotenen 1500 Original IBM Druckkassetten Art. Nr. 1234567 für IBM-Drucker 8910" und erkläre sich mit dem von V genannten Kaufpreis einverstanden. Erst nach der Lieferung stellt sich heraus, dass V von Anfang an nur Druckkassetten eines anderen Herstellers liefern wollte, die allerdings auch für den Einsatz im IBM-Drucker 8910 geeignet sind. K rügt sofort die Lieferung „falscher Kassetten".

Muss K dennoch den Kaufpreis für die von V ausgelieferten Druckkassetten zahlen?

Ein Zahlungsanspruch gem. § 433 Abs. 2 setzt das Zustandekommen eines Kaufvertrages zwischen V und K voraus.

Die Aufforderung des K bezog sich eindeutig und unmissverständlich auf die Lieferung von „1500 Stück Original IBM-Druckkassetten Art.-Nr. 1234567 für IBM-Drucker 8910". Aufgrund dieser Ausschreibung unterbreitete V das Angebot „1500 Stück Druckkassetten für IBM Drucker 8910". Mit diesem Angebot wich V ersichtlich vom Wortlaut der Aufforderung des K ab. V wollte die von K gewünschten „Original IBM-Druckkassetten" weder anbieten noch liefern.

Dieses Angebot des V hat der K nicht angenommen. Vielmehr erteilte er klar und unzweideutig ausdrücklich nur den Auftrag zur Lieferung von „1500 Original-IBM-Druckkassetten". Wegen dieser wiederholten begrifflichen Abweichung bei der Bezeichnung des Liefergegenstandes ist die Annahme des K vom Standpunkt eines redlichen Empfängers nach §§ 133, 157 nicht als Annahme, sondern gem. § 150 Abs. 2 als Ablehnung des Angebots des V, verbunden mit einem neuen Antrag des K an V anzusehen.

Dieses neue Angebot hat V nicht ausdrücklich angenommen. Eine Annahme dieses Angebots kann auch nicht in der nachfolgenden Auslieferung gesehen werden. Denn V lieferte nicht die von K gewünschten Original-Druckkassetten, sondern lediglich solche eines anderen Herstellers.

Da K dieser Lieferung widersprochen hat, ist auch insoweit keine konkludente Einigung über den Liefergegenstand zustande gekommen.

Damit unterlagen die Parteien einem zunächst versteckten Dissens über den Vertragsgegenstand. Fraglich ist, ob gem. § 155 dennoch von dem Zustandekommen eines Kaufvertrages ausgegangen werden kann. Dies geht nach § 155 aber nur, wenn anzunehmen ist, dass der Vertrag auch ohne eine Einigung über den Produzenten der Druckkassetten geschlossen sein würde. Aus dem späteren Verhalten des K geht aber gerade hervor, dass dies nicht der Fall gewesen wäre.

Mangels Zustandekommen eines Kaufvertrages ist daher kein Zahlungsanspruch gem. § 433 Abs. 2 begründet worden.

(Das Gewährleistungsrecht der §§ 434 ff. kommt hier gar nicht zur Anwendung!) ■

52 Nach *OLG Hamm* NJW-RR 1998, 1747.

## 2. Abgrenzungsfragen

### a) Irrtum i.S.d. § 119 Abs. 1

In der Prüfung ist der Ausgangspunkt immer das von den Parteien Erklärte. Ist das Erklärte 284
mehrdeutig, kann ein **versteckter Dissens** vorliegen. Entscheidend ist, ob die Erklärungen **auch nach ihrer Auslegung vom jeweiligen Empfängerhorizont** aus gem. §§ 133, 157 **nicht übereinstimmen.**

Stimmen die (nach §§ 133, 157) ausgelegten Erklärungen überein, fehlt es aber an einer Übereinstimmung von (Geschäfts-) Willen einer Person mit dem durch Auslegung gem. §§ 133, 157 gewonnenen Inhalt ihrer Erklärung, liegt kein Dissens, sondern Irrtum vor. Dieser berechtigt unter den weiteren Voraussetzungen des § 119 Abs. 1 zur Anfechtung.

**JURIQ-Klausurtipp**

Entscheidend für die richtige Abgrenzung zwischen Irrtum und Dissens ist also die korrekte Auslegung der jeweiligen Erklärungen!

### b) Abgrenzung zur „falsa demonstratio"

Ein Einigungsmangel liegt in den Fällen der falsa demonstratio nicht vor. Der Vertrag ist ja 285
bei der falsa demonstratio mit dem tatsächlich von den Parteien gewollten Inhalt zustande gekommen. Dem Willen beider Parteien und damit ihrer privatautonomen Entscheidung wird gerade auf diese Weise Rechnung getragen.

## 3. Folgen des versteckten Einigungsmangels

§ 155 bestimmt, dass der Vertrag trotz eines versteckten Einigungsmangels ausnahmsweise 286
gültig ist, wenn der **mutmaßliche Parteiwille** ergibt, dass er auch ohne Einigung über den betreffenden Punkt abgeschlossen worden wäre.

Ein Vertragsschluss ist regelmäßig nur anzunehmen, wenn sich die Parteien über einen **Nebenpunkt** nicht geeinigt haben.[53] **Je bedeutungsloser der Punkt, desto eher ist von einem Vertragsschluss auszugehen.**

Ergibt sich im Einzelfall, dass der Vertrag trotz Dissens gültig ist, sind die Einigungslücken durch den Rückgriff auf dispositives Recht und ergänzende Vertragsauslegung zu füllen.[53]

**Online-Wissens-Check**

**Was ist ein „versteckter Dissens"?**

Überprüfen Sie jetzt online Ihr Wissen zu den in diesem Abschnitt erarbeiteten Themen. Unter **www.juracademy.de/skripte/login** steht Ihnen ein Online-Wissens-Check speziell zu diesem Skript zur Verfügung, den Sie kostenlos nutzen können. Den Zugangscode hierzu finden Sie auf der Codeseite.

53 Palandt-*Ellenberger* § 155 Rn. 5.

# 5. Teil
# Geschäftsfähigkeit

## A. Überblick

### I. Funktion der Regeln zur Geschäftsfähigkeit

287 Ohne Beteiligung eines zumindest beschränkt Geschäftsfähigen kann eine Person ein Rechtsgeschäft nicht wirksam vornehmen.

> Die **Geschäftsfähigkeit** ist die Fähigkeit, Rechtsgeschäfte selbstständig vollwirksam vorzunehmen.[1]

288 Unsere Rechtsordnung geht davon aus, dass der Mensch grundsätzlich geschäftsfähig ist. Regelungsbedürftig sind allein die Ausnahmen von diesem Grundsatz.

Der Gesetzgeber schränkt die Geschäftsfähigkeit (nicht die Rechtsfähigkeit!) bei bestimmten Personen ein („beschränkte geschäftsfähige" Personen). Und mache Personen sollen gar nicht geschäftsfähig sein („geschäftsunfähige" Personen).

289 Die Beschränkung bzw. Aberkennung der Geschäftsfähigkeit geschieht zum Schutz der betroffenen Personen und ist verfassungsrechtlich geboten. Unsere Rechtsordnung muss zum einen grundsätzlich jedem die selbstständige Teilnahme am Rechtsverkehr ermöglichen. Zum anderen muss sie diejenigen schützen, denen typischerweise eine vernünftige und sachgerechte Vornahme eines Rechtsgeschäfts allgemein oder im konkreten Fall verwehrt ist. Diese Menschen sollen dann vor den **wirtschaftlichen Nachteilen angemessen bewahrt werden, die durch eigene unvernünftige Rechtsgeschäfte entstehen können** (siehe oben unter Rn. 57 ff.).

Die Regeln zur Geschäftsfähigkeit setzen bei der geistigen Unterlegenheit bestimmter Personen an. Menschen verfügen nicht immer über das Maß an Einsichts- und Urteilsfähigkeit, das eine „strukturell gleichwertige" Teilnahme am privatautonomen Rechtsverkehr mit anderen Personen ermöglicht.

290 Der Schutz dieser Personen kann verschieden ausgestaltet sein. Als Schutzinstrumente kommen neben der Beschränkung der Geschäftsfähigkeit beispielsweise auch Formgebote, Anfechtungs- und Widerrufsrechte oder Generalklauseln wie §§ 138, 307 in Betracht.

291 Die Beschränkung oder Aberkennung der Geschäftsfähigkeit ist ein **sehr restriktives Schutzinstrument.** Zum einen greift es in die Selbstbestimmungsfreiheit eines Menschen am stärksten ein, indem die Privatautonomie schon im Grundsatz ganz oder teilweise entzogen wird. Zum anderen kennt dieses Instrument **keinen „Gutglaubensschutz"** anderer Personen, die am jeweiligen Rechtsgeschäft beteiligt sind. Die mit der Aberkennung bzw. Beschränkung der Geschäftsfähigkeit verbundenen Wirkungen sind **zwingend**.

1 Palandt-*Ellenberger* Einf. v. § 104 Rn. 2.

Die Aufgabe des Gesetzgebers besteht darin, genau festzulegen, unter welchen Voraussetzungen ein Mensch gar nicht oder nur beschränkt geschäftsfähig sein soll. Außerdem soll ja nach der Verfassung auch diesen Personen eine angemessene Teilnahme am Rechtsverkehr ermöglicht werden. Der Gesetzgeber muss also zugleich regeln, wann und wie ein nicht voll geschäftsfähiger Mensch selbstständig oder mit Hilfe geschäftsfähiger Personen (Vertreter) an Rechtsgeschäften beteiligt sein kann. **292**

Wie immer muss der Gesetzgeber aber nicht nur Anstrengungen zum Schutz und zur Gewährleistung der Privatautonomie eines Einzelnen treffen. Er muss auch die Interessen des Rechtsverkehrs, also die Schutzbedürftigkeit der Personen im Auge behalten, die durch das rechtsgeschäftliche Verhalten nicht voll geschäftsfähiger Personen betroffen werden. Schließlich soll ja die Privatautonomie aller Personen *„möglichst weitgehend wirksam werden“*,[2] was bei einseitigen Regelungen zu Lasten nur einer Personengruppe nicht der Fall wäre. **293**

Die Fragen zur Geschäftsfähigkeit sind allgemein in den §§ 104–113 behandelt, aber nicht nur dort. Weitere Regeln finden sich in §§ 130 Abs. 2, 131, 153, 165, 682 und in den besonderen Regeln über die Vertreter nicht voll geschäftsfähiger Personen im Familienrecht. Ferner weicht der Gesetzgeber vom allgemeinen System im Familienrecht bei der Eheschließung (§§ 1303, 1304, 1314) und im Erbrecht beim Testament (§§ 2229 ff.) ab. **294**

**Hinweis**

Die Besonderheiten der Geschäftsfähigkeit bei der Eheschließung und im Erbrecht sind nicht Gegenstand dieses Skriptes, sondern werden im Zusammenhang mit der Darstellung des Familienrechts bzw. Erbrechts behandelt.

## II. Geschäftsunfähigkeit und beschränkte Geschäftsfähigkeit

### 1. Geschäftsunfähigkeit

In § 104 hat der Gesetzgeber definiert, welchen Personen er die Geschäftsfähigkeit zu Ihrem eigenen Schutz ganz aberkennt. Wir hatten uns damit bereits oben unter Rn. 177 beschäftigt. Die folgenden Ausführungen dienen der Wiederholung und Vertiefung. **295**

2 *BVerfGE* 89, 214 ff. unter Ziff. C II 2b = NJW 1994, 36 ff.

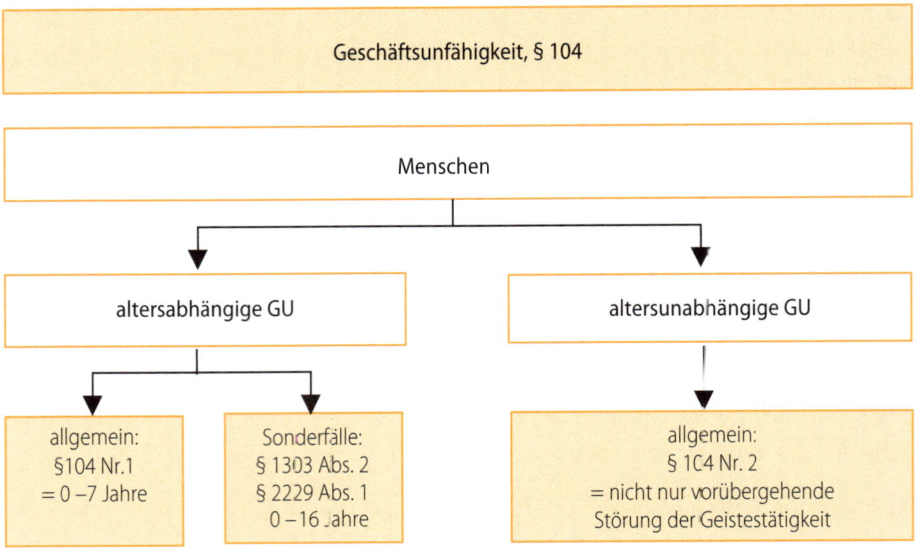


### a) Altersabhängige Geschäftsunfähigkeit

296 Geschäftsunfähig sind zum einen Kinder, die das **7. Lebensjahr nicht vollendet** haben, **§ 104 Nr. 1**. Man geht aufgrund der normalen geistigen Entwicklung des Menschen davon aus, dass Kleinkinder in diesem Alter typischerweise noch gar nicht in der Lage sind, vernünftig und sinnvoll am privatautonomen Rechtsverkehr teilzunehmen. Diese rein altersabhängige Geschäftsunfähigkeit endet gem. § 187 Abs. 2 S. 2 mit Beginn des Geburtstages (0 Uhr), an dem das Kind 7 Jahre alt wird. Auf die genaue Geburtsstunde kommt es also nicht an.[3]

### b) Altersunabhängige Geschäftsunfähigkeit

297 Geschäftsunfähig sind nach **§ 104 Nr. 2** ferner diejenigen, die sich in einem die freie Willensbestimmung ausschließenden Zustand krankhafter Störung der Geistestätigkeit befinden, sofern der Zustand **nicht nur vorübergehend** ist. Die Vorschrift meint Fälle der krankhaften Geistesstörungen, in denen der Betroffene nicht mehr in der Lage ist, seinen Willen frei zu bilden, d.h. seine Entscheidung von vernünftigen Erwägungen abhängig zu machen.[4]

**Hinweis**

In der Klausur wird Ihnen dieser Befund ausdrücklich mitgeteilt („… der unerkannt geisteskranke A …“).

298 Entscheidend sind allein die **tatsächlichen Verhältnisse** der Person und nicht etwa die Eintragung in ein Register oder die Durchführung eines (Entmündigungs-) Verfahrens. Es gibt insoweit auch **keinen „Gutglaubensschutz“** zugunsten von Personen, die die Geistesschwäche nicht erkennen. Die Interessen anderer Personen werden hier also zugunsten eines effektiven Schutzes der von Geistesschwäche betroffenen Person vollständig zurückgestellt.

3 Palandt-*Ellenberger* § 104 Rn. 2.
4 *BGH* NJW 1996, 918, 919 unter Ziff. II 2b; *Medicus* Allgemeiner Teil des BGB Rn. 542; Palandt-*Ellenberger* § 104 Rn. 5.

Die krankhafte Störung der Geistestätigkeit kann auch nur Teilbereiche des menschlichen Handelns betreffen und damit nur zur **teilweisen („partiellen") Geschäftsunfähigkeit** führen.[5] 299

**Beispiel**[6] Der Transsexuelle T führte über eine 0190-Sondernummer innerhalb von drei Monaten entgeltpflichtige Sexgespräche mit einer bestimmten Gesprächspartnerin für insgesamt ca. 50 000 €. Als die Betreiberin dieses „Telefonservices" (B-GmbH) von ihm die Zahlung des vertraglich geregelten Entgelts für seine Gespräche verlangt, wendet T ein, er sei aufgrund nicht ausgelebter Sexualität von seiner Telefonsexpartnerin sexuell und emotional derart abhängig gewesen, dass er nicht anders konnte, als diese Dame zu jeder freien Minute anzurufen. Im Hinblick auf den Abschluss dieser Telefondienstleistungsverträge wäre der T, die Richtigkeit seiner Behauptung unterstellt, nach § 104 Nr. 2 partiell geschäftsunfähig gewesen, so dass er sich insoweit nicht wirksam vertraglich verpflichten konnte. Ihm selbst konnte keine Willenserklärung der B zugehen, § 131 Abs. 1, er selbst konnte keine wirksame Willenserklärung abgeben § 105 Abs. 1.

Ein Zahlungsanspruch der B-GmbH aus §§ 812 Abs. 1 S. 1 Fall 1, 818 Abs. 2 scheidet mangels noch vorhandener Bereicherung gem. § 818 Abs. 3 aus. Eine verschärfte Haftung nach § 819 Abs. 1 kommt hier aufgrund der Schutzzwecke der §§ 104 ff. nicht in Betracht, weil sonst das Ergebnis der nach § 105 Abs. 1 ausgeschlossenen vertraglichen Haftung erreicht würde.[7] ■

Aus Verkehrsschutzgründen vorwiegend abgelehnt wird jedoch die Annahme einer **relativen Geschäftsunfähigkeit** für besonders schwierige Geschäfte ohne inhaltliche Eingrenzung auf einen bestimmten Lebensbereich.[7] Wegen der unklaren Abgrenzungskriterien würde eine solche Rechtsfigur zu einer nicht mehr vertretbaren Unsicherheit im Rechtsverkehr führen. Hier wird also dem Interesse anderer Personen an möglichst verlässlicher Klarheit über die Rechtsverhältnisse der Vorzug gegeben. 300

5 *BGH* Urt. v. 22. November 2007 (Az: III ZR 9/07) unter Ziff. 6 = NJW 2008, 840 ff. (Spielsucht als Fall der partiellen Geschäftsunfähigkeit); *Medicus* a.a.O.; Palandt-*Ellenberger* § 104 Rn. 6.

6 *BGH* Urt. v. 13. Juni 2002 (Az: III ZR 156/01) = NJW-RR 2002, 1424.

7 Palandt-*Ellenberger* § 104 Rn. 6.

### 2. Beschränkte Geschäftsfähigkeit

301 Die beschränkte Geschäftsfähigkeit ergibt sich im Allgemeinen[8] aus den §§ 2, 106 und § 1903.

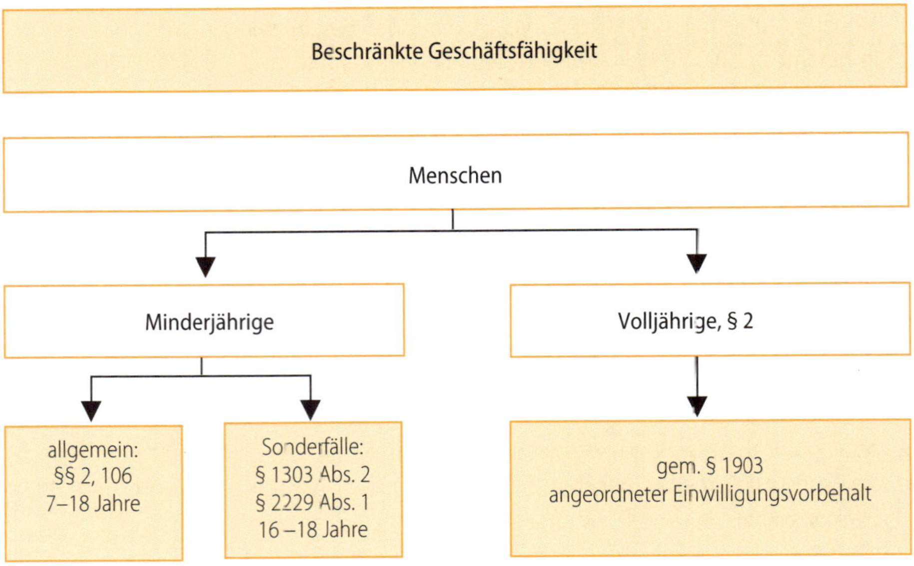


#### a) Minderjährige nach Vollendung des 7. Lebensjahres

302 Die wichtigste Gruppe der beschränkt Geschäftsfähigen stellen die **Minderjährigen** dar, die das **7. Lebensjahr vollendet** haben. Sie sind **bis zu ihrer Volljährigkeit beschränkt geschäftsfähig, §§ 2, 106**. Die Minderjährigkeit endet mit Eintritt der Volljährigkeit, also zu Beginn des 18. Geburtstages (0 Uhr), § 187 Abs. 2 S. 2.

#### b) Volljährige Personen unter Betreuungsvorbehalt, § 1903

303 Weiterhin werden Betreute, bei denen das Betreuungsgericht einen **Einwilligungsvorbehalt** angeordnet hat, wie beschränkt Geschäftsfähige behandelt, **§ 1903 Abs. 1 S. 2, Abs. 3 S. 1**. Wesentliches Merkmal der rechtlichen Ausgestaltung der Beschränkung ist die Bezugnahme auf die rechtlichen Folgen der §§ 108 ff. und § 131 Abs. 2 in § 1903 Abs. 1 S. 2.

## III. Die gesetzlichen Vertreter

304 Beschränkt Geschäftsfähige und Geschäftsunfähige werden im Rechtsleben durch bestimmte Personen vertreten. Auswahl und Berechtigung dieser Personen bestimmt sich nach den gesetzlichen Regelungen im Familienrecht.

8 Sonderregeln finden sich im Familien- und Erbrecht.

### 1. Vertretungsberechtigte Personen

#### a) Vertretung Minderjähriger

Wie sich aus § 1629 Abs. 1 S. 1 ergibt, ist derjenige zur Vertretung des Kindes berechtigt, dem die „elterliche Sorge" zusteht. Nach der gesetzlichen Regelungstechnik ist **die Vertretungsmacht also an das Sorgerecht geknüpft**. Dabei macht es keinen Unterschied, ob das Kind nach § 104 geschäftsunfähig oder nach §§ 2, 106 in seiner Geschäftsfähigkeit beschränkt ist. **305**

#### aa) Eltern

Gesetzliche Vertreter eines Minderjährigen sind nach §§ 1626 Abs. 1, 1629 Abs. 1 **beide Eltern gemeinschaftlich**, wenn sie bei **Geburt des Kindes verheiratet** waren. **306**

Eine **allgemeine Ausnahme** vom Grundsatz gemeinschaftlicher Vertretung macht § 1629 Abs. 1 S. 4, der bei **Gefahr im Verzug** jedem Elternteil die alleinige Vertretungsmacht für die notwendigen Abwehrmaßnahmen zuweist. Außerdem ist jeder Elternteil nach § 1629 Abs. 1 S. 2 allein **zur passiven Stellvertretung beim Zugang** (§ 164 Abs. 3) befugt.

Sind die Eltern bei der Geburt **nicht verheiratet gewesen**, kann ein gemeinsames Sorgerecht und damit gemeinschaftliche Vertretungsmacht nach Maßgabe der §§ 1626a Abs. 1, Abs. 2, 1626b ff. entstehen. Dies ist der Fall, wenn beide eine **„Sorgeerklärung"** i.S.d. §§ 1626a Abs. 1 Nr. 1, 1626b ff. abgeben, **einander heiraten** (§ 1626a Abs. 1 Nr. 2) oder ihnen das **Familiengericht auf Antrag eines Elternteils die elterliche Sorge gemeinsam überträgt** (§ 1626a Abs. 1 Nr. 3, Abs. 2). **307**

**Im Übrigen** steht bei unverheirateten Eltern das Sorgerecht **allein der Mutter** nach § 1626a Abs. 3 das alleinige Sorgerecht und damit die gesetzliche Vertretungsmacht zu.

**Trennen sich die Eltern später**, ändert dies an dem Grundsatz gemeinschaftlicher Vertretung in der Regel nichts. Allerdings gelten nach § 1687 Abs. 1 besondere Alleinvertretungsbefugnisse **in alltäglichen Angelegenheiten** zugunsten des Elternteils, bei dem sich das Kind mit Zustimmung des anderen Elternteils oder auf Anordnung des Familiengerichts gewöhnlich aufhält. **308**

Das **Familiengericht** kann **auf Antrag eines Elternteils** nach §§ 1671 ff. das Sorgerecht und damit die Vertretungsmacht ganz, bei Meinungsverschiedenheiten in bestimmten Angelegenheiten in Bezug auf diese Angelegenheiten (§ 1628) **auf einen Elternteil übertragen**. **309**

**Bei tatsächlicher Verhinderung** (Auslandsaufenthalt) oder **Tod eines Elternteils** erwirbt der andere Elternteil das alleinige Sorgerecht und damit die Vertretungsbefugnis, §§ 1678 Abs. 1, 1680 Abs. 1. **310**

Bei **Gefährdung des Kindeswohls** kann das Familiengericht das Sorgerecht auch einem oder beiden Elternteilen entziehen, §§ 1666, 1666a Abs. 2. Bei **Interessenkollisionen** kann das Familiengericht den Entzug auch auf die Vertretungsmacht beschränken, §§ 1629 Abs. 2 S. 3, 1796. **311**

#### bb) Vormund

Steht ein Minderjähriger **nicht unter elterlicher Sorge**, erhält er einen Vormund, §§ 1773, 1793 Abs. 1 S. 1. Dies ist der Fall, wenn beide Eltern verstorben sind oder beiden Eltern das Sorgerecht entzogen wurde. **312**

#### cc) Ergänzungspfleger

313 Sind die Eltern bzw. der Vormund **an der Vertretung gehindert**, wird der Minderjährige durch einen sog. „Ergänzungspfleger" vertreten, §§ 1909 Abs. 1 S. 1, 1915 Abs. 1 S. 1, 1793 Abs. 1 S. 1.

#### b) Vertretung volljähriger, nicht voll geschäftsfähiger Personen

314 Für einen geschäftsunfähigen oder einen unter Einwilligungsvorbehalt gestellten Volljährigen sind nach dem Gesetz nicht mehr die Eltern „automatisch" zuständig. Vielmehr handelt hier ein **Betreuer** gemäß §§ 1896, 1902 als gesetzlicher Vertreter.

### 2. Ausübung gemeinschaftlicher Vertretungsmacht der Eltern

315 Sicher werden Sie sich fragen, wie eine „gemeinschaftliche Vertretung" der Eltern im Alltag eigentlich vonstatten gehen soll. Müssen beide Eltern stets gemeinsam und gleichzeitig auftreten, gemeinsam jede Erklärung unterschreiben, nacheinander spechen, um Erklärungen als „gemeinschaftliche" Vertreter abzugeben?

War das bei Ihren Eltern etwa so? Wahrscheinlich nicht!

316 Eine erste Erleichterung sieht § 1629 Abs. 1 S. 2 Hs. 2 **für die passive Stellvertretung** vor. Hier genügt die Abgabe gegenüber einem Elternteil, um Zugang beim Minderjährigen gem. § 164 Abs. 3 bewirken zu können.[9]

317 Im Übrigen bedeutet eine gemeinschaftliche Vertretung bei der Abgabe von Erklärungen als Vertreter (aktive Vertretung) **nicht, dass die Erklärungen gemeinsam und gleichzeitig abgegeben werden müssten.**[10] Gemeinschaftliche Stellvertretung bedeutet (nur), dass die Willenserklärungen der (Gesamt-) Vertreter gleichgerichtet sein müssen (beide sagen „ja" oder „nein") und dass das Rechtsgeschäft eines (Gesamt-) Vertreters erst wirksam wird, wenn auch die gleichgerichtete Erklärung des anderen Vertreters vorliegt.[10] Die Erklärungen können also auch zeitlich versetzt abgegeben werden.

318 Damit aber nicht genug. Die Eltern können sich wechselseitig zur **alleinigen Vertretung bei bestimmten Geschäften oder bestimmter Arten von Geschäften ermächtigen**. Wir sprechen nicht von *„Einwilligung"* oder *„Bevollmächtigung"*, sondern von *„Ermächtigung"* und bringen damit zum Ausdruck, dass der Gesamtvertreter eine gesteigerte Vertretungsmacht für den Vertretenen erlangt. Der ermächtigte Elternteil **kann im Rahmen der Ermächtigung den Minderjährigen allein vertreten**. Er handelt also nicht etwa als Vertreter des Minderjährigen und zugleich als (Unter)Vertreter der anderen Elternteils!

Als Vorbild dient die Regelung des § 125 Abs. 2 S. 2 HGB. Eine entsprechende Regelung taucht zwar in § 1629 nicht auf. Jedoch findet die Regel auch auf die Gesamtvertretung der Eltern als Ausdruck eines **allgemeinen Rechtsgedankens sinngemäße Anwendung**.[11]

---

9 Gleiche Regelungen finden Sie übrigens in § 26 Abs. 2 S. 2 BGB, § 125 Abs. 2 S. 3 HGB, § 35 Abs. 2 S. 2 und 3 GmbHG, § 78 Abs. 2 S. 2 AktG – es handelt sich um einen verallgemeinerungsfähigen Rechtsgedanken zum Schutz des Rechtsverkehrs.

10 *Faust* BGB AT § 28 Rn. 7.

11 Palandt-*Ellenberger* § 167 Rn. 13; *Faust* BGB AT § 18 Rn. 8 und § 28 Rn. 7.

Die Orientierung an § 125 Abs. 2 S. 2 HGB bedeutet weiter, dass die Ermächtigung nicht pauschal, sondern nur für bestimmte Geschäfte oder bestimmte Arten von Geschäften erfolgen kann. 319

**Beispiel** Mit einem simplen „Kümmere Du Dich bitte um alles, Schatz!" kann sich ein Elternteil seiner Aufgaben als Gesamtvertreter also nicht entledigen. Dies widerspräche auch § 1626 Abs. 1 S. 1, wonach die Vertretung als Teil der elterlichen Sorge nicht nur Recht, sondern auch gesetzliche Pflicht ist. ■

Anerkannt ist außerdem, dass auf die „Ermächtigung" die Regelungen **in §§ 182 ff. analoge Anwendung** finden, wobei die „Ermächtigung" wie die „Einwilligung" die **im Voraus erteilte Zustimmung** darstellt.[12] Ein Elternteil kann die „Ermächtigung" daher analog §§ 182, 184 im Voraus gegenüber dem Vertragspartner oder dem Gesamtvertreter erklären. Auch eine **nachträgliche Genehmigung mit Ermächtigungswirkung** analog §§ 182, 184 durch formlose Erklärung gegenüber dem Vertragspartner oder dem Gesamtvertreter ist zulässig. 320

**Beispiel 1** M sagt zu seiner Frau F: „Ich will heute unseren Tobias beim Tennisclub anmelden. Was hältst Du davon?" F entgegnet: „Super, mach das!" M kann nun alleine im Namen seines Sohnes Tobias den Vertrag über eine zumindest vor dem 19. Geburtstag des T kündbare[13] Mitgliedschaft im Tennisverein abschließen. Entscheidet sich F noch anders, kann sie ihre Ermächtigung analog § 183 S. 2 vor Vertragsschluss durch Erklärung gegenüber dem Verein oder dem M widerrufen. M verliert dann seine alleinige Vertretungsmacht wieder. ■

**Beispiel 2** M schließt ohne Ermächtigung der F im Namen seines Sohnes den Vertrag über die Mitgliedschaft im Tennisverein. Später kommt er zu F und sagt: „Ich habe Tobias heute beim Tennisclub angemeldet!" Wenn F wieder sagt: „Super!", ist Tobias Vereinsmitglied geworden. Sagt F hingegen „Spinnst Du? Tobias soll in den Fußballverein!" liegt keine Genehmigung analog § 184 vor, so dass M zwar als Vertreter seines Sohnes, aber ohne Vertretungsmacht gehandelt hat. Der Vertrag mit dem Tennisverein ist nach § 177 Abs. 1 unwirksam – Tobias ist nicht Mitglied geworden. ■

Können sich die Eltern nicht einigen, entsteht für alle Beteiligten eine missliche Situation. 321
Wenn es in Angelegenheiten von **erheblicher Bedeutung** hart auf hart kommt (vgl. § 1627 S. 2), kann das Familiengericht die Entscheidungsbefugnis auf einen Elternteil übertragen, § 1628.

## 3. Beschränkungen der Vertretungsmacht

Zu beachten ist, dass die gesetzlichen Vertreter in bestimmten Fällen **von der Vertretung ganz ausgeschlossen sind** bzw. der **Genehmigung des Familiengerichts** bedürfen. Diese grundsätzlichen Vertretungsverbote bzw. Genehmigungserfordernisse gelten nicht nur bei der Vertretung Geschäftsunfähiger, sondern auch bei der Vertretung beschränkt Geschäftsfähiger. Es handelt sich zumeist um besonders einschneidende Rechtsgeschäfte, die einem möglichen Missbrauch der Vertretungsbefugnis entzogen werden sollen. Hier soll ein objektiver Dritter für eine angemessene Beurteilung sorgen. 322

12 Palandt-*Ellenberger* § 167 Rn 13; *Faust* BGB AT § 18 Rn. 8 und § 28 Rn. 7.
13 Achtung: §§ 1643 Abs. 1, 1822 Nr. 5 BGB!

### a) Vertretungsverbote

323 Insichgeschäft nach § 181: Eine allgemeine Beschränkung der Vertretungsmacht folgt zunächst aus dem **allgemeinen Verbot des Insichgeschäfts in § 181** (siehe dazu im Band „BGB AT II" unter Rn. 70 ff.).

324 Für den Vormund folgt aus **§ 1795 Abs. 1**, dass in weiteren Fällen einer Interessenkollision eine Vertretung ganz ausgeschlossen sein soll. Für die Eltern gilt dies über § 1629 Abs. 2, für den Betreuer nach § 1908i Abs. 1.

Der Vertretene erhält in all diesen Fällen als gesetzlichen Vertreter einen **„Ergänzungspfleger"** nach § 1909.

### b) Genehmigungsvorbehalte

325 Wichtig ist ferner die Genehmigungsbedürftigkeit einiger Rechtsgeschäfte. Die Eltern bedürfen in den in §§ 1641 ff. genannten Fällen, der Vormund gem. §§ 1819 ff. und der Betreuer in den nach § 1908i Abs. 1 in Bezug genommenen Fällen der Genehmigung des Familiengerichts.

## B. Wirkungen der Geschäftsunfähigkeit

326 Wie wir bereits im 3. Teil gesehen haben, wirkt sich die Geschäftsunfähigkeit **bereits auf der Ebene der Willenserklärung aus. Der Gesetzgeber verhindert dadurch, dass ein Rechtsgeschäft mit Beteiligung eines Geschäftsunfähigen zustande kommen kann, wenn dessen gesetzlichen Vertreter nicht mitwirken.**[14] Die jeweils einschlägige Norm richtet sich danach, ob der Geschäftsunfähigen die Erklärung selber abgegeben hat oder Adressat einer Erklärung ist. Gehen wir die Tatbestände noch einmal in der gebotenen Kürze durch:

### I. Geschäftsunfähigkeit des Erklärenden (§ 105 Abs. 1)

327 Die von einem geschäftsunfähigen Menschen abgegebene eigene Willenserklärung ist nach **§ 105 Abs. 1 unheilbar nichtig**.

Der Geschäftsunfähige kann somit auch **nicht als aktiver Stellvertreter i.S.d. § 164 Abs. 1** auftreten, da der Stellvertreter zwar im fremden Namen handelt, aber eine eigene Willenserklärung abgibt. Der Geschäftsunfähige kann hingegen grundsätzlich als **Erklärungsbote** fungieren, da er als Bote ja keine eigene Willenserklärung abgibt, sondern nur eine fremde Willenserklärung übermittelt.[15]

328 § 105 Abs. 1 gilt analog für die Vornahme **rechtsgeschäftsähnlicher Handlungen**[16] oder für **Schweigen mit Zustimmungswirkung.**[17]

14 Siehe dazu oben unter Rn. 176 ff. und 212 ff.
15 Siehe dazu oben unter Rn. 165 ff.
16 Siehe oben unter Rn. 72.
17 Siehe oben unter Rn. 208 f.

**Beispiel** Schweigen auf kaufmännisches Bestätigungsschreiben, Schweigen auf befristetes Schenkungsangebot (§ 516 Abs. 1 S. 2), Erbschaftsannahme durch Verstreichen der Ausschlagungsfrist (§ 1943 Hs. 2). ■

**Maßgeblicher Zeitpunkt ist die Abgabe der Erklärung**. Denn nach § 130 Abs. 2 hat es auf die Wirksamkeit einer Willenserklärung keinen Einfluss, wenn der Erklärende erst nach ihrer Abgabe geschäftsunfähig wird.[18]

Bei **Schweigen mit Zustimmungswirkung** ist der **Zeitpunkt maßgeblich, an dem die Zustimmungswirkung eintritt**.

Für den Vertragsschluss wird § 130 Abs. 2 durch § 153 ergänzt. Das Angebot zum Vertrags- **329**
schluss wird durch eine nach Abgabe eintretende Geschäftsunfähigkeit nicht unwirksam, wenn nicht die Auslegung des Angebots einen anderen Willen ergibt (siehe dazu oben unter Rn. 275).

## II. Geschäftsunfähigkeit des Erklärungsempfängers (§ 131 Abs. 1)

Beim Zugang einer empfangsbedürftigen Willenserklärung bei einem geschäftsunfähigen **330**
Adressaten ordnet § 131 Abs. 1 keine Nichtigkeit an, sondern **knüpft die Wirksamkeit an den Zugang bei dem gesetzlichen Vertreter** (siehe dazu bereits ausführlich oben unter Rn. 176 ff.). Dem Geschäftsunfähigen selber können also keine Willenserklärungen wirksam zugehen, gleich ob sie für ihn vorteilhaft sind oder nicht.

Die Vorschrift gilt analog für den Zugang geschäftsähnlicher Handlungen.

Der Geschäftsunfähige kann wegen § 131 Abs. 1 **kein Empfangsvertreter** sein (§ 164 Abs. 3), **331**
da ihm empfangsbedürftige Erklärungen nicht wirksam zugehen können. Er kann hingegen als Empfangsbote fungieren, wenn er zumindest über die dafür erforderliche Eignung verfügt. Dies hängt von der Verkehrsanschauung und der Frage ab, ob die Willenserklärung verkörpert ist oder nicht (siehe Rn. 165 ff.). Ist der Geschäftsunfähige zur Weiterleistung objektiv ungeeignet, kann er nur als Erklärungsbote angesehen werden.

Bei der Frage, zu welchem Zeitpunkt die Voraussetzungen für die Geschäftsunfähigkeit **332**
vorliegen müssen, kommt es nach Sinn und Zweck des § 131 Abs. 1 auf die Verhältnisse zum **Zeitpunkt des Zugangs beim Empfänger** an. Erst jetzt kann die Willenserklärung nach allgemeinen Regeln wirksam werden. Der Schutzmechanismus des § 131 Abs. 1 muss deshalb in diesem Moment des Zugangs greifen.

## III. Sonderfall des § 105a

Wegen der Nichtigkeitsfolge des § 105 Abs. 1 kann ein Geschäftsunfähiger keine wirksame **333**
Willenserklärung abgeben. Dadurch wird bereits das Zustandekommen von Verträgen mit einem Geschäftsunfähigen verhindert. Daran ändert die Regelung des § 105a nichts. Um aber geistig Behinderten eine angemessene Teilhabe am privatautonomen Rechtsverkehr zu

18 Dieser Fall ist natürlich nur bei der Geschäftsunfähigkeit volljähriger Personen wegen Geistesstörung nach § 104 Nr. 2 denkbar.

ermöglichen, gilt ein von einem volljährigen Geschäftsunfähigen geschlossener Vertrag in Ansehung der vereinbarten Leistungen als wirksam, wenn er ein Geschäft des täglichen Lebens zum Inhalt hat und die geschuldeten Leistungen bewirkt sind.

### 1. Tatbestandsvoraussetzungen

#### a) Vertragsschluss eines volljährigen Geschäftsunfähigen

334 Die Vorschrift gilt nur für volljährige Geschäftsunfähige gem. §§ 2, 104 Nr. 2. Diese müssen einen im Übrigen wirksamen Vertrag geschlossen haben. Da kein Grund ersichtlich ist, die Parteien stärker als bei bestehender Geschäftsfähigkeit zu binden, finden bis auf § 105 Abs. 1 alle sonstigen Regeln über Willenserklärungen und den Vertragsschluss Anwendung.

#### b) Geschäft des täglichen Lebens

335 Erfasst werden einseitig verpflichtende (z.B. Auftrag, Schenkung) und wechselseitig verpflichtende Verträge (z.B. Kaufvertrag), die nach der Verkehrsauffassung zu den alltäglichen Geschäften gezählt werden. Erforderlich ist weder, dass das Geschäft existenznotwendig ist, noch, dass es jeden Tag vorgenommen werden muss.[19]

**Beispiel** Erwerb von Gegenständen des täglichen Bedarfs wie Lebensmittel, Zahnpasta, Inanspruchnahme alltäglicher Dienstleistungen wie Personenbeförderung in öffentlichen Verkehrsmitteln des Personennahverkehrs, Haarschnitt beim Friseur. ■

**Hinweis**

Verträge, die im Rahmen besonderer Vertriebsformen geschlossen werden (Verträge i.S.d. § 312b oder Fernabsatzverträge i.S.d. § 312c) sollen nach einer Ansicht wegen der Überrumpelungsgefahr ungeachtet ihres Gegenstandes nicht unter § 105a fallen.[20] Da sich dies aus dem Wortlaut des § 105a nicht ergibt, ist es aber selbstverständlich auch vertretbar, solche Verträge nicht von vorneherein aus dem Anwendungsbereich des § 105a auszuklammern.[21]

#### c) Geringwertige Mittel

336 Das Geschäft muss **mit geringwertigen Mitteln bewirkt** werden können. Dabei ist nicht auf die wirtschaftlichen Verhältnisse des Geschäftsunfähigen, sondern auf das durchschnittliche Preis- und Einkommensniveau abzustellen.[22]

**Hinweis**

Als Faustregel empfiehlt es sich, entsprechend § 312 Abs. 2 Nr. 12 die Grenze bei 40 € zu ziehen.

---

19 BT-Drucks. 14/9266, 43; Palandt-*Ellenberger* § 105a Rn. 3.

20 Palandt-*Ellenberger* § 105a Rn. 3 a.E.

21 So wohl *Casper* NJW 2002, 3427 ff.

22 BT-Drs. 14/9266, 43; Palandt-*Ellenberger* § 105a Rn. 4.

Die Geringwertigkeit bezieht sich nach dem Willen des Gesetzgebers und der h.M. auf den Vertragsschluss insgesamt und nicht auf die einzelnen Positionen bei einer Gesamtleistung.[23] 337

**Beispiel** Kauft ein volljähriger Geschäftsunfähiger verschiedene Lebensmittel mit einem Einzelpreis bis 10 € für insgesamt 80 € ein, entscheidet also der Gesamtkaufpreis und nicht die jeweiligen Einzelpreise, ob ein Geschäft i.S.d. § 105a vorliegt. Eine abweichende Auffassung ist weder mit dem Wortlaut noch mit dem Zweck des § 105a vereinbar. ■

### d) Bewirken von Leistung und ggf. vereinbarter Gegenleistung

Der Begriff des „Bewirkens" bedeutet wie bei § 362 Abs. 1 die „Herbeiführung des Leistungserfolges".[24] Gemeint ist also, dass die durch den Vertrag begründeten Leistungspflichten erfüllt worden sein müssen. Nun hat der Gesetzgeber aber deshalb nicht von „Erfüllung" gesprochen, weil ein Geschäftsunfähiger gar nicht erfüllen kann. Er ist wegen § 105 Abs. 1 an der wirksamen Vornahme des jeweiligen Erfüllungsgeschäfts gehindert. 338

**Beispiel** Der volljährige Geschäftsunfähige K kauft von V eine CD für 19,90 €. Seine Zahlungspflicht gem. § 433 Abs. 2 kann K nicht erfüllen, da er dem Verkäufer V das Eigentum am Bargeld gem. § 929 nicht wirksam übertragen kann. Seine Einigungserklärung i.S.d. § 929 ist schließlich nach § 105 Abs. 1 nichtig, die Erklärung des V kann ihm gegenüber nicht wirksam erklärt werden, § 131 Abs. 1. Umgekehrt kann K wegen §§ 105 Abs. 1, 131 Abs. 1 auch kein Eigentum an der CD erwerben, so dass V seinerseits ebenfalls nicht erfüllen kann. ■

„Bewirken der Leistung" meint deshalb die **Vornahme des jeweiligen Erfüllungsgeschäftes** in der Weise, dass es bei Geschäftsfähigkeit der Person wirksam wäre.[25] Ansonsten würde § 105a leer laufen und wäre sinnlos.

### e) Ausnahmetatbestand (§ 105a S. 2)

Eine Ausnahme von der Wirkung des § 105a S. 1 gilt nach § 105a S. 2, wenn mit dem Geschäft „eine erhebliche Gefahr für die Person oder das Vermögen des Geschäftsunfähigen verbunden ist. Gefahren für die Person entstehen beispielsweise beim Verkauf von Alkohol an einen alkoholkranken Geschäftsunfähigen. Gefahren für das Vermögen können trotz der notwendigen Geringwertigkeit der Mittel entstehen, wenn der Geschäftsunfähige denselben Gegenstand mehrmals hintereinander erwirbt. 339

**Beispiel** Der volljährige Geschäftsunfähige K kauft vom Discounter V, Filiale A-Straße, ein Paar Turnschuhe aus einer Sonderaktion für 29 €. Nun kauft er in vier benachbarten Filialen jeweils dasselbe Modell noch einmal. Spätestens nach dem zweiten Kauf („Ersatzschuhe") sind die Folgegeschäfte für den K sinnlos, da er bei vernünftiger Betrachtung nicht mehrere Ersatzturnschuhe benötigt. Ab dem zweiten Kauf wirft er deshalb sein Geld unnötig zum Fenster hinaus, so dass eine Gefährdung seines Vermögens nun zu bejahen ist. Spätestens der dritte Kaufvertrag kann nicht mehr nach § 105a als wirksam angesehen werden. ■

---

23 BT-Drs. 14/9266, 43; MüKo-*Schmitt* § 105a Rn. 7; a.A. Palandt-*Ellenberger* a.a.O.
24 *Ulrici* JURA 2003, 520 ff.
25 BT-Drs. 14/9266, 43; Palandt-*Ellenberger* § 105a Rn. 6.

Wie immer bei der Geschäftsfähigkeit wird das Vertrauen des Geschäftspartners nicht geschützt. Im Falle des § 105a S. 2 bleibt es ohne Rücksicht auf die Gutgläubigkeit des Geschäftspartners bei der Nichtigkeitsfolge aus § 105 Abs. 1.

## 2. Rechtsfolgen

### a) Grundsatz

340 Liegen die vorgenannten Voraussetzungen des § 105a vor, sind die Willenserklärungen des Geschäftsunfähigen zwar unverändert nichtig (§ 105 Abs. 1). Nach § 105a S. 1 „gilt" der Vertrag „in Ansehung von Leistung und, soweit vereinbart, Gegenleistung als wirksam". Die Wirksamkeit des Vertrages wird im Hinblick auf die vereinbarten Leistungspflichten also *fingiert*. Dies gilt nicht nur für das Verpflichtungs-, sondern auch für die zum Zwecke der Erfüllung vorgenommenen Verfügungsgeschäfte.[26] Aus dem Wortlaut des § 105a S. 1 folgt weiter, dass durch den Vertrag keine sonstigen Nebenleistungs- oder Rücksichtnahmepflichten begründet werden können. Die Wirksamkeit bezieht sich nur („in Ansehung") auf die bewirkten Hauptleistungen.

### b) Sonderfall: Mangelhafte Leistung

341 Umstritten ist die Antwort auf die Frage, was anzunehmen ist, wenn eine Leistung mit Mängeln behaftet ist. Zur Lösung der Rechtsfolgen eines solchen Falles kommen zwei Ansätze in Betracht, die anhand eines Beispiels dargestellt werden sollen:

**Beispiel** Der volljährige Geschäftsunfähige K kauft von V für 20 € einen Fön. Nach Barzahlung nimmt K den Fön mit. Anschließend stellt sich heraus, dass das Gerät aufgrund eines Produktionsfehlers überhaupt nicht funktioniert. Dummerweise fällt dem K der Fön auf den Steinfußboden seiner Küche und bricht entzwei.

K verlangt von V wegen des ursprünglichen Defekts einen neuen Fön. V lehnt dies wegen der zwischenzeitlichen Zerstörung des alten Gerätes ab. Als K nun äußert, er wolle angesichts der Weigerung des V sein Geld wiederhaben, erwidert V dreist, K könne einen Rücktritt vom Kaufvertrag ja gar nicht wirksam erklären. Er solle doch mal seinen Betreuer schicken.

Welche Ansprüche stehen K gegen V zu?

1. Ein Anspruch des K aus § 346 Abs. 1 i.V.m. §§ 437 Nr. 2, 434 Abs. 1 S. 2 Nr. 2, 323 erfordert zunächst einen Kaufvertrag zwischen K und V. Ein solcher konnte im Hinblick auf die Geschäftsunfähigkeit des K nicht wirksam geschlossen werden, da K gem. § 105 Abs. 1 keine wirksame Willenserklärung abgeben kann und bei Vertragsschluss nicht durch einen gesetzlich vorgesehenen Vertreter vertreten wurde. Auf eine Gutgläubigkeit seitens V kommt es in diesem Zusammenhang nicht an.

Möglicherweise ist der Kaufvertrag aber nach § 105a S. 1 in Ansehung der gem. § 433 vereinbarten Leistungspflichten als wirksam zu betrachten. Dies setzt unter anderem voraus, dass diese Leistungen „bewirkt" worden sind. Daran könnte man bereits deshalb zweifeln, weil sich der Fön bei Übergabe nicht für den gewöhnlichen Gebrauch eignete und deshalb zumindest nach §§ 434 Abs. 1 S. 2 Nr. 2, 446 mangelhaft war.

26 Palandt-*Ellenberger* § 105a Rn. 6 m.w.N.

Da der Kaufvertrag den Verkäufer V gem. § 433 Abs. 1 S. 2 zur mangelfreien Leistung verpflichtete, könnte man vertreten, dass die Leistung des V durch die Hingabe eines mangelhaften Föns noch nicht „bewirkt" wurde i.S.d. § 105a S. 1 und der Vertrag deshalb nicht als wirksam geschlossen betrachtet werden kann.[27]

Andererseits ist es denkbar, die Folgen der Schlechtleistung über die im Schuldrecht vorgesehenen Gewährleistungsregeln zu regeln und die Wirksamkeitsfiktion des § 105a S. 1 nicht an der Schlechtleistung scheitern zu lassen.[28]

Dem ersten Lösungsansatz ist zu folgen, da die Rechtsstellung des Geschäftsunfähigen sonst entgegen dem Zweck des § 105a verschlechtert würde. Der Geschäftsunfähige kann seine Gestaltungsrechte wie Rücktritt oder Minderung wegen § 105 Abs. 1 nicht selbst ausüben. Auch die zur Vorbereitung seiner Sekundärrechte erforderlichen Fristsetzungen gem. §§ 281, 323 kann er analog § 105 Abs. 1[29] selbst nicht erklären. Trotz Schlechtleistung könnte der Verkäufer bei Anwendung des § 105a den Kaufpreis zunächst in voller Höhe behalten und wäre erst dann zur Rückerstattung und/oder Schadensersatz verpflichtet, wenn sich der Betreuer des Geschäftsunfähigen einschaltet und die notwendigen Erklärungen abgibt. Die Wirksamkeitsfiktion steht bei der Schlechtleistung auch nicht im Einklang mit dem Gedanken des § 105a S. 2, da das Vermögen des Geschäftsunfähigen beim Erhalt einer mangelhaften Leistung gefährdet wird.

Der Kaufvertrag kann deshalb im Falle einer Schlechtleistung nicht als wirksam betrachtet werden.

2. Wegen der Nichtigkeit des Kaufvertrages steht dem K vielmehr ein Anspruch auf Rückzahlung des Kaufpreises aus § 812 Abs. 1 S. 1 Fall 1 zu. Der Anspruch wird im Hinblick auf einen Gegenanspruch des V nicht nach den Grundsätzen der Saldotheorie gemindert, da diese bei nicht voll Geschäftsfähigen keine Anwendung findet.[30] V kann seinerseits über § 812 Abs. 1 S. 1 Fall 1 lediglich den zerstörten Fön herausverlangen. Einen Wertersatz nach § 818 Abs. 2 muss K nicht leisten, da er insoweit nicht mehr bereichert ist, § 818 Abs. 3. Eine verschärfte Haftung des K nach § 819 kommt wegen dessen Geschäftsunfähigkeit hier nicht in Betracht. ■

### JURIQ-Klausurtipp

Die Wirkung des § 105a stellt sich nie bei der Prüfung von vertraglichen Primäransprüchen. Sind diese noch nicht bewirkt worden, ist der Tatbestand des § 105a ja noch nicht erfüllt.

§ 105a kommt deshalb erst dann ins Spiel, wenn es um die **Prüfung von Sekundäransprüchen** wegen Schlechtleistung oder um die Prüfung von Ansprüchen aus ungerechtfertigter Bereicherung aus § 812 Abs. 1 S. 1 Var. 1 geht.

27 So *Ulrici* JURA 2003, 520 ff.

28 So Palandt-*Ellenberger* § 105a Rn. 6; MüKo-*Schmitt* § 105a Rn. 20 ff.

29 Bei den Fristsetzungen handelt es sich um geschäftsähnliche Handlungen. Deswegen gilt § 105 nur analog, vgl. Rn. 72 f.

30 *BGH* NJW 1994, 2021, 2022 unter Ziff. II 2.

# C. Verträge mit beschränkt Geschäftsfähigen (§§ 107, 108)

342 **Vertrag mit beschränkt Geschäftsfähigen (§§ 107, 108)**

**A. Vertragsschluss mit beschränkt Geschäftsfähigen: Prüfung nach allgemeinen Regeln**

(P) Verhältnis von § 131 Abs. 2 zu § 108 Abs. 1 Rn. 190 f.

**B. Wirksamkeit des Vertrages nach §§ 107, 108**

I. Anwendbarkeit der §§ 106 ff.
(= keine verdrängende Sonderregeln, insbesondere §§ 1303 ff. )

II. Beschränkte Geschäftsfähigkeit eines Vertragspartners
1. Minderjährigkeit nach §§ 2, 106
2. Volljähriger unter Einwilligungsvorbehalt, §§ 2, 1903

III. Einwilligungsvorbehalt nach § 107 bzw. § 1903 Abs. 3 S. 1?
(P) Berücksichtigung unmittelbarer Nachteile aus Gesetz Rn. 348 ff.
(P) Berücksichtigung rechtlicher, aber wirtschaftlich unbedeutender Nachteile Rn. 350 ff.
(P) Neutrale Verfügungen als Nichtberechtigter Rn. 356

IV. Einwilligung des gesetzlichen Vertreters (falls nach Ziff. III erforderlich)
1. Abgabe und Zugang einer Einwilligungserklärung gem. §§ 182, 183
2. Auslegung gem. §§ 133, 157 aus Sicht des jeweiligen Empfängers
(P) Sonderfall des § 110 Rn. 370 ff.
3. Gesetzliche Vertretungsmacht des Erklärenden
(P) Beschränkungen der Vertretungsmacht bei Verfügungsgeschäften Rn. 357 f.
4. Sondertatbestände der §§ 112, 113
5. (kein) Widerruf vor Abschluss des Vertrages, § 183 S. 2
(P) „Innenwiderruf" einer „Außeneinwilligung" Rn. 362 ff.

V. Genehmigung des gesetzlichen Vertreters (falls nach Ziff. IV noch erforderlich)
1. Abgabe und Zugang einer Genehmigungserklärung gem. §§ 182, 184
2. Auslegung gem. §§ 133, 157 aus Sicht des jeweiligen Empfängers
3. Gesetzliche Vertretungsmacht des Erklärenden
(erneut das Problem: Beschränkungen der Vertretungsmacht bei Verfügungsgeschäften)
4. Keine Unwirksamkeit der Genehmigung wegen Aufforderung des Vertragspartners, § 108 Abs. 2 S. 1 Hs. 2
5. Sonderfall des § 108 Abs. 3
6. Keine Unwirksamkeit der Genehmigung wegen vorher wirksam gewordenen Widerrufs des Vertragspartners gem. § 109
a) Wirksame Widerrufserklärung
b) Widerrufsbefugnis, § 109 Abs. 2

VI. Verweigerung der Genehmigung
1. Wirksame Ablehnungserklärung nach allgemeinen Regeln
2. Keine Unwirksamkeit der Ablehnung wegen Aufforderung des Vertragspartners, § 108 Abs. 2 S. 1 Hs. 2
3. Fiktive Verweigerung nach § 108 Abs. 2 S. 2

**C. Weitere Prüfung sonstiger Wirksamkeitserfordernisse und -hindernisse**

PRÜFUNGSSCHEMA

## I. Wirkung der §§ 107, 108

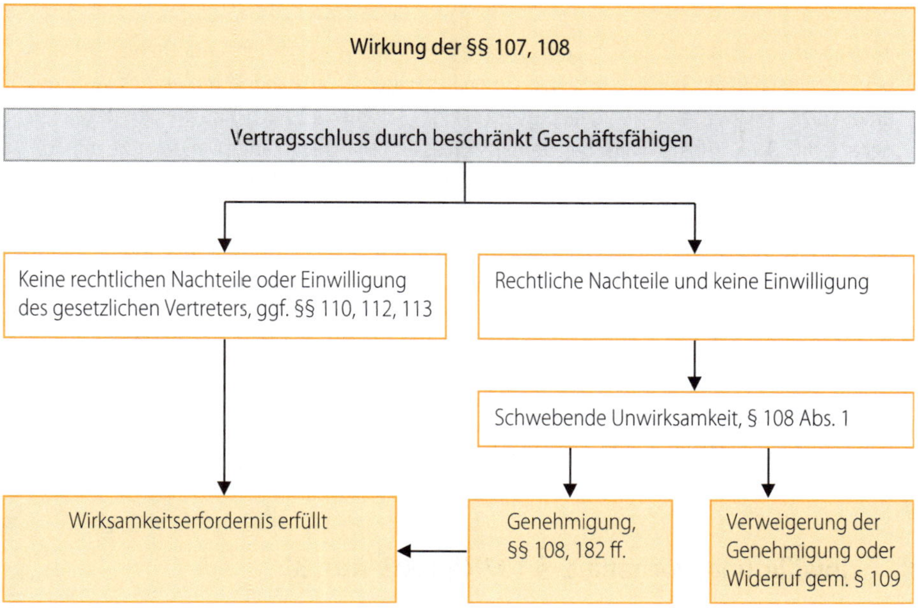 343


Schließt ein beschränkt Geschäftsfähiger einen Vertrag **ohne die erforderliche Einwilligung seines gesetzlichen Vertreters**, so hängt **die Wirksamkeit des Vertrages (nicht sein Zustandekommen!)** nach § 108 Abs. 1 (ggf. i.V.m. § 1903 Abs. 1 S. 2) von der Genehmigung seines gesetzlichen Vertreters ab.

Bezugspunkt der Prüfung ist also der Vertrag und nicht etwa die Annahme oder das Ange- 344
bot des beschränkt Geschäftsfähigen. § 108 Abs. 1 ist zu entnehmen, dass der am Vertragsschluss auf einer Seite beteiligte beschränkt Geschäftsfähige mit seinem Handeln „den Vertrag" als Rechtsgeschäft allein zustande bringen kann. § 131 Abs. 2 wird bei Vertragsschlüssen daher durch die §§ 108, 109 verdrängt.[31] Indem der Gesetzgeber in § 108 Abs. 1 das Zustandekommen des Vertrages voraussetzt, will er den Vertragsschluss nicht am fehlerhaften Zugang der Willenserklärungen scheitern lassen. Nur ein zustande gekommener Vertrag kann einen Inhalt haben, der Gegenstand der Zustimmung des gesetzlichen Vertreters ist! Eine nach § 107 erforderliche Zustimmung des gesetzlichen Vertreters ist Wirksamkeitserfordernis des konkreten Vertrages und daher nach seinem Zustandekommen zu prüfen.[32]

Darin unterscheidet sich das System der §§ 107, 108 Abs. 1 vom Schutzsystem der §§ 105 345
Abs. 1, 131 Abs. 1 zugunsten der **Geschäftsunfähigen.** Diese können einen Vertrag mit eigenen Willenserklärungen gar nicht zustande bringen, und zwar weder im eigenen Namen noch im fremden Namen als Vertreter.

31 Siehe dazu ausführlich oben unter Rn. 190 f.

32 *Leenen* BGB AT § 6 Rn. 123 ff. u. § 9 Rn. 16 ff.; *Petersen* JURA 2009, 183 ff.; *Schreiber* JURA 2007, 25 ff. unter Ziff. II.

**JURIQ-Klausurtipp**

In der Klausur empfiehlt es sich zum Zwecke eines klareren und verständlicheren Aufbaus, bei Vertragsschlüssen durch beschränkt Geschäftsfähige das Zustandekommen des Vertrages unter kurzem Hinweis auf die Regelungstechnik des § 108 Abs. 1 nach allgemeinen Regeln zu behandeln. § 131 Abs. 2 wird bei Vertragsschlüssen also nicht angewendet. Die §§ 107, 108 Abs. 1 bilden dann erst als Wirksamkeitserfordernisse für den Vertrag den Einstieg in die Regeln der beschränkten Geschäftsfähigkeit und sind daher nach dem Punkt „Zustandekommen des Vertrages" (= Vertragsschluss) zu prüfen.[33]

Der Einstieg in das Thema könnte wie folgt lauten:

*„Zu prüfen ist, ob der von A mit dem B geschlossene Kaufvertrag nach §§ 107, 108 Abs. 1 im Hinblick auf die gem. §§ 2, 106 aus Altersgründen beschränkte Geschäftsfähigkeit des A unwirksam ist. Dies ist dann der Fall, wenn A den Vertrag ohne die erforderliche Einwilligung seines gesetzlichen Vertreters geschlossen und dieser den Kaufvertrag auch nicht wirksam genehmigt hat. Ob ein solcher Zustimmungsvorbehalt besteht, bestimmt sich nach § 107 …"*

## II. Einwilligungsvorbehalt, § 107 (§ 1903 Abs. 3)

346 Neben der beschränkten Geschäftsfähigkeit eines Vertragspartners setzt § 108 Abs. 1 weiter voraus, dass der beschränkt Geschäftsfähige für den Vertragsschluss der Einwilligung seines gesetzlichen Vertreters bedurfte.

347 Das Bestehen eines solchen Einwilligungsvorbehaltes bestimmt sich nach § 107 bzw. § 1903 Abs. 3. Beide Vorschriften stellen darauf ab, ob mit der Erklärung des beschränkt Geschäftsfähigen **„rechtlich lediglich Vorteile"** verbunden sind.[34] Wenn dies nicht der Fall ist, bedarf die Erklärung zu ihrer Wirksamkeit der Einwilligung des gesetzlichen Vertreters. Im Umkehrschluss folgt daraus, dass **rechtlich lediglich vorteilhafte Rechtsgeschäfte des beschränkt Geschäftsfähigen sofort wirksam werden können**, ohne dass es auf eine Einwilligung der gesetzlichen Vertreter ankommt. Da § 108 Abs. 1 nicht an die Willenserklärung des beschränkt Geschäftsfähigen anknüpft, sondern an den Vertragsschluss, ist bei der Beurteilung von Verträgen zu fragen, ob der **zustande gekommene Vertrag für den beschränkt Geschäftsfähigen rechtlich lediglich vorteilhaft** ist.[35]

### 1. Rechtlich vorteilhafte Geschäfte

348 Zentraler Anknüpfungspunkt in § 107 ist damit der Begriff des „rechtlichen Vorteils". Nach dem Wortlaut des § 107 und aus Gründen der Rechtssicherheit ist bei der Einordnung der Willenserklärung des beschränkt Geschäftsfähigen nur auf die **rechtlichen, nicht aber auf die wirtschaftlichen Folgen** abzustellen.[36]

---

33 Siehe oben unter Rn. 190 ff.

34 Zu der Formulierung „rechtlich lediglich vorteilhaft" statt „lediglich rechtlich vorteilhaft" siehe auch die sehr einprägsamen Ausführungen bei *Faust* BGB AT § 18 Rn. 15.

35 *Leenen* JURA 2007, 721, 724 unter Ziff. IV 2.

36 Beschluss des *BGH* vom 25. November 2004 (Az: V ZB 13/04) unter Ziff. II 1b cc = *BGHZ* 161, 170 ff. = NJW 2005, 415 ff; Palandt-*Ellenberger* § 107 Rn. 2; *Medicus* Allgemeiner Teil des BGB Rn. 560.

Weiterhin kommt es bei der Prüfung der Zustimmungsbedürftigkeit eines Rechtsgeschäfts nur auf seine **unmittelbaren rechtlichen Wirkungen** an. Der Grund liegt darin, dass es kaum Rechtsgeschäfte gibt, die nicht „irgendwie“ doch zu Nachteilen führen können. Selbst im Fall der Schenkung sind ja rechtliche Nachteile für den Beschenkten denkbar, nämlich die Rückgewährpflichten in den besonderen Fällen der §§ 528 ff. Entscheidend ist daher, ob der beschränkt Geschäftsfähige durch das Rechtsgeschäft unmittelbar mit rechtlichen Pflichten belastet wird bzw. ob die hinreichend konkrete Möglichkeit besteht, dass sich eine unmittelbar durch das Rechtsgeschäft angelegte Haftung des beschränkt Geschäftsfähigen realisieren kann.[37] Dabei ist es **unerheblich**, ob sich diese Pflichten **unmittelbar aus dem Rechtsgeschäft selbst oder aus dem Gesetz** ergeben. Denn das Vermögen des beschränkt Geschäftsfähigen ist nicht weniger gefährdet, wenn der Eintritt eines Rechtsnachteils von den Parteien des Rechtsgeschäfts zwar nicht gewollt, aber vom Gesetz als dessen unmittelbare Folge angeordnet ist.[38] 349

**Beispiel 1** Entleiht der beschränkt Geschäftsfähige eine Sache, so führt bereits die Rückgewährpflicht aus § 604 Abs. 1 zur Entstehung eines rechtlichen Nachteils.[39] ■

**Beispiel 2** Der beschränkt Geschäftsfähige A übereignet eine ihm gehörende bewegliche Sache an den ebenfalls beschränkt geschäftsfähigen B gem. § 929 S. 1 durch Einigung und Übergabe. Die Übereignung ist für den Veräußerer A wegen des Eigentumsverlustes rechtlich nachteilhaft, bedarf also der Zustimmung des gesetzlichen Vertreters von A.

Der Umstand, dass durch die Übereignung ein Anspruch (z.B. aus Kaufvertrag gem. § 433 Abs. 1) erfüllt wird und dadurch gem. § 362 Abs. 1 erlischt, spielt in diesem Zusammenhang keine Rolle. Die Erfüllungswirkung eines Verfügungsgeschäftes wird nach überwiegender Ansicht gedanklich von der Wirksamkeit der Verfügung getrennt: Die Erfüllungswirkung soll danach nicht automatisch eintreten, sondern erst mit Zustimmung des gesetzlichen Vertreters. Der Rechtserwerb am Leistungsgegenstand kann sich daher für den Erwerber B ohne Zustimmung dessen Vertreter vollziehen.[40] ■

## 2. Korrekturen

Da es beim Einwilligungsvorbehalt des § 107 letztlich um den Schutz des beschränkt Geschäftsfähigen vor einer **Gefährdung seines Vermögens** geht, soll der Anwendungsbereich des § 107 eingeschränkt werden. 350

### a) Wirtschaftlich generell „ungefährliche“ rechtliche Nachteile

§ 107 begründet deshalb keinen Einwilligungsvorbehalt, wenn das betreffende Rechtsgeschäft zwar einen rechtlichen Nachteil begründet, dieser aber das Vermögen des beschränkt Geschäftsfähigen **typischerweise und unabhängig vom Einzelfall nicht bedeutsam gefährden kann.**[41] 351

37 *BGH* Beschl. v. 3. Februar 2005 (Az: V ZB 44/04) unter Ziff. III 2b = *BGHZ* 161, 137 ff. = NJW 2005, 1430 ff.

38 *BGH* Beschl. v. 25. November 2004 (Az: V ZB 13/04) unter Ziff. III 1b cc = *BGHZ* 161, 170 ff. = NJW 2005, 415 ff.; Palandt-*Ellenberger* § 107 Rn. 2; *Faust* BGB AT § 18 Rn. 15 ff.

39 Palandt-*Ellenberger* § 107 Rn. 2.

40 Palandt-*Ellenberger* § 107 Rn. 2; *Medicus* Allgemeiner Teil des BGB Rn. 566; *Faust* BGB AT § 18 Rn. 18 ff.

41 *BGH* Beschl. v. 25. November 2004 (Az: V ZB 13/04) unter Ziff. III 1b cc = *BGHZ* 161, 170 ff. = NJW 2005, 415 ff.; *Faust* BGB AT § 18 Rn. 20 f.

352 Der Gedanke dahinter ist einfach: Nachteile sollen dann keinen Einwilligungsvorbehalt nach § 107 auslösen, wenn sie wirtschaftlich derart unbedeutend sind, dass sie unabhängig von den Umständen des Einzelfalls eine Verweigerung der Genehmigung durch den gesetzlichen Vertreter nicht rechtfertigen könnten. Unter diesen Voraussetzungen wäre es reiner Formalismus, würde man die Wirksamkeit des Rechtsgeschäfts von der Erteilung einer Genehmigung abhängig machen.[42]

353 Im Interesse der **Rechtssicherheit** können allerdings **nur geschlossene, klar abgegrenzte Gruppen** von Rechtsnachteilen ausgesondert werden, die nach ihrer abstrakten Natur typischerweise keine Gefährdung des beschränkt Geschäftsfähigen mit sich bringen.[42]

Wir merken uns dabei folgende Konstellationen:

354 Unmittelbar mit dem Rechtsgeschäft verbundene Verpflichtungen können keinen Einwilligungsvorbehalt begründen, wenn der beschränkt Geschäftsfähige für sie **nur mit seinem durch das geprüfte Rechtsgeschäft erworbenen Vermögen haftet, aber nicht persönlich mit seinem sonstigen Vermögen.**[43] Er verliert also schlimmstenfalls dasjenige, was er erlangt hat – sein sonstiges Vermögen wird nicht gefährdet.

**Beispiel** Der beschränkt Geschäftsfähige K kauft ohne Kenntnis seines gesetzlichen Vertreters vom Händler V eine CD „auf Rechnung", darf sie aber sofort mitnehmen. V verzichtet auf einen Eigentumsvorbehalt. Fraglich ist, ob K neben dem Besitz an der CD zugleich auch Eigentum gem. § 929 S. 1 an der CD erworben hat. Die dazu erforderliche Einigung könnte nach §§ 107, 108 Abs. 1 unwirksam sein. Zwar verliert K durch die Übereignung seinen Anspruch aus Kaufvertrag gem. § 433 Abs. 1 nicht nach § 362 Abs. 1, da ihm nach wohl überwiegender Ansicht die Empfangszuständigkeit fehlt und deshalb keine Erfüllung eintreten kann. Jedoch führt der Erwerb des Eigentums unmittelbar zur Herausgabepflicht aus § 812 Abs. 1 S. 1 Var. 1, da der zugrunde liegende Kaufvertrag mit V nach §§ 107, 108 Abs. 1 unwirksam ist. Diese Haftung ist aber wegen § 818 Abs. 3 maximal auf den noch vorhandenen Wert der rechtsgrundlos erhaltenen CD beschränkt und kann deshalb das sonstige Vermögen des K nicht gefährden. Die Herausgabepflicht aus § 812 Abs. 1 S. 1 Var. 1 bleibt daher wertungsmäßig bei der Prüfung des § 107 in Bezug auf die Übereignung außer Betracht. Die Einigung nach § 929 bedarf daher zu ihrer Wirksamkeit nicht der Einwilligung des gesetzlichen Vertreters. K hat neben Besitz auch Eigentum an der CD erworben. ■

355 **Öffentliche Lasten,** die **typischerweise aus den laufenden Erträgen des erworbenen Gegenstandes** bedient werden können, lösen ebenfalls keinen Einwilligungsvorbehalt nach § 107 aus. Das erworbene Vermögen deckt den Nachteil in diesen Fällen wirtschaftlich vollständig ab, so dass sonstiges Vermögen des beschränkt Geschäftsfähigen nicht gefährdet ist.[44]

---

42 *BGH* Beschl. v. 25. November 2004 (Az: V ZB 13/04) unter Ziff. III 1b cc = *BGHZ* 161, 170 ff. = NJW 2005, 415 ff.

43 *BGH* Beschl. v. 25. November 2004 (Az: V ZB 13/04) unter Ziff. III 1b cc = *BGHZ* 161, 170 ff. = NJW 2005, 415 ff. unter Ziff. III 1b aa; *Faust* BGB AT § 18 Rn. 20.

44 *BGH* Beschl. v. 25. November 2004 (Az: V ZB 13/04) unter Ziff. III 1b cc = *BGHZ* 161, 170 ff. = NJW 2005, 415 ff.; Palandt-*Ellenberger* § 107 Rn. 3; *Medicus/Petersen* Bürgerliches Recht Rn. 172; *Faust* BGB AT § 18 Rn. 20.

**Beispiel** Erwirbt der beschränkt Geschäftsfähige ein Grundstück, trifft ihn als Erwerber zwar gem. § 10 Abs. 1 GrStG unmittelbar eine Pflicht zur Entrichtung der Grundsteuer. Diese Pflicht wird aber wegen ihres typischerweise geringen wirtschaftlichen Umfangs als unerheblich angesehen.[45] ■

### b) Neutrale Geschäfte

Der Wortlaut des § 107 legt eine Aufteilung in rechtlich vorteilhafte und rechtlich nachteilige 356
Geschäfte nahe. Nicht geregelt wäre demnach der Fall, dass das Geschäft für den beschränkt Geschäftsfähigen als **rechtlich neutral** anzusehen ist. Das sind solche Fälle, in denen die Willenserklärung für den **beschränkt Geschäftsfähigen weder Vorteile noch Nachteile** mit sich bringt. Aus dem Schutzzweck des § 107 folgt, auch die neutralen Geschäfte **vom Einwilligungserfordernis** auszunehmen. Den beschränkt Geschäftsfähigen treffen in solchen Fällen keine Pflichten, er muss nicht vor wirtschaftlichen Gefahren geschützt werden. Außerdem folgt aus dem verallgemeinerungsfähigen Rechtsgedanken des § 165, dass der Minderjährige zur Vornahme neutraler Rechtsgeschäfte keine Zustimmung benötigt. § 165 ordnet an, dass ein beschränkt Geschäftsfähiger auch ohne Zustimmung seines gesetzlichen Vertreters selbst als Vertreter Rechtsgeschäfte vornehmen kann. In diesem Spezialfall des neutralen Geschäfts ist die Einwilligung des gesetzlichen Vertreters also nicht notwendig. Diese Regelung wird auf andere Konstellationen sinngemäß übertragen.[46]

**Beispiel 1** Aus § 165 folgt zunächst, dass für Vertretergeschäfte des beschränkt Geschäftsfähigen (als aktiver oder passiver Vertreter) keinen Einwilligungsvorbehalt besteht.

Dies erklärt sich daraus, dass die Wirkungen eines Vertretergeschäfts Jahr den vertretenen und nicht den Vertreter selber betreffen können. Für den Vertreter ist es ein neutrales Geschäft. Vor einer Haftung wegen Mängeln der Vertretungsmacht aus § 179 schützt ihn der Haftungsausschluss in § 179 Abs. 3 S. 2. ■

**Beispiel 2** Als neutral ist ebenfalls der Fall anzusehen, in dem ein beschränkt Geschäftsfähiger mit Ermächtigung des Berechtigten (§ 185 Abs. 1) eine ihm nicht gehörende Sache gem. § 929 im eigenen Namen an einen Dritten übereignet. Er selbst verliert durch den Vorgang keine Rechte, sondern bloß der ihn ermächtigende Rechtsinhaber. ■

**Beispiel 3** Wie aber ist der Fall zu beurteilen, in dem der beschränkt Geschäftsfähige eine ihm nicht gehörende bewegliche Sache ohne Zustimmung des Rechtsinhabers an einen Dritten übereignet? Ist der Erwerber gutgläubig und die Sache dem Berechtigten nicht abhanden gekommen (§ 935 Abs. 1!), verliert der Berechtigte sein Eigentum. Der beschränkt Geschäftsfähige kann dadurch unmittelbar mit einer Herausgabepflicht bzgl. eines etwaigen Veräußerungserlöses aus § 816 Abs. 1 S. 1 und Schadensersatzansprüchen aus §§ 989 ff. bzw. § 823 Abs. 1 belastet werden. Ansprüche aus §§ 687 Abs. 2 S. 1, 681 S. 2, 667 bzw. §§ 687 Abs. 2 S. 1, 678 scheitern dagegen in jedem Fall an der Schutzvorschrift des § 682. Allerdings wird der beschränkt Geschäftsfähige auch im Bereicherungsrecht durch § 818 Abs. 3 und im Deliktsrecht durch die Sondervorschrift des § 828 geschützt. Diese Schutzmechanismen werden von der überwiegenden Auffassung als ausreichend angesehen. Außerdem dienen die §§ 106 ff. nach herrschender Ansicht nicht dazu, eine deliktsrechtliche Haftung des beschränkt Geschäftsfähigen zu verhindern – dies ist vielmehr die Aufgabe von

45 Beschluss des *BGH* vom 25. November 2004 (Az: V ZB 13/04) unter Ziff. III 1b aa = *BGHZ* 161, 170 ff. = NJW 2005, 415 ff.; *Faust* BGB AT § 18 Rn. 20.

46 Palandt-*Ellenberger* § 107 Rn. 7; *Faust* BGB AT § 18 Rn. 22.

§ 828.[47] Lässt man diese Folgeansprüche also außer Betracht, stellt sich die nichtberechtigte Verfügung über fremde Sachen als ein neutrales Geschäft dar.[48] Eine andere Frage ist aber, ob der Erwerber tatsächlich gutgläubig Eigentum erwerben kann. Das Problem besteht darin, dass der Erwerber dann besser stünde als bei tatsächlicher Berechtigung des beschränkt geschäftsfähigen Veräußerers: Hätte dieser das Recht inne gehabt, stünden der Wirksamkeit der Einigung wegen des mit der Übereignung verbundenen Rechtsverlusts die §§ 107, 108 Abs. 1 entgegen. Die Lösung dieses Konflikts ist umstritten und soll im Sachenrecht bei den Gutglaubenstatbeständen vertieft werden.[49] ■

47 Beschluss des *BGH* vom 25. November 2004 (Az: V ZB 13/04) unter Ziff. III 1b bb = *BGHZ* 161, 170 ff. = NJW 2005, 415 ff.; *Faust* BGB AT § 18 Rn. 18, jeweils m.w.N.

48 Palandt-*Ellenberger* § 107 Rn. 7.

49 Gegen einen gutgläubigen Erwerb *Medicus* Allgemeiner Teil des BGB Rn. 568; *Medicus/Petersen* Bürgerliches Recht Rn. 540, 542; *Faust* BGB AT § 18 Rn. 22; dafür z.B. Palandt-*Ellenberger* § 107 Rn. 7.

## 3. Übungsfall Nr. 6

„Fürsorgliche Schenkung"[50] 357

Maria Mommsen (M) ist im Grundbuch als Eigentümerin eines mit einem Haus bebauten Grundstücks eingetragen. Grundstück und Haus sind an den Dieter Dorn (D) vermietet. Ferner ist das Grundstück mit einer Grundschuld zugunsten der B Bank AG (B) über einen Betrag von 100 000 € zzgl. Zinsen belastet. Die M hatte sich bei der Bestellung der Grundschuld in einer notariell beurkundeten Erklärung gem. § 800 ZPO in Ansehung der Grundschuld der sofortigen Zwangsvollstreckung mit der Maßgabe unterworfen, dass die Zwangsvollstreckung aus der Urkunde gegen den jeweiligen Eigentümer des Grundstücks zulässig sein soll. Diese Erklärung wurde ebenso wie die Grundschuld in das Grundbuch eingetragen.

Die M will das Grundstück nun ihrem 16 Jahre alten Sohn Stephan (S) übertragen.

Deshalb gingen M, ihr Ehemann und Vater des S – Volker (V) – sowie der S selbst zu einem Notar und ließen dort einen Schenkungsvertrag zwischen M und S notariell beurkunden. Darin vereinbarten M und S unter gleichzeitiger Auflassungserklärung die unentgeltliche Übertragung des Eigentums an dem Grundstück auf S. M und V erklärten ihre Zustimmung zu den getroffenen Vereinbarungen, was in die Urkunde aufgenommen wurde. S wird in der Folge im Grundbuch als neuer Eigentümer eingetragen.

Könnte B aus der Grundschuld nun gegen den S vorgehen?

### Lösung 358

Der B könnte gegen den S ein Anspruch auf Duldung der Zwangsvollstreckung gem. §§ 1192 Abs. 1, 1147 aufgrund einer ihr am Grundstück eingeräumten Grundschuld zustehen.

#### 1. Grundschuld zugunsten der B

Der Anspruch setzt zunächst voraus, dass zugunsten der B wirksam eine Grundschuld am Grundstück bestellt wurde.

B ist als Aktiengesellschaft nach § 1 Abs. 1 S. 1 AktG rechtsfähig und kann daher als solche Inhaberin einer Grundschuld sein.

Laut Sachverhalt ist im Grundbuch eine Grundschuld zugunsten der B eingetragen worden. Gem. § 891 Abs. 1 besteht aufgrund der Eintragung die Vermutung, dass dieses Grundpfandrecht auch tatsächlich zugunsten der B besteht. Da der Sachverhalt ansonsten keine Anhaltspunkte dafür bietet, dass die Grundbucheintragung unrichtig ist, ist vom Bestand einer Grundschuld zugunsten der B auszugehen.

#### 2. Eigentum des S

Die durch das Grundpfandrecht begründete Duldungspflicht besteht immer gegenüber dem aktuellen Eigentümer. In der Pflicht zur Duldung der Verwertung des Grundstücks zeigt sich die Belastung des Grundstückseigentums als solchem. Eine persönliche Haftung des Eigentümers wird durch die Grundschuld nicht begründet.

Entscheidend ist daher, ob S Eigentümer des mit der Grundschuld belasteten Grundstücks geworden und deshalb nunmehr der richtige Anspruchsgegner ist.

Möglicherweise hat S durch Rechtsgeschäft mit M gem. §§ 873, 925 das Eigentum am Grundstück erworben.

##### a) Auflassung, §§ 873 Abs. 1, 925

Die Übertragung von Grundeigentum setzt zunächst eine wirksame Einigung (Auflassung) voraus, die auf den Übergang der Eigentumsposition gerichtet ist.

M und S haben sich laut Sachverhalt auf einen Übergang des Grundstückseigentums auf S geeinigt.

50 Nach *BGH* NJW 2005, 415 ff. und 1430 f.; zu den rechtlichen Nachteilen bei Schenkung einer unbelasteten Eigentumswohnung siehe *BGH* Beschl. v. 30.9.2010 (AZ: V ZB 206/10) unter Tz. 5 ff. = BGHZ 187, 119 ff.

**b) Unwirksamkeit der Auflassung nach §§ 107, 108 Abs. 1**

Möglicherweise ist die Auflassung aber im Hinblick auf die Minderjährigkeit des S gem. §§ 107, 108 Abs. 1 schwebend unwirksam.

**aa) Beschränkte Geschäftsfähigkeit des S**

S war zum Zeitpunkt der Auflassung 16 Jahre alt und deshalb gem. §§ 2, 106 nach Maßgabe der §§ 107 ff. in seiner Geschäftsfähigkeit beschränkt.

**bb) Einwilligungsvorbehalt nach § 107**

Die Auflassung ist als Vertrag nach §§ 107, 108 unwirksam, wenn S sie ohne die erforderliche Einwilligung seines gesetzlichen Vertreters geschlossen und dieser den Kaufvertrag auch nicht genehmigt hat.

Zwar haben die Eltern von S laut Sachverhalt ihre Zustimmungserklärung abgegeben. Möglicherweise scheiden sie aber als gesetzliche Vertreter aus, da M als Mutter selbst Vertragspartnerin ist.

Zu prüfen ist deshalb zunächst, ob die Auflassung gem. §§ 107, 108 Abs. 1 zu ihrer Wirksamkeit überhaupt der Einwilligung der gesetzlichen Vertreter von S bedurfte.

Einer solchen Einwilligung bedarf es dann nicht, wenn die Auflassung für S rechtlich lediglich vorteilhaft ist.

**Hinweis**

Denken Sie daran, dass auch „neutrale" Geschäfte zustimmungsfrei vorgenommen werden können (Schluss aus § 165). Die Formulierung in § 107, die auf den Vorteil abstellt, ist also etwas „schief".

Grundsätzlich ist ein auf den Erwerb einer Sache gerichtetes Rechtsgeschäft für den Minderjährigen rechtlich nicht lediglich vorteilhaft, wenn er dadurch mit Verpflichtungen belastet wird, für die er nicht nur mit der erworbenen Sache, sondern auch persönlich mit seinem sonstigen Vermögen haftet.

(1) Möglicherweise ist ein rechtlicher Nachteil bereits darin zu sehen, dass das Grundstück mit einer Grundschuld belastet ist.

Eine Grundschuld verpflichtet den Grundstückseigentümer gemäß §§ 1192 Abs. 1, 1147 dazu, die Zwangsvollstreckung des Gläubigers in das Grundstück zu dulden. Die mit dem Erwerb des belasteten Grundstücks verbundene Haftung des S ist demnach auf die ihm zugewendete Sache beschränkt. Diese Haftung mindert zwar den im Eigentumserwerb liegenden Vorteil, beseitigt ihn jedoch nicht.

Allerdings kann sich eine den Eigentümer persönlich treffende Zahlungspflicht daraus ergeben, dass er die Kosten des zur Zwangsvollstreckung in das Grundstück erforderlichen Vollstreckungstitels tragen muss. Dies ist beispielsweise dann der Fall, wenn der Gläubiger sich einen Titel in Form eines Endurteils nach § 704 ZPO beschaffen muss. Bei Wirksamkeit der Grundschuld wird der S als Eigentümer zwangsläufig gem. §§ 1192 Abs. 1, 1147 zur Duldung der Zwangsvollstreckung verurteilt und hat deshalb nach § 91 ZPO die Verfahrenskosten zu tragen.

Ob dies einen Rechtsnachteil im Sinne von § 107 darstellt, bedarf im vorliegenden Fall jedoch keiner Entscheidung. M hatte sich bei der Bestellung der Grundschuld der sofortigen Zwangsvollstreckung mit Wirkung gegen den jeweiligen Eigentümer des Grundstücks unterworfen (§§ 800 Abs. 1, 794 Abs. 1 Nr. 5 ZPO). Ein Vollstreckungstitel liegt daher bereits vor, so dass S insoweit nicht mit weiteren Kosten belastet werden kann.

(2) Ein Nachteil könnte aber in einer Belastung mit Pflichten aus dem zwischen M und D geschlossenen Mietvertrag zu sehen sein.

Gemäß §§ 566 Abs. 1, 578 tritt der Erwerber mit dem Eigentumsübergang in sämtliche Rechte und Pflichten aus dem bestehenden Mietverhältnis ein. S ist daher nicht nur zur Überlassung und Erhaltung des vermieteten Grundstücks und Hauses verpflichtet (§ 535 Abs. 1). Vielmehr können ihn insbesondere auch Schadensersatz- und Aufwendungsersatzpflichten (§ 536a) treffen. Hierbei handelt es sich nicht um typischerweise ungefährliche Rechtsnachteile, die bei der Anwendung des § 107 von vornherein außer Betracht bleiben könnten. Anders als die mit dem Grundstückserwerb verbundene Verpflichtung zur Tragung laufender öffentlicher Lasten sind die aus dem Eintritt in ein Miet-

oder Pachtverhältnis resultierenden Pflichten ihrem Umfang nach nicht begrenzt. Ihre wirtschaftliche Bedeutung hängt von den Umständen des jeweiligen Einzelfalls ab. Ob die von ihnen ausgehenden Gefahren für das Vermögen des Minderjährigen im Hinblick auf die mit dem Grundstückserwerb verbundenen Vorteile hingenommen werden können, lässt sich deshalb nicht abstrakt beurteilen, sondern erfordert eine entsprechende einzelfallbezogene Prüfung durch den gesetzlichen Vertreter.

Die damit begründete persönliche Haftung des S ist auch nicht etwa deshalb unbeachtlich, weil es sich um einen Rechtsnachteil handelt, der erst aus der durch die Auflassung und Eintragung erreichten Eigentümerstellung und nur kraft gesetzlicher Anordnung eintritt. Tatsächlich ist die Belastung mit miet- oder pachtvertraglichen Pflichten eine unmittelbare Folge des dinglichen Erwerbsgeschäfts. § 107 bezweckt in erster Linie, den Minderjährigen vor einer Gefährdung seines Vermögens zu schützen. Mit diesem Schutzzweck ist es nicht vereinbar, Rechtsfolgen deshalb auszuklammern, weil sie von den Parteien mit dem Rechtsgeschäft nicht primär verfolgt werden, sondern (nur) kraft gesetzlicher Anordnung eintreten, die ihrerseits unmittelbar an den rechtsgeschäftlichen Erfolg anknüpft.

Der Erwerb eines vermieteten Grundstücks ist für einen Minderjährigen deshalb rechtlich nicht lediglich vorteilhaft.

Die Auflassung bedurfte folglich der Einwilligung des gesetzlichen Vertreters von S.

#### cc) Einwilligung des gesetzlichen Vertreters gem. §§ 107, 182, 183

Zu prüfen ist nun, ob die erforderliche Zustimmungserklärung deshalb vorliegt, weil M und V ihre Einwilligung erklärt hatten.

(1) M und V sind als verheiratete Eltern des S gem. §§ 1626 Abs. 1, 1629 Abs. 1 grundsätzlich seine gesetzlichen Vertreter.

(2) Allerdings ist die von § 1629 verliehene Vertretungsmacht nicht unbegrenzt. Vielmehr ergibt sich aus § 181, dass M nicht gleichzeitig für ihren Sohn und sich selbst rechtsgeschäftlich tätig werden kann. Dieses Vertretungsverbot erstreckt sich gemäß §§ 1629 Abs. 2 S. 1, 1795 Abs. 1 Nr. 1 Hs. 1 auch auf den V als Ehemann der M.

Fraglich ist, ob sich hier etwas anderes aus §§ 181 Hs. 2, 1795 Abs. 1 Nr. 1 Hs. 2 ergibt. Danach gilt das Vertretungsverbot dann nicht, wenn das vorgenommene Rechtsgeschäft ausschließlich in der Erfüllung einer Verbindlichkeit besteht.

Die Auflassung könnte hier der Erfüllung eines wirksamen Schenkungsvertrages dienen. Der der Eigentumsübertragung zugrunde liegende Schenkungsvertrag (§ 516 Abs. 1) wurde zwischen M und S unter Beachtung der nach §§ 311b Abs. 1 S. 1, 125 S. 1 gebotenen notariellen Form geschlossen.

**Hinweis**

Das Formgebot des § 518 Abs. 1 ergreift anders als § 311b Abs. 1 nur die Erklärung des Schenkers. § 518 Abs. 1 kommt hier wegen des spezielleren § 311b Abs. 1 keine eigenständige Bedeutung zu.

Da der Abschluss des Schenkungsvertrages dem S unmittelbar lediglich einen Anspruch auf Übereignung des Grundeigentums verschaffte, konnte S den Vertrag gem. § 107 ohne Zustimmung seiner gesetzlichen Vertreter schließen. Es liegt damit ein wirksamer Schenkungsvertrag vor.

Die Auflassung diente somit tatsächlich ausschließlich der Erfüllung einer durch das schuldrechtliche Grundgeschäft wirksam begründeten Verbindlichkeit. Das in §§ 181, 1795 Abs. 1 Nr. 1 grundsätzlich angeordnete Vertretungsverbot könnte deshalb ausnahmsweise unbeachtlich sein.

Möglicherweise waren die Eltern des S gleichwohl daran gehindert, der von S erklärten Auflassung zuzustimmen. Die in § 181 Hs. 2 bzw. § 1795 Abs. 1 Nr. 1 Hs. 2 normierte Ausnahme von dem Vertretungsverbot gilt unter Berücksichtigung des Zwecks der § 181 bzw. §§ 1629 Abs. 2 S. 1, 1795 Abs. 1 Nr. 1. Das Vertretungsverbot soll Kollisionen zwischen den Interessen des Kindes und den Interessen seiner Eltern vermeiden. Wenn das in der Erfüllung einer Verbindlichkeit bestehende Rechtsgeschäft über den Erfüllungserfolg hinaus zu rechtlichen Nachteilen für den Vertretenen führt, können noch nicht gelöste Interessenkollisionen auftauchen. So liegt es hier, da die Wirkungen des § 566 noch nicht mit Abschluss des Schenkungsvertrages, sondern erst mit dem Eigentumsübergang ausgelöst werden. In einem solchen Fall trifft die den § 181 Hs. 2 bzw. § 1795 Abs. 1 Nr. 1 Hs. 2 zugrunde liegende Annahme, dass es bei der bloßen Erfüllung einer bestehenden Verbindlichkeit zu keiner Interessenkollision mehr kommen kann, nicht zu. Um einen effektiven Minderjährigenschutz zu gewährleisten, muss es daher bei dem grundsätzlichen Vertretungsverbot verbleiben.[51]

**Hinweis**

Die früher[52] vom BGH zur Lösung des Problems herangezogene „Gesamtbetrachtung" von schuldrechtlichem und dinglichem Geschäft wird vom BGH nicht mehr vertreten. Danach sollte die Frage, ob ein Minderjähriger durch eine Schenkung seines gesetzlichen Vertreters lediglich einen rechtlichen Vorteil erlangt, aus einer Gesamtbetrachtung des schuldrechtlichen und des dinglichen Vertrags heraus zu beurteilen sein. Es wurde also nicht zwischen den mit dem schuldrechtlichen Teil und dem dinglichen Teil des Veräußerungsvorgangs jeweils verbundenen Rechtsfolgen differenziert. Dieser Gesamtbetrachtungslehre wurde von der h.L. zu Recht entgegengehalten, dass sie gegen das dem geltenden Recht zugrunde liegende Trennungsprinzip verstößt.

Damit bedarf die Auflassung zu ihrer Wirksamkeit noch einer Genehmigung durch einen noch zu bestellenden Ergänzungspfleger (§ 1909 Abs. 1).

### 3. Ergebnis

Die von M und S erklärte Auflassung ist schwebend unwirksam, so dass S noch kein Eigentum erworben hat. Er ist deshalb derzeit nicht zur Duldung der Zwangsvollstreckung verpflichtet.

**JURIQ-Klausurtipp**

Wenn der Schenkungsvertrag – beispielsweise wegen vereinbarten Nebenpflichten des Beschenkten – mit unmittelbaren Rechtsnachteilen für den Minderjährigen verbunden und deshalb gemäß §§ 107, 108 Abs. 1 schwebend unwirksam ist, kommt es auf die Ausnahmen in § 181 Hs. 2 bzw. § 1795 Abs. 1 Nr. 1 Hs. 2 nicht an. In einem solchen Fall fehlt es von vorneherein an einer Verpflichtung, die durch Übereignung des Grundstücks erfüllt werden könnte, so dass es bei dem Vertretungsverbot gemäß § 181 bzw. §§ 1629 Abs. 2 S. 1, 1795 Abs. 1 Nr. 1 verbleibt.

51 Beschluss des *BGH* vom 3. Februar 2005 (Az: V ZB 44/04) unter Ziff. III 2c = NJW 2005, 1430 ff. m.w.N.
52 *BGHZ* 78, 28, 35.

## III. Einwilligung des gesetzlichen Vertreters, §§ 107, 182, 183

In den Fällen, in denen die unmittelbaren Folgen des vom beschränkt Geschäftsfähigen geschlossenen Vertrages **rechtlich nicht lediglich vorteilhaft** sind, ist der Vertrag nach § 108 Abs. 1 **noch unwirksam**, wenn der gesetzliche Vertreter in die Vornahme des Rechtsgeschäfts **nicht eingewilligt** hat. 359

### 1. Rechtsnatur

Die Einwilligung ist gesetzlich als **vorherige Zustimmung** definiert, § 183 S. 1. Die Einwilligung ist ein einseitiges Rechtsgeschäft, das durch eine **empfangsbedürftige Willenserklärung** ausgeübt wird. Die Einwilligungserklärung kann grundsätzlich **sowohl gegenüber dem beschränkt Geschäftsfähigen als auch gegenüber seinem Geschäftspartner** erklärt werden, § 182 Abs. 1. Abgabe und Zugang müssen daher in Bezug auf eine dieser beiden Personen erfolgen. Die Erklärung der Einwilligung ist selbst bei Formbedürftigkeit des vom beschränkt Geschäftsfähigen geplanten Rechtsgeschäfts formfrei möglich, § 182 Abs. 2, und kann deshalb auch „konkludent" erteilt werden. 360

**Bis zur Vornahme des Rechtsgeschäfts** des beschränkt Geschäftsfähigen ist die Einwilligung **grundsätzlich widerruflich,** § 183 S. 1. Der Widerruf kann ebenfalls sowohl „innen" gegenüber dem beschränkt Geschäftsfähigen als auch „außen" gegenüber dem Geschäftspartner erklärt werden, § 183 S. 2. 361

**Beispiel** Die (verheirateten) Eltern haben dem 16-jährigen M die Einwilligung zum Erwerb eines Fahrrades vom Händler V gegeben. Die Eltern überlegen es sich dann doch anders, da die Oma des M diesem zu Weihnachten ein Fahrrad schenken will. Noch bevor M bei V eintrifft, teilen die Eltern dem V deshalb telefonisch mit, dass M das Fahrrad nicht kaufen darf. V schließt den Vertrag mit M dennoch ab und übergibt das Rad gegen Barzahlung des Kaufpreises in Höhe von 300 € an M.

M verlangt auf Drängen seiner verärgerten Eltern die Zahlung des Kaufpreises zurück.

Dem M könnte ein Anspruch auf Rückzahlung des Kaufpreises aus § 812 Abs. 1 S. 1 Fall 1 gegen V zustehen. V hat von M zum Zwecke der Erfüllung des zwischen ihnen vereinbarten Kaufvertrages einen Betrag von 300 € erhalten und ist damit durch eine Leistung des M bereichert worden. Fraglich ist allein, ob der zwischen ihnen geschlossene Kaufvertrag wirksam ist und damit einen Rechtsgrund für den Leistungsaustausch und das Behalten des Geldbetrages darstellt. Der Vertrag könnte nach §§ 107, 108 Abs. 1 im Hinblick auf die gem. §§ 2, 106 beschränkte Geschäftsfähigkeit des M unwirksam sein. Dies ist dann der Fall, wenn M den Vertrag ohne die erforderliche Einwilligung seiner gesetzlichen Vertreter geschlossen hat und diese den Kaufvertrag auch nicht genehmigt haben. Ob ein solcher Zustimmungsvorbehalt bestand, bestimmt sich nach § 107. Der Kaufvertrag begründete für den M gem. § 433 Abs. 2 die Pflicht zur Kaufpreiszahlung und Abnahme des Fahrrades und war deshalb rechtlich nicht lediglich vorteilhaft. Die Eltern könnten als die gesetzlichen Vertreter des M (§§ 1626 Abs. 1, 1629 Abs. 1) jedoch in den Abschluss des Kaufvertrages eingewilligt haben, indem sie dem M ihre Zustimmung zum Erwerb des Fahrrades gegeben haben. Diese Einwilligung konnten die Eltern nach § 182 Abs. 1 wirksam dem M gegenüber erklären. Die Eltern haben somit in die Vornahme dieses speziellen Geschäfts eingewilligt, so dass das Rechtsgeschäft im Grundsatz von Anfang an wirksam wäre. Durch die Mitteilung gegenüber dem Verkäufer V haben die Eltern ihre Einwilligung jedoch gem. § 183 S. 1 widerrufen. Der Kaufvertrag war zu diesem Zeitpunkt noch nicht geschlossen worden, und die Eltern haben den Widerruf gegenüber dem Geschäftspartner erklärt, was nach § 183 S. 2 möglich ist. Der Kaufvertrag ist daher unwirksam. M kann den Kaufpreis von V gemäß § 812 Abs. 1 S. 1 Fall 1 im Wege der Leistungskondiktion zurückverlangen. M ist seinerseits dem V zur Rückübereignung und Rückgabe des Fahrrades verpflichtet. ■

362 Die unscheinbar anmutende Regelung des § 183 S. 2 führt aber in bestimmten Fällen zu überraschenden Ergebnissen. Das sehen Sie, wenn wir das vorstehende Beispiel etwas abwandeln, indem wir die Empfänger von Einwilligungs- und Widerrufserklärung austauschen.

**Beispiel** (Variante von oben) Der 16-jährige M möchte ein Fahrrad vom Händler V erwerben. Die Eltern melden sich bei V und kündigen den Besuch von M an, der mit ihrer Zustimmung ein Fahrrad beim ihm kaufen dürfe. Die Eltern überlegen es sich dann doch anders, da die Oma des M diesem zu Weihnachten ein Fahrrad schenken will. Noch bevor M bei V eintrifft, teilen die Eltern dem M über Handy mit, dass M das Fahrrad doch nicht erwerben dürfe. Der Grund sei eine „Überraschung von Oma". M, der mit den Geschenken seiner Oma bislang nichts anfangen konnte, schließt dennoch mit dem ahnungslosen V im eigenen Namen einen Kaufvertrag ab. V übergibt das Rad gegen Barzahlung des Kaufpreises in Höhe von 300 € an M. ■

Da der Widerruf nach der Regelung des § 183 S. 2 nicht gegenüber dem Empfänger der Einwilligungserklärung erfolgen muss, wäre auch hier kein wirksamer Kaufvertrag zustande gekommen. V ist zur bereicherungsrechtlichen Rückabwicklung verpflichtet.

363 Soll es dabei bleiben oder ist eine Korrektur angezeigt?

Wir kennen das Problem in gleicher Weise bei der Stellvertretung, wo der Widerruf einer Vollmacht nicht gegenüber dem Vollmachtsempfänger erklärt werden muss, vgl. § 168 S. 3. Hätten die Eltern dem V gegenüber erklärt, M dürfe in ihrem Namen das Fahrrad erwerben und hätte M das Fahrrad im Namen seiner Eltern gekauft, wäre der Kaufvertrag zwischen den Eltern und V zustande gekommen – und wirksam! M hätte nämlich durch die gegenüber V erklärte „Außenvollmacht" gem. § 167 Abs. 1 Var. 2 zunächst ausreichende Vertretungsmacht für den Vertragschluss bekommen. Diese wäre zwar durch Widerruf gegenüber M nach §§ 168 S. 3, 167 Abs. 1 Var. 1 erloschen. Darauf hätten sich die Eltern gegenüber dem ahnungslosen V nach §§ 170, 173 aber nicht berufen können.

364 Da es letztlich Zufall ist, wie V den Anruf der Eltern (Zustimmung oder Außenvollmacht?) und die Erklärung des M (Eigengeschäft oder Vertretergeschäft im Namen seiner Eltern?) redlicherweise verstehen darf, nimmt die wohl herrschende Meinung eine Korrektur unseres bisherigen Ergebnisses im Beispielsfall durch **analoge Anwendung der §§ 170, 173** vor. M und seine Eltern können sich nach dieser Ansicht nicht auf den Widerruf der Einwilligung ihm gegenüber berufen.[53]

365 Vertreten lässt sich aber auch, dass sich eine analoge Anwendung der §§ 170, 173 mit dem Schutz der beschränkt Geschäftsfähigen nicht verträgt und deshalb in Fällen wie diesen keine Anwendung finden kann. Es besteht nämlich ein bedeutender Unterschied zur Stellver-

53 Palandt-*Ellenberger*, § 183 Rn. 2; *Medicus* Allgemeiner Teil des BGB, Rn. 576; *Faust* § 18 Rn. 29-34.

tretung: Dort führen die §§ 170, 173 zu einer Haftung des Vertretenen gegenüber seinem Vertragspartner auf Erfüllung der vereinbarten Primäransprüche. Der Vertretene hat seinen Vertragspartner nicht über das Erlöschen der Außenvollmacht informiert, so dass der Fehler auch bei ihm zu suchen ist. Bei analoger Anwendung im *Beispielsfall* haften aber nicht die Eltern, sondern ihr Kind M aus Vertrag. Das Versäumnis lag auch hier zum Teil bei den Eltern, die den V nicht über den „internen" Widerruf der „Außeneinwilligung" informierten. M selbst hat seinerseits zwar auch einen Hinweis unterlassen, als er dem V den Widerruf der Einwilligung verschwieg. Jedoch geht die Wertung der §§ 170, 173 dahin, dass der am Vertragsschluss unmittelbar beteiligte Vertreter den Fehler nicht durch persönliche Erfüllung „ausbaden" muss. Der Vertreter haftet ja gerade nicht aus § 179 Abs. 1. Warum es jetzt aber ausgerechnet der beschränkt Geschäftsfähige sein muss, der auf Erfüllung haftet und die Ansprüche des V zu bedienen hat, darf mit Recht bezweifelt werden. V kann sich mit Ansprüchen wegen Ersatzes etwaiger aus Vertrauen auf die Einwilligung entstandenen Schäden an M (§§ 280 Abs. 1, 311 Abs. 2 Nr. 1, 241 Abs. 2, 278 S. 1 Var. 1) und an die Eltern (§§ 280 Abs. 1, 311 Abs. 3, 241 Abs. 2) halten.

**Hinweis**

Beide Ansichten sind vertretbar – entscheidend ist wie immer Ihre Argumentation!

## 2. Umfang

Im konkret zu bearbeitenden Fall ist der Umfang der Einwilligung genau zu bestimmen 366
(§§ 133, 157). Die gesetzlichen Vertreter können zum einen eine **Spezialeinwilligung** erteilt haben. Das ist eine Einwilligung, die sich auf ein konkretes Geschäft bezieht. Sie können aber auch eine Einwilligung für eine **bestimmte Vielzahl** von Geschäften erteilen.

**Beispiel 1** Die Einwilligung in die Teilnahme an einer Klassenfahrt bedeutet im Zweifel die Einwilligung in die damit typischerweise verbundenen Rechtsgeschäfte wie zum Beispiel den Kauf von Speisen und Getränken, wobei der Kauf alkoholischer Getränke von der Einwilligung regelmäßig nicht erfasst wird. Ausgenommen sind ohne ausdrückliche Spezialeinwilligung im Zweifel auch die Teilnahme an gefährlichen Aktivitäten wie etwa Bungee-Jumping. ■

**Beispiel 2** Die Einwilligung in die Nutzung des häuslichen Telefons bedeutet wegen der beträchtlichen Kosten und möglicherweise bedenklichen Inhalte noch keine konkludente Einwilligung in den Vertragsschluss über die Nutzung eines telefonischen „Mehrwertdienstes über 0190-Nummer".[54] ■

**Beispiel 3** Die Einwilligung in den Abschluss eines Girovertrages über die Eröffnung eines Girokontos („Zahlungsdiensterahmenvertrag" i.S.d. § 675f Abs. 2) bedeutet im Zweifel keine Einwilligung in die Vereinbarung von Überziehungskrediten.[55] ■

54 Palandt-*Ellenberger* § 107 Rn. 9.
55 Palandt-*Ellenberger* § 107 Rn. 9; *Faust* BGB AT § 18 Rn. 29 ff.

**JURIQ-Klausurtipp**

Die Beispiele zeigen, dass Sie im Zweifel gegen eine Einwilligung und damit zugunsten eines starken Minderjährigenschutzes entscheiden sollten.

367 Eine unbeschränkte **Generaleinwilligung** („Mach, was Du willst!") ist mit dem Schutzgedanken des § 107 nicht zu vereinbaren und **daher unwirksam**.[56] Aus §§ 112, 113 geht hervor, dass der Gesetzgeber beschränkt Geschäftsfähigen nur in einem speziell begrenzten Umfang volle Geschäftsfähigkeit zubilligen wollte. Mit einer unbeschränkten Generaleinwilligung würde die Grundwertung des Gesetzgebers umgegangen, wonach Minderjährige nicht an eigene, rechtlich nachteilige Entscheidungen gebunden werden sollen.

56 Palandt-*Ellenberger* § 107 Rn. 9.

## 3. Übungsfall Nr. 7

„Schwarzfahrt"[57] 368

Die 15 Jahre alte Melanie (M) wird von ihren (verheirateten) Eltern morgens eigentlich immer mit dem Auto zur Schule gebracht. Eines Tages bitten ihre Eltern sie, mit der Bahn der Hamburger S-Bahn AG (S) zur Schule zu fahren und händigen ihr den dazu erforderlichen Geldbetrag aus.

M hörte an der Haltestelle über Kopfhörer Musik und vergaß darüber, vor der Fahrt die erforderliche Fahrkarte zu 2,50 € zu kaufen. Sie wurde prompt von einem Kontrolleur ohne gültigen Fahrschein angetroffen. Die Eltern verweigerten die Genehmigung dieses Beförderungsvertrags. Die S-Bahn AG verlangt gemäß § 12 ihrer von der zuständigen Behörde genehmigten Allgemeinen Beförderungsbedingungen ein erhöhtes Beförderungsentgelt von 40 € von M.

Ist M zur Zahlung des erhöhten Beförderungsentgelts verpflichtet?

## Lösung 369

### I. Anspruch aus Beförderungsvertrag

Ein Anspruch der nach § 1 Abs. 1 S. 1 AktG rechtsfähigen S gem. § 12 ihrer Beförderungsbedingungen setzt zunächst voraus, dass ein Beförderungsvertrag zwischen S und M zustande gekommen ist, der die Beförderungsbedingungen einschließt.

#### 1. Abschluss eines Beförderungsvertrages zwischen S und M

##### a) Angebot

Durch Bereitstellen der Bahn an der Haltestelle und Öffnen der Türen für die Fahrgäste wurde seitens der S durch schlüssiges Verhalten eine Erklärung abgegeben, die der anwesenden M durch unmittelbare Wahrnehmung zugegangen ist.

Inhaltlich war die Erklärung aus der maßgeblichen Sicht der M auf den Abschluss eines Beförderungsvertrages zwischen den nun eintretenden Fahrgästen und der S zu deren Beförderungsbedingungen gerichtet. Eine bloße invitatio ad offerendum ist nicht anzunehmen. Bei der Auslegung gem. §§ 133, 157 ist zu berücksichtigen, dass die S gem. § 22 PBefG grundsätzlich jedermann zu befördern hat und sich ihr Angebot deshalb verbindlich an alle eintretenden Fahrgäste richtet.[58] Damit bezog sich das Angebot der S auch auf den Abschluss eines Beförderungsvertrages mit der M.

##### b) Annahme

Die M hat dieses Angebot ihrerseits schlüssig durch das Betreten des Fahrzeuges angenommen. Eines besonderen Zugangs dieser Annahme bedurfte es nach § 151 S. 1 nicht, da die Übermittlung der Annahme an eine bestimmte Empfangsperson im anonymisierten Massengeschäft des S-Bahnverkehrs technisch regelmäßig gar nicht möglich und deshalb unüblich ist.

Inhaltlich brachte das Verhalten der M aus Sicht eines objektiven Dritten (§ 133) auch zum Ausdruck, mit der Geltung der Allgemeinen Beförderungsbedingungen der S einverstanden zu sein. M hatte dem nicht erkennbar widersprochen. Zwar stellt § 305 Abs. 2 für die Einbeziehung Allgemeiner Geschäftsbedingungen besondere Voraussetzungen auf, deren Einhaltung sich dem Sachverhalt nicht entnehmen lassen. Vorliegend ist S jedoch von der Einhaltung dieser besonderen Voraussetzungen nach § 305a Nr. 1 befreit.

Damit liegen Annahme und Angebot wirksam vor und führen aufgrund inhaltlicher Übereinstimmung zum Zustandekommen des Beförderungsvertrages unter Einbeziehung der Allgemeinen Beförderungsbedingungen von S.

57 Nach *AG Hamburg* NJW 1987, 448.

58 Zu den Auslegungsgrundsätzen siehe oben unter Rn. 196 ff.

2. **Unwirksamkeit nach § 108 Abs. 1**

Der Vertrag könnte jedoch nach § 108 Abs. 1 im Hinblick auf die gem. §§ 2, 106 aufgrund ihres Alters beschränkte Geschäftsfähigkeit der M unwirksam sein.

Dies ist dann der Fall, wenn M den Vertrag ohne die erforderliche Zustimmung ihrer Eltern geschlossen hat. Der Abschluss des Beförderungsvertrages bedurfte nach § 107 der Einwilligung der Eltern als gesetzlichen Vertreter der M (§§ 1626 Abs. 1, 1629 Abs. 1), da der Beförderungsvertrag die M unmittelbar zur Zahlung des Fahrpreises verpflichtete. Eine derartige Einwilligung wurde hier ausdrücklich für die Fahrt zur Schule erteilt, § 182 Abs. 1, Abs. 2. Diese Einwilligung war bei redlicher Auslegung gem. §§ 133, 157 aber darauf beschränkt, dass die M für die Fahrt einen Fahrschein erwerben würde. Eine Einwilligung der Eltern auch in eine „Schwarzfahrt" konnte sich wegen des gleichzeitigen Aushändigens des erforderlichen Fahrtgeldes gerade nicht herleiten lassen und würde zudem den Interessen der minderjährigen M zuwiderlaufen. Dies bestätigt § 110, wonach ein Vertrag nur wirksam wird, falls der beschränkt Geschäftsfähige die vertragsmäßige Leistung mit den ihm dazu überlassenen Mitteln vollständig bewirkt hat. Da die M keine Fahrkarte erworben und deshalb die vertragsmäßige Leistung nicht bewirkt hat, war der zwischen S und M geschlossene Beförderungsvertrag zunächst schwebend unwirksam. Nach ausdrücklicher Verweigerung der Genehmigung durch die gesetzlichen Vertreter der M wurde der Beförderungsvertrag endgültig unwirksam. Ein Anspruch aus § 12 der Allgemeinen Beförderungsbedingungen i.V.m. dem Beförderungsvertrag scheidet folglich aus.

## II. Anspruch aus §§ 812 Abs. 1 S. 1 Var. 1, 818 Abs. 2

Fraglich ist, ob sich eine Verpflichtung zur Zahlung des erhöhten Beförderungsentgelts aus den Vorschriften über die Herausgabe einer ungerechtfertigten Bereicherung ergibt. In Betracht kommt ein Anspruch aus §§ 812 Abs. 1 S. 1 Var. 1, 818 Abs. 2.

M hat mit der Beförderung durch S einen vermögenswerten Vorteil erlangt, obwohl S zu dessen Erbringung gerade nicht verpflichtet war. Da die Herausgabe der Beförderung naturgemäß unmöglich ist, richtet sich die bereicherungsrechtliche Herausgabepflicht auf Wertersatz in Geld, § 818 Abs. 2.

M ist allerdings nur um den Wert der ersparten Aufwendung in Höhe von 2,50 € bereichert.

Der S steht damit ein Erstattungsanspruch zu, der jedoch nach § 818 Abs. 3 der Höhe nach auf den Wert der noch vorhandenen Bereicherung mit einem Betrag von 2,50 € beschränkt ist.

#### 4. Sonderfall: § 110

Unter den Voraussetzungen des § 110 (ggf. i.V.m. § 1903 Abs. 1 S. 2) **gilt** ein von einem beschränkt Geschäftsfähigen **„ohne Zustimmung des gesetzlichen Vertreters"** geschlossener Vertrag als **von Anfang an** wirksam. 370

##### a) Funktion des § 110

§ 110 spricht davon, dass der Minderjährige den Vertrag „ohne Zustimmung" des gesetzlichen Vertreters abgeschlossen hat. Jedoch wurden ihm von seinem gesetzlichen Vertreter oder zumindest mit dessen Zustimmung Mittel zu einem bestimmten Zweck oder zur freien Verfügung überlassen. 371

Nach herrschender Meinung ist § 110 unglücklich formuliert. Denn in der Überlassung der Mittel kann aus Sicht des Minderjährigen bei redlichem Verständnis gem. §§ 133, 157 eine **schlüssige Einwilligung des gesetzlichen Vertreters** gesehen werden.[59] Wenn es im Gesetz also heißt „ohne Zustimmung des gesetzlichen Vertreters" so ist damit nur gemeint, dass **keine ausdrückliche Zustimmung** zu dem getätigten Geschäft erfolgt ist.[60]

Der Sinn des § 110 besteht darin, eine **Auslegungsregel** für solche Einwilligungen des gesetzlichen Vertreters aufzustellen, die **allein durch Überlassen der Mittel** zu einem bestimmten Zweck oder zur freien Verfügung bzw. durch Zustimmung zu einer solchen Überlassung erklärt werden.[61] Die durch Überlassung der Geldmittel zum Ausdruck gebrachte Einwilligung bezieht sich nach § 110 im Zweifel nur auf solche Verträge, die 372

1. bei Überlassung der Mittel nicht ausdrücklich oder konkludent **ausgenommen wurden** und
2. deren vertragsmäßige Leistungen der beschränkt Geschäftsfähige **vollständig bewirkt** hat.

§ 110 will dafür sorgen, dass der beschränkt Geschäftsfähige im Zweifel durch Vertrag nur solche Leistungspflichten begründen kann, die er auch sofort durch Erfüllung zum Erlöschen gebracht hat. Der beschränkt Geschäftsfähige soll seinem Vertragspartner möglichst nichts mehr schuldig bleiben.[62] 373

##### b) Tatbestand

###### aa) Überlassen von Mitteln

§ 110 erfordert zunächst die Überlassung von Mitteln zu einem bestimmten Zweck oder zur freien Verfügung durch den gesetzlichen Vertreter oder mit Zustimmung des gesetzlichen Vertreters. 374

Möglicherweise haben Sie § 110 bereits unter dem Schlagwort „Taschengeldparagraph" kennengelernt und denken bei „Mittel" sofort an Geld. Das ist sicher auch der Hauptanwendungsfall des § 110. Der beschränkt Geschäftsfähige bekommt von seinem gesetzlichen Vertreter Geld oder von einem Dritten, etwa seiner Großmutter. Im letzteren Fall 375

59 Palandt-*Ellenberger* § 110 Rn. 1; *Faust* BGB AT § 18 Rn. 30.
60 Palandt-*Ellenberger* § 110 Rn. 1.
61 Palandt-*Ellenberger* § 110 Rn. 1; *Medicus* Allgemeiner Teil des BGB Rn. 579.
62 *Medicus* Allgemeiner Teil des BGB Rn. 579; *Faust* BGB AT § 18 Rn. 30.

muss **die Überlassung mit Zustimmung des gesetzlichen Vertreters erfolgen** – andernfalls ist der Vertrag auch dann unwirksam, wenn der beschränkt Geschäftsfähige die sich daraus ergebenden Leistungspflichten mit dem überlassenen Geld bewirkt hat.

**Beispiel** Der 12 Jahre alte M bekommt Besuch von seiner Großmutter O. Als O sich verabschiedet drückt sie dem M 50 € in die Hand und flüstert ihm augenzwinkernd zu: „Davon kannst Du Dir kaufen, was Du immer schon haben wolltest! Steck's schnell ein – das bleibt jetzt mal unter uns. Mama und Papa müssen ja nicht alles wissen!"

M erwirbt mit dem Geld eine Playstation vom Händler V. Der zwischen M und V geschlossene Kaufvertrag ist gem. §§ 107, 108 Abs. 1 unwirksam. M ist altersbedingt nach §§ 2, 106 in seiner Geschäftsfähigkeit beschränkt und bedurfte zum Abschluss des Kaufvertrages nach § 107 der Zustimmung seines gesetzlichen Vertreters. Eine Einwilligung des gesetzlichen Vertreters lag nicht vor, da M gem. §§ 1626 Abs. 1, 1629 Abs. 1 durch seine Eltern und nicht durch seine Großmutter O vertreten wird. Seine Eltern haben in den Kaufvertrag aber nicht eingewilligt und diesen auch nicht genehmigt. Eine Wirksamkeit nach § 110 scheitert daran, dass M seine Kaufpreiszahlungspflicht mit Mitteln bewirkt hat, die ihm ohne Zustimmung seiner Eltern überlassen wurden. ■

376 „Mittel" i.S.d. § 110 können aber **auch andere Gegenstände** als Geld sein. Das Gesetz spricht also bewusst nicht einfach nur von „Geld". Der Grund ist einfach: Der beschränkt Geschäftsfähige muss nicht unbedingt die Position des zahlenden Kunden, sondern kann ja auch einmal die Position eines Veräußerers einnehmen.

**Beispiel** Der beschränkt geschäftsfähige M erhält von seinen Eltern altes Spielzeug vom Dachboden, um sie auf dem „Flohmarkt" zu veräußern. ■

### bb) Umfang der (konkludenten) Einwilligung

377 Aus § 110 folgt, dass der Umfang der durch Überlassen der Mittel konkludent erteilten Einwilligung wie sonst auch **durch Auslegung gem. §§ 133, 157** zu bestimmen ist, und zwar vom Horizont des beschränkt Geschäftsfähigen als Empfänger der Mittel (und damit der Erklärung).

378 Die Überlassung kann für einen bestimmten Zweck, also nur für einen bestimmten Vertrag, oder zur freien Verfügung erfolgen. Denkbar und in der Praxis sicher am häufigsten erfolgt die Überlassung mit eingeschränkter Verfügungsfreiheit.

**Beispiel** Die Überlassung von Geld muss aus Sicht des beschränkt Geschäftsfähigen zum Beispiel so verstanden werden: „Hier hast Du Geld zur freien Verfügung, allerdings nicht für Zigaretten, Alkohol, (etc.)." ■

379 Ob die Überlassung der Mittel zugleich als **eine konkludente Einwilligung in Folgegeschäfte** verstanden werden kann, ist immer eine Frage des Einzelfalles und muss ebenfalls durch Auslegung ermittelt werden.

**Beispiel 1** Der 12 Jahre alte M bekommt von seinen Eltern 2 € für den Erwerb von „Panini"-Sammelbildern. M schließt mit dem Händler V einen entsprechenden Kaufvertrag über 5 Bilderpäckchen und bezahlt mit den 2 €.

Da M einige Bilder bereits hatte, tauscht er die doppelten Bilder in der Schule mit seinem Freund F gegen andere Bilder des F ein.

Der mit V geschlossene Kaufvertrag ist hier nach § 110 von Anfang an wirksam. Der mit F geschlossene Tauschvertrag ist ebenfalls nach § 110 wirksam. Die Zustimmung zum Erwerb der „Panini"-Bilder konnte M redlicherweise so verstehen, dass ihm auch die Bilder zur freien Verfügung belassen werden sollten. Damit hat er auch seine Verpflichtung aus dem Tauschvertrag mit Mitteln bewirkt, die ihm mit Zustimmung seiner Eltern zur Verfügung, nämlich zumindest auch für Tauschzwecke, belassen waren. Für einen entgegenstehenden Willen der Eltern finden sich keine Anhaltspunkte. ■

**Beispiel 2** Wurden dem beschränkt Geschäftsfähigen hingegen 5 € für den Erwerb eines Lottoscheines überlassen, darf er nicht davon ausgehen, auch der sich daraus ergebende Gewinn in Höhe von 3000 € sei ihm zur freien Verfügung belassen.[63] Anders mag es sein, wenn der Gewinn lediglich 10 € beträgt und der beschränkt Geschäftsfähige mit dem Geld beispielsweise ein weiteres Los erwirbt. ■

Da die Überlassung der Mittel als konkludente Einwilligung des gesetzlichen Vertreters aufzu- **380**
fassen ist, findet § 110 auf solche Verträge **keine Anwendung**, bei denen der gesetzliche Vertreter den beschränkt Geschäftsfähigen ausnahmsweise **nicht wirksam vertreten kann.**[64]

**Beispiel** Der 17 Jahre alte M erhält von seinen (verheirateten) Eltern ein monatliches Taschengeld in Höhe von 100 € zur freien Verfügung. Eines Monats verschenkt er den Betrag an seine 16 Jahre alte Freundin F, weil diese sich gerne ein neues Tattoo machen lassen möchte und von ihren Eltern das dazu erforderliche Geld nicht bekommen hat.

Der Wirksamkeit des zwischen M und F geschlossenen Schenkungsvertrages steht §§ 107, 108 Abs. 1 entgegen. M ist nach §§ 2, 106 beschränkt geschäftsfähig und wird nach dem Inhalt des Schenkungsvertrages zur Zahlung von 100 € verpflichtet. Eine ausdrückliche Zustimmung der Eltern liegt nicht vor. Der Vertrag kann auch nicht gem. § 110 als von Anfang an wirksam angesehen werden, da die Eltern gem. § 1641 S. 1 die Zustimmung zu dem Schenkungsvertrag auch ausdrücklich nicht wirksam hätten erklären können. Ihre grundsätzlich aus §§ 1626 Abs. 1, 1629 Abs. 1 folgende Vertretungsmacht ist durch **§ 1641** in der Weise eingeschränkt, dass sie **nicht für solche Schenkungsverträge** ihres Kindes gilt, die über Pflicht- und Anstandsschenkungen i.S.d. § 1641 S. 2 hinausgehen. Im vorliegenden Fall diente die Schenkung letztlich einer Umgehung der Entscheidung der Eltern von F, dem Aufbringen eines Tattoos nicht zuzustimmen. Vor diesem Hintergrund entsprach die Schenkung des M gerade keiner sittlichen Pflicht noch den Geboten einer anständigen Rücksichtnahme.

Anmerkung: Beachten Sie, dass die Vertretungsmacht des Betreuers eines volljährigen beschränkt Geschäftsfähigen in Bezug auf Schenkungen etwas großzügiger ausgestaltet ist, § 1908i Abs. 2. ■

### cc) Bewirken der Leistung

Weitere Voraussetzung für die Wirksamkeit des Vertrages ist das Bewirken der Leistung durch **381**
den beschränkt Geschäftsfähigen. Bis zum Bewirken durch vollständige Erfüllung i.S.d. § 362 Abs. 1 ist das Geschäft schwebend unwirksam. Erst mit der **vollständigen Bewirkung der Leistung** durch den beschränkt Geschäftsfähigen wird das Geschäft von Anfang an wirksam. Der vollständigen Erfüllung stehen die Leistung an Erfüllungs statt, Hinterlegung und Aufrechnung gleich.[65]

---

63 So bereits das *Reichsgericht* in *RGZ* 74, 234 ff.

64 *Medicus* Allgemeiner Teil des BGB Rn. 581.

65 Palandt-*Ellenberger* § 110 Rn. 4.

382 Nun stehen wir vor einem Problem: § 110 scheint nur das **Verpflichtungsgeschäft** zu betreffen, **nicht aber das Verfügungsgeschäft**, also das Geschäft, mit dem die nach dem Verpflichtungsgeschäft geschuldete Leistung bewirkt wird. Der beschränkt Geschäftsfähige kann das **Verfügungsgeschäft** aber gem. §§ 107, 108 Abs. 1 **nur mit Zustimmung seines gesetzlichen Vertreters wirksam vornehmen**. Mit dem Verfügungsgeschäft verliert er ja regelmäßig seine Rechte am Leistungsgegenstand.

**Beispiel** Die Übereignung von überlassenem Bargeld nach § 929 zum Zwecke der Erfüllung von vertraglichen Zahlungspflichten führt unmittelbar zum Eigentumsverlust des beschränkt Geschäftsfähigen. Die nach § 929 erforderliche Einigung ist ohne Zustimmung des gesetzlichen Vertreters nach §§ 107, 108 Abs. 1 schwebend unwirksam, so dass keine Erfüllung eintreten kann. ■

383 Benötigt der beschränkt Geschäftsfähige daher zum Bewirken der vertraglich geschuldeten Leistung einer zusätzlichen, auf das Verfügungsgeschäft bezogenen Einwilligung seines gesetzlichen Vertreters? Dass das nicht richtig sein kann, liegt auf der Hand. § 110 wäre überflüssig, da eine besondere Einwilligung des gesetzlichen Vertreters in das Verfügungsgeschäft sinngemäß auch die Einwilligung in das Verpflichtungsgeschäft bedeuten würde.

384 Die Lösung muss darin liegen, **§ 110 zugleich auch auf das Verfügungsgeschäft zu beziehen** und das Bewirken der Leistung mit überlassenen Mitteln nicht an §§ 107, 108 Abs. 1 scheitern zu lassen. Mit dem vollständigen Bewirken der Leistung gelten daher **Verpflichtungs- und Verfügungsgeschäft gem. § 110 als von Anfang an wirksam.**[66]

385 Das Erfordernis einer vollständigen Leistungsbewirkung führt bei **Teilleistungen** des beschränkt Geschäftsfähigen entweder zur teilweisen oder vollständigen Unwirksamkeit. Dies hängt von der Teilbarkeit der vertraglichen Pflichten ab.[67]

**Beispiel 1** Die 14-jährige M erhält von ihren (verheirateten) Eltern 40 € im Monat Taschengeld zur freien Verfügung. Im Laden des V erwirbt die M eine Handtasche für 60 €, die sie in drei Monatsraten bezahlen darf. M leistet von ihrem Taschengeld eine Anzahlung in Höhe von 20 €.

Der Kaufvertrag ist hier nach §§ 107, 108 Abs. 1 schwebend unwirksam. Die Eltern als gesetzlichen Vertreter haben der M Taschengeld zur freien Verfügung gewährt. In der Gewährung des Taschengeldes durch die Eltern liegt folglich eine konkludente Einwilligung zum Abschluss des Kaufvertrages durch die M. Anhaltspunkte dafür, dass gerade der Erwerb einer Handtasche nicht von dieser Einwilligung gedeckt sein sollte, sind nicht ersichtlich. Allerdings geht die Einwilligung nach § 110 im Zweifel nur dahin, dass der Kaufvertrag erst dann wirksam sein soll, wenn die M die von ihr nach dem Vertrag geschuldeten Leistungen durch Erfüllung vollständig bewirkt hat.

Bisher hat M jedoch lediglich die erste Kaufpreisrate gezahlt. Die Eltern der M können durch Verweigerung ihrer Genehmigung den Vertrag jederzeit endgültig unwirksam werden lassen, §§ 107, 108 Abs. 1. Unternehmen die Eltern nichts, so gilt der Vertrag zwischen M und dem V mit Zahlung der letzten Kaufpreisrate gem. § 110 als von Anfang an wirksam. ■

---

66 Palandt-*Ellenberger* § 110 Rn. 4.

67 Palandt-*Ellenberger* § 110 Rn. 4; *Medicus* Allgemeiner Teil des BGB Rn. 580.

**Beispiel 2** M hat diesmal einen Mobilfunkvertrag mit der A AG geschlossen. Das monatlich zu zahlende Entgelt wird vom Girokonto der M eingezogen, auf das ihre Eltern das Taschengeld überweisen. **Soweit** die geschuldeten Monatsentgelte **durch Erfüllung erloschen sind**, ist der Mobilfunkvertrag nach § 110 wirksam, da mit dem monatlich zu zahlenden Entgelt die monatliche Nutzungsmöglichkeit des Mobilfunknetzes der A AG – und über zusätzliche verbindungsabhängige Entgelte – auch die monatliche Nutzung vergütet wird. Dabei handelt es sich um teilbare, jeweils selbstständige Leistungseinheiten. **Im Übrigen**, nämlich für die noch nicht bezahlten Monate, ist der Vertrag noch schwebend unwirksam. ■

## 5. Übungsfall Nr. 8

386 „Geheimwaffe“[68]

Der 12 Jahre alte Matthias (M) kaufte sich beim Händler Vogel (V) eine Spielzeugpistole nebst dazugehöriger Munition zu einem Kaufpreis von 35 €. Diesen Kauf tätigte er heimlich und ohne Zustimmung seiner (verheirateten) Eltern unter Verwendung seines monatlich zur freien Verfügung überlassenen Taschengeldes. Ihm war klar, dass seine Eltern mit dem Erwerb der Spielzeugwaffe nicht einverstanden sind, und versteckte die Pistole deshalb unter seinem Bett. Zwei Tage später fanden die Eltern die Pistole sowie die dazugehörige Munition, von der ein Teil bereits verbraucht war. Die Eltern fordern den V zur Rückzahlung des Kaufpreises auf. V weigert sich und behauptet, der M habe sich so geäußert, dass er die Pistole von seinem Taschengeld finanziere und dass seine Eltern damit einverstanden wären. Der Kauf sei gem. § 110 deshalb von Anfang an als wirksam anzusehen. Ferner unterlägen Gegenstände, die nicht mehr zurückgegeben werden können, ohnehin keiner Rückabwicklung. Vorsorglich beruft sich V auf „seine Rechte wegen etwaiger Gegenansprüche“.

Wie ist die Rechtslage?

387 **Lösung**

Dem M könnte gegen V ein Anspruch auf Rückzahlung des Kaufpreises in Höhe von 35 € aus § 812 Abs. 1 S. 1 Fall 1 zustehen.

### 1. Bereicherung durch Leistung des M

V hat von M zum Zwecke der Erfüllung des zwischen ihnen vereinbarten Kaufvertrages Barmittel in Höhe von 35 € erhalten und ist damit durch eine Leistung des M bereichert worden.

### 2. Rechtsgrundlosigkeit der Leistung

Fraglich ist allein, ob der zwischen ihnen geschlossene Kaufvertrag wirksam ist und damit einen Rechtsgrund für den Leistungsaustausch und das Behalten des Geldbetrages darstellt. Der Vertrag könnte nach § 108 Abs. 1 im Hinblick auf die gem. §§ 2, 106 aufgrund seines Alters beschränkte Geschäftsfähigkeit des M unwirksam sein. Dies ist dann der Fall, wenn M den Vertrag ohne die erforderliche Einwilligung seiner gesetzlichen Vertreter geschlossen hat und diese den Kaufvertrag auch nicht genehmigt haben.

#### a) Einwilligungsvorbehalt nach § 107

Ob ein solcher Zustimmungsvorbehalt bestand, bestimmt sich nach § 107. Der zwischen V und M vereinbarte Kaufvertrag begründet für den M gem. § 433 Abs. 2 die Pflicht zur Kaufpreiszahlung sowie zur Abnahme des Kaufgegenstandes und ist deshalb für ihn rechtlich nicht lediglich vorteilhaft.

#### b) Einwilligung der Eltern

Die Eltern könnten als die gesetzlichen Vertreter des M (§§ 1626 Abs. 1, 1629 Abs. 1) jedoch in den Abschluss des Kaufvertrages eingewilligt haben.

68 Nach *AG Freiburg* NJW-RR 1999, 637 f.

Eine ausdrückliche Einwilligung ist vorliegend zwar nicht ersichtlich. Möglicherweise ist der Kaufvertrag aber nach § 110 als von Anfang an wirksam anzusehen.

Ein von einem beschränkt Geschäftsfähigen ohne ausdrückliche Zustimmung des gesetzlichen Vertreters geschlossener Vertrag gilt danach als von Anfang an wirksam, wenn der Minderjährige die vertragsgemäße Leistung mit Mitteln bewirkt, die ihm zu diesem Zweck oder zur freien Verfügung von dem Vertreter oder mit dessen Zustimmung von einem Dritten überlassen worden sind. M hatte den Kaufpreis unter Verwendung seines monatlichen Taschengelds bezahlt und damit die ihm obliegende Leistung mit Mitteln bewirkt, die ihm seine Eltern zur freien Verfügung überlassen hatten. Allerdings war dem M bekannt, dass seine Eltern den Erwerb einer Spielzeugpistole von seinem Taschengeld nicht gutheißen würden. Auch bei frei überlassenen Mitteln, deren Zuwendung sich als konkludente Einwilligung darstellt, muss durch Auslegung gem. §§ 133, 157 der erkennbare Wille des gesetzlichen Vertreters ermittelt werden. Die Überlassung von Taschengeld zur freien Verfügung ist deshalb vom beschränkt Geschäftsfähigen entsprechend den allgemeinen Grundsätzen nach §§ 133, 157 auszulegen. Wenn wie hier dem M bekannt war, dass sich das Einverständnis seiner Eltern auf das konkrete Geschäft gerade nicht erstreckte, standen ihm seine durch Taschengeld erworbenen Mittel insoweit eben gerade nicht zur Verfügung. Auf eine etwaige Gutgläubigkeit des V kommt es in diesem Zusammenhang nicht an.

#### c) Genehmigung der Eltern gem. §§ 108, 182, 184

Eine Genehmigung des Kaufvertrages haben die Eltern weder gegenüber M noch gegenüber dem V erklärt. Vielmehr haben sie durch ihre Äußerungen gegenüber V zum Ausdruck gebracht, das Geschäft nicht gelten lassen zu wollen.

### 3. Zwischenergebnis

Die Voraussetzungen für den Anspruch aus § 812 Abs. 1 S. 1 Var. 1 liegen vor, da der V den Kaufpreis von M erlangt hat, ohne einen wirksamen Kaufvertrag mit ihm geschlossen zu haben. Der Anspruch ist damit entstanden.

### 4. Durchsetzbarkeit

Der Anspruch ist durchsetzbar, wenn er fällig ist und soweit keine Einreden entgegen stehen.

Gem. § 271 Abs. 1 ist der Anspruch im Zweifel sofort fällig.

Möglicherweise steht dem K jedoch ein Zurückbehaltungsrecht aus § 273 Abs. 1 wegen eines fälligen Gegenanspruchs aufgrund der Unwirksamkeit des wechselseitig vollzogenen Kaufvertrages zu. V hat sich auf seine Rechte wegen Gegenansprüchen berufen und damit konkludent von einem Zurückbehaltungsrecht Gebrauch gemacht.

In Betracht kommt hier ein Zurückbehaltungsrecht aus § 273 Abs. 1 wegen eines Gegenanspruchs aus § 812 Abs. 1 S. 1 Fall 1.

M hat durch Leistung des V gem. § 929 S. 1 Eigentum und Besitz an der Pistole nebst Munition erlangt. Die Einigung i.S.d. § 929 bedurfte zu ihrer Wirksamkeit nicht der Zustimmung der Eltern gem. §§ 108 Abs. 1, 107, da sie für den M rechtlich lediglich vorteilhaft war, indem sie dem M Eigentum an der Pistole und Munition verschaffte.

Da der Kaufvertrag unwirksam ist, erfolgte die Leistung ohne rechtlichen Grund. V kann Rückübereignung und Rückgabe der Pistole nebst unverbrauchter Munition verlangen. Ein Wertersatzanspruch aus §§ 812 Abs. 1 S. 1 Fall 1, 818 Abs. 2 für die bereits verbrauchte Munition steht V jedoch nicht zu, da M insoweit nicht mehr bereichert ist, § 818 Abs. 3. Eine verschärfte Haftung nach § 819 greift nicht ein, da zum Schutz des beschränkt Geschäftsfähigen in Fällen wie diesen auf die Kenntnis des gesetzlichen Vertreters abzustellen ist und die Munition vor Kenntnis der Eltern verbraucht worden war. Ließe man die Kenntnis des Minderjährigen genügen, würde im Ergebnis über § 819 die gleiche Haftung wie aus dem – wegen der fehlenden Zustimmung des gesetzlichen Vertreters unwirksamen – Rechtsgeschäft eintreten.

### 5. Ergebnis

M kann von V somit Rückzahlung des Kaufpreises Zug-um-Zug gegen Rückübereignung und Rückgabe der Spielzeugpistole nebst vorhandener Munition verlangen.

### 6. Sonderfälle der §§ 112, 113

**388** In den Fällen der §§ 112, 113 (ggf. i.V.m. § 1903 Abs. 1 S. 2) wird dem beschränkt Geschäftsfähigen **nahezu volle Geschäftsfähigkeit in einem bestimmten Bereich von Geschäften** zugestanden. In diesen Bereichen **„ruht" die Vertretungsmacht des gesetzlichen Vertreters**. Er kann hier für den beschränkt Geschäftsfähigen keine Rechtsgeschäfte mehr als gesetzlicher Vertreter vornehmen.[69]

**389** Diese Selbstständigkeit wird jedoch nicht kraft Gesetzes geschaffen. Dem gesetzlichen Vertreter wird seine Vertretungsmacht also nicht etwa kraft Gesetzes entzogen. Vielmehr beruht die Selbstständigkeit auf einer Einwilligung des gesetzlichen Vertreters, die in §§ 112, 113 „Ermächtigung" genannt wird. Der begriffliche Unterschied macht deutlich, dass es sich hier nicht um eine „normale" Einwilligung i.S.d. § 107 handelt, sondern um eine besondere Einwilligung mit weiter reichenden Folgen.

#### a) Fall des § 112: Selbstständiger Betrieb eines Erwerbsgeschäfts

**390** Im Fall des § 112 ermächtigt der gesetzliche Vertreter den beschränkt Geschäftsfähigen zum selbstständigen Betrieb eines Erwerbsgeschäfts. Allerdings bedarf diese „Ermächtigung" zu ihrer Wirksamkeit zusätzlich der **Genehmigung des Familiengerichts**.

> **Erwerbsgeschäft** i.S.d. § 112 ist jede erlaubte, selbstständige, auf Gewinnerzielung gerichtete Tätigkeit, die nicht unbedingt gewerblich sein muss.[70]

**391** Der Begriff des „Erwerbsgeschäfts" ist **nicht mit dem Begriff des „Handelsgewerbes" i.S.d. § 1 HGB gleichzusetzen, sondern reicht weiter**. Sie kann sich also auch auf die Ausübung eines künstlerischen Berufes beziehen.[71]

**392** Die Ermächtigung führt dazu, dass der Minderjährige in dem Umfang voll geschäftsfähig ist, wie es das Gewerbsgeschäft erfordert. Dies sind alle Geschäfte, die der **konkrete** Geschäftsbetrieb mit sich bringt.

**Beispiele** Die 17 Jahre alte M ist Gewinnerin einer Modelshow. Mit Zustimmung ihrer Eltern und Genehmigung des Familiengerichts nimmt sie ihre Karriere als selbstständiges Model auf. Sie kann nun ohne gesonderte Zustimmung ihrer Eltern z.B. Verträge über die Aufnahme von Werbefotos und -filmen schließen. Gleiches gilt etwa für den Abschluss von Beförderungsverträgen zur Anreise an den Ort einer Modeschau oder den Abschluss von Beherbergungsverträgen mit einem Hotelunternehmen am Ort der Modeschau zum Zwecke der Übernachtung.

Will M hingegen eine Kinokarte für den privaten Kinobesuch erwerben, ist der Bereich des § 112 verlassen. Hier besteht weiterhin der Zustimmungsvorbehalt des § 107! Allerdings wird M das Entgelt für den Kinobesuch regelmäßig mit ihren Einkünften als Model bewirken können, die ihr ganz oder teilweise mit Zustimmung ihrer Eltern zur freien Verfügung i.S.d. § 110 belassen werden. ■

---

69 Palandt-*Ellenberger* § 112 Rn. 1; *Medicus* AT des BGB Rn. 583; *Faust* BGB AT § 18 Rn. 14.

70 Vgl. Palandt-*Ellenberger* § 112 Rn. 3.

71 Palandt-*Ellenberger* § 112 Rn. 3; *Medicus* Allgemeiner Teil des BGB Rn. 584.

Wenn es eingangs hieß, dass der beschränkt Geschäftsfähige im Fall des § 112 „nahezu" voll 393 geschäftsfähig ist, liegt dies an dem **Vorbehalt in § 112 Abs. 1 S. 2**. Danach kann der beschränkt Geschäftsfähige solche Geschäfte, zu denen auch der gesetzliche Vertreter der Genehmigung des Familiengerichts bedarf, nicht allein wirksam vornehmen. Das Genehmigungserfordernis bestimmt sich bei gesetzlicher Vertretung durch die Eltern nach § 1643 f., bei Vertretung durch den Vormund nach § 1821 f. und bei Vertretung durch einen Betreuer nach § 1908i Abs. 1 S. 1 und der dort jeweils in Bezug genommenen Vorschriften.

» Lesen Sie jetzt die in den Beispielen genannten Vorschriften unbedingt mit. «

**Beispiele** Unser 17 Jahre altes „Topmodel" kann wegen § 112 Abs. 1 S. 2 i.V.m. §§ 1643 Abs. 1, 1822 Nr. 3 Hs. 2 allein, also ohne gesonderte Zustimmung ihrer Eltern und Genehmigung des Familiengerichts, keine Gesellschaft zum Betrieb einer Modelagentur wirksam errichten, wegen § 112 Abs. 1 S. 2 i.V.m. §§ 1643 Abs. 1, 1822 Nr. 5 alleine keine Verträge mit Managern oder Agenturen schließen, die eine Mindestlaufzeit haben, die über ihr 19. Lebensjahr hinausreicht und die die M zu wiederkehrenden Leistungen (insbesondere Vergütungszahlungen) verpflichten. Ferner kann sich die M wegen § 112 Abs. 1 S. 2 i.V.m. §§ 1643 Abs. 1, 1822 Nr. 8 und 10 allein keine Kredite gewähren lassen oder Bürgschaften übernehmen.

Wäre M von einem Vormund vertreten, gingen die Beschränkungen weiter, da § 1822 dann nicht nur selektiv (vgl. § 1643 Abs. 1), sondern direkte Anwendung finden würde. M könnte bspw. wegen § 1822 Nr. 7 auch keine Verträge schließen, die ihre Dienste als Model für eine Mindestlaufzeit von mindestens einem Jahr (also ohne vorzeitige Kündigungsmöglichkeit) zum Gegenstand haben. ■

Wie jede Einwilligung ist auch die „Ermächtigung" widerruflich. Ihr besonderer Charakter 394 zeigt sich aber darin, dass der Widerruf zu seiner Wirksamkeit der Genehmigung des Familiengericht bedarf, § 112 Abs. 2. Wiederum wird diese Besonderheit durch eine besondere Terminologie kenntlich gemacht, indem das Gesetz statt „Widerruf" von einer **„Rücknahme"** spricht. Die Rücknahme ist abweichend von § 183 S. 2 stets gegenüber dem beschränkt Geschäftsfähigen zu erklären.[72]

### b) Fall des § 113: Eingehung eines Dienst- oder Arbeitsverhältnisses

Im Fall des § 113 führt die „Ermächtigung" zur vollen Teilgeschäftsfähigkeit für die Eingehung 395 und Vertragsabwicklung eines Dienst- oder Arbeitsverhältnisses durch den beschränkt Geschäftsfähigen. Die Vorschrift des § 113 gilt aber **nicht für Berufsausbildungsverhältnisse**, da dort nach den gesetzlichen Vorschriften der Ausbildungszweck überwiegt.[73]

Eine weitere Besonderheit besteht darin, dass die „Ermächtigung" zu ihrer Wirksamkeit **nicht** 396 **der Genehmigung des Familiengerichts** bedarf und deshalb auch ohne gerichtliche Genehmigung durch Erklärung gegenüber dem beschränkt Geschäftsfähigen ganz oder teilweise „zurückgenommen" werden kann, § 113 Abs. 2. Schließlich kann der beschränkt Geschäftsfähige bei Vertretung durch einen Vormund eine von diesem verweigerte „Ermächtigung" durch Genehmigung des Familiengerichtes herbeiführen, § 113 Abs. 3.

72 Palandt-*Ellenberger* § 112 Rn. 2.

73 Palandt-*Ellenberger* § 113 Rn. 2; *Medicus* Allgemeiner Teil des BGB Rn. 585.

397 Nach § 113 Abs. 1 ist der beschränkt Geschäftsfähige für solche Rechtsgeschäfte unbeschränkt geschäftsfähig, welche die Eingehung oder Aufhebung eines Dienst- oder Arbeitsverhältnisses der gestatteten Art oder die Erfüllung der sich aus einem solchen Verhältnis ergebenden Verpflichtungen betreffen.

**Beispiele** Der 17 Jahre alte Schüler M wird von seinen Eltern ermächtigt, als Hilfskraft im Kino der A GmbH zu arbeiten. Er ist nun ohne gesonderte Zustimmung der Eltern fähig, den Vertrag allein abzuschließen, selbst zu kündigen, eine Kündigung der A abweichend von § 131 Abs. 2 wirksam entgegenzunehmen oder ein Girokonto zur bargeldlosen Lohnzahlung einzurichten. Im Zweifel kann er nach Kündigung einen vergleichbaren Job im Kino der B GmbH annehmen, § 113 Abs. 4. Jedoch kann er beispielsweise mit seiner kontoführenden Bank allein keine Überweisungsverträge (§ 675f Abs. 1) schließen. Insofern wird sich die Wirksamkeit aber in der Regel über § 110 begründen lassen, da ihm die Guthabenforderungen auf dem Girokonto meistens zur freien Verfügung überlassen sind. ■

## IV. Genehmigung des gesetzlichen Vertreters, §§ 108, 182, 184

398 Schließt der beschränkt Geschäftsfähige ohne Einwilligung seines gesetzlichen Vertreters einen Vertrag, der rechtlich nicht lediglich zu einem Vorteil führt, ist der Vertrag **zunächst schwebend unwirksam**. Die Wirksamkeit des Vertrages hängt von der Genehmigung durch den gesetzlichen Vertreter ab, § 108 Abs. 1.

### 1. Genehmigungssystem des § 108

» Vergleichen Sie jetzt mal die Tatbestände der §§ 108, 109 einerseits und §§ 177, 178 andererseits. «

399 Wie die Einwilligung ist auch die Genehmigung ein **einseitiges Rechtsgeschäft**, das formlos (§ 182 Abs. 2) durch empfangsbedürftige Willenserklärung entweder „außen" gegenüber dem Geschäftspartner des beschränkt Geschäftsfähigen oder auch nur „innen" gegenüber dem beschränkt Geschäftsfähigen, § 182 Abs. 1, vorgenommen werden kann. Die Genehmigung muss sich wie die Einwilligung auf das tatsächlich vorgenommene Rechtsgeschäft beziehen und darf sich inhaltlich nicht von diesem unterscheiden.[74]

400 Genehmigt der gesetzliche Vertreter den Vertrag, wird dieser dadurch von Anfang an wirksam, § 184 Abs. 1. Dies gilt natürlich nur, wenn die Wirksamkeit des Vertrages nicht aus anderen Gründen scheitert (etwa wegen Formnichtigkeit nach § 125 S. 1).

401 **Verweigert** der gesetzliche Vertreter die Genehmigung des Geschäfts, so wird das Rechtsgeschäft **endgültig unwirksam**.[75]

402 § 108 Abs. 2 sieht vor, dass der Geschäftspartner den gesetzlichen Vertreter des beschränkt Geschäftsfähigen zur Erklärung auffordern kann, ob er die Genehmigung des Geschäftes erklärt oder nicht. Diese Aufforderung hat dann zur Folge, dass die Genehmigung abweichend von § 182 Abs. 1 **nur noch gegenüber dem Geschäftspartner** erklärt werden kann und außerdem eine vorher gegenüber dem beschränkt Geschäftsfähigen erklärte Genehmigung oder Verweigerung der Genehmigung unwirksam wird, § 108 Abs. 2 S. 1 Hs. 2. Erklärt der gesetzliche Vertreter die Genehmigung nach der Aufforderung dazu nicht innerhalb von **zwei Wochen**, so gilt seine Genehmigung als verweigert, **§ 108 Abs. 2 S. 2**.

74 *Faust* BGB AT § 18 Rn. 42.
75 Palandt-*Ellenberger* § 108 Rn. 2.

In der Schwebezeit, d.h. in der Zeit **bis zur Genehmigung des Geschäfts durch den gesetzlichen Vertreter**, hat der Geschäftspartner des beschränkt Geschäftsfähigen außerdem ein Widerrufsrecht gemäß § 109 Abs. 1 S. 1. Dieses Widerrufsrecht kann er gegenüber dem beschränkt Geschäftsfähigen oder gegenüber dem gesetzlichen Vertreter ausüben, § 109 Abs. 1 S. 2. § 109 Abs. 1 S. 2 macht vom Grundsatz des § 131 Abs. 2 S. 1 eine Ausnahme. Es genügt auch im Fall rechtlich nachteiliger Folgen des Widerrufs (z.B. Verlust von vertraglichen Primäransprüchen) der Zugang beim beschränkt Geschäftsfähigen. Ausgeschlossen ist der Widerruf der eigenen Willenserklärung des Geschäftsgegners aber im Fall der **positiven Kenntnis von der Minderjährigkeit**, § 109 Abs. 2. (Grob) Fahrlässige Unkenntnis der Minderjährigkeit schadet hingegen nicht. **403**

## 2. Übungsfall Nr. 9

404 „Rechner auf Raten"

Der 17 Jahre alte Konrad (K) erhält von seinen (verheirateten) Eltern monatlich 50 € Taschengeld. Da er brennend an einem neuen Computer interessiert ist und gehört hat, dass der benachbarte Händler Vogel (V) Computer auch auf Ratenzahlungsbasis verkauft, begibt er sich zum V. K sucht sich einen Computer aus dem Sortiment des V aus. Er einigt sich mit V über den Kauf des Rechners zu einem Preis von 200 €, wobei der Kaufpreis in vier monatlichen Raten zu je 50 € ausgeglichen werden soll. Die erste Rate zahlt K sogleich von seinem Taschengeld an. Da V ihm sagt, er könne den Rechner ohne besondere Sicherheiten sofort haben, nimmt K den Computer sogleich mit. Die Eltern sind zwar nicht begeistert, dass K einfach so Geschäfte macht, erklären sich ihm gegenüber aber mit dem Geschäft einverstanden.

Kurz darauf erfährt V von anderen Kunden, dass K minderjährig ist. V fragt schriftlich bei den Eltern des K an, ob sie mit dem Geschäft einverstanden seien. Da die Eltern des K eben verreist sind, bleibt der Brief ungeöffnet auf dem Schreibtisch von K's Vater liegen. Nachdem bereits 8 Tage verstrichen sind, greift V zum Telefon und ruft im Haus von K's Eltern an. K ist selbst am Telefon und erfährt von V, dass dieser den Ratenkauf wegen des geringen Alters des K „stornieren" wolle. K solle ihm den Computer zurückbringen. K ruft verzweifelt seine Eltern im Hotel an. Diese faxen dem V sogleich ihre Genehmigungserklärung zu.

Kann V von K immer noch die Rückgabe des Computers verlangen?

405 **Lösung**

### I. Anspruch des V gegen K aus § 985

Ein Anspruch des V aus § 985 setzt voraus, dass V Eigentümer des Computers und K unberechtigter Besitzer ist.

#### 1. Eigentum des V

##### a) Ursprüngliche Eigentumslage

Ursprünglich war V Eigentümer des Computers, wie sich aus der hier nicht zu widerlegenden Vermutung des § 1006 Abs. 2 ergibt.

##### b) Eigentumserwerb des K

V könnte jedoch das Eigentum durch Übereignung gemäß § 929 S. 1 auf den K übertragen haben. Dies erfordert zunächst die Übergabe der Sache und das Einigsein über den Eigentumsübergang auf K.

##### aa) Einigung und Übergabe

V hat dem K den Computer sofort übergeben und gab dem K dabei ausdrücklich zu verstehen, den Computer „ohne Sicherheiten sofort haben" zu dürfen. Demnach wollte sich V das Eigentum am Computer trotz vereinbarter Ratenzahlung nicht bis zur Zahlung der letzten Kaufpreisrate gem. § 158 Abs. 1 vorbehalten. K hat dieses Angebot zumindest konkludent gegenüber dem anwesenden V durch Mitnahme des Rechners angenommen.

**JURIQ-Klausurtipp**

In anderen Fallkonstellation ist es gut vertretbar, bei Stundungsvereinbarungen regelmäßig von einem konkludenten Eigentumsvorbehalt auszugehen. Nach der Verkehrssitte (§§ 133, 157) ist nicht davon auszugehen, dass der Händler ohne weiteres sein Eigentum aufgeben will, wenn und solange er die Gegenleistung noch nicht vollständig erhalten hat.

##### bb) Unwirksamkeit nach §§ 108 Abs. 1, 107

Zu prüfen bleibt, ob die §§ 107, 108 Abs. 1 der Wirksamkeit der Übereignung entgegenstehen.

K hatte nach dem Sachverhalt das 18. Lebensjahr noch nicht vollendet und war deshalb gem. §§ 2, 106 nach Maßgabe der §§ 107 ff. in seiner Geschäftsfähigkeit beschränkt. K bedurfte gem.

§ 107 dann der Einwilligung seiner Eltern als gesetzliche Vertreter (§§ 1626 Abs. 1, 1629 Abs. 1) in den Vertragsschluss, wenn die Einigung für ihn rechtlich nicht lediglich vorteilhaft war.

Dies ist hier aber nicht der Fall. Die Übereignung verschafft dem K eine weitere Rechtsposition, nämlich das Eigentum am Computer. Wenn der Kaufvertrag unwirksam ist, löst die Übereignung zwar unmittelbar die Rückübertragungspflicht aus § 812 Abs. 1 S. 1 Var. 1 aus. Dies begründet aber keinen nach § 107 beachtlichen Nachteil, da K ja nur den durch die Verfügung vermittelten Vorteil (Besitz und Eigentum an dem Computer) wieder verlöre.

Der Vertrag über den unmittelbaren Eigentumswechsel konnte daher von K gem. § 107 ohne Einwilligung seines gesetzlichen Vertreters wirksam geschlossen werden.

#### 2. Ergebnis

V hat sein Eigentum somit wirksam auf den K übertragen. Ein Anspruch aus § 985 scheidet damit aus.

## II. Anspruch des V gegen K aus § 812 Abs. 1 S. 1 Var. 1

Ein Anspruch aus Leistungskondiktion aus § 812 Abs. 1 S. 1 Var. 1 setzt zunächst voraus, dass K etwas durch Leistung des V erlangt hat.

### 1. Etwas erlangt

K hatte zum einen den unmittelbaren Besitz am Computer erlangt. Dabei kommt es auf die Geschäftsfähigkeit des K nicht an, da die Inbesitznahme als Realakt ein rein tatsächlicher Vorgang und kein Rechtsgeschäft ist. Darüber hinaus hat K auch das Eigentum am Computer gem. § 929 S. 1 erworben.

### 2. Durch Leistung

Eigentum und Besitz müsste K durch Leistung des V erworben haben. Unter Leistung wird eine bewusste und zweckgerichtete Mehrung fremden Vermögens verstanden. V übertrug dem K Eigentum und Besitz am Computer, um seine Verpflichtung aus dem mit K vereinbarten Kaufvertrag zu erfüllen. V hat dem K folglich Besitz und Eigentum im Wege der Leistung zugewendet.

### 3. Ohne rechtlichen Grund

Weiter ist zu prüfen, ob K Besitz und Eigentum am Computer ohne rechtlichen Grund erworben hat. Rechtsgrund einer Leistung ist das Schuldverhältnis, zu dessen Erfüllung die Leistung vorgenommen wurde.

Zu prüfen ist somit, ob zwischen V und K ein wirksamer Kaufvertrag zustande gekommen ist.

#### a) Kaufvertragsschluss

V und K haben sich über den Verkauf des Computers zum Preis von 200 €, zahlbar in vier Monatsraten, mündlich geeinigt.

#### b) Unwirksamkeit nach §§ 107, 108 Abs. 1

Der Kaufvertrag könnte aber gem. §§ 107, 108 Abs. 1 unwirksam sein. Dies ist dann der Fall, wenn K den Vertrag ohne die erforderliche Einwilligung seiner Eltern als dessen gesetzliche Vertreter geschlossen hat und diese den Vertrag auch nicht genehmigt haben.

##### aa) Einwilligungsvorbehalt

K bedurfte gem. § 107 dann der Einwilligung seiner Eltern, wenn der von ihm abgeschlossene Kaufvertrag rechtlich nicht lediglich vorteilhaft gewesen ist. Der Abschluss eines Kaufvertrages hat zur Folge, dass K daraus unmittelbar nicht nur berechtigt, sondern gem. § 433 Abs. 2 auch zur Zahlung und Abnahme verpflichtet wird. Folglich war der Abschluss eines Kaufvertrages für K rechtlich nicht lediglich vorteilhaft.

##### bb) Einwilligung

Eine ausdrückliche Einwilligung der Eltern des K gem. §§ 182, 183 ist nicht ersichtlich. Eine Wirksamkeit nach § 110 kommt deshalb nicht in Betracht, weil K den Kaufpreis noch nicht vollständig bewirkt hat und der Computer kein teilbarer Leistungsgegenstand ist. V und K haben folglich einen gem. § 108 Abs. 1 zunächst schwebend unwirksamen Vertrag geschlossen.

cc) Genehmigung des gesetzlichen Vertreters

Gem. § 108 Abs. 1 kann die schwebende Unwirksamkeit des Vertragsschlusses aber noch durch eine nachträgliche Zustimmung (Genehmigung) des gesetzlichen Vertreters beseitigt werden.

(1) Genehmigung gegenüber K

Die Eltern des V haben dem von K geschlossenen Kaufvertrag nachträglich zugestimmt und somit die Genehmigung erklärt (§ 184 Abs. 1). Die Genehmigung konnte gem. § 182 Abs. 1 noch wirksam gegenüber K erklärt werden, da V die Eltern zu diesem Zeitpunkt noch nicht zur Genehmigung aufgefordert hatte (§ 108 Abs. 2 S. 1 Hs. 1).

Allerdings ist die gegenüber K erklärte Genehmigung durch die spätere Aufforderungserklärung des V wieder nach § 108 Abs. 2 S. 1 Hs. 2 unwirksam geworden. Diese Aufforderung ist den Eltern trotz ihrer Abwesenheit zugegangen und damit nach § 130 Abs. 1 S. 1 wirksam geworden. Zugegangen ist eine Willenserklärung unter Abwesenden dann, wenn sie in den Bereich des Empfängers gelangt ist und sobald mit der Möglichkeit der Kenntnisnahme durch den Empfänger unter gewöhnlichen Umständen zu rechnen ist. Das ist nach dem Sachverhalt geschehen. Auf eine tatsächliche Kenntnisnahme kommt es bei verkörperten Erklärungen nicht an.

(2) Genehmigung gegenüber V

Allerdings haben die Eltern später auch dem V gegenüber als dem jetzt allein maßgeblichen Empfänger (§ 108 Abs. 2 S. 1 Hs. 1) per Fax ihre Genehmigung erklärt. Diese Genehmigung kann aber nur dann zur Wirksamkeit des Kaufvertrages führen, wenn er nicht aus anderen Gründen zwischenzeitlich endgültig unwirksam geworden ist.

(a) Unwirksamkeit wegen Verweigerungsfiktion nach § 108 Abs. 2 S. 2

Aufgrund der vorausgegangenen Aufforderung zur Genehmigung durch H musste die Genehmigung gem. § 108 Abs. 2 S. 2 innerhalb von zwei Wochen nach Empfang der Aufforderung dem H zugehen. Bei verspätetem Zugang gilt die Genehmigung als verweigert, so dass der Vertrag endgültig unwirksam ist. Der Zugang der Genehmigung erfolgte hier aber 8 Tage nach der Aufforderung, also innerhalb der von § 108 Abs. 2 S. 2 vorgesehenen Frist.

(b) Unwirksamkeit aufgrund Widerrufs nach § 109 Abs. 1 S. 1

Der Kaufvertrag könnte jedoch aufgrund Widerrufs des Vertrags durch V gem. § 109 Abs. 1 unwirksam geworden sein. V hatte in dem Telefonat mit K den Kaufvertrag widerrufen. Der von ihm gewählte Begriff „Stornierung" kann redlicherweise nicht anders als eine Widerrufserklärung gem. § 109 Abs. 1 verstanden werden. Dieser Widerruf ist auch wirksam zugegangen, da er gem. § 109 Abs. 1 S. 2 auch dem Minderjährigen gegenüber erklärt werden kann. Diese Vorschrift verdrängt § 131 Abs. 2, so dass es auf den Zugang bei den Eltern des K nicht ankommt. Der Widerruf des H ist auch nicht gem. § 109 Abs. 2 unzulässig, da dem V im Zeitpunkt des Vertragsschlusses die Minderjährigkeit des K nicht bekannt war.

Die Genehmigung der Eltern des V ging somit ins Leere, da der Vertrag bereits mit dem wirksamen Widerruf des V endgültig unwirksam geworden war.

4. Zwischenergebnis

Da der Kaufvertrag zwischen V und K endgültig unwirksam ist, erfolgte die Leistung des V ohne rechtlichen Grund. K ist dem V zur Herausgabe von Besitz und Eigentum am Computer verpflichtet. Rechtsvernichtende Einwendungen sind nicht ersichtlich. Insbesondere scheidet eine Entreicherung des K nach § 818 Abs. 3 aus, da sich Eigentum und Besitz am Computer noch in seinem Vermögen befinden.

5. Fälligkeit

Der Herausgabeanspruch ist sofort fällig, § 271 Abs. 1.

### 6. Einreden

Einreden hat K noch nicht erhoben. Dies könnte er aber noch nachholen.

Als Einrede kommt die Geltendmachung eines Zurückbehaltungsrechts aus § 273 Abs. 1 in Betracht. Dem K steht gegen den V seinerseits ein Anspruch aus § 812 Abs. 1 S. 1 Var. 1 auf Rückzahlung zu. Beide Ansprüche entspringen dem Vollzug des gescheiterten Kaufvertragsschlusses, so dass die für § 273 Abs. 1 erforderliche Konnexität gegeben ist. Der Anspruch des K ist ebenfalls fällig (§ 271 Abs. 1), so dass die Voraussetzungen für ein Zurückbehaltungsrecht aus § 273 Abs. 1 gegeben sind.

K kann sich also noch auf sein Zurückbehaltungsrecht berufen und ist dann nach § 274 Abs. 1 nur zur Herausgabe des Computers Zug-um-Zug gegen Rückzahlung der ersten Rate in Höhe von 50 € verpflichtet.

## D. Einseitige Rechtsgeschäfte mit beschränkt Geschäftsfähigen

406 Die Auswirkung der beschränkten Geschäftsfähigkeit auf einseitige Rechtsgeschäfte ist unterschiedlich und in verschiedenen Vorschriften geregelt.

**Beispiele** für einseitige Rechtsgeschäfte sind: Anfechtung, Kündigung, Rücktritt, Widerruf, Aufrechnung, Auslobung (§ 657), die Eigentumsaufgabe nach § 959. ■

Das Gesetz unterscheidet hinsichtlich der Wirksamkeit danach, ob das einseitige Rechtsgeschäft durch Erklärung des beschränkt Geschäftsfähigen selber vorgenommen wird (also aktiv) oder ob er sich (passiv) in der Rolle des Erklärungsempfängers im befindet. **Im ersten (aktiven) Fall besteht ein Wirksamkeitshindernis in Bezug auf das Rechtsgeschäft.**[76] **Im 2. (passiven) Fall ist bereits die Ebene der Willenserklärung betroffen, und zwar die Frage des Zugangs.**

### I. Einseitiges Rechtsgeschäft durch beschränkt Geschäftsfähigen, § 111

PRÜFUNGSSCHEMA

407 **Einseitiges Rechtsgeschäft durch beschränkt Geschäftsfähigen, § 111**

**A. Willenserklärung eines beschränkt Geschäftsfähigen zur Vornahme eines einseitigen Rechtsgeschäfts: Prüfung nach allgemeinen Regeln (siehe Rn. 97)**

**B. Nichtigkeit des Rechtsgeschäfts nach § 111**
- I. Einwilligungsvorbehalt nach § 107 (bzw. § 1903)
- II. Einwilligung des gesetzlichen Vertreters nach §§ 107, 182, 183?
- III. Sonderfall des § 111 S. 2 bei bestehender Einwilligung
  1. Empfangsbedürftigkeit der abzugebenden Willenserklärung
  2. Keine Vorlage der Einwilligungsurkunde des gesetzlichen Vertreters
  3. Keine Mitteilung des Vertreters gegenüber Adressaten und unverzügliche Zurückweisungserklärung des Adressaten
- IV. Bei Fehlen der erforderlichen Einwilligung: Nichtigkeit nach § 111 S. 1

**C. Ggfs. Prüfung sonstiger Wirksamkeitserfordernisse und -hindernisse**

#### 1. Grundregel der §§ 107, 111

408 Nach § 111 S. 1 sind die von beschränkt Geschäftsfähigen ohne die nach § 107 erforderliche Einwilligung vorgenommenen einseitigen Rechtsgeschäfte stets **irreparabel unwirksam (= nichtig).** Die Möglichkeit einer Genehmigung besteht in solchen Fällen nicht.

Das liegt daran, dass dem Gegner hier eine schwebende Unwirksamkeit wegen der mit einseitigen Rechtsgeschäften meistens verbundenen Gestaltungswirkung unzumutbar ist. Dies entspricht dem in § 388 S. 2 für das einseitige Rechtsgeschäft zum Ausdruck gebrachten und verallgemeinerungsfähigen Grundsatz, dass Gestaltungserklärungen **bedingungsfeindlich** sind.

76 Siehe zu den grundlegenden Aufbaufragen oben unter Rn. 89 ff.

Die §§ 107, 111 S. 1 knüpfen in Ihrem Gutachten an die Vornahme eines einseitigen Rechtsgeschäfts durch eine entsprechende Willenserklärung eines beschränkt Geschäftsfähigen an. Prüfen Sie etwa eine Anfechtung, beginnen Sie erst mit der Anfechtungserklärung und prüfen Abgabe, Zugang sowie etwaige erklärungsbezogene Nichtigkeitsgründe (§§ 105, 116, 117, 118, schuldlos fehlendes Erklärungsbewusstsein)[77] nach den allgemeinen Regeln. Liegt danach eine (als solche) wirksame Anfechtungserklärung vor, die aber von einem beschränkt Geschäftsfähigen abgegeben wurde, kommen die §§ 107, 111 – vor oder nach der Anfechtungsbefugnis und der -frist – zur Anwendung. 409

**JURIQ-Klausurtipp**

In der Prüfung könnte der Einstiegssatz lauten:

*„Eine ordnungsgemäße Anfechtungserklärung des M liegt damit vor. Die damit verfolgte Anfechtung könnte jedoch gem. § 111 S. 1/§ 111 S. 2 unwirksam sein. Dies setzt voraus, dass …"*

**Beispiel** Die 17-jährige V hat eine vermietete Eigentumswohnung geerbt. Sie will die Wohnung nun anderweitig nutzen und kündigt dem Mieter M schriftlich ohne Kenntnis ihres gesetzlichen Vertreters. Kann diese Kündigung das Mietverhältnis wirksam beenden?

Hier verliert V durch die Kündigung der Mietverhältnisse unmittelbar die kraft Erbfolge gem. § 1922 auf sie übergegangenen Ansprüche aus dem Mietvertrag. Dass dies wirtschaftlich – etwa wegen schlechter Mietkonditionen – oder rechtlich auch vorteilhaft sein kann (keine Haftung mehr aus Mietvertrag) spielt bei der Bewertung der Kündigung keine Rolle. Vorteile können nicht gegen rechtliche Nachteile „aufgerechnet" werden. Da der Verlust von Mietzinsansprüchen wirtschaftlich typischerweise auch nicht unerheblich ist, bedurfte die Kündigung gem. §§ 2, 106, 107 zu ihrer Wirksamkeit der Einwilligung ihres gesetzlichen Vertreters. Da diese nicht vorlag, ist die Kündigung nach § 111 S. 1 unwirksam. ■

## 2. Fall des § 111 S. 2

Bei einseitigen Rechtsgeschäften des beschränkt Geschäftsfähigen, die nur mittels **empfangsbedürftigen** Erklärungen vorgenommen werden können, 410

**Beispiel** Ausübung von Gestaltungsrechten wie zum Beispiel Anfechtung, Kündigung, Rücktritt oder Widerruf. ■

entsteht für den Empfänger eine Rechtsunsicherheit. Hatte der gesetzliche Vertreter des beschränkt Geschäftsfähigen in das betreffende Rechtsgeschäft nun eingewilligt oder nicht? Das muss der Empfänger nicht unbedingt wissen, da die Einwilligung gem. § 182 Abs. 1 dem beschränkt Geschäftsfähigen gegenüber erklärt werden kann.

§ 111 S. 2 trifft zum Schutz des nicht informierten Erklärungsempfängers eine Sonderregelung. Den beschränkt Geschäftsfähigen trifft die Obliegenheit, den Adressaten der Erklärung vor, bei oder nach Zugang seiner Erklärung eine schriftliche (§ 126) Ausfertigung der Zustimmungserklärung seines gesetzlichen Vertreters vorzulegen. Wenn er diese nicht vorlegt und der Empfänger die Erklärung **aus diesem Grunde unverzüglich zurückweist**, so ist das ein- 411

77 Siehe dazu oben unter Rn. 211 ff.

seitige Rechtsgeschäft **auch in diesem Fall ex tunc unwirksam**. Auch hier gibt es keine Heilungsmöglichkeit. Eine nachträgliche Vorlage der schriftlichen Einwilligungserklärung hat nach Zugang der Zurückweisung keine Bedeutung mehr.[78] Das einseitige Rechtsgeschäft muss erneut vorgenommen werden. Die Zurückweisung ist mangels Schutzbedürftigkeit des Empfängers aber dann ausgeschlossen, wenn der Empfänger vom gesetzlichen Vertreter persönlich über die Einwilligung in Kenntnis gesetzt wurde (§ 111 S. 3).

**Beispiel** Unsere 17-jährige V hat wie im vorstehenden Beispiel eine vermietete Eigentumswohnung geerbt. Sie will die Wohnung wieder anderweitig nutzen und kündigt dem Mieter M schriftlich, diesmal aber nach einer ihr gegenüber ausgesprochenen mündlichen Zustimmung ihres gesetzlichen Vertreters.
M weist die Kündigung mangels Kündigungsberechtigung der V i.S.d. § 573 zurück.

Kann diese Kündigungserklärung der V das Mietverhältnis nun wirksam beenden?

Die Kündigungserklärung ist dem M in der nach § 568 gebotenen Schriftform zugegangen. Fraglich ist aber, wie sich die beschränkte Geschäftsfähigkeit der V auf die Wirksamkeit ihrer Kündigung auswirkt.

Eine Nichtigkeit der Kündigung nach § 111 S. 1 scheidet aus, da V bei Abgabe der Erklärung über die nach § 107 erforderliche Zustimmung ihres gesetzlichen Vertreters verfügte. Die Zustimmung ist als solche wirksam, da sie nach § 182 Abs. 1 der V gegenüber erklärt werden konnte und nach § 182 Abs. 2 zu ihrer Wirksamkeit nicht der für die Kündigung in § 568 bestimmten Schriftform bedurfte.

Möglicherweise ergibt sich die Nichtigkeit der Kündigung aber aus § 111 S. 2, da V dem M keine schriftliche Ausfertigung der Einwilligung ihres gesetzlichen Vertreters vorgelegt hatte. Dies führt jedoch nur dann zur Unwirksamkeit, wenn M die Kündigung aus diesem Grunde unverzüglich zurückweist. Dies ist im folgenden Fall jedoch nicht geschehen. Vielmehr hat M lediglich die fehlende Kündigungsberechtigung der V gerügt. Dies lässt sich jedoch auch bei redlichem Verständnis nicht als Zurückweisung wegen fehlenden Einwilligungsnachweises auslegen (§§ 133, 157).

Die Kündigung ist damit nicht nach § 111 S. 2 unwirksam.

Für die Wirksamkeit der Kündigung kommt es somit allein darauf an, ob V auch zur Kündigung berechtigt war. (…) ■

**412** Da § 111 den Schutz des Empfängers bezweckt, erfasst er nicht den Fall, in dem der Empfänger zunächst mit der Erklärung ohne Einwilligung des gesetzlichen Vertreters einverstanden war. In diesem Fall ist die Erklärung schwebend unwirksam und analog §§ 108, 109 zu behandeln.[79]

---

78 Palandt-*Ellenberger* § 111 Rn. 4 f.; *Faust* BGB AT § 18 Rn 47.
79 Palandt-*Ellenberger* § 111 Rn. 3; *Faust* BGB AT § 18 Rn. 47.

## II. Einseitiges Rechtsgeschäft gegenüber Geschäftsfähigen, § 131 Abs. 2

### 1. Allgemeine Regel des § 131 Abs. 2

Bei der **passiven Beteiligung eines beschränkt Geschäftsfähigen** an einem einseitigen 413
Rechtsgeschäft löst das Gesetz den Schutz bereits **auf der Ebene des Zustandekommens**. Das Zustandekommen eines einseitigen Rechtsgeschäfts setzt eine wirksame Willenserklärung voraus, was regelmäßig vom Zugang der Erklärung abhängt.

Für den beschränkt Geschäftsfähigen rechtlich nachteilhafte Geschäfte können nach § 131 Abs. 2 S. 1 daher grundsätzlich erst mit Zugang der Erklärung bei seinem gesetzlichen Vertreter zustande kommen. Für neutrale oder vorteilhafte Rechtsgeschäfte genügt dagegen der Zugang beim beschränkt Geschäftsfähigen, § 131 Abs. 2 S. 2 (vgl. dazu ausführlich oben unter Rn. 180 ff.).

Die Vorschrift gilt analog für den Zugang einer geschäftsähnlichen Äußerung wie zum Bei- 414
spiel einer Mahnung.[80]

### 2. Sondertatbestand des § 109 Abs. 1 S. 2

Schließt der beschränkt Geschäftsfähige einen Vertrag ohne die erforderliche Einwilligung 415
seines gesetzlichen Vertreters, ist der Vertrag nach §§ 107, 108 Abs. 1 schwebend unwirksam. Dem anderen Teil steht dann nach § 109 ein Widerrufsrecht zu, das auch durch Erklärung gegenüber dem beschränkt Geschäftsfähigen ausgeübt werden kann (siehe oben unter Rn. 403) Es genügt also der Zugang der Widerrufserklärung beim beschränkt Geschäftsfähigen, obwohl der Widerruf (= einseitiges Rechtsgeschäft) rechtlich weder vorteilhaft noch neutral ist.



80 Palandt-*Ellenberger* § 131 Rn. 1.

# Sachverzeichnis

Die Zahlen verweisen auf die Randnummern.

westermann

Uli Greßler, Rainer Göppel



# Qualitätsmanagement

Eine Einführung

11. Auflage

Bestellnummer 05270

**Zusatzmaterialien zu Qualitätsmanagement**

Für Lehrerinnen und Lehrer

BiBox westermann inkl. E-Book

Lehrerlizenz BiBox Dauerlizenz: 978-3-427-86576-6
Kollegiumslizenz BiBox Dauerlizenz: 978-3-427-86573-5
Kollegiumslizenz BiBox Schuljahr: 978-3-427-87973-2

Für Schülerinnen und Schüler

Arbeitsheft: 978-3-427-04796-4

BiBox westermann inkl. E-Book

Schülerlizenz BiBox Schuljahr: 978-3-427-86574-2

westermann GRUPPE



Druck und Bindung: Westermann Druck GmbH, Georg-Westermann-Allee 66, 38104 Braunschweig

ISBN 978-3-427-05270-8

# Vorwort

Jeder will sie, jeder erkennt sie, jeder schätzt sie. Ist sie nicht vorhanden, ärgert man sich; ist sie vorhanden, nimmt man es hin oder ist begeistert. Die Rede ist von der Qualität!

Qualität entsteht nicht zufällig. Sie muss geplant, umgesetzt und kontinuierlich – also täglich – verbessert werden. Nur so kann sichergestellt werden, dass qualitativ hochwertige Produkte und Dienstleistungen angeboten und verkauft werden und somit Unternehmen florieren.

Was tun Unternehmen, um die Qualität ihrer Erzeugnisse täglich zu verbessern? Welche Systeme werden installiert, welche Techniken und Methoden werden eingesetzt, was sind die grundsätzlichen Strategien?

Qualität sicherzustellen ist keine Aufgabenstellung von einigen wenigen Mitarbeitern im Unternehmen. Qualität zu erzeugen und zu liefern ist die grundsätzliche Aufgabe eines jeden Mitarbeiters im Unternehmen. „Jeder" im Unternehmen umfasst die Manager, die Ingenieure, die Techniker, die Meister, die Facharbeiter, die Sachbearbeiter. „Jeder" hat seine Aufgaben und Verantwortungen zum Thema Qualität wahrzunehmen. Verantwortung kann aber nur übernommen werden, wenn man versteht, was getan und wie es getan werden soll.

Die Mitarbeiter, die direkt an der Planung, Entstehung und Überprüfung der Qualität beteiligt sind, müssen Bescheid wissen. Bescheid wissen über Qualitätsmanagementstrategien, Qualitätsmanagementsysteme sowie über die Vorgehensweisen, Methoden und Werkzeuge des Qualitätsmanagements.

Diese Zielgruppe wollen wir ansprechen, und zwar zu den wichtigsten Qualitätsthemen in einer übersichtlichen, praktischen und nachvollziehbaren Weise. Um dies bestmöglich zu erreichen, wurde das Buch mit zahlreichen anschaulichen Bildern sowie mit zwei Leitbeispielen aus den Bereichen Metall- und Elektrotechnik gestaltet.

Ziel ist es, wichtige Aspekte des Qualitätsmanagements ohne vorhandene Vorkenntnisse oder besondere Voraussetzungen beim Leser zu vermitteln – auf der Basis von praxisnahen Beispielen – geeignet zum Selbststudium und für Unterrichts- und Schulungszwecke. Einige Kapitel entstanden aus dem Schulunterricht in Technikerschulen und in Bereichen der Erwachsenenaus- und -weiterbildung. Die vorliegende 10. Auflage wurde aktualisiert und ergänzt. Als neue Themen wurden beispielsweise der Problemlösungsprozess inkl. der 8D-Methode aufgenommen sowie die Ausschussberechnung mittels Gauß'scher Verteilungen.

Ulm, im März 2022 Greßler / Göppel

# Inhaltsverzeichnis

# 1 Einführung

## 1.1 Qualität

Der Begriff „Qualität" ist immer von Bedeutung, wenn es um Produkte oder Dienstleistungen geht. In den letzten Jahren haben sich viele neue Begriffe etabliert, welche Fachleute meist in Abkürzungsform verwenden.

Wer sie versteht und beherrscht, hat die besten Voraussetzungen, um in den Kreis der Qualitätsfachleute aufgenommen zu werden. Nachfolgend sehen Sie einige Beispiele aus einem Gespräch unter Qualitätsfachleuten.

„Unser **TQM** basiert auf der **ISO 9000-Familie.**"
„Unsere **TQM**-Methoden umfassen neben **QFD, FMEA** auch **SPC.**"
„**OEG** und **UEG,** unserer Regelkarten, sowie die Prozessfähigkeiten
$\mathbf{c_p}$ und $\mathbf{c_{pk}}$ werden mit unserem **CAQ-System** automatisch berechnet."
„Unser **QMH** umfasst die wichtigsten **VAs** und **AAs.**"
„Unser nächstes Ziel ist den **EQA** zu gewinnen."

**Alles klar?**

## 1.2 Historische Entwicklung des Qualitätsbegriffes

Der Qualitätsbegriff bedeutete ...

- bis 1870 das Fachwerk bzw. die Zunft:
  Die Produktherstellung und die Produktprüfung fielen in der Person des Handwerkers zusammen.

- ab 1870, was eine Maschine macht:
  Einzug der Arbeitsteilung durch abgegrenzte Arbeitsstrukturen nach dem **Taylor'schen Prinzip**; z. B. war die Fertigung für die Herstellung und die Montage verantwortlich, die Qualitätskontrolle für die Prüfung und damit auch für deren Qualität.

- ab 1940 Qualitätskontrolle mit Schwerpunkten bei:
  Orientierung auf die Produktqualität, Durchführung von Endkontrollen

- ab 1960 Qualitätssicherung mit Schwerpunkten bei:
  Kontrollen während des Entwicklungs- und Herstellungsprozesses, Qualitätsverbesserung durch Vorbeugung, bedingte Prozessorientierung, Fokussierung von qualitätssichernden Tätigkeiten in technischen Bereichen, Qualitätssicherung als Tätigkeit von Spezialisten, Wandel vom Hersteller- zum Käufermarkt

- ab 1980 Qualitätsmanagement mit Schwerpunkten bei:
  Verpflichtung des Managements, klaren Strukturen im Unternehmen, Einbeziehung der Mitarbeiter, Qualitätsmanagement über den gesamten Produktlebenszyklus und das ganze Unternehmen, Kundenorientierung

## 1.3 Wandel des Qualitätsbegriffes

Wichtig ist heute, dass sich ein Unternehmen nicht nur von der Funktionstüchtigkeit seiner Produkte leiten lässt (**funktionale Qualität**), sondern auch andere Qualitäten (Produktionsqualität, Servicequalität, Beratungsqualität, Qualität der Arbeitsabläufe) berücksichtigt.

Das Produkt soll heute nicht alle technisch möglichen, sondern genau die vom Kunden gewünschten Merkmale aufweisen und sich durch höchste Gebrauchstauglichkeit, also seine **„Fitness for use“**, auszeichnen.

Die Qualitätsprüfung orientiert sich am Zwischen- und am Endprodukt sowie an den Prozessen der Produktentstehung selbst, d. h., in jedem Schritt des Prozesses sollte bereits die geforderte Qualität erreicht und entsprechend nachgewiesen werden. Eine Endkontrolle wird dadurch zwar häufig nicht ersetzt, aber mögliche Fehler bei Zwischenprodukten werden frühzeitig entdeckt und reduzieren somit sinnlose Tätigkeiten an mangelhaften Zwischenprodukten.

Unter einem Prozess wird nicht nur der „technische“ Fertigungsprozess verstanden, sondern auch alle administrativen Tätigkeiten in einem Unternehmen. Außerdem entwickelt man gute Kunden-Lieferanten-Beziehungen, indem der Kunde umfangreich über das Prozessergebnis beim Lieferanten in Kenntnis gesetzt wird. Dies gilt auch für interne **Kunden- und Lieferanten-Beziehungen** (z. B. zwischen zwei sich beliefernden Fertigungsbereichen). Jeder, der eine Arbeit oder eine Ware von irgendjemandem im Betrieb entgegennimmt, gilt als dessen Kunde und hat Anspruch auf eine einwandfreie Vorarbeit und Übergabe. Dies gilt für die Werker an einer Fertigungs- oder Montagelinie genauso wie für die Arbeit in den Angestelltenbüros oder für die Zusammenarbeit zwischen Chef und Sekretariat.

Ein weiteres Kennzeichen für den Wandel, dem der Begriff „Qualität“ unterworfen ist, zeigt sich darin, dass eigenverantwortliches Handeln einzelner Mitarbeiter in abgestimmten Grenzen immer mehr an Bedeutung gewinnt. Dies verlangt eine starke Integration und Qualifikation des Mitarbeiters in die Arbeitsprozesse; es müssen Handlungsspielräume und Informationswege definiert und gestaltet werden. Das Ziel **„Null Fehler“** in Prozessen und Produkten sollte durch „kontinuierliche und **ständige Verbesserung**“ (**Continuous Improvement**) von Prozessen und Produkten erreicht werden.

Qualität erzeugen bedeutet damit, „heute besser zu sein als gestern und morgen besser zu sein als heute“.

### 1.3.1 Qualitätsbegriff in der Norm

Nach DIN EN ISO 9000:2015 ist der Begriff „Qualität“ wie folgt definiert:

*„Grad, in dem ein Satz inhärenter Merkmale eines Objekts Anforderungen erfüllt.“*

*Anmerkung 1 der Norm:*
*Die Benennung „Qualität“ kann zusammen mit Adjektiven wie schlecht, gut oder ausgezeichnet verwendet werden.*
*Anmerkung 2 der Norm:*
*„Inhärent“ bedeutet im Gegensatz zu „zugeordnet“ „einer Einheit innewohnend“, insbesondere als ständiges Merkmal.*

Der Begriff „Qualität" beschreibt nach dieser Normdefinition, inwieweit in einem Produkt die Anforderungen von Kunden, Gesetzgeber und anderen interessierten Parteien realisiert wurden. Ein Produkt mit „schlechter Qualität" erfüllt demnach die an es gestellten Anforderungen unzureichend bzw. schlecht.

Diese Definition kann auch auf die Qualität von Prozessen übertragen werden, schlechte Qualität hieße hierbei eine schlechte Erfüllung der an den Prozess gestellten Anforderungen.

### 1.3.2 Qualitätskreis

Qualität wird durch alle Abteilungen des Betriebs im sogenannten **Qualitätskreis** bestimmt.

Dieser Qualitätskreis ist ein Modell, das alle zusammenwirkenden Tätigkeiten zu einem Produkt beinhaltet, die die Qualität in den verschiedenen Produktlebensphasen beeinflussen. Diese reichen von der Feststellung der Produktanforderungen (Marketing und Marktforschung) bis zum Lebensende des Produktes (Beseitigung oder Recycling).

**Bild 1.1:** Qualitätskreis

Ausgehend von Marketing und Marktforschung sind die wichtigsten Aufgaben während eines Produktlebenszyklus' im Uhrzeigersinn aufgelistet. In der Regel sind diese Aufgaben im Unternehmen miteinander verknüpft.

### 1.3.3 Kundenorientierung

**Was begeistert den Kunden und was setzt er voraus?**

Mit der Untersuchung von Kundenanforderungen hat sich der Japaner Kano intensiv auseinandergesetzt. Kano hat seine Ergebnisse in seinem recht einfachen **KANO-Modell** dargestellt.

Im Modell sind folgende Anforderungen klassifiziert:

- Basisanforderungen
  Basisanforderungen sind vom Kunden unausgesprochene Anforderungen. Es sind Selbstverständlichkeiten, von denen der Kunde ausgeht, dass sie im Produkt realisiert sind. Basisanforderungen erzeugen auch bei hohem Erfüllungsgrad noch keine ausreichende Kundenzufriedenheit.

- Leistungsanforderungen
  Leistungsanforderungen werden vom Kunden direkt genannt. Es sind Anforderungen, die ihm besonders wichtig sind. Bei einem Wettbewerbervergleich betrachtet der Kunde meist diese Leistungsanforderungen. Leistungsanforderungen beeinflussen die Kundenzufriedenheit direkt entsprechend ihrem Erfüllungsgrad.

- Begeisterungsanforderungen
  Begeisterungsanforderungen werden vom Kunden meist nicht genannt. Diese Begeisterungsanforderungen kennt der Kunde entweder nicht, weil sie technische Neuerungen betreffen, oder er erwartet die Erfüllung dieser Anforderungen in dem jeweiligen Produkt noch nicht. Umgesetzte Begeisterungsanforderungen helfen ganz erheblich, die Kundenzufriedenheit zu maximieren.

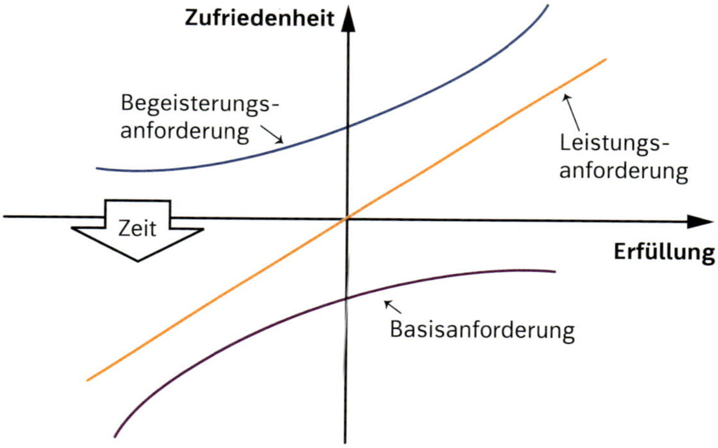


**Bild 1.2:** KANO-Modell

Am Beispiel eines Autos und dem Essen in einer Pizzeria soll dies verdeutlicht werden:

| | | |
|---|---|---|
| Basisanforderung: | → | Fahrzeug springt jeden Tag an, Sicherheitsgurte |
| Leistungsanforderung: | → | Benzinverbrauch, Kofferraumvolumen, Motorleistung |
| Begeisterungsanforderung: | → | gut verteilte Ablagefächer, Lackierungs-Auswahl |

| | | |
|---|---|---|
| Basisanforderung: | → | Pizza ist warm |
| Leistungsanforderung: | → | Größe und Belag der Pizza, Preis, Freundlichkeit |
| Begeisterungsanforderung: | → | Ambiente im Lokal |

Im Laufe der Zeit werden aus Begeisterungsanforderungen zunächst Leistungsanforderungen und schließlich Basisanforderungen. Über die Ausstattung eines Fahrzeuges mit Sicherheitsgurten konnten sich Menschen früher bestimmt begeistern. Heute ist sie eine absolute Basisanforderung.

# 2 Funktionen des Qualitätsmanagements

Der Begriff **„Qualitätsmanagement“** ist in der DIN EN ISO 9000:2015 wie folgt definiert:
*„Qualitätsmanagement Management bezüglich Qualität.“*

*Anmerkung der Norm:*
*„Qualitätsmanagement kann das Festlegen der Qualitätspolitiken und der Qualitätsziele sowie Prozesse für das Erreichen dieser Qualitätsziele durch Qualitätsplanung, Qualitätssicherung, Qualitätssteuerung und Qualitätsverbesserung umfassen.“*

Das nachfolgende Bild stellt die Zusammenhänge der Funktionen im Qualitätsmanagement dar. Diese Funktionen werden nicht zwangsläufig nur durch die „Abteilung Qualitätswesen“ in einem Unternehmen durchgeführt:
Aufgaben der Qualitätsplanung (z. B. Prüfplanung) können z. B. durchaus von der Abteilung Entwicklung und Konstruktion, Aufgaben der Qualitätssteuerung (Stichprobenentnahme und -prüfung) durch die Produktion selbst durchgeführt werden. Dies folgt dem Prinzip der Eigenverantwortlichkeit der Mitarbeiter für die Qualität ihrer jeweils durchgeführten Aufgaben. Die konkrete Umsetzung ist allerdings immer unternehmensspezifisch geregelt.

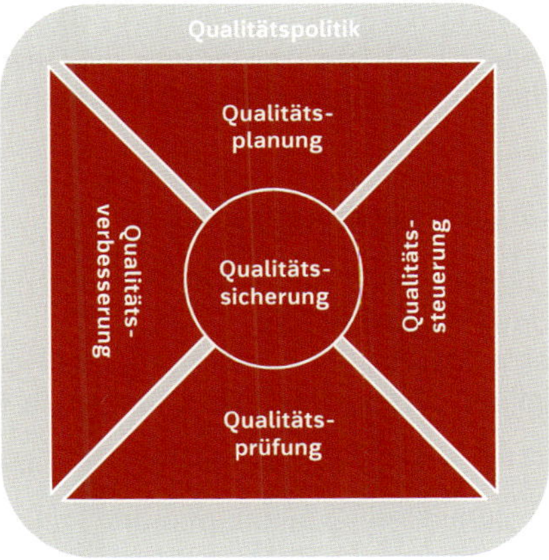


**Bild 2.1:** Funktionen des Qualitätsmanagements im Unternehmen

Diese Funktionen finden sich im gesamten Produktlebenszyklus wieder, von der Produktentstehung bis hin zur Anwendung des Produktes durch den Kunden (siehe Qualitätskreis). Sie müssen in die betrieblichen Abläufe und in die bestehende Firmenorganisation integriert werden.

## 2.1 Qualitätspolitik

Der Begriff **„Qualitätspolitik“** ist in der DIN EN ISO 9000:2005 wie folgt definiert:
*„Politik bezüglich Qualität.“*

*Anmerkungen* der Norm:
*„Üblicherweise steht die Qualitätspolitik mit der übergeordneten Politik der Organisation in Einklang, sie kann der Vision und Mission der Organisation angepasst werden und bildet den Rahmen für die Festlegung von Qualitätszielen.“*

*„Qualitätsmanagementgrundsätze dieser internationalen Norm können als Grundlage für die Festlegung einer Qualitätspolitik dienen."*

Die Qualitätspolitik wird von der Geschäftsleitung eines Unternehmens formell (also schriftlich) definiert und veröffentlicht und soll allen Mitarbeitern eine Orientierung geben, was hinsichtlich der Qualität für das Unternehmen und seine Kunden wichtig ist. Die meisten Unternehmen veröffentlichen ihre Qualitätspolitik auch auf ihren Internetseiten.

Wie in der obigen Norm-Anmerkung beschrieben, betreffen die Inhalte der Qualitätspolitik in der Regel die Grundsätze des Qualitätsmanagements (siehe Kap. 3.2.2), z. B. die Kundenorientierung, prozessorientierte Ansätze, ständige Verbesserung.

## 2.2 Qualitätsplanung

Der Begriff **„Qualitätsplanung"** ist in der DIN EN ISO 9000:2015 wie folgt definiert:

*„Teil des Qualitätsmanagements, der auf das Festlegen der Qualitätsziele und der notwendigen Ausführungsprozesse sowie der zugehörigen Ressourcen zum Erreichen der Qualitätsziele gerichtet ist."*

Mit anderen Worten umfasst die **Qualitätsplanung** die Gesamtheit der planerischen Tätigkeiten, ausgehend von der Produktidee bis zur Produktnutzung, ggf. auch Produktentsorgung.

Schwerpunkte der Qualitätsplanung betreffen dabei:

- die konkrete Berücksichtigung und Erfüllung der Kundenanforderungen und die daraus resultierenden Produkteigenschaften
- die technische Realisierbarkeit bei der Entwicklung und Herstellung des Produktes
- die benötigten materiellen, personellen und finanziellen Ressourcen zur Produktrealisierung.

Die Notwendigkeit einer sinnvollen Qualitätsplanung zeigen Untersuchungen, aus denen hervorgeht, dass die meisten Qualitätsprobleme in der Produktplanung, Entwicklung und Prozessplanung entstehen. Die Fehlerbehebung von diesen „Planungsfehlern" erfolgt meist erst in der Produktion/Prüfung oder im schlimmsten Fall beim Kunden.

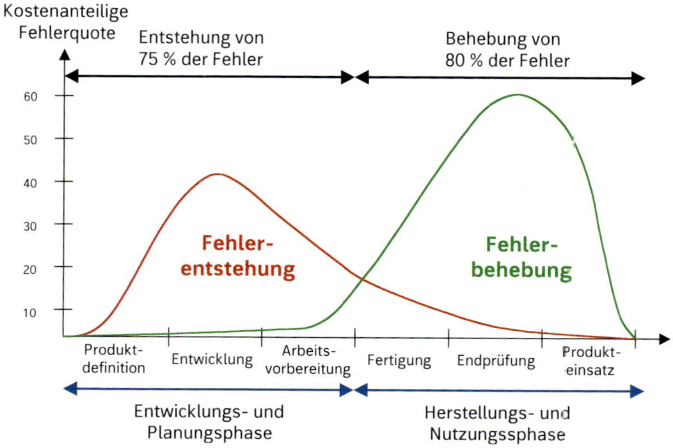


**Bild 2.2:** Fehlerentstehung und Fehlerbehebung (Quelle: Pfeifer, Tilo, 1993)

Die Entwicklung der Kosten zur Fehlerbehebung folgt nach Prof. Pfeifer dem Modell der **Zehnerregel**. Ein erkannter Planungsfehler in der Entwicklung (z. B. falsche Auslegung bzw. Bemaßung) kostet durch sofortige Änderung einer Zeichnung beispielsweise nur wenige Cent, wird der Fehler erst beim Kunden erkannt, können leicht Fehlerbehebungskosten von 100 EUR oder mehr je Produkt entstehen.

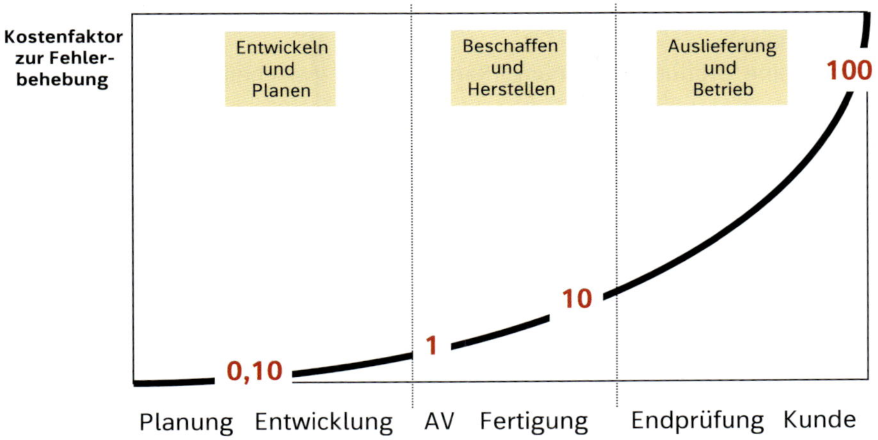


**Bild 2.3:** Zehnerregel der Fehlerkosten (Quelle: Pfeifer, Tilo, 1993)

Geeignete Hilfsmittel in der Qualitätsplanung sind u. a. die im Kapitel „Werkzeuge des Qualitätsmanagements" beschriebenen Werkzeuge, die Methoden „Quality Function Deployment (QFD)" und „Fehlermöglichkeits- und Einflussanalyse (FMEA)". Diese Werkzeuge und Methoden helfen, die Fehlerentstehung zu reduzieren. Sie sind also präventive (verhütende) Werkzeuge und reduzieren durch weniger entstehende Fehler natürlich auch in großem Maße die notwendige Fehlerbehebung.

Eine weitere Aufgabe der Qualitätsplanung ist die Auswahl und Festlegung der **Qualitätsmerkmale** eines Produktes oder einer Dienstleistung sowie die Festlegung von Toleranzbereichen für die Fertigung dieser Merkmale.

### 2.2.1 Merkmalstypen

**Quantitative Merkmale (messbare/zählbare Merkmale)**

Quantitative Merkmale sind Merkmale, deren Werte einer Skala zugeordnet sind, auf der Abstände definiert sind. Diese Merkmalswerte sind damit messbar und können durch einen Zahlenwert festgelegt und geprüft werden.

Man unterscheidet:

a) **Diskrete Merkmale**
Es gibt nur bestimmte Merkmalswerte (Zählwerte) wie Schneidenanzahl an einem Fräser, Anzahl Rosinen im Rosinenbrot, Augenzahl auf dem Würfel etc.

b) **Kontinuierliche Merkmale**
Es gibt beliebig viele Merkmalswerte (Messwerte) innerhalb eines Zahlenbereiches, wie Länge eines Bauteils in mm, Temperatur des Lötbades in K, Füllgewicht einer Verpackungseinheit in g etc.

### Qualitative Merkmale (beobachtbare Merkmale)

Qualitative Merkmale sind Merkmale, deren Werte einer Skala zugeordnet sind, auf der keine Abstände definiert sind. Diese Merkmalswerte sind durch eine Eigenschaft beschreibbar.

Man unterscheidet:

a) **Ordinalmerkmale**

Es besteht eine Ordnungsbeziehung (Rangordnung) zwischen den Merkmalswerten, z. B.:

Lohngruppen ⇒ LG 1 – LG 2 – LG 3 etc.
Schulnoten ⇒ 1, 2, 3, 4, 5, 6
Temperatur ⇒ kalt – lauwarm – warm – heiß

b) **Nominalmerkmale**

Es besteht keine Ordnungsbeziehung zwischen den Merkmalswerten, z. B.:
Prüfung ⇒ gut – schlecht
Farbe von Spielfiguren ⇒ blau – gelb – rot
Geschlecht ⇒ weiblich – männlich

## 2.3 Qualitätsprüfung

Der Begriff **„Prüfung“** ist in der DIN EN ISO 9000:2015 wie folgt definiert:

*„Bestimmung der Konformität mit festgelegten Anforderungen.“*

*Anmerkung der Norm:*
*„Zeigt das Ergebnis einer Prüfung Konformität, kann es zu Zwecken der Verifizierung verwendet werden.“*

*„Das Ergebnis einer Prüfung kann Konformität oder Nichtkonformität oder einen Grad von Konformität aufzeigen.“*

Der Begriff „Konformitätsbewertung“ bedeutet in der Definition die „Gleichheit“ zwischen der Vorgabe (z. B. in einer Zeichnung) und dem Ergebnis (z. B. nach der Fertigung) eines Merkmals.

Die Qualitätsprüfung auf Erfüllung einer festgelegten Qualitätsanforderung umfasst folgende drei Aufgabenschwerpunkte:

| Prüfplanung | Prüfausführung | Prüfdatenverarbeitung |
|---|---|---|
|   | 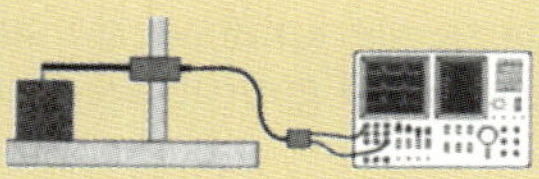 | 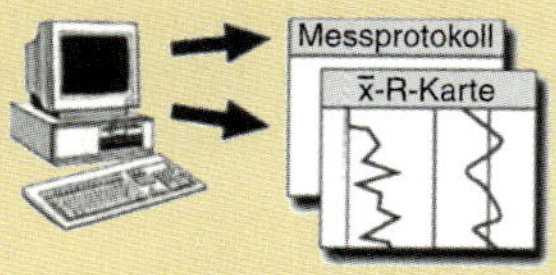  |
| Planungsentscheidungen im Prüfplan, z. B.:<br>• welche Prüfmerkmale,<br>• welcher Prüfablauf,<br>• welches Prüfmittel | Durchführung bzw. Ausführung der festgelegten Prüfung, z. B.:<br>Messen eines Durchmessermaßes am Drehteil, einer Länge des Drehteils | Erfassung der Ergebnisse der Prüfung, also der Prüfdaten, z. B.:<br>in Messprotokollen, in Regelkarten |

**Bild 2.4:** Übersicht der Aufgabenschwerpunkte der Qualitätsprüfung

### 2.3.1 Prüfplanung

Die **Prüfplanung** umfasst die Planung der Qualitätsprüfung im gesamten Produktionsablauf, vom Wareneingang der Zukaufteile bis zur Auslieferung des fertigen Produktes. Sie definiert die technischen und organisatorischen Voraussetzungen für eine wirkungsvolle und wirtschaftliche Qualitätsprüfung.

Eine Prüfplanung kann erst erfolgen, wenn die Qualitätsmerkmale im Rahmen der Qualitätsplanung festgelegt wurden (z. B. in Zeichnungen, Rezepturen).

**Vorgehensweise bei der Erstellung von Prüfplänen**

**Prüfpläne** müssen in der Regel folgende Fragen beantworten:

| |
|---|
| „WAS ist zu prüfen?“ |
| Prüfmerkmal beschreiben, z. B. Bohrungsdurchmesser, Oberflächenbeschaffenheit |
| „WIE VIEL ist zu prüfen?“ |
| Prüfumfang festlegen, z. B. 100 %-Prüfung, Stichprobenumfang, Skip-Lot (Prüfverzicht) |
| „WIE OFT ist zu prüfen?“ |
| Prüfhäufigkeit festlegen, z. B. jede Stunde, einmal pro Schicht, jedes 50. Teil |
| „WOMIT ist zu prüfen?“ |
| Prüfmittel auswählen, z. B. Messschieber, Messuhr |
| „WIE ist zu prüfen?“ |
| Prüfmethode festlegen, z. B. Messung oder Beurteilung |
| „WANN ist zu prüfen?“ |
| Prüfzeitpunkt festlegen, z. B. Eingangs-, Zwischen- oder Endprüfung, vor oder nach einem Bearbeitungsschritt |
| „DURCH WEN ist zu prüfen?“ |
| Prüfer festlegen, z. B. Werker, Qualitätssicherungsfachmann, Laborpersonal |
| „WO ist zu prüfen?“ |
| Prüfort festlegen, z. B. direkt an der Maschine, im Messraum, beim Lieferanten |
| „PRÜFDATEN-Verarbeitung?“ |
| Prüfergebnisse dokumentieren, z. B. Prüfprotokoll, Regelkarte, Rechner |

Die „VDI/VDE/DGQ-Richtlinie 2619" beschreibt die Vorgehensweise zum Erstellen eines Prüfplanes (in gekürzter Form dargestellt):

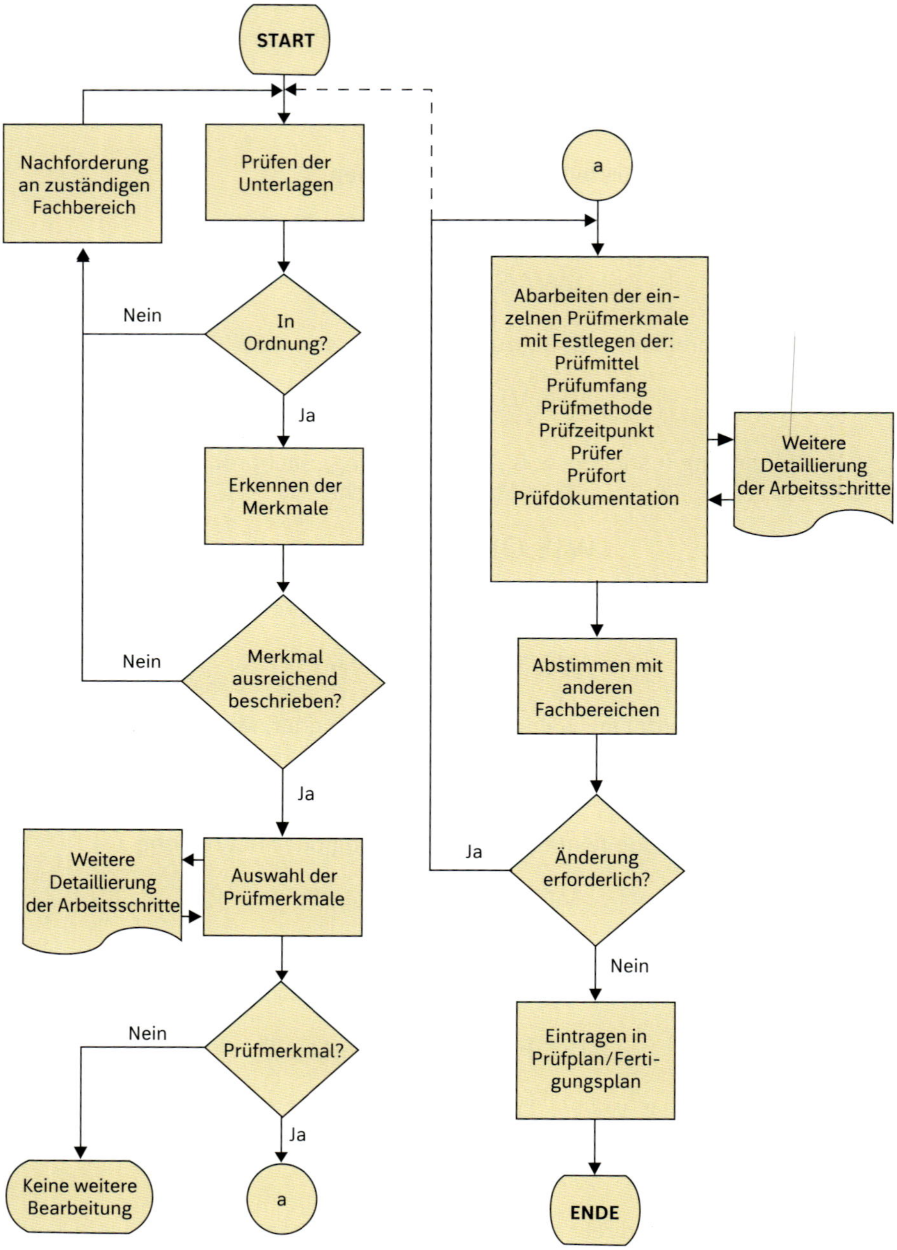


**Bild 2.5:** VDI/VDE/DGQ-Richtlinie 2619 zur Prüfplanerstellung

### ***Beispiel*** eines Prüfplans

| | **Prüfplan** | | | | Dok.-Nr.: Q-313895-2/07<br>Blatt: 1 von 1 | |
|---|---|---|---|---|---|---|
| | Ident-Nr.: | 275 | | | Zeichnungs-N | 558200002 |
| | Benennung: | Gewindering | | | Prüfplan-Nr.: | 99 |
| **lfd.Nr.** | **Prüfmerkmal** | **Prüfmittel** | **Prüf-umfang** | **Prüf-methode** | **Prüf-zeitpunkt** | **Prüf-dokumentation** |
| 1 | Länge L1 | Messschieber | n = 2 | 1/V | 5 h | Regelkarte |
| 2 | Länge L2 | Messschieber | n = 2 | 1/V | 5 h | Regelkarte |
| 3 | Durchmesser | Messschraube | n = 10 | 1/V | 5 h | Regelkarte |
| 4 | Rundheit | Rundheitsmessgerät | n = 2 | 3/V | 5 h | Regelkarte |
| 5 | Gewinde | Gewindelehrdorn | n = 5 | 1/V | 3 h | Regelkarte |
| 6 | Oberflächengüte | Oberflächentaster | n = 5 | 3/V | 3 h | Regelkarte |
| 7 | Materialhärte | Härteprüfgerät | n = 1 | 3/V | 100 Stück | Messprotokoll |
| 8 | Grat | Sichtprüfung | n = 2 | 1/A | 100 % | Regelkarte |
| 9 | | | | | | |
| 10 | | | | | | |
| 11 | | | | | | |
| 12 | | | | | | |
| 13 | | | | | | |
| 14 | | | | | | |
| 15 | | | | | | |
| 16 | | | | | | |

Prüfmethode:

| | |
|---|---|
| 1 = Werker-Selbstprüfung | V = variabel (quantitativ ermitteln) |
| 2 = Prüfung durch Qualitätssicherung | A = attribut (qualitativ ermitteln) |
| 3 = Prüfung durch Messraum | n = Anzahl der Teile aus dem Gesamtlos (Stichprobe) |
| 4 = Prüfung durch Labor | |

| | | | | | |
|---|---|---|---|---|---|
| Erstellt: | Greßler | | | | |
| Datum: | 14.09.2017 | | | | |
| Freigabe: | Göppel | | | | |
| Änderungsstand: | | | | | |
| Verteiler: | Greßler | Göppel | Schmid | Maier | |

**Bild 2.6:** Prüfplan

### 2.3.2 Prüfausführung

Die **Prüfausführung**/-durchführung stellt fest, ob und inwieweit ein Merkmal eines Produktes, die an es gestellten Qualitätsanforderungen erfüllt. Die ermittelten Werte werden mit den in der Prüfplanung festgelegten Vorgabewerten verglichen („Konformitätsbewertung"). Bei Abweichungen soll möglichst frühzeitig am Fehlerentstehungsort die Ursache ermittelt und geeignete Sofort- bzw. Korrekturmaßnahmen eingeleitet werden.

Der Anwendungsbereich der Prüfausführung erstreckt sich auf alle eingekauften Materialien und Produkte sowie auf alle selbstgefertigten Produkte in den jeweiligen Produktentstehungsphasen.

Für alle Phasen der Produktentstehung sind durch die Prüfplanung die Art, der Inhalt, die Zuständigkeit und die Häufigkeit der Prüfungen in sogenannten Prüfplänen festgelegt.

Die Arten von Prüfungen lassen sich in Eingangs-, Zwischen- und Endprüfung einteilen:

Die **Eingangsprüfung** muss sicherstellen, dass ein zugeliefertes Material oder Produkt nicht verwendet oder verarbeitet wird, solange nicht durch eine Prüfung bestätigt ist, dass die festgelegten Qualitätsforderungen erfüllt sind.

Die **Zwischenprüfung** stellt die geforderte Qualität an Bauteilen und Baugruppen innerhalb des Fertigungsablaufes fest. Sie wird von der Fertigung selbst oder vom Qualitätswesen durchgeführt. Hier findet zur Dokumentation und Prozessüberwachung das Werkzeug „Statistische Prozessregelung (SPC)" seinen Einsatz.

Als **Endprüfung** werden Prüfungen bezeichnet, die während oder am Ende einer Fertigung an Fertigerzeugnissen oder an Endprodukten vor der Einlagerung bzw. vor dem Versand an den Kunden durchgeführt werden.

***Beispiel* einer Wareneingangsprüfung**

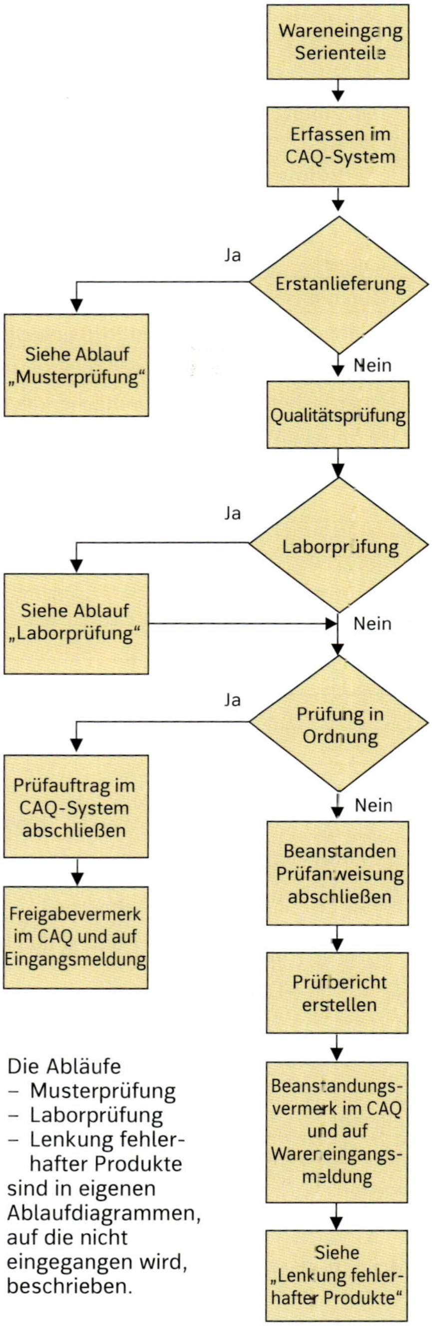


Die Abläufe
- Musterprüfung
- Laborprüfung
- Lenkung fehlerhafter Produkte

sind in eigenen Ablaufdiagrammen, auf die nicht eingegangen wird, beschrieben.

**Bild 2.7:** Ablauf Wareneingangsprüfung

### 2.3.3 Prüfhäufigkeit und Prüfumfang

Die **Prüfhäufigkeit** legt fest, wie oft eine bestimmte Prüfung durchzuführen ist. Dies kann durch Zeitzyklen (z. B. jede Stunde, jede Schicht) oder durch Produktionsmengen (1 × je Charge, jedes 50. Teil) erfolgen. Die Prüfhäufigkeit ist damit ein entscheidender Faktor bezüglich der Wirtschaftlichkeit der Prüfungen. Sind die Prüfhäufigkeiten zu gering, können fehlerhafte Produkte oder Prozessstörungen ggf. nicht erkannt werden. Sind die Prüfhäufigkeiten hoch, investiert das Unternehmen hohe Kosten in die Prüfungstätigkeiten.

Der **Prüfumfang** unterscheidet zwischen 100 %-Prüfung, Stichprobenprüfung und dynamisierter Stichprobenprüfung:

Bei der **100 %-Prüfung** werden alle Einheiten auf die festgelegten Qualitätsanforderungen geprüft. Da in der Serienproduktion durch eine 100 %-Prüfung der zeitliche und finanzielle Aufwand sehr hoch sein kann, werden Prüfmaßnahmen auch alternativ als Stichprobenprüfung durchgeführt.

Aus einer **Grundgesamtheit** (= die Gesamtheit aller Teile „N") wird dabei eine **Stichprobe** (kleinere Anzahl von Einheiten „n") entnommen und geprüft. Dem Fertigungsprozess werden in möglichst gleichen Zeitabständen (bestimmt durch die Prüfhäufigkeit) immer wieder Stichproben von gleichem Umfang „n" entnommen. Je nach Ergebnis vorangegangener Prüfungen kann der Prüfumfang der Stichprobe in einem Prozess verändert werden. Die Änderung des Prüfumfangs nennt man **„Dynamisierung"** (dynamisierte Stichprobenprüfung).

Mit der **dynamisierten Stichprobenprüfung** wird erreicht, dass Fertigungsprozesse mit schlechter Qualität intensiver (größerer Prüfumfang), solche mit guter Qualität weniger intensiv (kleinerer Prüfumfang) oder sogar für eine festgelegte Zeit überhaupt nicht geprüft werden (Skip-Lot). Hierbei unterscheidet die dynamisierte Stichprobenprüfung verschiedene Prüfniveaus, die den Umfang der Stichprobenprüfung festlegen.

Als Prüfniveaus stehen eine 100 %-Prüfung, verschärfte Prüfung, normale Prüfung, reduzierte Prüfung und Skip-Lot (Prüfverzicht) zur Verfügung.

Beginnend mit einer Prüfung auf normalem **Prüfniveau** (normale Prüfung) werden die nacheinander gezogenen Stichprobenlose geprüft. Entsprechend bestimmter Kriterien in einer vorab festgelegten sogenannten „Übergangstabelle" wird das Prüfniveau der bisherigen Prüfhistorie (bisherige Ergebnisse der durchgeführten Prüfungen) angepasst. Das Beispiel einer Übergangstabelle in Bild 2.8 definiert hierbei folgende Kriterien:

- 3 × gute Prüfergebnisse bei nacheinander geprüften Losen ⇒ Prüfniveau um 1 Stufe reduzieren
- 1 × schlechtes Prüfergebnis ⇒ Prüfniveau um 1 Stufe erhöhen
- 1 × nicht geprüft (Skip-Lot) ⇒ Prüfniveau auf „reduziert" setzen

Im Bild sind mögliche Verläufe einer Dynamisierung erkennbar: ein Verlauf mit nur guten Prüfergebnissen (siehe grüne Sterne), bei dem das Prüfniveau immer zwischen „reduziert" und „Skip-Lot" wechselt und ein Verlauf mit vorhandenen Abweichungen/ Fehlern in der geprüften Stichprobe (siehe rote Kreise). Hier wächst das Prüfniveau bis zur 100 %-Prüfung an.

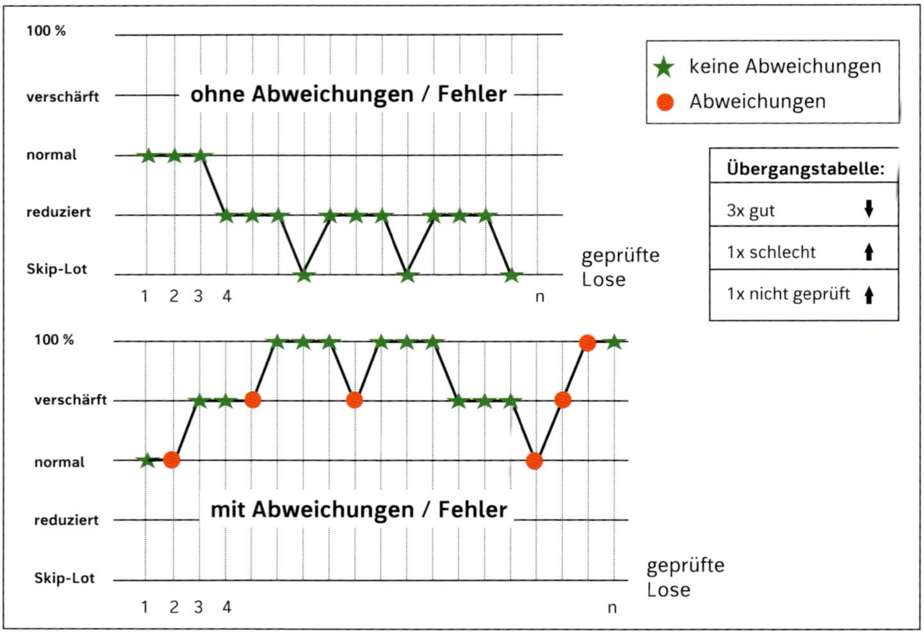


**Bild 2.8:** Dynamisierte Stichprobenprüfung

### 2.3.4 Prüfdatenverarbeitung

Die Prüfdatenerfassung und -verarbeitung ist ein wichtiges Element der Qualitätsprüfung, da die im Produktionsablauf gewonnenen Prüfdaten die Grundlage für eine zukünftige effiziente Prüfplanung und -ausführung sind. Und letztendlich entsteht durch die Prüfdaten die Möglichkeit, die Fertigungsprozesse zu verbessern bzw. bei möglichen Fehlern rechtzeitig einzugreifen. Die ermittelten Prüfdaten werden entweder in Papierformularen oder direkt in EDV-Programmen dokumentiert.

Die in EDV-Programmen erfassten Daten bilden die **Qualitätsdatenbasis**. Diese Datenbasis kann z. B. in einem vernetzten Rechnersystem (Server bzw. Zentralrechner) gespeichert und ausgewertet werden, sodass die Nutzung von allen angeschlossenen Abteilungen möglich ist.

Die Qualitätssteuerung baut auf den im Fertigungsablauf bzw. Produktlebenszyklus erfassten Prüfdaten auf und steuert bzw. lenkt die Fertigungsprozesse so, dass möglichst wenig Fehler und damit verbundener Ausschuss und Nacharbeitsaufwand entsteht.

## 2.4 Qualitätssteuerung

Ziel der **Qualitätssteuerung** ist bei Abweichung vom Sollwert, Maßnahmen am Prozess zu veranlassen, um weitere Fehler zu vermeiden.

Die DIN EN ISO 9000:2015 definiert die Qualitätssteuerung wie folgt:

> *„Teil des Qualitätsmanagements, der auf die Erfüllung von Qualitätsanforderungen gerichtet ist."*

**Varianten der Qualitätssteuerung:**
Die Qualitätssteuerung erfolgt meist auf Basis von vier grundlegenden Varianten. Diese Varianten unterscheiden sich durch „kontinuierliche“ (100 %-Prüfung) oder „statistische“ Prüfungen (ausgewertete Stichproben). Außerdem wird unterteilt in „Überwachung“ (Aussortierung) und „Regelung“ (Eingriffe in die Prozesse, Nachregelung). Welche Variante eingesetzt wird, hängt oft auch von den technischen und finanziellen Möglichkeiten des Unternehmens ab.

**Kontinuierliche Qualitätsüberwachung** ist teuer und zeitaufwendig und verbessert den Fertigungsprozess nicht.

**Kontinuierliche Qualitätsregelung** ist ebenfalls teuer und erfordert meist technisch komplexe Prozesse bzw. Maschinen, um permanent nachzuregeln. Ausschussteile treten, eine optimal arbeitende Regelung vorausgesetzt, praktisch nicht mehr auf.

**Statistische Qualitätsüberwachung** kann zu fehlerhaft gefertigten Teilen zwischen den Stichprobenprüfungen führen und verbessert den Fertigungsprozess nicht. Um Schlechtteile zu vermeiden, werden deshalb meist die zwischen den Prüfungen gefertigten Teile getrennt gesammelt, um bei fehlerhaften Prüfergebnissen die bis zur letzten „guten“ Prüfung gefertigten Teile nachträglich zu 100 % prüfen zu können.

**Statistische Prozessregelung** ist kostengünstig, erfordert aber von den zuständigen Mitarbeitern gute Kenntnisse zu statistischen Auswertungen und dem Führen von Regelkarten. Die Statistische Prozessregelung (SPC) ist in Kapitel 5.5 ausführlich mit Beispielen beschrieben.

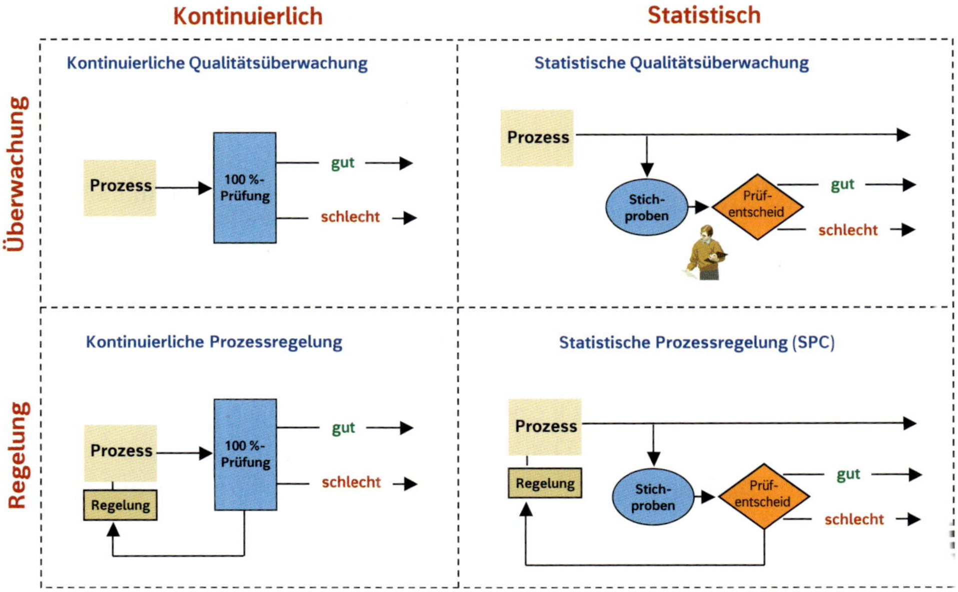


**Bild 2.9:** Varianten der Qualitätssteuerung

Bei den „Regelungs"-Varianten werden sogenannte **Qualitätsregelkreise** in der Fertigungskette installiert. Diese Regelkreise umfassen neben der Herstellung von Teilen (Arbeitsschritt 1) die Prüfung der gefertigten Teile (Prüfung) und den daraus resultierenden Prüfentscheid (Gut-/Schlecht-Teile, Ausschuss oder Nacharbeit) sowie zukünftige Eingriffe in den Arbeitsschritt, um mögliche Schlechtteile zu vermeiden.

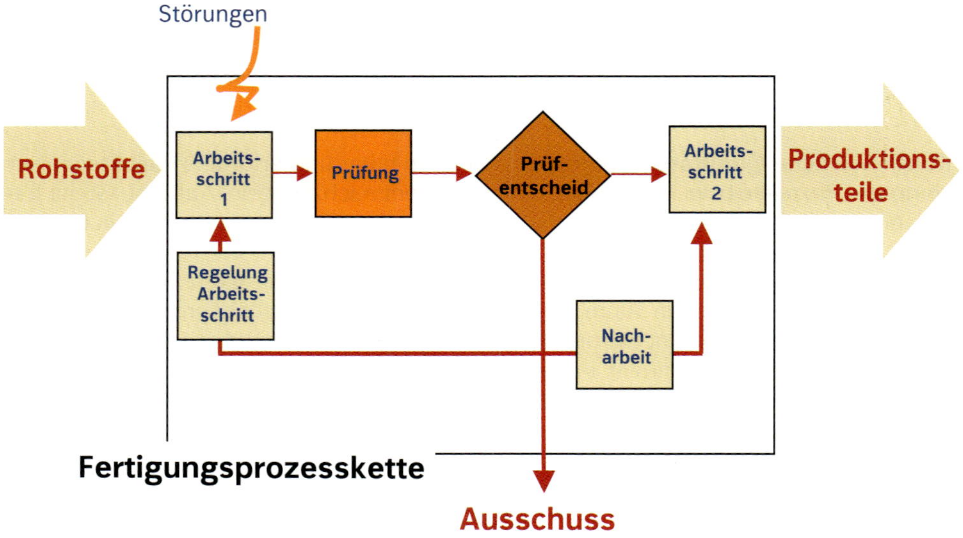


**Bild 2.10:** Qualitätsregelkreis

Die vorgenommenen Eingriffe und Maßnahmen zur Regelung des Arbeitsschrittes beziehen sich meist auf Störungen, die während der Herstellung von Teilen auf die Arbeitsschritte einwirken. Die Störungen werden gern auch als die 7M-Störungen bezeichnet. Hierbei steht „7M" als Kurzbezeichnung für die am häufigsten auftretenden sieben Störungsursachen.

**Die 7M-Störgrößen sind, z. B.:**

| | |
|---|---|
| **M**ensch: | Qualifikation, Verantwortungsgefühl, Kondition |
| **M**aschine: | Steifigkeit, Positionsgenauigkeit, Rundlauf, Geradheit, Verschleißzustand, Schneidengeometrie, Maß, Form oder Toleranz des Werkzeuges |
| **M**aterial: | Abmessungen, Formabweichungen, Festigkeit, Spannungen, Gefüge |
| **M**anagement: | Qualitätspolitik bzw. falsche Qualitätsziele |
| **M**ethode: | Arbeitsfolge, Fertigungsverfahren, Prüfmethode |
| **M**itwelt: | Temperatur, Feuchte, Licht, Gase, Schwingungen |
| **M**essbarkeit: | Messunsicherheit |

Wird der Einfluss der Störgrößen verringert, verkleinert sich auch die Streuung der Fertigungsprozesse und deren Merkmalswerte. Eine verringerte Streuung wirkt sich dabei immer positiv auf die Qualität und Lebensdauer/Zuverlässigkeit eines Produktes aus.

## 2.5 Qualitätssicherung

Der Begriff **„Qualitätssicherung“** ist in der DIN EN ISO 9000:2015 wie folgt definiert:

*„Teil des Qualitätsmanagements, der auf das Erzeugen von Vertrauen darauf gerichtet ist, dass Qualitätsanforderungen erfüllt werden.“*

Um Vertrauen in die Erfüllung der Qualitätsanforderungen zu erreichen, bedient sich die Qualitätssicherung der Ergebnisse der Qualitätsprüfung (siehe Bild 2.1, Funktionen des Qualitätsmanagements). Hier werden die Arbeitsergebnisse überprüft und bestätigt. Zur Vertrauensbildung gehört neben der Qualitätssicherung auch die Nachweisführung. Diese Nachweisführung erfolgt durch Dokumentation der Arbeitsergebnisse, die in bestimmten Fällen auch dem Kunden zur Verfügung gestellt wird. Aufgaben in der Qualitätssicherung sind deshalb die Erstellung von Produktzertifikaten und Gütesiegeln für Produkte (Werkszeugnisse, CE-Zeichen, GS-Zeichen etc.) bezüglich der Produktqualität oder die Durchführung von sogenannten Zertifizierungen des gesamten Qualitätsmanagementsystems (z. B. ISO 9000-Zertifizierung) hinsichtlich der Prozess- bzw. Unternehmensqualität.
So muss Spielzeug für Kinder z. B. mit dem CE-Zeichen gekennzeichnet sein, um es auf dem europäischen Markt verkaufen zu können. Hierzu muss beispielsweise nachgewiesen werden, dass die Produkte keine giftigen Inhaltsstoffe enthalten. Diesen Nachweis zu erbringen, gehört mitunter zu den Aufgaben der Qualitätssicherung.

## 2.6 Qualitätsverbesserung/-förderung

Der Begriff **„Qualitätsverbesserung“** ist in der DIN EN ISO 9000:2015 wie folgt definiert:

*„Teil des Qualitätsmanagements, der auf die Erhöhung der Eignung zur Erfüllung der Qualitätsanforderungen gerichtet ist.“*

*Anmerkung der Norm:*
*„Die Qualitätsanforderungen können jeden beliebigen Aspekt betreffen, wie Wirksamkeit, Effizienz oder Rückverfolgbarkeit."*

Untersuchungen haben gezeigt, dass Probleme im Unternehmen zu ca. 20 % technische oder technisch-organisatorische und zu 80 % menschliche Ursachen haben. Ziel der **Qualitätsförderung** ist es, über ein wirksames Qualitätsmanagement hinaus die Mitarbeiter in den Arbeitsprozessen zu qualitätswirksamen Eigeninitiativen zu ermutigen und zu motivieren. Die Aktivitäten der technischen oder technisch-organisatorischen Qualitätssicherung können allein dieses Ziel nicht optimal erfüllen, da das Ziel auch durch aufwendige Qualitätsprüfungen nicht erreicht werden kann. Die Qualitätsförderung soll ein Bewusstsein im Unternehmen schaffen, indem jeder Mitarbeiter an seinem Arbeitsplatz qualitätsorientiert denkt und so handelt, als ob von ihm die Qualität des ganzen Produktes abhängig wäre. Die Qualitätsförderung stellt eine Herausforderung zur ständigen, nie endenden **Qualitätsverbesserung** dar.

Die Förderung der **Motivation** des einzelnen Mitarbeiters ist der entscheidende Faktor zur ständigen Qualitätsverbesserung. Die Motivation wird erhöht durch:

- Vertrauen, Fairness, Ermutigung und Offenheit
- Beratung, Unterricht und Schulung
- Mitteilung von Erfahrung und Wissen
- Beteiligung und Information über Ziele, Entscheidungen und Ergebnisse

Eigenverantwortlichkeit und Teamgeist sind wichtige Kriterien der Qualitätsförderung. Probleme und deren Lösungsvorschläge werden im Team unter Anleitung eines Moderators in vereinbarter Zeit gelöst. Solche Verbesserungsteams werden auch unter dem Namen **Qualitätszirkel** geführt. Hierbei ist ein strukturiertes und systematisches Vorgehen, z. B. durch einen Problemlösungsprozess (siehe Kapitel 5.1), sehr hilfreich.

***Beispiel* Problemfindung – Ergebnisverbesserung**

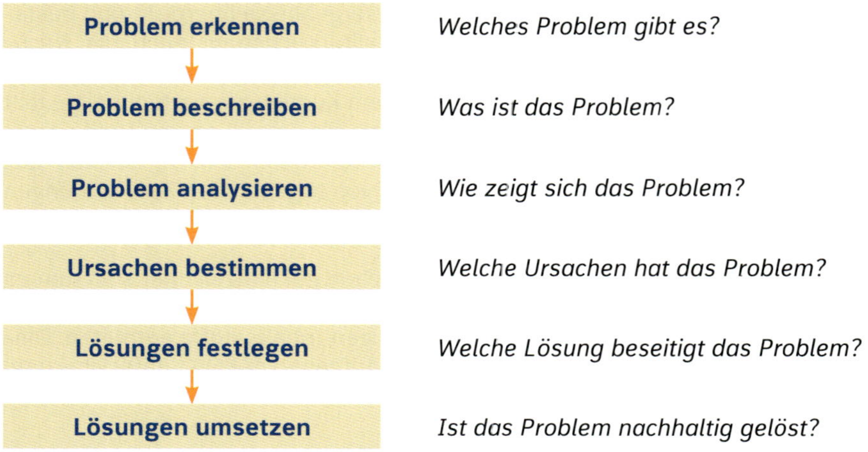


**Bild 2.11:** Beispiel Problemfindung – Ergebnisverbesserung

Qualitätsförderung wird meist über zwei Wege begonnen:
- Qualitätsförderung am Produkt bzw. am Prozess/Arbeitsablauf
- Qualitätsförderung der menschlichen Fähigkeiten

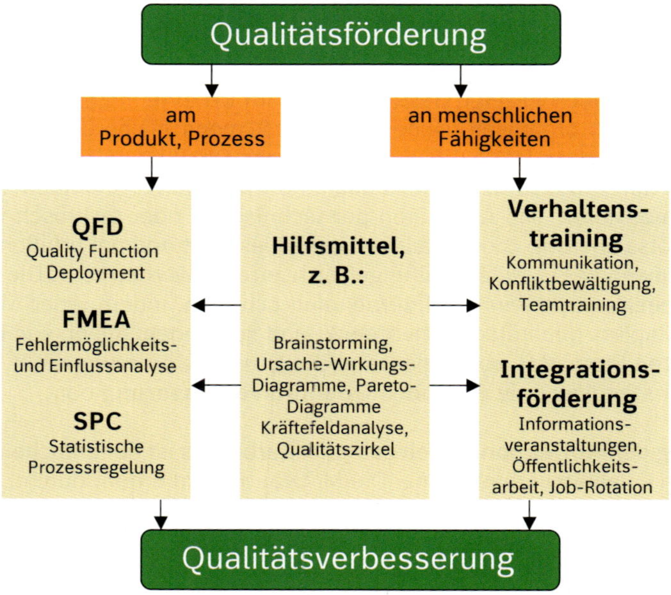


**Bild 2.12:** Methoden der Qualitätsverbesserung/-förderung

# 3 Qualitätsmanagementsysteme

Im vorhergehenden Kapitel wurde Qualitätsmanagement als „abgestimmte Tätigkeiten zum Leiten und Lenken einer Organisation" definiert. Da diese Tätigkeiten meist voneinander abhängig sind und deshalb nicht unabhängig voneinander durchgeführt werden können, werden diese Tätigkeiten in den meisten Unternehmen in einem sogenannten „Qualitätsmanagementsystem" zusammengefasst.

Die Norm DIN EN ISO 9000:2015 definiert **„Qualitätsmanagementsystem"** wie folgt:

> *„Teil eines Managementsystems bezüglich der Qualität."*

Hierbei wird der Begriff „Managementsystem" in der gleichen Norm folgendermaßen definiert:

> *„Satz zusammenhängender oder sich gegenseitig beeinflussender Elemente einer Organisation, um Politiken, Ziele und Prozesse zum Erreichen dieser Ziele festzulegen."*

*Anmerkungen der Norm:*
*„Ein Managementsystem kann eine oder mehrere Disziplinen behandeln, z. B. Qualitätsmanagement, Finanzmanagement oder Umweltmanagement."*

*„Die Elemente des Managementsystems beinhalten die Struktur der Organisation, Rollen und Verantwortlichkeiten, Planung, Betrieb, Politiken, Praktiken, Regeln, Überzeugungen, Ziele und Prozesse zum Erreichen dieser Ziele."*

*„Der Anwendungsbereich eines Managementsystems kann die ganze Organisation, bestimmte Funktionen der Organisation, bestimmte Bereiche der Organisation oder eine oder mehrere Funktionsbereiche über eine Gruppe von Organisationen hinweg umfassen."*

Was zu den Inhalten eines modernen Qualitätsmanagementsystems gehört, also welche konkreten Tätigkeiten dies umfassen sollte, wurde gemeinsam von Fachleuten und Unternehmen im Normenwerk der „ISO 9000-Familie" festgelegt.

## 3.1 Qualitätsmanagement nach der Normenfamilie ISO 9000

Trotz der Unterschiede von Unternehmen und ihren Arbeitsweisen wurden erstmals 1987 durch die International Organization for Standardization (ISO) Normen und Leitfäden für den „Aufbau von QM-Systemen" entwickelt und als „ISO-9000-Normen-Familie" veröffentlicht. Diese Normenfamilie ist als deutsche (DIN), europäische (EN) und internationale (ISO) Norm gültig.

Die Normenfamilie kann unabhängig von den Produkten oder Dienstleistungen eines Unternehmens, der Branche oder der Größe eines Unternehmens angewendet werden. Die Universalität dieser Normenfamilie **ISO 9000** zeigt sich darin, dass Organisationen wie beispielsweise Industrieunternehmen aller Branchen, aber auch z. B. Kantinenbetriebe, Kläranlagen, Kindertagesstätten, Schulen, Strafvollzugsanstalten oder Bestattungsinstitute diese Norm bereits als Grundlage für den Aufbau ihres jeweiligen Qualitätsmanagementsystems nutzen.

Sicherlich stellt sich hier die Frage, ob Qualität oder das Erzeugen von Qualität in den Tätigkeiten dieser verschiedenen Organisationen nicht unterschiedlich ist. Die Antwort ist dabei einfach: im Detail – ja, generell gesehen – nein.

Diese Tatsache wurde in den Normen dadurch berücksichtigt, dass diese Normen nicht festlegen, wie die Arbeitsabläufe konkret ablaufen oder geregelt werden sollten, sondern welche notwendigen Arbeitsabläufe in einem modernen Qualitätsmanagementsystem berücksichtigt, festgelegt und dokumentiert sein sollten.

Das folgende Beispiel soll dies kurz erläutern:

Ein Automobilhersteller muss ebenso wie eine Schule bestimmte „Dinge" beschaffen, um arbeitsfähig zu sein (der Automobilhersteller z. B. Autoteile, die Schule z. B. Unterrichtsmaterialien). Bei beiden, dem Automobilhersteller und der Schule, ist die Qualität dieser beschafften „Dinge" ausschlaggebend für die jeweiligen Tätigkeiten und Arbeitsergebnisse. Unabhängig von der jeweiligen Organisation umfasst damit ein grundsätzlicher (universeller) Beschaffungsprozess folgende wichtige Kriterien:

- Die zu beschaffenden „Dinge" müssen für eine Bestellung eindeutig spezifiziert sein.
- Die Lieferanten müssen systematisch ausgewählt werden (Termine, Kosten, Qualität).
- Die Lieferungen müssen nach bestimmten Kriterien bewertet werden (Termine, Kosten, Qualität).
- Die Abläufe in der Beschaffung müssen eindeutig und nachvollziehbar geregelt sein.

Zwar müssen diese Kriterien im Detail von jeder Organisation selbst noch ausgearbeitet und konkretisiert werden, grundsätzlich betreffen sie aber im Prinzip jede Organisation.

## 3.2 Die Normenfamilie ISO 9000

Die Normenfamilie zu Qualitätsmanagementsystemen umfasst insgesamt drei relevante Normen (der Ausgabestand wird in diesen Normen als Jahreszahl hinter der Normbezeichnung aufgeführt, so ist die aktuelle Ausgabe der DIN EN ISO 9001 aus dem Jahr 2015):

| | | |
|---|---|---|
| DIN EN ISO 9000:2015<br>Grundlagen und Begriffe | DIN EN ISO 9001:2015<br>Qualitätsmanagementsystem - Anforderungen - | DIN EN ISO 9004:2009<br>Leiten und Lenken für den nachhaltigen Erfolg einer Organisation - Ein Qualitätsmanagementansatz - |

**Bild 3.1:** Die Normenfamilie ISO 9000 (Stand Juni 2017)

**DIN EN ISO 9000:2015** klärt Grundlagen und Begriffe zum Qualitätsmanagement und zu Qualitätsmanagementsystemen.

**DIN EN ISO 9001:2015** enthält konkrete Anforderungen an ein Qualitätsmanagementsystem, mit der Konzentration auf die Wirksamkeit des QM-Systems bei der Erfüllung der Kundenanforderungen, sowie einen prozessorientierten und risikobasierten Ansatz für das QM-System.
Die DIN EN ISO 9001:2015 wird genutzt für den Aufbau eines QM-Systems im Unternehmen, für Zertifizierungszwecke durch unabhängige, zugelassene dritte Organisationen (Zertifizierungsstellen) und kann auch als Vertragsgrundlage zwischen Kunde und Lieferant dienen.

**DIN EN ISO 9004:2009** ist ein Leitfaden für einen Qualitätsmanagementansatz mit der Zielsetzung eines nachhaltigen Erfolgs beim Leiten und Lenken einer Organisation.

Die DIN EN ISO 9004:2009 kann genutzt werden, wenn ein Unternehmen die Gesamtleistung und Effizienz bzw. die Wirksamkeit der Organisation ständig verbessern will.

Alle in diesen Normen festgelegten Anforderungen sind von allgemeiner Ausprägung und unabhängig vom Zweck einer Organisation anwendbar. Lassen sich bestimmte Anforderungen dieser Normen auf eine Organisation nicht anwenden, können diese ausgeschlossen werden (z. B. bei Zertifizierung oder bei der Nutzung als Vertragsgrundlage). Allerdings müssen Ausschlüsse von Anforderungen schriftlich begründet werden, beispielsweise durch nähere Erläuterungen in der Beschreibung des Kontextes der Organisation.

## 3.2.1 Die Struktur der DIN EN ISO 9001

Die DIN EN ISO 9001:2015 basiert auf drei elementaren Säulen:

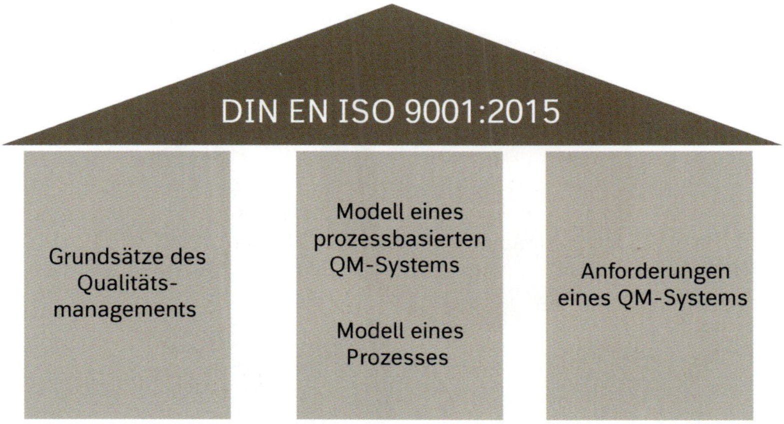


**Bild 3.2:** Die Säulen der DIN EN ISO 9001:2015

Die **Grundsätze des Qualitätsmanagements** beschreiben grundsätzliche Ausrichtungen, die ein modernes Qualitätsmanagementsystem berücksichtigen sollte, und geben dem Unternehmen und seinen Mitarbeitern Beispiele für relevante Grundprinzipien eines QM-Systems. Oftmals dienen diese Grundsätze eines Unternehmen als Basis bei der Formulierung ihrer Q-Politik und der Q-Ziele.

Das Modell eines **prozessbasierten QM-Systems** definiert, wie die Anforderungen der Norm in Form eines Regelkreises zusammenwirken und so zur kontinuierlichen Verbesserung der Unternehmensleistung führen können. Das Modell gibt den Rahmen für das QM-System vor. Das Modell eines Prozesses stellt die grundsätzlichen Bausteine eines Geschäftsprozesses dar, wie sie in einem Qualitätsmanagementsystem beschrieben werden. Die grundsätzlichen Bausteine entsprechen dem PDCA-Modell (Plan-Do-Check-Act) für Prozesse.

Die Anforderungen der DIN EN ISO 9001 enthalten die konkreten Anforderungen an ein QM-System. Diese Anforderungen („Was ist zu tun?“) sind konkret beschrieben, ohne den jeweiligen Unternehmen die individuelle Umsetzung („Wie kann es getan werden?“) vorzugeben. Damit hat das Unternehmen viele Freiheitsgrade in der individuellen Umsetzung der Anforderungen der DIN EN ISO 9001:2015 bzw. der Anregungen aus der DIN EN ISO 9004:2009.

### 3.2.2 Die Grundsätze des Qualitätsmanagements

Die **Grundsätze des Qualitätsmanagements** bestimmen die Ausrichtung beim Aufbau und der Weiterentwicklung eines QM-Systems. Insgesamt sind sieben Grundsätze des Qualitätsmanagements formuliert:

**Bild 3.3:** Die Grundsätze des Qualitätsmanagements

### Kundenorientierung

Kundenorientierung bedeutet für das Unternehmen, die gegenwärtigen und zukünftigen Anforderungen und Erwartungen der Kunden zu ermitteln und zu verstehen. Aufgabe des Unternehmens ist es, diese Kundenanforderungen entsprechend zu berücksichtigen und zu erfüllen oder besser noch, die Erwartungen der Kunden möglichst zu übertreffen (siehe auch KANO-Modell).

### Führung

Führung bedeutet, dass Führungskräfte eine Übereinstimmung zwischen dem Zweck und der Ausrichtung des Unternehmens schaffen sollten. Ermöglicht wird dies durch ein kommunikatives und motivierendes internes Umfeld, in dem sich die Mitarbeiter voll und ganz für die Erreichung der geplanten Qualitätsziele einsetzen können.

### Engagement von Personen

Der Aufbau und die Aufrechterhaltung des QM-Systems erfordern kompetente und engagierte Personen auf allen Ebenen der Organisation. Dies umfasst auch die Einbeziehung dieser Personen in die Gestaltung und Verbesserung des gesamten QM-Systems.

### Prozessorientierter Ansatz

Zusammengehörige Tätigkeiten und benötigte Mittel sollten als Prozesse verstanden werden, um das erwünschte Ergebnis effizienter zu erreichen. Schnittstellen zwischen Prozessen und Schnittstellen zu den Interessenpartnern des Unternehmens sollten geklärt und ständig optimiert werden. Die Leistung der Prozesse sollte ermittelt und gesteigert werden.

### Systemorientierter Managementansatz

Ein systemorientierter Managementansatz unterstützt das Erkennen, Verstehen, Leiten und Lenken von miteinander in Wechselbeziehung stehenden Prozessen. Das Unternehmen zeigt sich als Netzwerk von einander abhängigen Prozessen. Dabei gilt der Grundsatz: „Das System ist mehr als die Summe seiner Teile".

### Verbesserung

Verbesserung der Arbeitsabläufe, der Arbeitsergebnisse und der Kundenzufriedenheit sollte ein fortlaufend verfolgtes Ziel des Unternehmens sein. Verbesserungsmaßnahmen sollten entsprechend gefördert und unterstützt werden. Nur durch eine Verbesserung erhält sich das Unternehmen die Chance, auch zukünftig wettbewerbsfähig zu bleiben.

### Faktengestützte Entscheidungsfindung

Relevante Entscheidungen im Unternehmen sollten auf der Basis von erfassten und analysierten Daten und Informationen getroffen werden.

### Beziehungsmanagement

Unternehmen stehen in permanenten Interaktionen zu relevanten interessierten Parteien (Kunden, Mitarbeiter, Lieferanten, Gesetzgeber, Gesellschaft) und sollten deshalb diese Beziehungen auch in besonderer Weise pflegen und weiterentwickeln.

### 3.2.3 Das Prozessmodell der DIN EN ISO 9001

Das Prozessmodell der DIN EN ISO 9001 beschreibt für ein Qualitätsmanagementsystem die benötigten Eingaben, wichtige Aufgaben und deren Wechselwirkungen auf der Grundlage eines PDCA-Regelkreises und die Ergebnisse eines QM-Systems.

**Eingaben des QM-Systems**
Als Eingaben für das Prozessmodell gelten die Organisation und der Kontext des Unternehmens, die Anforderungen der Kunden und die Erfordernisse und Erwartungen der interessierten Parteien.

**Das QM-System als Regelkreis**
Zentrales Element dieses Regelkreises sind die Anforderungen und Aufgaben der „Führung". Das Prozessmodell definiert als qualitätsrelevante Aufgaben eines Unternehmens den Regelkreis „Planung → Unterstützung & Betrieb → Bewertung der Leistung → Verbesserung".

**Ergebnisse des QM-Systems**
Als Ergebnisse gelten die Kundenzufriedenheit, sonstige Ergebnisse des QM-Systems und Produkte und Dienstleistungen für die Kunden.

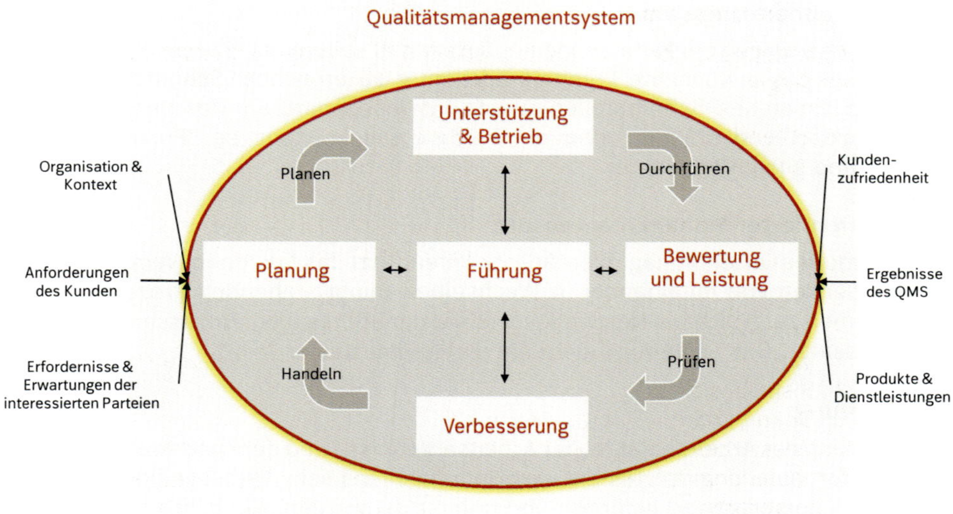


**Bild 3.4:** Prozessmodell der DIN EN ISO 9001 zum Qualitätsmanagementsystem

In ähnlicher Weise wie der Regelkreis für das gesamte QM-System ist in der Norm auch ein Regelkreis für einen Einzelprozess beschrieben. Auch hier gilt das PDCA-Modell (Plan-Do-Check-Act).

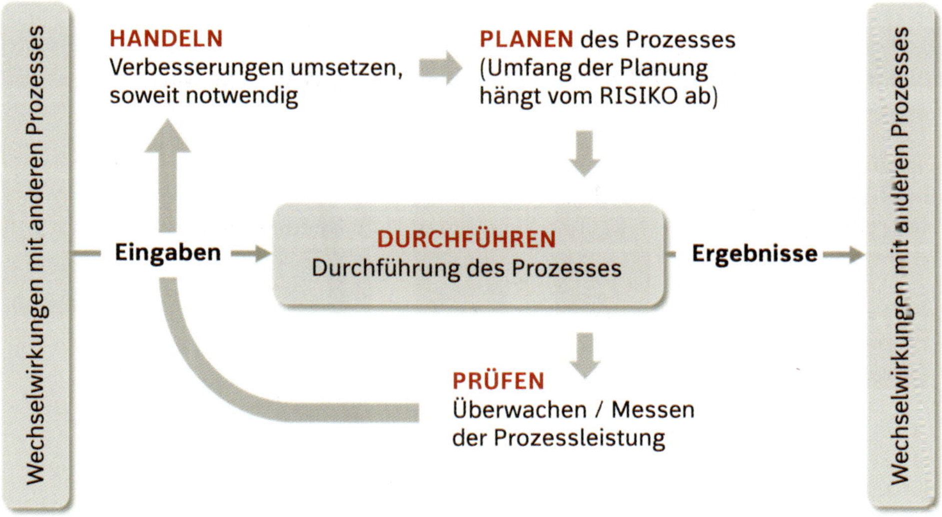


**Bild 3.5:** Modell eines Einzelprozesses

## 3.2.4 Anforderungen der DIN EN ISO 9001

Die Gliederung der gesamten DIN EN ISO 9001:2015 umfasst insgesamt zehn Kapitel und neun Anhänge:

1) Anwendungsbereich
2) Normative Verweisungen
3) Begriffe
4) Kontext der Organisation
5) Führung
6) Planung
7) Unterstützung
8) Betrieb
9) Bewertung der Leistung
10) Verbesserung

Anhang A 1: Struktur und Terminologie
Anhang A 2: Produkte und Dienstleistungen
Anhang A 3: Verstehen der Erfordernisse und Erwartungen interessierter Parteien
Anhang A 4: Risikobasiertes Denken
Anhang A 6: Dokumentierte Informationen
Anhang A 7: Wissen der Organisation
Anhang A 8: Steuerung von extern bereitgestellten Prozessen, Produkten und Dienstleistungen
Anhang B: Andere Internationale Normen von ISO/TC 176 zu QM und QMS

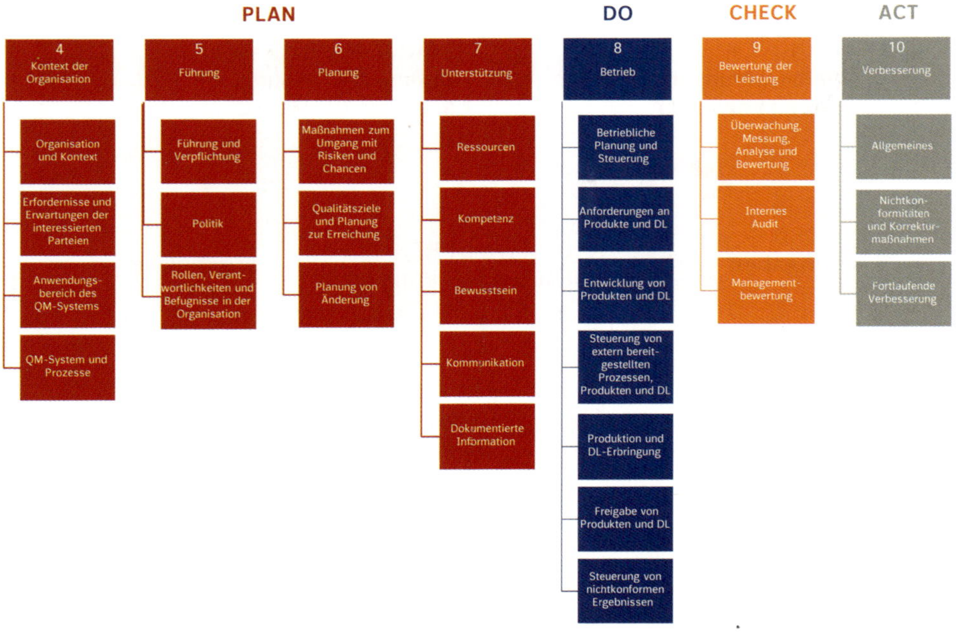


**Bild 3.6:** Gliederung der Kapitel 4–10 der DIN EN ISO 9001:2015

In Auszügen soll auf die Anforderungen in den zehn Normkapitel eingegangen werden, um den Aufbau und den Zweck eines Qualitätsmanagementsystems gemäß der Norm zu verstehen.

### Anwendungsbereich (DIN EN ISO 9001, Kap. 1)

Die Norm findet Anwendung, wenn Unternehmen ihre Fähigkeit zur ständigen Bereitstellung von Produkten, zur Erfüllung von kunden- und behördlichen Anforderungen darzulegen haben. In der Regel erfolgt dieser Nachweis durch eine Zertifizierung des QM-Systems.

Die in der Norm festgelegten Anforderungen sind von allgemeiner Natur und auf alle Organisationen anwendbar, da diese Anforderungen nur das „Was ist zu tun?“ und nicht das „Wie kann es getan werden?“ festlegen.

### Normative Verweise (DIN EN ISO 9001, Kap. 2)

Hier wird auf die DIN EN ISO 9000:2015, Begriffe und Terminologie, als zitierte Norm verwiesen.

### Begriffe (DIN EN ISO 9001, Kap. 3)

Hier wird auf die DIN EN ISO 9000:2015, Begriffe und Terminologie, mit den geltenden Begriffen verwiesen.

### Kontext der Organisation (DIN EN ISO 9001, Kap. 4)

In diesem Kapitel ist festgelegt, dass der Kontext der Organisation definiert werden muss. Hierzu sind von der Organisation externe und interne Themen zu bestimmen, die eine strategische und operative Bedeutung haben (z. B. Märkte, Kunden, Wettbewerber, Gesetzgebung, Branchen-Codizes, Kernkompetenzen, Unternehmenskultur etc.). Der Kontext der Organisation muss von der Organisation überwacht und überprüft werden.

Der Anwendungsbereich des Qualitätsmanagementsystems muss definiert werden und das Qualitätsmanagementsystem mit seinen zugehörigen Prozessen muss festgelegt werden.

**Führung (DIN EN ISO 9001, Kap. 5)**

In diesem Kapitel sind die Verpflichtungen der sogenannten „obersten Leitung" in einem Qualitätsmanagementsystem festgelegt. Hierzu gehören beispielsweise:

- Festlegung der Qualitätspolitik und der Qualitätsziele
- Sicherstellung einer Kundenorientierung
- Berücksichtigung der Einhaltung gesetzlicher und behördlicher Anforderungen
- Anwendung eines prozessorientierten Ansatzes und eines risikobasierten Denkens beim Aufbau des QMS
- Sicherstellung, dass die benötigten Ressourcen zur Verfügung stehen
- Personen einsetzen und unterstützen, damit die Wirksamkeit des QMS sichergestellt ist
- Fördern von Verbesserungen
- Bedeutung der Wichtigkeit des QMS vermitteln

**Planung (DIN EN ISO 9001, Kap. 6)**

In diesem Kapitel geht es um Maßnahmen zum Umgang mit Risiken und Chancen, um Qualitätsziele und deren Erreichung und um die Planung von beabsichtigten Änderungen am Qualitätsmanagementsystem. Die notwendige Beschreibung der Qualitätsziele ist sehr konkret festgelegt:

- Was sind die Ziele?
- Wer ist für die Umsetzung verantwortlich?
- Bis wann soll die Umsetzung erfolgt sein?
- Wie werden die Ziele bewertet?

**Unterstützung (DIN EN ISO 9001, Kap. 7)**

Dieses Kapitel behandelt die erforderlichen Unterstützungen für ein Qualitätsmanagementsystem. Hierzu gehören Ressourcen, Fähigkeiten der Mitarbeiter sowie die Interaktionen in einem System wie:

- Messmittel
- Wissen der Organisation
- Kompetenz der Mitarbeiter
- Bewusstsein der Mitarbeiter
- Interne und externe Kommunikation
- Dokumentierte Informationen

**Betrieb (DIN EN ISO 9001, Kap. 8)**

In diesem Kapitel werden die Anforderungen an die Wertschöpfungsprozesse in einem Qualitätsmanagementsystem beschrieben. Folgende Prozesse und Anforderungen sind formuliert und müssen geplant und gesteuert werden:

- Vertrieb: Ermittlung und Überprüfung von Anforderungen an Produkte und Dienstleistungen
- Entwicklung: Planung der Entwicklungsphasen, Definition der Entwicklungseingaben und Steuerungsmaßnahmen, Planung der Entwicklungsergebnisse, Umgang mit Entwicklungsänderungen
- Beschaffung: Auswahl und Beurteilung von Lieferanten, Festlegung des Bestellprozesses
- Produktion: Steuerung der Produktion, Kennzeichnung und Rückverfolgbarkeit von eigenen Produkten und Eigentum des Kunden, Lagerung und Tätigkeiten nach der Auslieferung, Freigabe von Produkten und Dienstleistungen, Umgang mit nichtkonformen Arbeitsergebnissen

**Bewertung der Leistung (DIN EN ISO 9001, Kap. 9)**

In diesem Kapitel sind Anforderungen aufgeführt, die die Überwachung, Messung, Analyse und Bewertung betreffen. Ein Aspekt hierzu ist die Zufriedenheit der Kunden und die Leistung der eigenen Geschäftsprozesse. Mit der Durchführung von internen Audits und der Durchführung von Managementbewertungen durch die oberste Leitung sind konkret zwei Instrumente gefordert, um systematische Analysen und Beurteilungen durchzuführen.

**Verbesserung (DIN EN ISO 9001, Kap. 10)**

Dieses Kapitel enthält die Anforderungen für die Verbesserung von Produkten und Dienstleistungen. Außerdem sind Anforderungen formuliert, um mit Nichtkonformitäten (Fehlern) umzugehen und notwendige Korrekturmaßnahmen festzulegen und umzusetzen. Die Eignung und Wirksamkeit des Qualitätsmanagementsystems sollte fortlaufend verbessert werden.

## 3.3 Dokumentation eines Qualitätsmanagementsystems

Damit ein Qualitätsmanagementsystem effektiv und effizient arbeiten kann, bedarf es einer angemessenen Transparenz der Regelungen für alle Beteiligten und Betroffenen der Organisation. Diese Transparenz wird durch eine Dokumentation des Qualitätsmanagementsystems erreicht.

Grundsätzliche und wichtige Informationen zum QM-System werden im **Qualitätsmanagementhandbuch** (QM-Handbuch), Detailinformationen in Verfahrensanweisungen, Arbeitsanweisungen, Prüfanweisungen etc. geregelt. Die Struktur der im Unternehmen eingeführten und benutzten schriftlichen Regelungen wird in einer **Dokumentationspyramide** dargestellt.

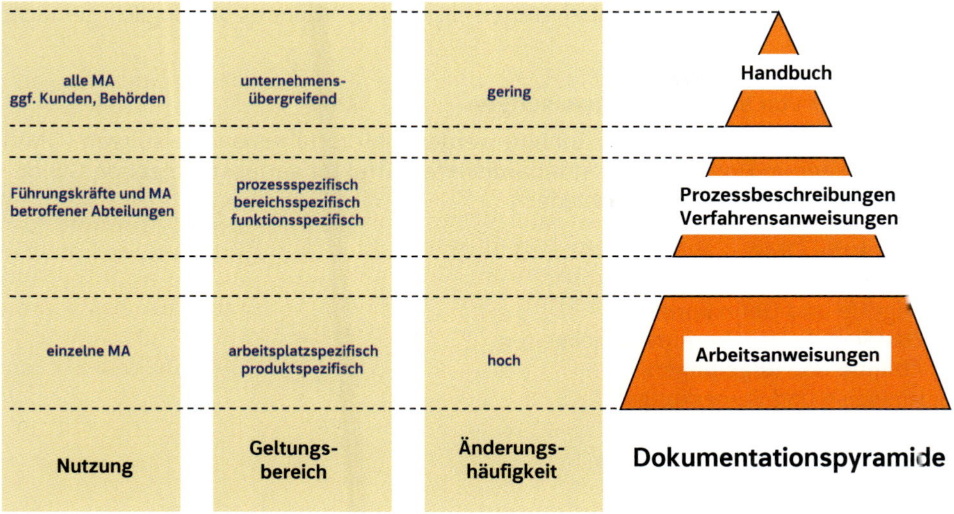


**Bild 3.7:** Dokumentationspyramide eines Qualitätsmanagementsystems

Die **Qualitätspolitik** beschreibt die Absichten und die Verpflichtung des Unternehmens zur Qualität seiner Arbeit und seiner Produkte. Die Q-Politik wird von der Unternehmensführung formuliert und den Führungskräften und Mitarbeitern bekannt gegeben. Durch eine regelmäßige Überprüfung der Q-Politik wird ihre Aktualität und Richtigkeit bestätigt oder ggf. entsprechend den Bedürfnissen des Unternehmens oder seiner Interessenpartner geändert.

Als **Interessenpartner** eines Unternehmens gelten:

- die Kunden des Unternehmens
- die Mitarbeiter des Unternehmens
- die Eigentümer des Unternehmens
- die Lieferanten des Unternehmens
- die Gesellschaft, in der sich das Unternehmen befindet.

**Qualitätsziele** berücksichtigen eine „zunehmende Zufriedenheit dieser Interessenpartner" des Unternehmens sowie „kontinuierliche Qualitätsverbesserung" (Continuous Improvement). Die Qualitätsziele werden wie die Q-Politik von der Unternehmensführung vorgegeben. Durch Detaillierung der Q-Ziele auf die Bereiche, Abteilungen und Teams entsteht ein Zielsystem, das von der Erreichung der jeweiligen Ziele verfolgt wird. Qualitätsziele sollten immer messbar sein, um eine Verfolgung und Beurteilung zu ermöglichen.

**QM-Verfahrensanweisungen (QMV)** beschreiben das Zusammenspiel von Tätigkeiten, beispielsweise eine Anleitung zur Erstellung von Prüfplänen oder die Vorgehensweise bei der Beschaffung von Material und Teilen. Diese Verfahrensanweisungen spezifizieren die Art der Durchführung von Aufgaben und die hierbei anzuwendenden Mittel und Formulare. Die beschriebenen Verfahrensschritte sind in der vorgegebenen Reihenfolge von den zuständigen Personen einzuhalten. Da in QM-Verfahrensanweisungen viel Know-how des Unternehmens beschrieben ist, sollten diese dokumentierten Regelungen daher Dritten nicht ohne Weiteres zugänglich gemacht werden.

**Die Struktur von Verfahrensanweisungen**

Zum leichteren Verständnis der Inhalte werden QM-Verfahrensanweisungen (QMV) meist in einer im Unternehmen standardisierten Struktur verfasst. Folgende Gliederungspunkte finden sich dabei wieder:

1. Zweck der QMV
2. Geltungsbereich der QMV
3. Begriffe und Definitionen
4. Zuständigkeiten, Verantwortlichkeiten
5. Abläufe und Regelungen
6. Hinweise und Bemerkungen
7. Mitgeltende Dokumente
8. Änderungsdienst für die QMV
9. Verteiler der QMV
10. Anlagen zur QMV

**Arbeitsanweisungen** sind meist arbeitsplatz- bzw. produktbezogene Dokumente. Detaillierte Anweisungen klären für die Mitarbeiter die konkreten Arbeitsschritte an ihrem Arbeitsplatz.

**Prüfanweisungen** sind ebenfalls meist arbeitsplatz- bzw. produktbezogene Dokumente. Da heute der Mitarbeiter nicht nur seine Arbeit durchführt, sondern diese auch gleichzeitig kontrolliert bzw. prüft, gehören Arbeitsanweisungen und Prüfanweisungen zusammen. Oftmals sind Prüftätigkeiten in die Arbeitsanweisung integriert.

## 3.4 Zertifizierung eines Qualitätsmanagementsystems

Mit der Zertifizierung[1] eines Qualitätsmanagementsystems, wird ein Nachweis erbracht, dass ein Unternehmen die Anforderungen an Qualitätsmanagementsysteme gemäß der ISO 9001 erfolgreich erfüllt hat.

Hierzu beschreibt das Unternehmen seine Ziele, seine Prozesse, seine Verfahren und seine Tätigkeiten in einem unternehmensindividuellen Regelwerk. Dieses Regelwerk und dessen praktische Umsetzung wird im Zertifizierungsprozess gesichtet und begutachtet.

Das Unternehmen beauftragt zur Durchführung einer Zertifizierung einen unabhängigen Dritten (akkreditierte Zertifizierungsstelle). Der Abschluss des Zertifizierungsprozesses endet mit der Erteilung bzw. Nicht-Erteilung eines Zertifikats, welches als Nachweis für ein Qualitätsmanagementsystem, z. B. gegenüber Kunden oder Behörden dienen kann.

[1] Lat. certificare – bestätigen

Das Zertifikat dokumentiert folgende Punkte:

- Name des Zertifizierers
- Name des zertifizierten Unternehmens
- Zertifizierter Bereich
- Zertifizierter Standort
- Zertifikat-Register-Nummer
- Gültig von ... bis ...

Die Gültigkeit eines Zertifikats umfasst 3 Jahre, wobei jährlich durch sogenannte Audits, die Aufrechterhaltung des Qualitätsmanagementsystems durch das Unternehmen vom Zertifizierer mittels eines Zertifizierungsaudis überprüft wird.

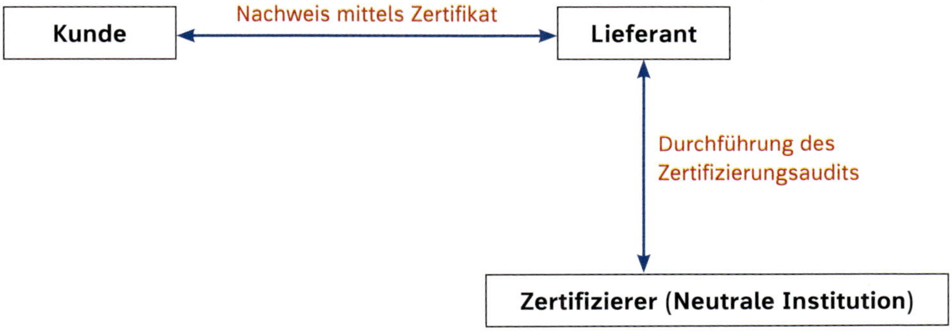


**Warum lassen sich Unternehmen zertifizieren?**

Die Vorteile bzw. der Nutzen einer Zertifizierung mit abschließendem Zertifikat liegen darin

- neue Kunden zu gewinnen
- die Qualitätsfähigkeit nach außen darzustellen
- angestrebte Ziele zu erreichen
- die Qualität kontinuierlich zu verbessern
- Nachweise im Bereich der Haftung vorlegen zu können

**Wie viele Unternehmen lassen sich zertifizieren?**

Im Jahr 2019 waren nach „ISO Survey[1]" weltweit 883.521 Unternehmen nach ISO 9001 zertifiziert. Innerhalb Deutschlands waren es 47.868 Unternehmen. Davon sind 14.318 Betriebe im metallverarbeitendem, 4.891 im elektrotechnischem/optischem und 4.055 im KFZ-Gewerbe tätig.

**Wer führt eigentlich so eine Zertifizierung durch?**

Zertifizierungsstellen sind Dienstleister wie z. B. TÜV, DEKRA, DQS, welche die Erlaubnis und die Befähigung haben, Unternehmen zu zertifizieren. Diese Zertifizierer schicken Auditoren in das Unternehmen, um das Zertifizierungsaudit durchzuführen. Wie so eine ordnungsgemäße Zertifizierung abzulaufen hat, ist in der ISO 17021

[1] https://isotc.iso.org/livelink/livelink?func=ll&objId=18808772&objAction=browse&viewType=1; 21.07.2021

beschrieben. In der ISO 17021 sind auch die spezifischen Anforderungen an Zertifizierungsstellen, die solche Managementsysteme auditieren und zertifizieren, formuliert. Die Erfüllung dieser Anforderungen werden durch die Deutsche Akkreditierungsstelle (DAkkS) bestätigt, d. h. die Zertifizierungsstelle ist akkreditiert. Somit wird eine Unabhängigkeit und Neutralität sichergestellt. Voraussetzung ist, dass die Zertifizierungsstelle nicht gleichzeitig beraten und zertifizieren kann. Die Akkreditierung wird jährlich durch die DAkkS (Deutsche Akkreditierungsstelle GmbH) bezüglich der Einhaltung der Anforderungen nach ISO 17021 durchgeführt. Internationale, europäische und nationale Gremien achten auf eine einheitliche Anwendung der Regeln und die internationale gegenseitige Anerkennung der Zertifikate. Die Akkreditierung, also die Anerkennung einer Institution als Zertifizierer, bleibt eine rein nationale Angelegenheit.

**Welche Voraussetzungen muss ein Unternehmen erfüllen?**

Die Unternehmen, welche zertifiziert werden möchten, sollten folgende Voraussetzungen für die Zertifizierung vorweisen können:

- Das gesamte Unternehmen muss sich mit dem Schritt zu einer Zertifizierung identifizieren und eine positive Einstellung gegenüber einer neutralen Überprüfung haben
- Das Unternehmen hat sein Qualitätsmanagementsystem, das die Forderung der ISO-Norm erfüllt, in einer Qualitätsmanagementsystem-Dokumentation nachvollziehbar festgelegt.
- Das Unternehmen stellt sich freiwillig der Überprüfung dieser Dokumentation und der Begutachtung des Qualitätsmanagementsystems vor Ort.

Im Folgenden ist der Ablauf der Zertifizierung beschrieben.

Vorbereitung:

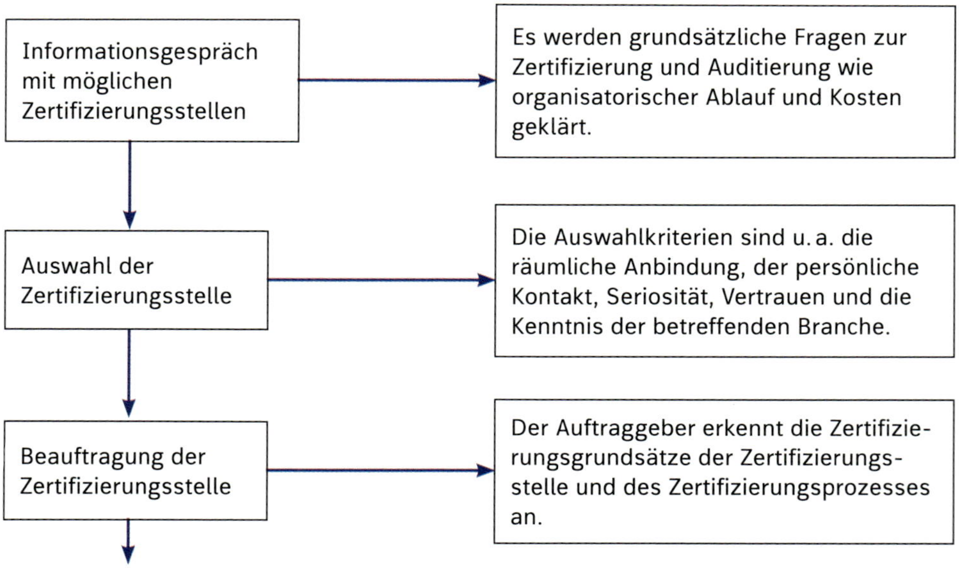

Durchführung:

| | | |
|---|---|---|
| Voraudit<br>• durch Zertifizierungsstelle<br>• eigene Durchführung/ externer Berater | 1. Phase | Voraudit<br>Ziel ist die Klärung, ob die grundsätzlichen Voraussetzungen für eine erfolgreiche Zertifizierung des QMS gegeben sind. Es werden die vorhandenen Unterlagen beurteilt, das Unternehmen begutachtet und ein Auditbericht erstellt. |
| Evtl. Korrekturmaßnahmen | | |
| Dokumenten-Prüfung durch Zertifizierungsstelle | 2. Phase | Das QMH und weitere mitgeltende Unterlagen wie Verfahrens-, Arbeits- und Prüfanweisungen werden von den Auditoren der Zertifizierungsstelle auf Erfüllung der Normforderungen geprüft. |
| Zertifizierungsaudit | 3. Phase | Nach der Auditvorbereitung und Auditplanung im Vorfeld durch die Zertifizierungsstelle wird im Rahmen des Audits das eingeführte QMS des Unternehmens durch Auditoren die Wirksamkeit der Normforderung ISO 9001 des eingeführten QMS überprüft und bewertet. Es wird die praktische Anwendung der dokumentierten Prozesse überprüft und bewertet. Es wird ein Auditbericht erstellt, der Konformitäten (Übereinstimmungen) aber auch Abweichungen von der Norm enthält. Diese müssen nach Vorgabe behoben werden. |
| Übergabe des Zertifikats | 4. Phase | Die Zertifizierungsstelle erteilt nach einem positiv abgeschlossenen Zertifizierungsaudit das Zertifikat. Die Gültigkeitsdauer beträgt drei Jahre. Vor Ablauf der Dauer muss ein Wiederholungsaudit (Rezertifizierung) zur Verlängerung des Zertifikates für weitere drei Jahre durchgeführt werden. |
| Maßnahmen während der Gültigkeitsdauer des Zertifikates | 5. Phase | |

Maßnahmen während der Gültigkeitsdauer

Es müssen jährliche Überwachungsaudits durch die Zertifizierungsstelle durchgeführt werden.

- Es werden die Erfüllungen etwaiger Auflagen des Zertifizierers
- Behebungen festgestellter Abweichungen/Mängeln
- Änderungen von Prozessen und deren Dokumentation
- Änderungen im QMS
- Änderungen von Anforderungen wie Normen
- intern durchgeführten Audits

überprüft

Der externe Zertifizierer schaut, ob das Unternehmen auf dem Niveau geblieben ist, bzw. versucht es in einer Art Coaching-Funktion auf ein höheres Niveau auf Dauer zu bringen. Bei großen Abweichungen, die im jährlichen Audit festgestellt werden, kann das Zertifikat auch wieder aberkannt werden.

# 4 Total Quality Management (TQM)

## 4.1 Von der Qualitätskontrolle zum Total Quality Management

Das Qualitätsbedürfnis hat sich über die Jahre weiterentwickelt, indem die Zielsetzungen und Maßnahmen zusätzliche Aspekte und Bereiche berücksichtigt haben. So hat sich die Qualitätskontrolle (QK) zur Qualitätssicherung (QS), zum Qualitätsmanagement (QM) und zum sogenannten Total Quality Management (TQM) erweitert.

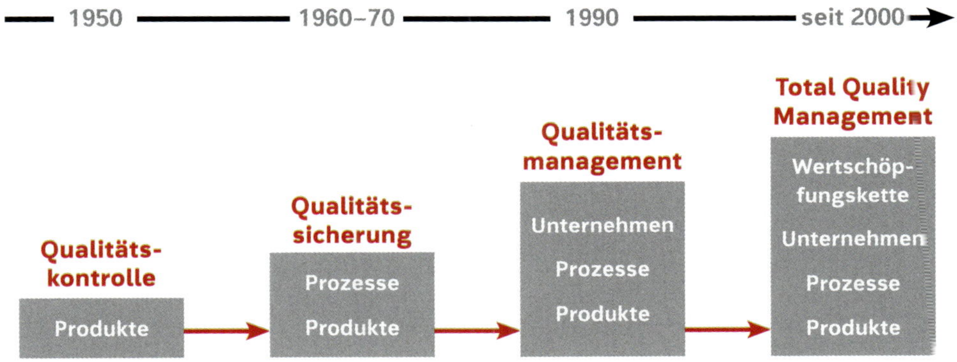


**Bild 4.1:** Qualitätskontrolle, Qualitätssicherung, Qualitätsmanagement, Total Quality Management

Die **Qualitätskontrolle (QK)** war die Aufgabe einiger Spezialisten (Qualitätsprüfern), welche sich meist über Endkontrollen durch Prüfen und Sortieren, um ein ausreichendes Qualitätsniveau bemühten. Der Fokus waren die erzeugten Produkte.

Bei der **Qualitätssicherung (QS)** wurde berücksichtigt, dass gute Produkte ursächlich aus guten (Produktions-) Prozessen resultieren. Die Qualitätsprüfer wurden zu Qualitätsspringern, prüften die Herstellprozesse und die Bauteile und Baugruppen am Entstehungsort. Durch die Überwachung und Lenkung der Herstellprozesse bekam das Thema Qualität einen präventiven, also vorbeugenden Aspekt („Fehlervermeidung vor Fehlerentdeckung“).

Mit dem **Qualitätsmanagement (QM)** wurde die Betrachtung von Qualität erneut umfangreicher, da die Herstellung von qualitativ hochwertigen Produkten nicht nur eine gute Herstellung und Produktion erfordert, sondern auch die Kenntnis der Kundenanforderungen und -bedarfe, sowie deren Berücksichtigung in der Gestaltung und Auslegung der Produkte und zugehörender Produktionsprozesse. Der Fokus des Qualitätsbemühens umfasste das ganze Unternehmen.

Mit **Total Quality Management (TQM)** wurde der Fokus erweitert und betrifft heute alle Geschäftsprozesse eines Unternehmens innerhalb einer Wertschöpfungskette (Supply Chain). Lieferanten und Kunden sind Teil einer Wertschöpfungskette und somit auch Teile eines ganzheitlichen und umfassenden Qualitätsmanagements – eben Total Quality Management (TQM)

Zu den relevanten Prinzipien der TQM-Philosophie zählen:

- Qualität orientiert sich an allen Interessenpartnern des Unternehmens
  → Kunden, Lieferanten, Mitarbeiter, Eigentümer, Gesellschaft
- Qualität wird von Mitarbeitern aller Bereiche und Ebenen angestrebt und erzielt
  → Eigenverantwortlichkeit für Qualität durch jeden Mitarbeiter, z. B. Verbesserungswesen, Ideenmanagement
- Qualität umfasst mehrere Dimensionen, welche durch Kriterien operationalisiert werden müssen
  → Produktqualität, Prozessqualität, Servicequalität, Nachhaltigkeit, etc.
- Qualität betrifft dynamische Ziele, wie auch sich verändernde Prozesse und Arbeitsmittel, um diese zu erreichen
  → Continuous Improvement, Change Management
- Qualität bezieht sich auf materielle Produkte, wie auch auf Dienstleistungen
  → technische Prozesse und administrative Prozesse
- Qualität setzt aktives, präventives Handeln voraus und muss entsprechend umgesetzt werden
  → Agieren anstatt Reagieren, Fehlervermeidung anstatt -entdeckung, Risiko- anstatt Krisenmanagement

Heute werden viele ganzheitlichen und umfassenden Zielsetzungen, Absichten und Aspekte des Total Quality Managements mit dem **EFQM-Modell der European Foundation for Quality Management** (EFQM) beschrieben und bewertet. Das Modell beschreibt eine sogenannte „Business Excellence“.

## 4.2 European Foundation for Quality Management (EFQM)

Gegründet wurde die EFQM[1] im Jahr 1988 von 14 europäischen Unternehmen (Bosch, British Telecom, Bull Computer, Ciba-Geigy, Dassault, Electrolux, Fiat, KLM, Nestlé, Olivetti, Philips, Renault, Sulzer, VW) als gemeinnützige Organisation mit folgender Aufgabenstellung:

- Treibende Kraft für nachhaltiges **Business Excellence** in Europa zu sein
- Unterstützung von Organisation bei kulturellen Veränderungen und Transformationen, um Leistungsverbesserungen zu erreichen
- Arbeitsmittel anzubieten, um den Reifegrad einer Organisation zu ermitteln und zu verbessern
- Durchführung von Veranstaltungen und Aktivitäten zu TQM
- Seit 1992 vergibt die EFQM den **European Quality Award** (EQA) an Unternehmen, die nachweislich hervorragende Spitzenleistungen erbringen.

[1] siehe http://www.efqm.de/; 06.08.21

## 4.3 Das Modell der EFQM

Das Modell der EFQM wurde über die Jahre überarbeitet und weiterentwickelt. Die letzte Ausgabe des Modells ist aus dem Jahr 2020 und wurde in zahlreichen Workshops mit Führungskräften und Praktikern aus verschiedenen Organisationen gemeinsam entwickelt. Eine Broschüre des Modell kann auf den Internetseiten www.efqm.org oder www.efqm.de kostenlos heruntergeladen werden.

Die Grundsätze des EFQM-Modells sind:

- Nutzen für Kunden schaffen
- Die Zukunft nachhaltig gestalten
- Die Fähigkeiten der Organisation entwickeln
- Kreativität und Innovation fördern
- Mit Vision, Inspiration und Integrität führen
- Veränderungen aktiv managen
- Durch Mitarbeiterinnen und Mitarbeiter erfolgreich sein
- Dauerhaft herausragende Ergebnisse erzielen

Das EFQM-Modell hat dabei folgende Zielsetzungen:

- Es bietet ein Bewertungsmodell für unternehmerische Spitzenleistungen – Business Excellence
- Es kann branchenunabhängig benutzt werden
- Es kann unabhängig von der Unternehmensgröße eingesetzt werden
- Es hat eine offene Struktur
- Es berücksichtigt die Tatsache, dass es viele Vorgehensweisen in Unternehmen gibt, um Spitzenleistungen zu erreichen
- Es berücksichtigt die kausalen Zusammenhänge zwischen Ausrichtung, Realisierung und Ergebnissen

Der Aufbau des Modells ist in folgender Weise dargestellt:

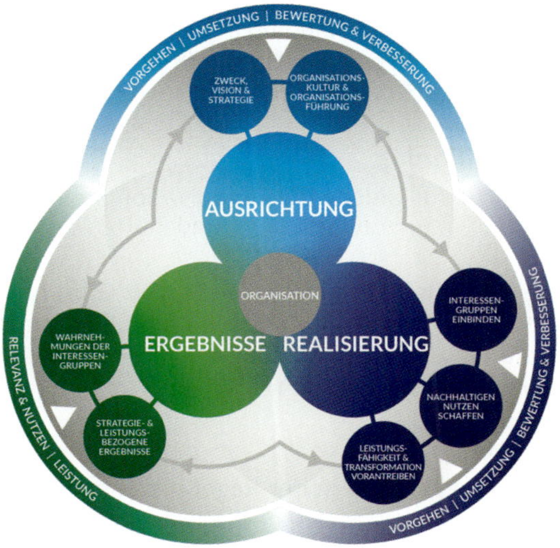


**Bild 4.2:** Das EFQM-Modell[1]

[1] © EFQM-Modell, European Organization for Quality Management, www.efqm.de, 2020

Das Modell umfasst die folgenden Themenbereiche und Kriterien:

| THEMENKREISE | KRITERIEN | ZIELSETZUNGEN/KERNFRAGEN |
|---|---|---|
| **AUSRICHTUNG:** | 1. Zweck, Vision und Strategie<br>2. Organisationskultur und -führung | • Was wollen wir erreichen?<br>• Was ist uns wichtig?<br>• Wie wollen wir unsere Ziele erreichen? |
| **REALISIERUNG:** | 3. Interessengruppen einbinden<br>4. Nachhaltigen Nutzen schaffen<br>5. Leistungsfähigkeit und Transformation vorantreiben | • Wer ist für die Organisation bedeutend?<br>• Was ist für uns bedeutend?<br>• Welchen Nutzen wollen wir schaffen?<br>• Wie stellen wir die Nutzenschaffung heute und zukünftig sicher?<br>• Was ist zukünftig erforderlich? |
| **ERGEBNISSE:** | 6. Wahrnehmungen der Interessengruppen<br>7. Strategie- und leistungsbezogene Ergebnisse | • Was haben wir erreicht?<br>• Wie ist die Wahrnehmung unsere Interessengruppen?<br>• Was lernen wir daraus? |

## 4.4 Die Kriterien des Modells

**AUSRICHTUNG: Zweck, Vision und Strategie**

Mit dem Zweck wird die Bedeutung einer Organisation bestimmt. Der Zweck definiert den Nutzen einer Organisation durch die von ihr angebotenen Leistungen (Produkte, Dienstleistungen).

Mit der Vision werden langfristige Zielsetzung und angestrebte Ergebnisse beschrieben. Die Vision ist Grundlage für eine Strategie, welche für alle Mitarbeiter zukünftige, konkrete Handlungsrahmen darstellt.

Die Strategie beschreibt mit welchen Maßnahmen und Handlungen ein Erreichen der Zielsetzungen und Ergebnisse sichergestellt werden soll. Die Strategie wird formuliert in Plänen und Programmen mit Verantwortlichkeiten zu Zielterminen.

**AUSRICHTUNG: Organisationskultur und -führung**

Die Organisationskultur beschreibt die Werte, für welche die Organisation steht und welche sie fördert und pflegt.

Mit der Organisationsführung sind Tätigkeiten und Verhaltensweisen von Führungskräften umrissen, welche inspirierend, motivierend und unterstützend für die gesamte Organisation sein sollen. Innovation, Veränderungsbereitschaft und Verbesserungswille sind hierzu beispielsweise zu fördern und anzuerkennen.

**REALISIERUNG: Interessengruppen einbinden**

Zu den Interessengruppen einer Organisation gehören in der Regel die Kunden und Lieferanten, die Mitarbeiter, der Eigentümer und die Gesellschaft. Die Anforderungen und Erwartungen dieser Interessengruppen gilt es zu identifizieren, abzuwägen und abzustimmen, sowie entsprechend auch zu berücksichtigen und zu verwirklichen.

Hierzu sind Beziehungen, Kommunikation und Information mit und zu den Interessengruppen von Bedeutung, auch um deren Wahrnehmung der Organisationsleistungen zu klären und zu verstehen.

**REALISIERUNG: Nachhaltigen Nutzen schaffen**

Eine Organisation ist umso erfolgreicher, je besser ein Nutzen für die Interessengruppen geschaffen wird. Die Interessengruppen können sich durch unterschiedliche Zielgruppen differenzieren. Da sich Anforderungen und Bedarfe einzelner Zielgruppen unterscheiden können und sich auch über die Zeit verändern und Prioritäten wechseln, gehört ein Konzept zur Sammlung von z. B. Rückmeldungen, Anregungen, Impulsen der Zielgruppen entwickelt und umgesetzt.

**REALISIERUNG: Leistungsfähigkeit und Transformation vorantreiben**

Für jede Organisation gibt es zwei essenzielle Herausforderungen – einerseits den täglichen Betrieb sicherzustellen und aufrechtzuerhalten (Leistungsfähigkeit) und andererseits notwendige und sinnvolle Veränderungen (Transformation) zu initiieren und umzusetzen. Nur so kann der gegenwärtige und zukünftige Erfolg der Organisation gewährleistet werden.

Grundlage hierzu ist die Erfassung und Verfügbarkeit von belastbaren Daten, Information und Wissen, ebenso das Management der vorhandenen und zukünftig benötigten Ressourcen.

**ERGEBNISSE: Wahrnehmung der Interessengruppen**

Eine Organisation definiert unterschiedliche Mittel (z. B. Umfragen, Hotlines) und Quellen (z. B. Medien, Gremien) um Wahrnehmungen der Interessengruppen objektiv zu ermitteln, zu bewerten und entsprechende Maßnahmen daraus abzuleiten. Zu den Wahrnehmungen gehören beispielsweise auch das ökologische und soziale Image der Organisation. Das Modell verweist hier konkret auch beispielsweise auf die Nachhaltigkeitsziele der Vereinten Nationen (Sustainable Development Goals[1]) und Global Compact[2] – Bestrebungen.

**ERGEBNISSE: Strategie- und Leistungsbezogene Ergebnisse**

Eine Organisation nutzt verschiedene Informationen und Ergebnisse um ihre Gesamtleistung zu überwachen und zu beurteilen. Im Fokus können finanzielle und nicht finanzielle Leistungen und Ergebnisse sein. Hierzu definiert die Organisation Indikatoren und Kennzahlen, um die aktuelle Situation zu verstehen und die zukünftige Situation zu prognostizieren.

1 siehe United Nations, https://sdgs.un.org/goals; 06.08.21

2 siehe Global Compact Netzwerk Deutschland, https://www.globalcompact.de/de/ueber-uns/dgcn-ungc.php; 06.08.21

## 4.5 Anwendung des EFQM-Modells

Für das EFQM-Modell gibt es unterschiedliche Anwendungsmöglichkeiten:

- Einerseits kann das Modell eingesetzt werden, um regelmäßig die eigene Organisation zu bewerten, um Verbesserungsmöglichkeiten zu identifizieren und entsprechend zu nutzen. Hierzu bewerten ausgewählte Führungskräfte und Mitarbeiter die jeweiligen Kriterien nach einem festgelegten Bewertungsmaßstab (Diagnosetool: RADAR) .

  Diese Anwendung bietet der Organisation über den ermittelten Reifegrad der Organisation die Verbesserung nachvollziehbar zu verfolgen, ggf. sich zum erreichten Reifegrad auch eine Zielsetzung zu geben.

- Andererseits bietet die EFQM und nationale Unterorganisationen auch die Möglichkeit sich mit anderen Organisationen in verschiedenen Kategorien zu vergleichen und zu messen. Die EFQM verleiht für besonders exzellente Organisationen hierzu den EFQM Global Award, einen Preis, welcher in einer offiziellen Veranstaltung auch feierlich überreicht wird.

  Speziell in Deutschland wird jährlich basierend auf dem gleichen EFQM-Modell der sogenannte Ludwig Erhard Preis[1] (LEP) ausgelobt und überreicht.

[1] siehe Initiative Ludwig Erhard Preis e.V., https://www.ilep.de/; 06.08.21

# 5 Werkzeuge des Qualitätsmanagements

Die Beseitigung von Problemursachen führt ausnahmslos zu gesteigerter Produktivität, daraus ergibt sich eine ständige Qualitätsverbesserung. Um täglich Arbeitsverfahren, Systeme, Qualität, Kosten und Ertragsergebnisse am Arbeitsplatz zu verbessern, müssen geeignete Werkzeuge (Analysemethoden, Dokumentationsmethoden) beherrscht werden. Ein weiterer Vorteil bei Anwendung dieser Werkzeuge ist die Einbeziehung des einzelnen Mitarbeiters in den Verbesserungsprozess (Mitarbeiterorientierung):

- Die Mitarbeiter wollen integriert sein und sind leistungswilliger.
- Für den einzelnen Mitarbeiter ist sein Beitrag zum Betriebserfolg von großer Bedeutung.
- Die Zusammenarbeit zwischen Management und Arbeitskräften mit dem Ziel der Systemverbesserung ist produktiver und erfolgreicher als Einzelaktionen (Teamfähigkeit fördern).
- Der für eine Aufgabe verantwortliche Mitarbeiter ist fachlich kompetent.
- Es werden unerkannte Talente entdeckt, die gefördert werden müssen.

Um die Werkzeuge anwenden zu können, müssen die Teammitglieder diese beherrschen, die Mitarbeiter müssen teamfähig sein, Teamsitzungen müssen moderiert werden.

Zu den wichtigsten Werkzeugen gehören:

- Problemlösungsprozess (siehe Kapitel 5.1)
- Methoden der Datenerfassung und -analyse (siehe Kapitel 5.2)
- Statistische Prozessregelung, SPC (siehe Kapitel 5.5)
- Fehlermöglichkeits- und Einflussanalyse, FMEA (siehe Kapitel 5.4)
- Quality Function Deployment, QFD (siehe Kapitel 5.3)

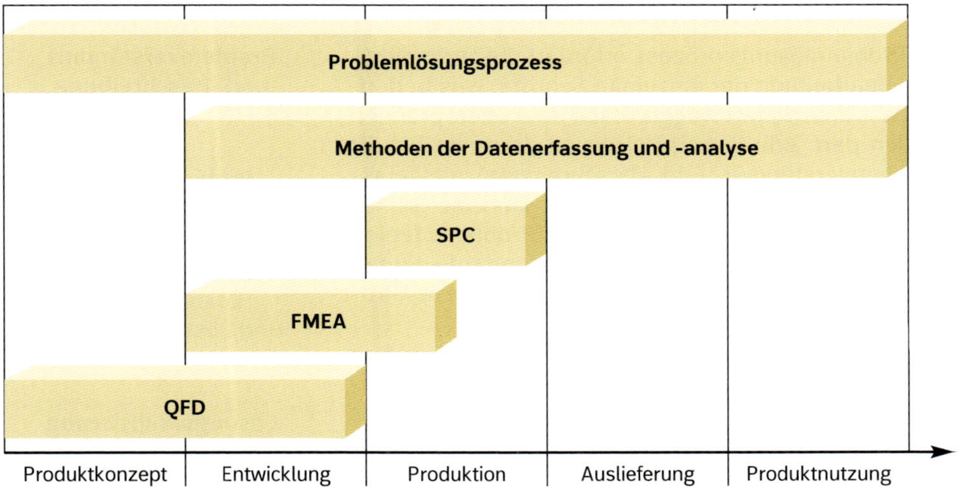


**Bild 5.1:** Einsatz der Werkzeuge des Qualitätsmanagements.

## 5.1 Problemlösungsprozess

Entscheidend für eine erfolgreiche Problemlösung ist ein standardisiertes Vorgehen bei der Bearbeitung von Problemen. In der betrieblichen Praxis hat sich deswegen eine Vorgehensweise etabliert, welche in der Regel in fünf Schritten, von der Problembeschreibung bis zur umgesetzten Problemlösung, abgearbeitet wird (siehe Kapitel 5.1.1).

Um die letztendlich gefundene und festgelegte Lösung des Problems umzusetzen, differenziert man üblicherweise drei Arten von Maßnahmen:

- **Sofortmaßnahmen,** die den aufgetretenen Schaden begrenzen und eine sofortige Wirkung zeigen sollen. Die Zielsetzung ist hierbei eine schnelle Fehlerbeseitigung.

  Sofortmaßnahmen sind beispielsweise ein Produktionsstop, eine hundertprozentige Überprüfung von Beständen oder ggf. auch ein Produktrückruf.

- **Korrekturmaßnahmen,** die ein Wiederauftreten des erkannten Problems zukünftig verhindern sollen. Die Zielsetzung ist hierbei eine nachhaltige Fehlervermeidung.

  Korrekturmaßnahmen sind beispielsweise ein dauerhafter Austausch von Rohmaterialien, eine konsequente Konstruktionsänderung oder eine verbindliche Änderung von Fertigungsparametern.

- **Vorbeugemaßnahmen,** die das erstmalige Auftreten eines Problems verhindern sollen, beispielsweise an einem anderen Produkt oder einem ähnlichen Arbeitsvorgang. Die Zielsetzung ist hierbei eine vorausschauende Fehlervermeidung.

  Vorbeugemaßnahmen können ähnliche Kennzeichen wie Korrekturmaßnahmen haben, werden allerdings für andere Produkte oder Arbeitsvorgänge als Prävention ausgeführt.

### 5.1.1 Schritte der Problembearbeitung

Der Problemlösungsprozess erfordert die chronologische Bearbeitung der einzelnen Schritte, was bedeutet, dass kein Schritt weggelassen oder übersprungen werden darf. Würde beispielsweise der erste Schritt (Problemverständnis und -beschreibung) ausgelassen, so ist einfach nachzuvollziehen, dass die Grundlage für die Analyse und Lösung des Problems fehlen würde. Würde der letzte Schritt (Standardisierung) fehlen, so wäre nicht gewährleistet, dass dieses Problem nicht erneut auftreten könnte.

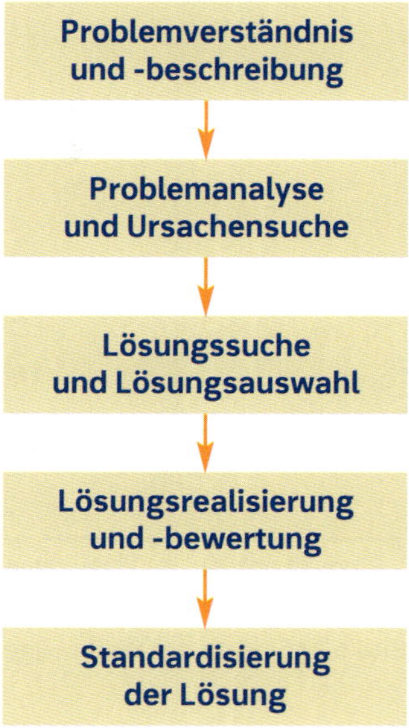


**Bild 5.2:** Problemlösungsprozess in fünf Schritten

### Schritt 1: Problemverständnis und -beschreibung

Dieser Schritt dient dem Erkennen, Verstehen und Beschreiben des Problems. Hierzu ist es notwendig, alle vorhandenen Informationen, Daten und Fakten zu sammeln und diese sinnvoll zu strukturieren. Der aktuelle und bekannte Istzustand wird genauso formuliert wie der zukünftig angestrebte Sollzustand (z. B. aktuelle Nacharbeitsquote = 5 %, zukünftig angestrebte Nacharbeitsquote = 0,5 %).

Folgende Fragestellungen sind für ein ausreichendes Problemverständnis bedeutsam:

- Was ist das Problem? Was ist nicht das Problem?
- Wer ist betroffen von dem Problem? Wer ist nicht betroffen?
- Wann und wo ist das Problem aufgetreten? Wann tritt das Problem nicht auf?
- Wie zeigt sich das Problem? Wie ist es auffällig geworden?
- Warum ist es überhaupt ein Problem? Welche Konsequenzen ergeben sich daraus?
- Welche Zielsetzung soll eine mögliche Problemlösung anstreben?

Eine angemessene Beschreibung eines Problems basiert auf Zahlen, Daten und Fakten und weniger auf Vermutungen und Meinungen. Deshalb ist es für die Problemlösung wichtig, ausreichend Informationen zu sammeln und auszuwerten. Beispiele für Methoden zur Datenerfassung und -analyse sind beispielsweise Strichlisten, Fehlersammelkarten, Verlaufsdiagramme oder Streudiagramme (siehe Kapitel 5.2).

Schritt 1 ist abgeschlossen, wenn das Problem von allen Beteiligten verstanden und ausreichend beschrieben ist. Hierzu gehören unter anderem die vorherrschenden Rahmenbedingungen, die Kenntnis der Konsequenzen aus dem vorhandenen Problem, ausreichende und vertrauenswürdige Informationen sowie die Festlegung der gewünschten Wirkung einer Problemlösung.

### Schritt 2: Problemanalyse und Ursachensuche

Im 2. Schritt wird das Problem analysiert, um die Ursachen des Problems zu finden. Die vorhandenen Daten werden ausgewertet und beurteilt, Einflüsse und mögliche Ursachen gesucht und die entscheidende Ursache ermittelt. Methoden für eine qualitative Ursachensuche sind beispielsweise das Ishikawa-Diagramm oder die Kraftfeld-Analyse. Um mit quantitativen Auswertungen die Ursachen zu bestätigen, können Streudiagramme benutzt werden, um beispielsweise die Korrelationen zwischen Ursachen und Problemwirkung zu erkennen.

Die Ursachensuche erfordert bei den Bearbeitern des Problems eine hohe Fachkompetenz und Erfahrungen im Umfeld des Problems, weshalb die richtige Teamauswahl für diesen Schritt einen bedeutenden Aspekt darstellt.

Der Schritt 2 ist abgeschlossen, wenn die zutreffenden Ursachen nachweislich ermittelt sind.

**Schritt 3: Lösungssuche und -auswahl**

Der Schritt 3 der Lösungssuche betrifft zunächst das Ermitteln möglicher und alternativer Lösungsansätze. Die Vorgaben für die Lösungssuche sind normalerweise durch den 1. Schritt festgelegt (siehe Zielsetzung für die Problemlösung). Entsprechend dieser Vorgaben sind Lösungsideen zu sammeln und mögliche Lösungsansätze zu skizzieren. Die Umsetzbarkeit, die Wirksamkeit und die Wirtschaftlichkeit dieser Lösungsansätze sind neben anderen unternehmensspezifischen Kriterien ausschlaggebend für die richtige Lösungsauswahl. Ist die Entscheidung für einen bestimmten Lösungsansatz getroffen, sollte dieser Ansatz auch ausformuliert bzw. konkretisiert werden.

Eine Methode für die Lösungssuche stellt beispielsweise das Brainstorming dar. Durchgeführt in einem Kreis von erfahrenen Experten können so in systematischer Weise mögliche Lösungsideen gesammelt und auch die Lösungsauswahl fachkundig bewertet werden.

**Schritt 4: Lösungsrealisierung und -bewertung**

Im 4. Schritt wird der ausgewählte Lösungsansatz in der Praxis zunächst erprobt und seine Wirksamkeit unter Beweis gestellt. Um die Wirksamkeit der durchgeführten Lösung zu bestätigen, können ebenfalls die Methoden der Datenerfassung und -analyse eingesetzt werden. Ist die gewünschte Wirksamkeit noch nicht erreicht, beginnt der Problemlösungsprozess in der Regel wieder beim 1. Schritt, bis eine zufriedenstellende Lösung gefunden und realisiert wurde. Bei komplexen und vielschichtigen Problemen kann es also erforderlich sein, den Problemlösungsprozess in mehreren Schleifen zu durchlaufen.

Der Schritt 4 ist abgeschlossen, wenn die angestrebte Wirksamkeit der Lösung nachgewiesen ist.

**Schritt 5: Standardisierung der Lösung**

Zielführende und nachhaltige Lösungen von Problemen erfordern eine Standardisierung der eingeführten Maßnahmen. Dies bedeutet, dass die Maßnahmen als zukünftige Vorgaben festgelegt und entsprechend berücksichtigt werden. Werden Arbeits- oder Prüfanweisungen gemäß den Lösungsmaßnahmen angepasst bzw. geändert, so unterstützen diese einen neuen, verbesserten Standard und gewährleisten, dass die Probleme an gleicher oder anderer Stelle sich nicht wiederholen. Die Standardisierung fördert damit die grundsätzliche Zielsetzung nach „kontinuierlicher Verbesserung" (siehe Kapitel 6) im Qualitätsmanagement.

Der Schritt 5 ist abgeschlossen, wenn die Lösung in der täglichen Arbeit als Standard umgesetzt ist.

### 5.1.2 Problemlösung mit der 8D-Methode

Die Problembearbeitung erfolgt in der Industrie oft auch mit der sogenannte 8D-Methode (D = Disziplinen = Prozessschritte). Diese Methode entspricht im Prinzip dem vorab beschriebenen Problemlösungsprozess, umfasst aber noch weitere Arbeitsschritte und dient auch als Berichtsform für die Problemlösung. Insbesondere wenn mehrere Bereiche, Kunden oder Lieferanten in die Problemlösung eingebunden werden sollen, bietet das Formblatt der 8D-Methode einen dokumentierten Workflow für die Problembearbeitung.

Die acht Schritte der Methode sind:

| | |
|---|---|
| **Schritt 1** | Gehe das Problem im Team an. |
| **Schritt 2** | Beschreibe das Problem. |
| **Schritt 3** | Veranlasse temporäre Maßnahmen zur Schadensbegrenzung und kontrolliere ihre Wirkung (→ Sofortmaßnahmen). |
| **Schritt 4** | Ermittle die Grundursachen und beweise, dass es wirklich die Grundursachen sind. |
| **Schritt 5** | Lege Abstellmaßnahmen fest und beweise ihre Wirksamkeit. Suche nach allen möglichen Maßnahmen, durch die die Ursachen beseitigt und das Problem gelöst werden könnte. |
| **Schritt 6** | Führe Abstellmaßnahmen ein und kontrolliere ihre Wirkung. Erstelle einen Aktionsplan zur Einführung der gewählten Abstellmaßnahmen und lege gegebenenfalls flankierende Maßnahmen zur Absicherung fest. |
| **Schritt 7** | Bestimme Maßnahmen, die ein Wiederauftreten des Problems verhindern (→ Korrekturmaßnahmen). |
| **Schritt 8** | Würdige Leistung und Erfolg des Teams |

Das zugehörige Formblatt zur 8D-Methode unterstützt diese acht Schritte, indem die Informationen, Festlegungen und Entscheidungen kurz in den dafür vorgesehenen Feldern beschrieben werden. Die jeweiligen Felder des Formblatts sind mit der Nummer des jeweiligen Schrittes gekennzeichnet.

| **8D-Report** | | |
|---|---|---|
| **Beanstandung/Problem:** | **Beanstand.-Nr.** | **Eröffnet am:** |
| | | |
| **Berichtsdatum:** | **Teilebezeichnung/Zeichnungsnummer:** | |
| | | |
| **1 Team, Name, Abt./Teamleiter:** | **2 Problembeschreibung, Fehlercharakter:** | |
| | | |
| **3 Sofortmaßnahme(n):** | **% Wirkung:** | **Einführungsdatum:** |
| | | |
| **4 Fehlerursache(n):** | **% Beteiligung:** | |
| | | |

| 8D-Report | | |
|---|---|---|
| **5 Geplante Abstellmaßnahme(n):** | **Wirksamkeitsprüfung:** | |
| | | |
| **6 Eingeführte Abstellmaßnahme(n):** | **Ergebniskontrolle:** | **Einsatztermin:** |
| | | |
| **7 Fehlerwiederholung verhindern:** | **verantwortlich:** | **Einführtermin:** |
| | | |
| **8 Teamerfolg würdigen:** | **Abschlussdatum:** | **Ersteller/Tel.:** |

**Bild 5.3:** Formblatt zur 8D-Methode

## 5.2 Methoden der Datenerfassung und -analyse

Um mögliche Probleme systematisch und faktenbasiert zu bearbeiten, gibt es spezielle Methoden der Datenerfassung und Datenanalyse.

| Methoden der Datenerfassung und -analyse | | | |
|---|---|---|---|
| **Methode** | **Datenerfassung** | **Datenanalyse** | **Beschreibung siehe** |
| Brainstorming | X | | Kap. 5.2.1 |
| Flussdiagramm | X | | Kap. 5.2.2 |
| Baumdiagramm | X | | Kap. 5.2.3 |
| Strichliste | X | | Kap. 5.2.4 |
| Ishikawa-Diagramm | X | X | Kap. 5.2.5 |
| Kräftefeld-Analyse | X | X | Kap. 5.2.6 |
| Verlaufsdiagramm | X | X | Kap. 5.2.7 |
| Streudiagramm | X | X | Kap. 5.2.8 |
| Pareto-Diagramm | | X | Kap. 5.2.9 |
| Histogramm | | X | Kap. 5.2.10 |
| Matrixdiagramm | | X | Kap. 5.2.11 |

**Bild 5.4:** Übersicht der Methoden der Datenerfassung und -analyse

### 5.2.1 Brainstorming

Ziel ist die gedankliche Auseinandersetzung mit allen Aspekten eines Problems oder einer Lösung. Brainstorming hilft einer Gruppe, so viele Ideen wie möglich mit dem geringstmöglichen Zeitaufwand zu entwickeln.

**Anwendungsformen**

| | |
|---|---|
| Strukturiert: | Bei dieser Methode müssen alle Mitglieder einer Gruppe der Reihe nach ihre Gedanken aussprechen. Wer im Augenblick keine Idee hat, pausiert bis zur nächsten Runde. Dieses Vorgehen zwingt auch zurückhaltende und schüchterne Personen zur Teilnahme, kann aber einen gewissen Druck ausüben. |
| Unstrukturiert: | In diesem Fall äußern die Mitglieder der Gruppe ihre Ideen, wie sie ihnen in den Sinn kommen. Vorteilhaft kann sich die eher entspannte Atmosphäre auswirken, es besteht aber auch das Risiko, dass die redseligen Teilnehmer dominieren. |

### 5.2.2 Flussdiagramm

Das Flussdiagramm stellt bildlich den Ablauf aller Arbeitsschritte eines Prozesses dar. Im Flussdiagramm werden Symbole verwendet, wie sie in der DIN 66001 genormt sind.

**Erstellen eines Flussdiagramms**

1. Beschreiben Sie die tatsächlichen Prozessschritte im Flussdiagramm.
2. Erstellen Sie ein Flussdiagramm, das den Ablauf für einwandfreies Funktionieren beschreibt.
3. Vergleichen Sie beide Flussdiagramme miteinander; dort, wo die Abläufe differieren, liegen die Problempunkte.

***Beispiel für ein Flussdiagramm:* „Durchführung von Audits"**

1:
Auditleiter

2:
Management
3:
Auditleiter

4:
Auditleiter

5:
Auditor

6:
Auditor

7:
Auditor

8:
Auditor
9:
Auditor

10:
Auditor
11:
Auditor
Auditierter

12:
Auditor

13:
Auditor

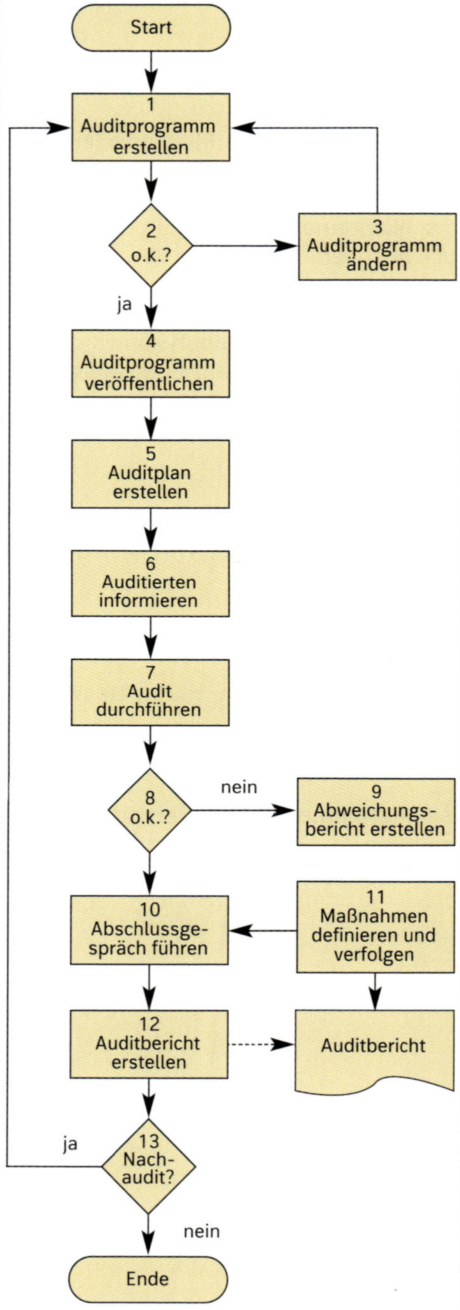


1:
- Termine
- Bereiche
- Ansprechpartner
- Referenzen

2:
Genehmigung des Auditprogramms

3:
Änderungen einarbeiten

4:
über:
- Verteiler
- Aushang

5:
genauer Auditablauf:
- wer
- von wem
- wann
- Umfang des Audits

6:
über genaue Vorgehensweise (Checklisten, Interviews)

7:
Interviews und Beobachtungen vor Ort

8:
Ermittlung von Abweichungen

9:
Dokumentation der Abweichungen

10:
Erläuterung der Auditergebnisse

11:
Korrekturmaßnahmen definieren mit Termin und Verantwortlichem

12:
Ergebniszusammenfassung

13:
wenn große Mängel vorhanden sind

**Bild 5.5:** Flussdiagramm zur Auditdurchführung

### 5.2.3 Baumdiagramm

Das Baumdiagramm dient zur genauen Darstellung aller Aufgaben bzw. Funktionen, die nacheinander bewältigt werden müssen bzw. die in einer Abhängigkeit voneinander stehen, um gestellte Ziele zu erreichen.

***Beispiel:* Baumdiagramm zur Auswahl von Fahrzeugkomponenten**

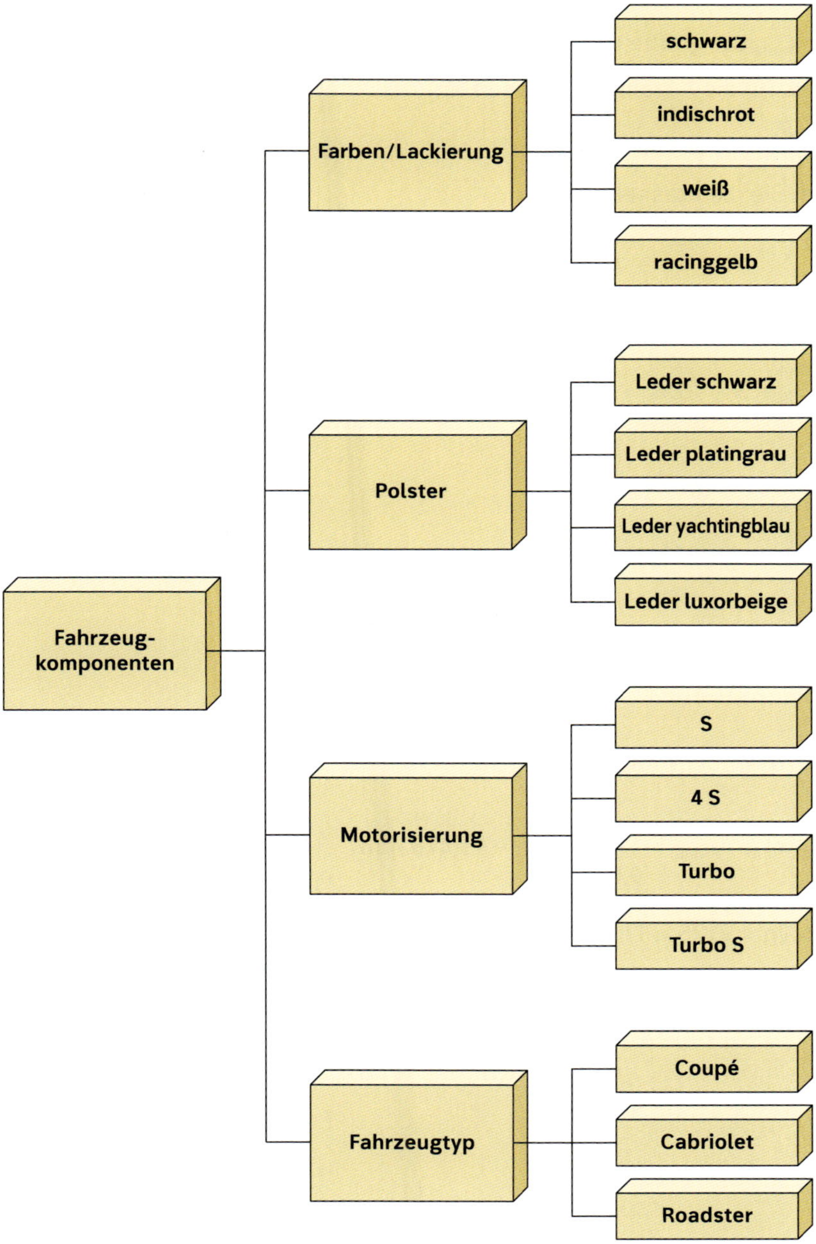


**Bild 5.6:** Baumdiagramm

## 5.2.4 Strichliste

### Erstellen einer Strichliste

1. Zählen Sie die Anzahl der Messwerte.
2. Bestimmen Sie den Bereich **R** (= **Spannweite**) für die gesamte Stichprobe:

   $R = x_{max} - x_{min}$

   Dabei ist $x_{max}$ der größte und $x_{min}$ der kleinste Wert der Stichprobe.
3. Berechnen Sie die Anzahl der **Klassen k:**

   $k \cong \sqrt{n}$
4. Errechnen Sie die **Klassenweite w:**

   $w \cong \frac{R}{k}$
5. Ermitteln Sie die Klassengrenzen durch erneutes Addieren von jeweils der Klassenweite w wie folgt:

   Klasse 1: $x_{min}$ bis $x_{min} + w$
   Klasse 2: $x_{min} + w$ bis $x_{min} + 2 \cdot w$
   .
   .
   .
   usw.
6. Ordnen Sie nun die Messwerte in die richtigen Klassen ein.

***Beispiel:*** **Strichliste zum *Leitbeispiel 1 „Drehteil“*** (Kapitel 5.5)
Berechnung der Werte (siehe Messprotokoll Drehteil):

$n = 125$

$R = x_{max} - x_{min} = 11{,}541 \text{ mm} - 11{,}476 \text{ mm} = 0{,}065 \text{ mm}$

$k = \sqrt{n} = \sqrt{125} \cong 11$

$w = \frac{R}{k} = \frac{0{,}065 \text{ mm}}{11} = 0{,}0059 \text{ mm} \cong 0{,}006 \text{ mm}$

| | |
|---|---|
| n | gesamte Anzahl Messwerte |
| $n_j$ | einzelner Messwert |
| R | Spannweite |
| $x_{max}$ | größter Messwert |
| $x_{min}$ | kleinster Messwert |
| k | Anzahl der Klassen |
| w | Klassenweite |

| Klassengrenze in mm | | Strichliste | $n_j$ |
|---|---|---|---|
| untere (≥) | obere (<) | | |
| 11,536 | 11,542 | III | 3 |
| 11,530 | 11,536 | II | 2 |
| 11,524 | 11,530 | IIIII I | 6 |
| 11,518 | 11,524 | IIIII IIIII I | 11 |
| 11,512 | 11,518 | IIIII IIIII IIIII IIIII IIIII IIIII III | 33 |
| 11,506 | 11,512 | IIIII IIIII IIIII IIIII IIIII IIIII I | 31 |
| 11,500 | 11,506 | IIIII IIIII III | 13 |
| 11,494 | 11,500 | IIIII IIIII | 10 |
| 11,488 | 11,494 | IIIII III | 8 |
| 11,482 | 11,488 | II | 2 |
| 11,476 | 11,482 | IIIII II | 6 |
| | | $\Sigma$ $n_j$ | 125 |
| | | | = n |

**Bild 5.7:** Strichliste „Durchmesser des Drehteils" (125 Messwerte)

***Beispiel:*** **Strichliste zum *Leitbeispiel 2 „Elektrischer Widerstand"*** (Kapitel 5.5)
Berechnung der Werte (siehe Messprotokoll elektrischer Widerstand):

$n = 50$

$R = x_{max} - x_{min} = 272\ \Omega - 263\ \Omega = 9\ \Omega$

$k = \sqrt{n} = \sqrt{50} \cong 7$

$w = \frac{R}{k} = \frac{9\ \Omega}{7} = 1{,}29\ \Omega \cong 1{,}0\ \Omega$

| | |
|---|---|
| $n$ | gesamte Anzahl Messwerte |
| $n_j$ | einzelner Messwert |
| $R$ | Spannweite |
| $x_{max}$ | größter Messwert |
| $x_{min}$ | kleinster Messwert |
| $k$ | Anzahl der Klassen |
| $w$ | Klassenweite |

| Klassengrenze in mm | | Strichliste | $n_j$ |
|---|---|---|---|
| untere (≥) | obere (<) | | |
| 273 | 274 | | |
| 272 | 273 | I | 1 |
| 271 | 272 | I | 1 |
| 270 | 271 | III | 3 |
| 269 | 270 | IIIII IIIII II | 12 |
| 268 | 269 | IIIII IIIII | 10 |
| 267 | 268 | IIIII II | 7 |
| 266 | 267 | IIIII IIIII | 10 |
| 265 | 266 | III | 3 |
| 264 | 265 | II | 2 |
| 263 | 264 | I | 1 |
| 262 | 263 | | |
| | | $\Sigma$ $n_j$ | 50 |
| | | | = n |

**Bild 5.8:** Strichliste „Elektrischer Widerstand" (50 Messwerte)

### 5.2.5 Ishikawa-Diagramm

Das Ishikawa-Diagramm wird auch **Ursache-Wirkungs-Diagramm** bzw. Fischgräten-Diagramm genannt. Es wird benutzt, um mögliche Einflüsse (Ursachen) auf ein vorhandenes und zu bearbeitendes Kriterium (Wirkung) zu ermitteln und darzustellen. Als grundsätzliche Einflüsse sind meist die 7M-Störgrößen „Mensch, Management, Maschine, Methode, Material, Messbarkeit und Mitwelt" vordefiniert. Unter diesen Oberbegriffen werden die detaillierteren Einflüsse ermittelt und in das Diagramm eingetragen. Das Ishikawa-Diagramm ist eine gute Möglichkeit, sich einen Gesamtüberblick über die auf das Kriterium wirkenden Einflüsse zu verschaffen.

#### Erstellen eines Ursache-Wirkungs-Diagramms

1. Beschreiben Sie detailliert das zu bearbeitende Kriterium (*Beispiel:* Streuung von Merkmalswerten).
2. Finden Sie die Einflüsse (Ursachen) für das Kriterium mittels Brainstorming oder anhand von Strichlisten heraus.
3. Erstellen Sie das Diagramm wie folgt:
   a) Geben Sie das Kriterium auf der rechten Seite (Wirkung) an.
   b) Schreiben Sie die ermittelten Einflüsse unter die jeweilig vordefinierten Oberbegriffe (7M) auf der linken Seite (Ursachen).

***Beispiel:* Einflüsse (Ursachen) für die Streuung von Merkmalswerten**

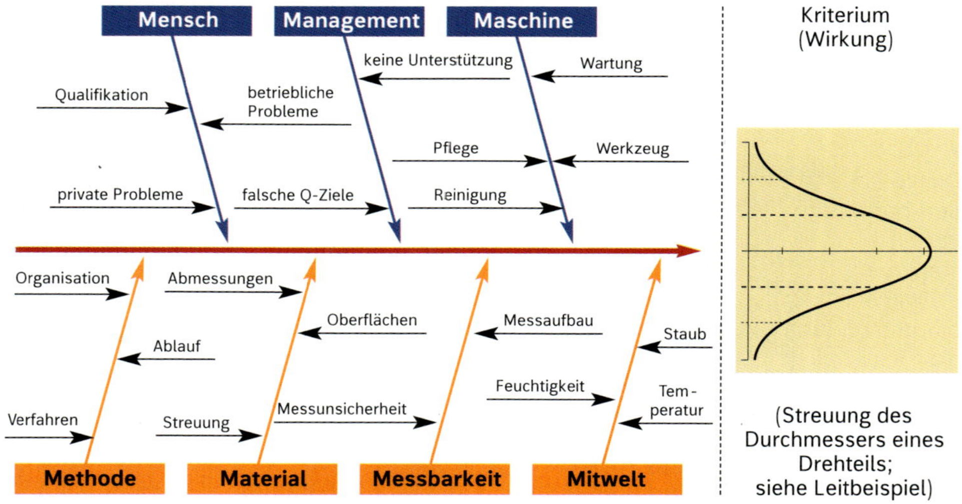


**Bild 5.9:** Ursache-Wirkungs-Diagramm

### 5.2.6 Kräftefeld-Analyse („Force-field"-Analyse)

Kurt Lewin nimmt an, dass die „treibenden Kräfte" eine Situation zur Veränderung führen, während die „Rückhaltekräfte" genau diese Bewegung blockieren. Es gibt zu jeder treibenden Kraft auch eine Rückhaltekraft. Wenn es keine Veränderung gibt, sind die gegensätzlichen Kräfte gleich oder die Rückhaltekräfte sind zu stark, um eine Bewegung in die gewünschte Richtung zuzulassen. Betrachten wir ein praktisches Beispiel, das die „Gewichtsabnahme" zum Thema hat:

| Treibende Kräfte | | | Rückhaltekräfte |
|---|---|---|---|
| Gesundheitsbedrohung | → | ← | Zeitmangel |
| Kultureller Schlankheitszwang | → | ← | Veranlagung |
| Viele schlanke Modelle | → | ← | Unsympathische Freunde und Familie |
| Gefühl der Behinderung | → | ← | Fehlendes Geld für Gymnastikstunden |
| Negatives Selbstbild | → | ← | Mangelndes Interesse |
| Positive Einstellung zu Gymnastik | → | ← | Schlechter Rat |
| Fehlende Versuchungen | → | ← | Jahrelange falsche Essgewohnheiten |
| Kleider passen nicht | → | ← | Zuckeranteil in der Nahrung |

**Bild 5.10:** Kräftefeld-Analyse (Quelle: MEMORY JOGGER, GOAL/QPC)

Warum unterstützt die Kräftefeld-Analyse Veränderungen?

1. Sie zwingt die Menschen, über alle Aspekte einer gewünschten Änderung nachzudenken. Kreative Denkanstöße werden so in Gang gesetzt.
2. Sie fördert den Konsens der Menschen über die relative Priorität der Faktoren auf jeder Seite der Bilanz.
3. Sie bietet einen Ausgangspunkt für weitere Aktionen.

Die Veränderung kann unter zwei Perspektiven angeregt werden: Stärkung der treibenden Kräfte oder Reduzierung der Rückhaltekräfte. Die Stärkung des Positiven hat oft die unerwartete Wirkung, dass anstelle der gewünschten Verbesserung der Widerstand verstärkt wird. Als wirkungsvollste Taktik erwies sich, eine Rückhaltekraft abzuschwächen oder ganz zu eliminieren. In unserem Beispiel wäre es wesentlich hilfreicher, mit dem Zeitmangel zu argumentieren, anstatt jemanden dauernd zu erinnern, dass die Kleider nicht mehr passen.

### 5.2.7 Verlaufsdiagramm

Das Verlaufsdiagramm ist die einfachste Methode zur Aufzeichnung von Tendenzen über einen bestimmten Zeitraum. Es eignet sich zur Überwachung eines Systems, indem über einen längeren Zeitraum hinweg Änderungen des Durchschnittsverhaltens ersichtlich werden.

### Erstellen eines Verlaufsdiagramms

1. Ermitteln Sie die Messwerte.
2. Skalieren Sie die y-Achse mit der Merkmalseinheit, z. B. ⌀ in mm (*Tipp:* größter und kleinster Messwert müssen eintragbar sein).
3. Tragen Sie auf der x-Achse die Messwerte in der Reihenfolge ihrer Ermittlung ein (erster Messwert als Erstes, zweiter Messwert als Zweites, ...).
4. Verbinden Sie die eingetragenen Messpunkte mit einer Linie.
5. Ermitteln Sie den Mittelwert aus den Messpunkten und tragen Sie ihn als Linie auf der y-Achse ein.

***Beispiel:*** **Verlaufsdiagramm zum Leitbeispiel 1 „Drehteil"** (Kapitel 5.5)

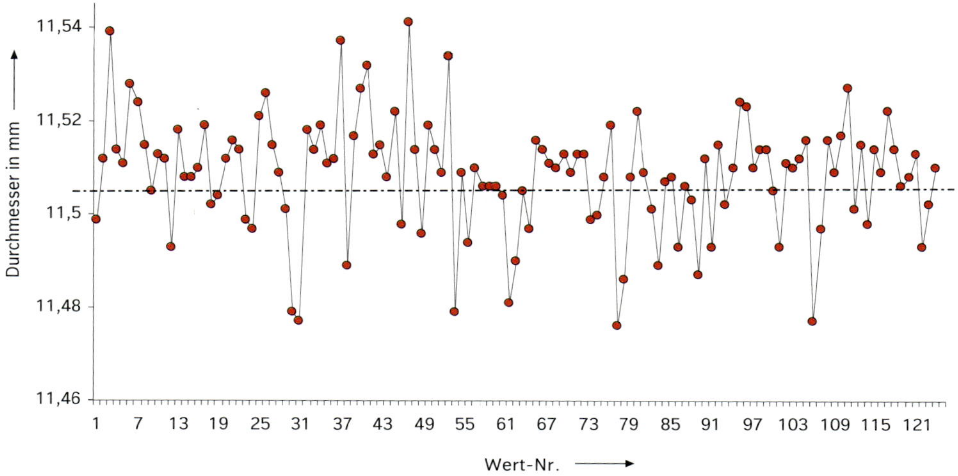


**Bild 5.11:** Verlaufsdiagramm „Durchmesser des Drehteils" (125 Messwerte)

***Beispiel:*** **Verlaufsdiagramm zum Leitbeispiel 2 „Elektrischer Widerstand"** (Kapitel 5.5)

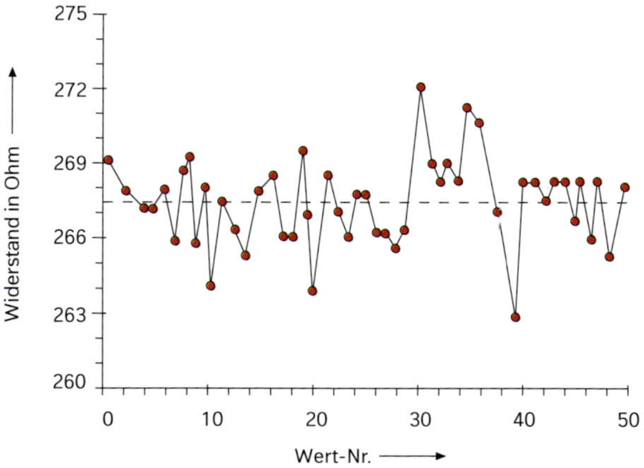


**Bild 5.12:** Verlaufsdiagramm „Elektrischer Widerstand" (50 Messwerte)

## 5.2.8 Streudiagramm

Ein Streudiagramm macht deutlich, ob eine Beziehung (**Korrelation**) zwischen zwei Variablen besteht und in welcher Stärke diese auftritt. Das Diagramm sagt jedoch nichts über die gegenseitige Beeinflussung der Variablen (**Wechselwirkung**) aus.

### Erstellen eines Streudiagramms

1. Erstellen Sie eine Tabelle mit bis zu 100 Datenpaaren, von denen Sie eine Beziehung erwarten.
2. Zeichnen Sie ein Koordinatenkreuz mit den beiden Variablen als Achsen.
3. Tragen Sie die Datenpaare in das Diagramm ein.

***Beispiel:*** **Beziehung zwischen Körpergröße und Körpergewicht von 100 männlichen Schülern im Alter zwischen 20 und 30 Jahren**

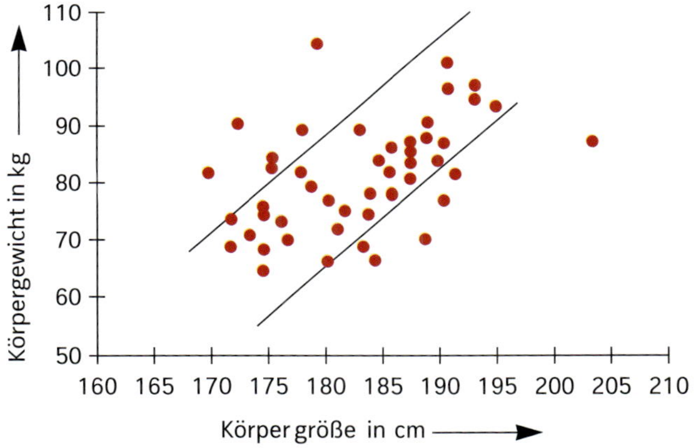


**Bild 5.13:** Streudiagramm

Je größer die Dichte, d. h., viele Punkte nähern sich einer Geraden, desto eindeutiger ist die Beziehung zwischen den beiden Variablen. Die Richtung (positiv = steigende Gerade, negativ = fallende Gerade) der Beziehung wird durch den Punkteverlauf deutlich.

## 5.2.9 Pareto-Diagramm

Das Pareto-Diagramm, auch **ABC-Analyse** genannt, klassifiziert Kriterien (z. B. Fehler, Verteilung von Kapital auf die Bevölkerung) nach Art und Häufigkeiten. Es hat zum Ziel, die wichtigsten Kriterien zu analysieren und die Prioritäten zu ermitteln. Ein Pareto-Diagramm, das auf der Grundlage von Strichlisten (siehe Kapitel 5.2.1) oder anderen Formen der Datenerfassung erstellt wurde, lenkt die Aufmerksamkeit und Aktivitäten direkt auf die wirklich wichtigen Kriterien. Die größten Balken stellen die am häufigsten auftretenden Kriterien dar.

**Erstellen eines Pareto-Diagramms**

1. Wählen Sie die Kriterien aus.
2. Bilden Sie Klassen zu den Kriterien (z. B. Fehlerarten).
3. Ermitteln Sie die Häufigkeiten (in % auf die Gesamtheit) der Kriterien in den jeweiligen Klassen.
4. Ordnen Sie die Klassen gemäß ihren Häufigkeiten absteigend auf der x-Achse an.
5. Übertragen Sie die Häufigkeiten mittels Balken auf die y-Achse.
6. Vergleichen Sie die Häufigkeiten (Balken) der einzelnen Klassen bzw. Kriterien.
7. Es ergeben sich meist wenige Klassen (wenige Fehlerarten), die insgesamt die größte Häufigkeit (größten Balken) haben (20-80-Regel; 20 % der Klassen machen 80 % der Gesamthäufigkeit aus).

***Beispiel 1:*** **Darstellung eines Pareto-Diagramms**

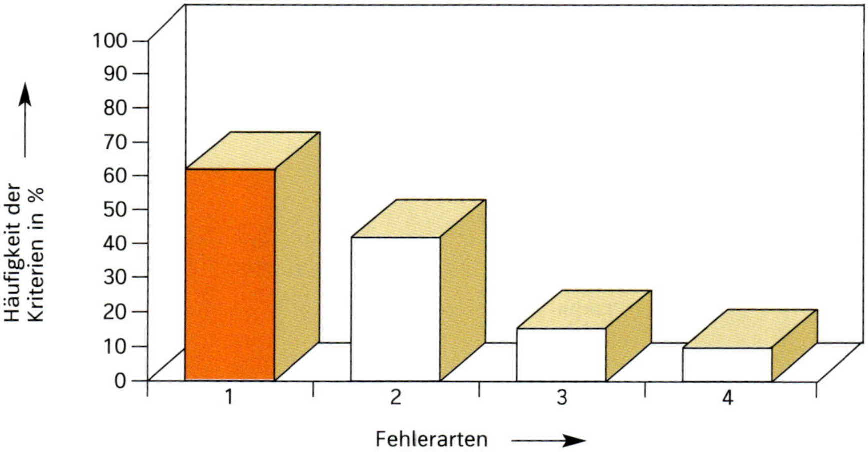


**Bild 5.14:** Pareto-Diagramm

***Beispiel 2:*** **20-80-Regel im Pareto-Diagramm**

Nimmt man die Verteilung des Geldkapitals bezogen auf bestimmte Personen in den USA, so ergibt sich beispielsweise, dass 20 % der reichsten Amerikaner 80 % des gesamten Kapitals in den USA besitzen.

***Beispiel 3:*** **20-80-Regel an der Verteilung der Fehlerarten in einem Unternehmen**

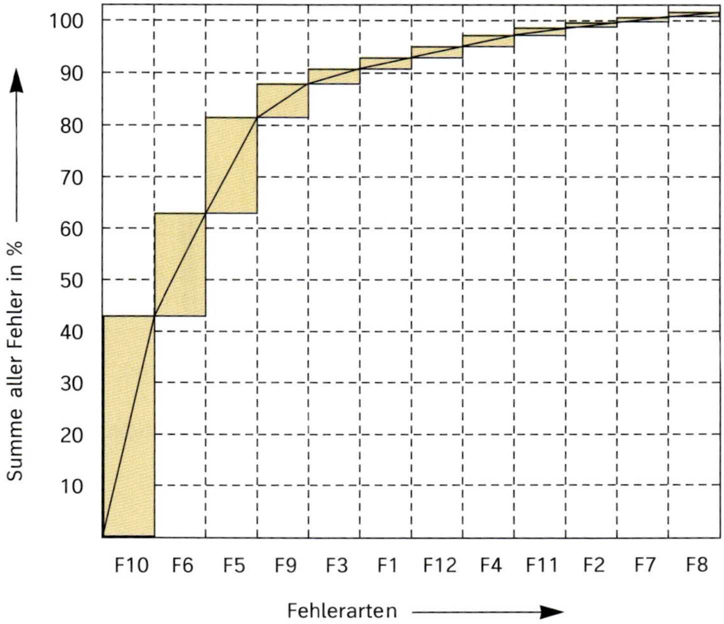


**Bild 5.15:** 20-80-Regel im Pareto-Diagramm

Nach dem Ordnen der Häufigkeiten im Pareto-Diagramm ergibt sich:

Drei von zwölf Fehlern (entspricht 25 % der Fehler) verursachen 80 % der Beanstandungen, d. h., diese drei Fehler (hier F10, F6, F5) müssen als Erstes beseitigt werden.

## 5.2.10 Histogramm

Das Histogramm ist ein Balkendiagramm, das aus Messungen resultiert. Es dient zur Erkennung und Darstellung der Streuung von Messdaten. Werden die Balkenspitzen durch eine Kurve miteinander verbunden, erhalten wir die **Gauß'sche Glockenkurve** (siehe Kapitel 5.5.1).

### Erstellen eines Histogramms

1. Erstellen Sie von den Messwerten eine Strichliste (siehe Kapitel 5.2.1).
2. Zeichnen Sie das Histogramm auf der Basis der Strichliste. Das Histogramm ist die grafische Abbildung einer Strichliste.

Die Anzahl der Messwertklassen entspricht der Anzahl der Balken.

***Beispiel:*** **Histogramm zum Leitbeispiel 1 „Drehteil"** (siehe Kapitel 5.5)

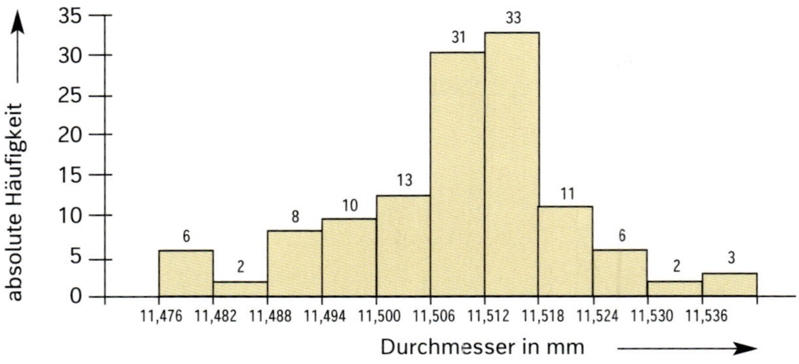


**Bild 5.16:** Histogramm „Durchmesser des Drehteils" (125 Messwerte)

***Beispiel:*** **Histogramm zum Leitbeispiel 2 „Elektrischer Widerstand"** (s. Kapitel 5.5)

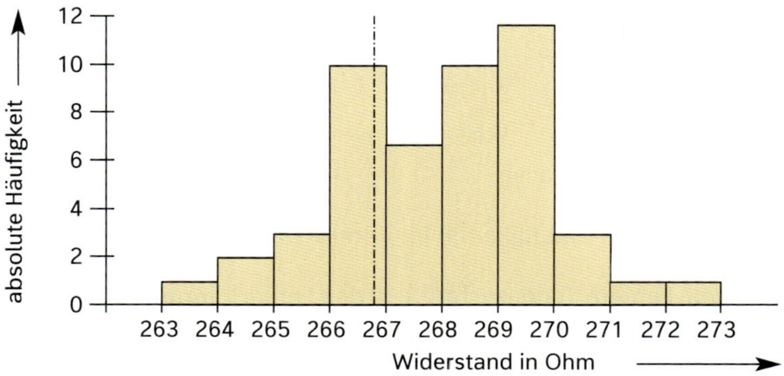


**Bild 5.17:** Histogramm „Elektrischer Widerstand" (50 Messwerte)

## 5.2.11 Matrixdiagramm

Im Matrixdiagramm können Zusammenhänge und Beziehungen zwischen zwei Themengebieten verdeutlicht werden. Die Vorstufe des Matrixdiagramms ist das Streudiagramm. Zusätzlich bietet das Matrixdiagramm die Möglichkeit, die aufgezeigten Beziehungen zu klassifizieren. Eine Form des Matrixdiagramms ist der **Paarvergleich**. Mithilfe des Paarvergleichs werden Entscheidungen getroffen.

### Erstellen eines Matrixdiagramms

1. Erstellen Sie eine Matrix.
2. Schreiben Sie die Kriterien untereinander in Zeilen (z. B. Preis = Zeile 1, Sicherheit = Zeile 2).

3. Schreiben Sie die gleichen Kriterien nebeneinander in Spalten (z. B. Preis = Spalte 1, Sicherheit = Spalte 2).
4. Gehen Sie jede Zeile durch und vergleichen Sie dieses Kriterium mit jedem Kriterium in den Spalten (z. B. Preis/Sicherheit, Preis/Verbrauch, Preis/Verarbeitung ...). Ist das Kriterium in der Zeile wichtiger als das Kriterium in der Spalte, so wird im Feld eine 2 eingetragen. Ist das Kriterium der Zeile weniger wichtig als in der Spalte, so wird eine 0 eingetragen. Es muss immer eine Entscheidung für eines der beiden Kriterien getroffen werden.
5. Addieren Sie die jeweiligen Zeilen zu einer Quersumme. Die Zeile mit der höchsten Quersumme ist das wichtigste Kriterium. Die Zeile mit der geringsten Quersumme ist das am wenigsten wichtige Kriterium.

***Beispiel:*** **Entscheidungsfindung beim Kauf eines Autos mit Paarvergleich**

| **Kriterien** | **Preis** | **Sicherheit** | **Verbrauch** | **Verarbeitung** | **Motorleistung** | **Komfort** | **Image** | **Summe** |
|---|---|---|---|---|---|---|---|---|
| **Preis** | | 0 | 0 | 2 | 2 | 2 | 2 | **8** ☜ |
| **Sicherheit** | 2 | | 2 | 2 | 2 | 2 | 2 | **12** ☜ |
| **Verbrauch** | 2 | 0 | | 2 | 2 | 2 | 2 | **10** ☜ |
| **Verarbeitung** | 0 | 0 | 0 | | 2 | 2 | 2 | **6** |
| **Motorleistung** | 0 | 0 | 0 | 0 | | 0 | 2 | **2** |
| **Komfort** | 0 | 0 | 0 | 0 | 2 | | 2 | **4** |
| **Image** | 0 | 0 | 0 | 0 | 0 | 0 | | **0** |
| | | | | | | | | |

**Bild 5.18:** Paarvergleich

Die Kriterien „Preis, Sicherheit und Verbrauch" sind die wichtigsten Kriterien und sollten beim gewählten Auto besonders berücksichtigt werden.

## 5.3 Quality Function Deployment (QFD)

### 5.3.1 Historie von QFD

Die Methode **Quality Function Deployment** findet ihre Anfänge in den siebziger Jahren in Japan. Hier wurden die ersten „Qualitätstabellen zur Produktplanung" eingesetzt. In den 1980er Jahren wurde die Methode nach ausführlichen Studienreisen der Amerikaner in Japan erstmals erfolgreich in den USA eingeführt. Anfang der 1990er Jahre findet QFD seinen Einsatz in Europa und der BRD, initiiert vor allem durch amerikanische Muttergesellschaften. Die in der Zwischenzeit weltweiten Erfahrungen mit QFD haben die Methode weiterentwickelt, neue „Qualitätstabellen" entstehen lassen und neue Einsatzmöglichkeiten geschaffen.

### 5.3.2 Grundlagen der Methode QFD

Quality Function Deployment wird heute als eine umfassende Methode zur Qualitäts- und Produktivitätssteigerung bei Produkten, Prozessen und Dienstleistungen angewendet. Den Einsatz findet QFD vor allem in der Planungs- und Konzeptionsphase.

Die Kennzeichen von QFD sind:

- QFD ist Planungs- und Kommunikationsmethode für Produkte, Prozesse und Dienstleistungen.
- QFD ist zielorientierte und nicht möglichkeitsorientierte Planung und Entscheidung.
- QFD ermittelt und dokumentiert die Komplexität, Abhängigkeiten und Einflüsse in Produkten, Prozessen und Dienstleistungen.
- QFD unterstützt die Übersetzung der Kundenanforderungen in Qualitätsmerkmale des Produktes oder Prozesses.
- QFD ist eine teamorientierte und faktenorientierte Methode.
- QFD gewichtet Beziehungen und Bedeutungen zwischen Produkt-/Prozessmerkmalen und Anforderungen.
- QFD bietet die Möglichkeit, den Wettbewerber intensiv mittels verschiedener Benchmarkings (Wettbewerbervergleiche) zu berücksichtigen.

QFD kann für alle Planungsprozesse eingesetzt werden, wenn von Anforderungen auf benötigte Merkmale bzw. Leistungen geschlossen werden soll. Der Einsatz von QFD reicht von der Planung von Konsumgütern (Telefone, Kaffeemaschinen, Hifi-Geräten etc.) über Investitionsgütern z. B. im medizinischen Bereich oder in der Werkzeugmaschinenbranche bis zur Gestaltung und Renovierung von öffentlichen Einrichtungen (Kaufhäuser, Bürogebäuden, Bahnhöfen etc.) wie auch zu Managemententscheidungen zu **„Joint Ventures"** (Zusammenarbeit verschiedener Unternehmen) oder der Auswahl von EDV-Systemen.

QFD wird meist in einer sehr frühen Planungsphase angewendet, um die Zielgrößen von Produkten und Prozessen festzulegen, und begleitet die Umsetzungsphase kontinuierlich. Ausgehend von den Fragestellungen „Was sind die Anforderungen?" und „Wie können diese Anforderungen erfüllt werden?" ermittelt QFD die Einflüsse und Beziehungen der vom Unternehmen geplanten Produktmerkmale auf die jeweiligen Kundenanforderungen.

Als Standardformular im QFD hat sich das sogenannte **„House of Quality“** durchgesetzt. Dieses House of Quality verknüpft verschiedene Qualitätstabellen miteinander und dokumentiert die wichtigsten Entscheidungskriterien in der Produktplanungsphase.

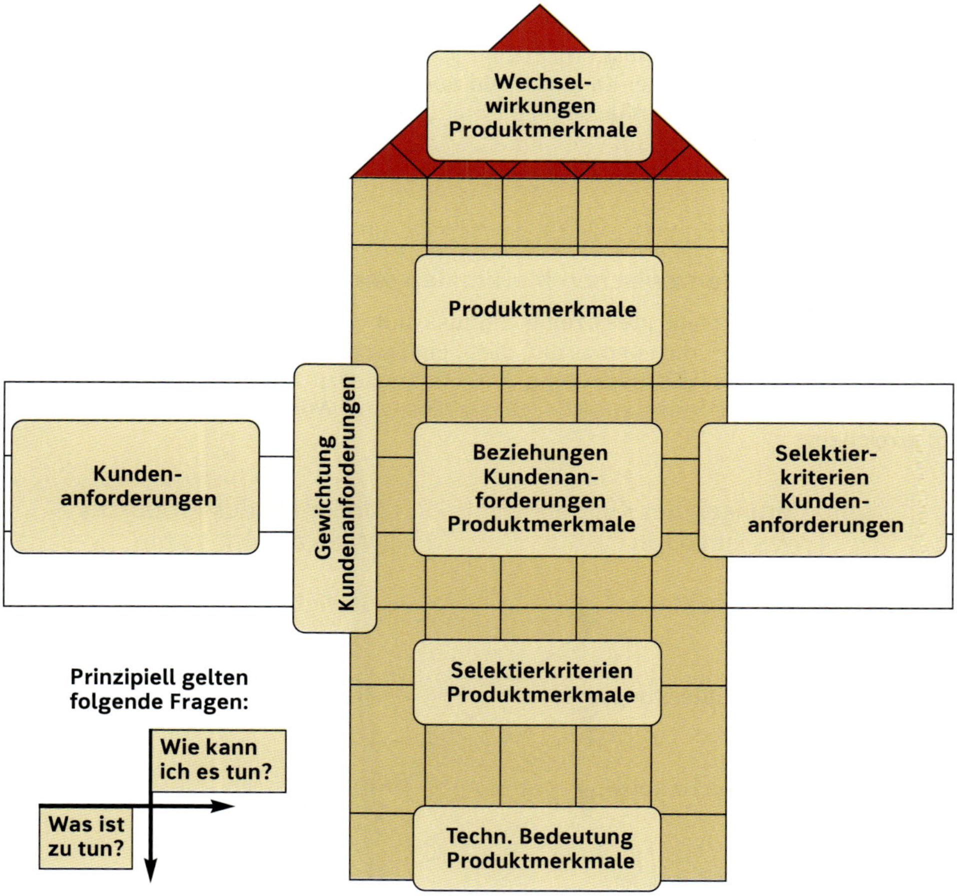


**Bild 5.19:** Felder im House of Quality

## 5.3.3 Arbeiten mit der Methode QFD

Die Vorgehensweise bei der Produktplanung soll anhand eines Beispiels aufgezeigt werden. Als Beispiel wurde die Neuentwicklung eines Sommerreifens für einen Personenkraftwagen gewählt. Das Beispiel umfasst nur einen kleinen Ausschnitt aus den möglichen Qualitätstabellen. Mittels Kundenkontakt, Kundenbefragung und Marktbeobachtung wurden folgende mögliche Anforderungen an den Sommerreifen aus Kundensicht ermittelt:

- kein Platzen des Reifens
- hohe Laufleistung des Reifens
- hohe Haftung in Kurven
- das Design des Autoreifens (z. B. Schriftzug)
- etc.

Diese Kundenaussagen bzw. -anforderungen muss der Hersteller von Autoreifen berücksichtigen, um letztendlich ein vom Kunden akzeptiertes Produkt zu entwickeln und zu produzieren. In der Entwicklungsphase eines Produktes werden diese Anforderungen in mess- oder zählbare Produktmerkmale übersetzt (oft werden Anforderungen in Anforderungsprofilen, Lasten- bzw. Pflichtenheften dokumentiert).
Solche messbaren Produktmerkmale/-funktionen sind:

- die Steifigkeit der Karkasse (in N)
- die Festigkeit zwischen der Karkasse und dem Profil (in N)
- der Gummiabrieb der Lauffläche (in g)
- die Profilfläche (in $mm^2$)
- die Tiefe des Profils (in mm)
- etc.

## 5.3.4 Beziehungen zwischen Merkmalen und Anforderungen

Dass einzelne Merkmale gleichzeitig Einfluss auf mehrere Kundenanforderungen haben können, ist natürlich und es gilt, diese Einflüsse zu ermitteln und darzustellen. Des Weiteren gilt es, die Bedeutung der Merkmale zu ermitteln, um im Produkt Schwerpunkte für die Umsetzung der Bedürfnisse und Wünsche der Kunden optimal zu erreichen.

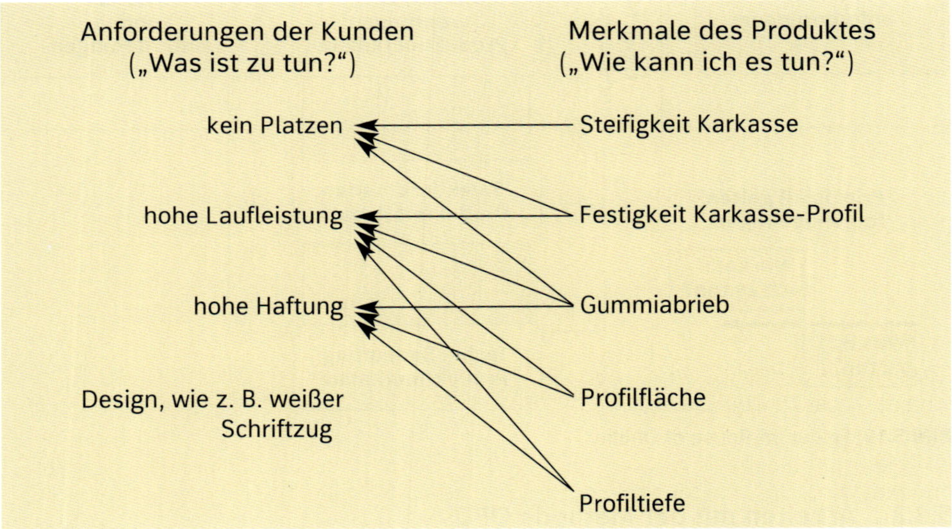


**Bild 5.20:** Beziehungen zwischen Produktmerkmalen und Kundenanforderungen

## 5.3.5 Qualitätstabelle

Um eine übersichtlichere Darstellung der Beziehungen zu erhalten und um die einzelnen Einflüsse mit einer Wertigkeit (Stärke des Einflusses, direkter oder diffuser Einfluss) genauer spezifizieren zu können, werden die Beziehungen in einer **Qualitätstabelle** dargestellt.

Eine oft benutzte Skalierung der Wertigkeit des Einflusses bzw. der Beziehung ist hierbei:

| | | |
|---|---|---|
| 3 | = | starker Einfluss/starke Beziehung |
| 2 | = | mittlerer Einfluss/mittlere Beziehung |
| 1 | = | schwacher Einfluss/schwache Beziehung |
| Leer | = | kein Einfluss/keine Beziehung |

Diese Einflüsse werden im Expertenteam (Fachleute aus den Bereichen Marketing, Vertrieb, Entwicklung, Produktion, Qualitätssicherung) diskutiert und ermittelt. Das Ergebnis wird in einer Matrix dargestellt und ist die erste sogenannte „Qualitätstabelle".

| | Steifigkeit Karkasse | Festigkeit Karkasse-Profil | Gummiabrieb | Profilfläche | Profiltiefe |
|---|---|---|---|---|---|
| Kein Platzen | 3 | 3 | 2 | | |
| Hohe Laufleistung | | 1 | 3 | 1 | 3 |
| Hohe Haftung | | | 3 | 3 | 2 |
| Design, z. B. weißer Schriftzug | | | | | |

**Bild 5.21:** Qualitätstabelle

### 5.3.6 House of Quality

Das House of Quality hat als Basis eine Qualitätstabelle (Kundenanforderungen/ Merkmale). Ergänzt wird die Qualitätstabelle durch weitere Tabellen, Zeilen oder Spalten. Diese beinhalten z. B. Selektierkriterien für die Entscheidungsfindung, wie etwa weitere Differenzierungsmerkmale des Produktes oder Wechselwirkungen zwischen Produktmerkmalen. Die kundennahen Informationen und Kriterien (Kundenanforderungen, Wettbewerbervergleich bezüglich des Produktimages) werden im QFD meist von Spezialisten aus Marketing, Vertrieb und Kundendienst ermittelt. Die techniknahen Informationen und Kriterien (Merkmale, Schwierigkeiten, Wechselwirkungen, Wettbewerbervergleich bezüglich der Produkttechnik) werden meist durch Spezialisten aus Entwicklung, Konstruktion oder Versuch definiert.

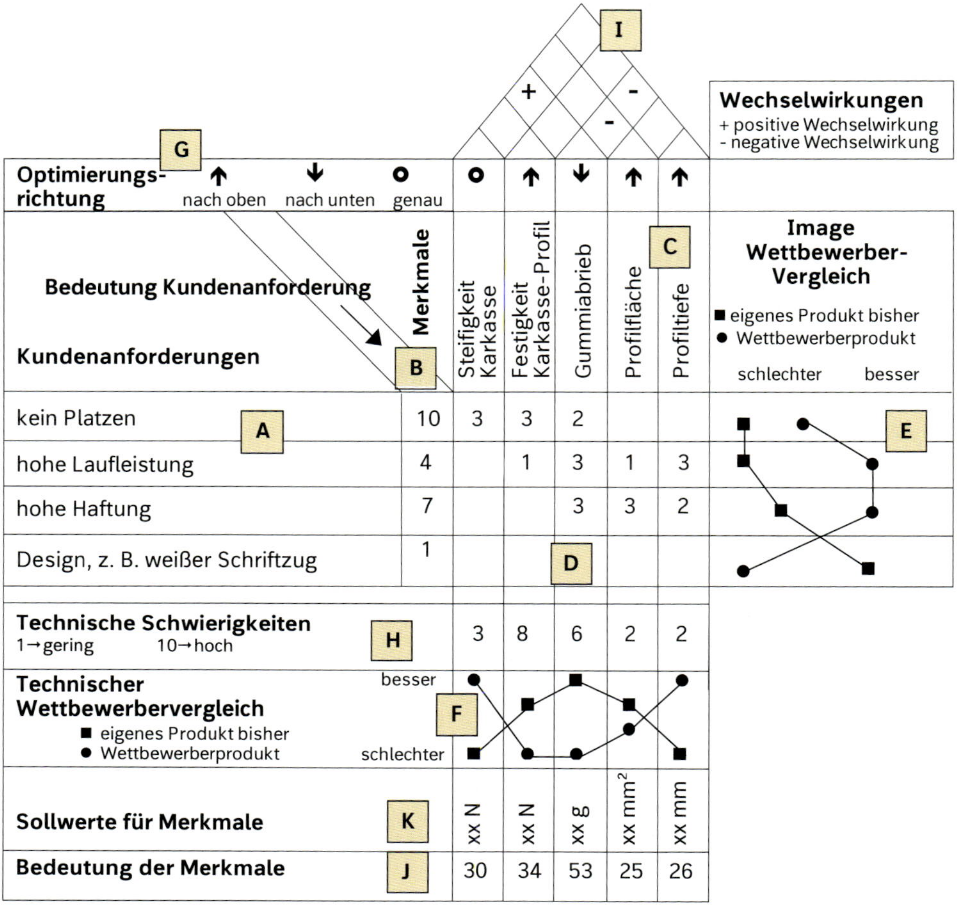


**Bild 5.22:** House of Quality

## 5.3.7 Felder des House of Quality

### Kundenanforderungen [A]

Wichtig ist vor der Ermittlung der Kundenanforderungen die späteren Zielgruppen für das Produkt klar festzulegen. Als Kunden können die Käufer, die Benutzer, die Nutznießer sowie auch beispielsweise der Gesetzgeber definiert werden. Die vorhandenen Kundenanforderungen wurden durch Marktbefragung und Kundenkontakte ermittelt. Kundenanforderungen umfassen dabei Wünsche, Bedürfnisse sowie absolut notwendige Kundenkriterien.

### Bedeutung der Kundenanforderungen [B]

Die Bedeutung/Wichtigkeit der einzelnen Anforderungen ist unterschiedlich und muss bei der Analyse berücksichtigt werden. So ist nach Kundenumfrage „kein

Platzen" dem Kunden wichtiger als „hohe Haftung". Bedeutung/Wichtigkeit wird im „House of Quality" meist mit 10 (sehr wichtig) bis 1 (weniger wichtig) skaliert.
Mit dem Paarvergleich kann eine Bewertung der Kundenanforderung durchgeführt werden.

| **Kundenanforderung an einen Autoreifen** – Fragerichtung im Paarvergleich | Kein Platzen | Hohe Laufleistung | Hohe Haftung | Design, z. B. weißer Schriftzug | *Summe* | Bedeutung Kundenanforderung |
|---|---|---|---|---|---|---|
| Kein Platzen | × | 2 | 2 | 2 | *6* | 10 |
| Hohe Laufleistung | 0 | × | 0 | 2 | *2* | 4 |
| Hohe Haftung | 0 | 2 | × | 2 | *4* | 7 |
| Design, z. B. weißer Schriftzug | 0 | 0 | 0 | × | *0* | 1 |

**Bild 5.23:** Bedeutung der Kundenanforderungen

Beim Paarvergleich werden die Kundenanforderungen gegenseitig paarweise bewertet. Die Zahl „2" steht für „wichtiger als", die Zahl „0" für „weniger wichtig als". Die Kundenanforderung „kein Platzen" ist somit wichtiger als „hohe Laufleistung". Im Gegenzug ist die „hohe Laufleistung" weniger wichtig als „kein Platzen". Nach der Vergabe der Bewertungszahlen werden die einzelnen Kundenanforderungen zeilenweise addiert. Die Summe der Anforderung „kein Platzen" beträgt „6". Da die Bedeutung der Kundenanforderung von 1 (weniger wichtig) bis 10 (sehr wichtig) reicht, müssen die Zeilensummen auf eine Skala von 1–10 umgerechnet werden (siehe Spalte „Bedeutung Kundenanforderungen"). Die größte Summe (Kundenanforderung „kein Platzen") entspricht der Gewichtung 10. Meist wird bei der Umrechnung auf die nächst größere Zahl aufgerundet.

*Hinweis:* Die jeweilige Bedeutung/Wichtigkeit der Kundenanforderung kann zwischen einzelnen Kundenzielgruppen unterschiedlich sein und muss daher aus der Sicht der jeweiligen Kundenzielgruppe auch getrennt ermittelt und erfasst werden (z. B. über eine zusätzliche Spalte).

**Merkmale** C

Merkmale bzw. Produktfunktionen können aus den Anforderungen abgeleitet werden oder sie entstehen aus einer neuen Produktkonzeption. Wichtig ist, dass diese Merkmale zählbar oder messbar und von ihrem Stellenwert im Produkt ungefähr gleichwertig sind.

**Beziehungen zwischen Produktmerkmalen und Kundenanforderungen** D

Die Beziehungen/Einflüsse zwischen Merkmalen (C) und Anforderungen (A) werden mit Kennziffern zwischen 1 und 3 gewichtet. Starke Beziehungen entsprechen 3er-Beziehungen, d. h., dass diese Merkmale in starker Weise Einfluss auf die jeweilige

Anforderung nehmen. Der Gummiabrieb der Lauffläche hat im Beispiel einen starken Einfluss auf die geforderte „hohe Laufleistung" des Reifens. Der Gummiabrieb hat aber keinen Einfluss auf das „Design". Es ist für die Produktauslegung einerseits wichtig zu wissen, welche Merkmale ohne Einfluss auf die Kundenanforderungen verändert werden können. Andererseits ist es genauso wichtig zu wissen, welche Kundenanforderungen durch Merkmale aktiv beeinflusst werden können.

### Image Wettbewerbervergleich E

Das Feld **„Wettbewerbervergleich Image"** ist ein Benchmarking (Gegenüberstellung von Wettbewerbern) auf der Basis des vorhandenen Produktimages am Markt und muss ebenfalls durch Kundenumfragen ermittelt werden (subjektives Benchmarking). Ein neues Produkt sollte in der Regel besser sein als ein existierendes Wettbewerberprodukt, um einen angemessenen Absatz zu garantieren. Deshalb wird der Kunde nach seiner Imagewertung bezüglich seiner einzelnen Anforderungen befragt. Im Beispiel schneidet das „Platzen des Reifens" beim eigenen Produkt aus Sicht des Kunden bisher schlechter ab als ein Wettbewerberprodukt. Hingegen wird das Design beim bisherigen Produkt als besser eingestuft. Aus dem Imagevergleich können sich schon erste Hinweise ergeben, welche Entwicklungsschwerpunkte angegangen werden müssen. Im Beispiel hat das „eigene Produkt" aus Kundensicht Imagevorteile bei der Erfüllung der Anforderung „Design". Das Wettbewerberprodukt hat ein besseres Image bei den Anforderungen „kein Platzen", „hohe Laufleistung" und „hohe Haftung".

### Technischer Wettbewerbervergleich F

Das Feld **„Wettbewerbervergleich Technik"** ist ein Benchmarking auf der Basis der technischen Produktmerkmale und kann durch Messen ermittelt werden (objektives Benchmarking). Der technische Wettbewerbervergleich untersucht konkret, also messend, die Merkmale zwischen dem eigenen Produkt und den Lösungen der Wettbewerber. Dieser Vergleich benötigt keine Kundenmeinung, sondern wird meist objektiv in den Versuchslabors im Unternehmen durch Spezialisten durchgeführt.

### Optimierungsrichtung G

Die Optimierungsrichtung gibt eine geplante Veränderung des Merkmals vor. So ist geplant, die Profilfläche zu maximieren (↑), das Optimum wäre ein Slik, den Abrieb zu minimieren (↓), um eine maximale Lebensdauer zu erreichen. Die Steifigkeit der Karkasse soll genau einem bestimmten Wert entsprechen (●), da eine geringe Steifigkeit zu instabilem Fahrverhalten führt und hohe Steifigkeit das Walzverhalten negativ beeinflusst.

### Technische Schwierigkeiten H

Die technischen Schwierigkeiten zeigen Probleme bei der Umsetzung der angestrebten Optimierungsrichtung. So macht nach Expertenmeinung eine Maximierung der Profiltiefe weniger Schwierigkeiten als beispielsweise die technische Abstimmung der richtigen Gummimischung für einen geringen Gummiabrieb. Die gebräuchliche Skalierung ist hier 10 (sehr schwierig zu realisieren) bis 1 (sehr einfach zu realisieren).

### Wechselwirkungen zwischen Merkmalen I

Die Wechselwirkungen beschreiben zwangsläufige, physikalische Abhängigkeiten unter den Produktmerkmalen. So gibt es negative Wechselwirkungen zwischen dem „Gummiabrieb" und der „Profiltiefe" sowie zwischen „Gummiabrieb" und „Profilfläche". Größere Profilfläche führt zwangsläufig zu einem hohen Gummiabrieb, der gemäß Optimierungsrichtung minimal sein sollte und deshalb als negative Wechselwirkung bewertet wird. Eine positive Wechselwirkung besteht zwischen Steifigkeit-Karkasse und Gummiabrieb.

**Bedeutung der Merkmale** J

Die Bedeutung der Merkmale errechnet sich aus der Bewertung der Beziehungen zwischen Merkmalen und Kundenanforderungen und der Bedeutung der Kundenanforderungen. Der Gummiabrieb hat Einfluss auf die Kundenanforderung „kein Platzen" (2 = mittlerer Einfluss) sowie Einflüsse auf die Kundenanforderungen „hohe Laufleistung" und „hohe Haftung" (3 = starker Einfluss).
So ergibt sich die Bedeutung des Merkmals „Gummiabrieb" aus:

$$2 \cdot 10 + 3 \cdot 4 + 3 \cdot 7 = 53$$

Die Bedeutung des Merkmals „Profilfläche":

$$1 \cdot 4 + 3 \cdot 7 = 25$$

Die Bedeutung eines Merkmals wird umso höher, je mehr starke Beziehungen zu wichtigen Anforderungen existieren. Das zur Erfüllung der Kundenanforderungen wichtigste Produktmerkmal ist somit der „Gummiabrieb".

Aus der Analyse und Interpretation der gesammelten und verknüpften Daten des House of Quality werden schließlich die angestrebten Sollwerte für die Merkmale definiert. Diese Merkmale sowie ihre Sollwerte werden anschließend in das Pflichtenheft aufgenommen, das die Vorgabe für die Entwickungstätigkeiten darstellt.

**Beispiel möglicher Interpretationen des House of Quality**

Der Imagevergleich zeigt Vorteile/Nachteile zum Wettbewerberprodukt in den für den Kunden wichtigen Anforderungen „kein Platzen" und „hohe Haftung". Die Kundenanforderung „kein Platzen" kann aktiv und stark (3) beeinflusst werden durch das technische Merkmal „Steifigkeit-Karkasse". Die Kundenanforderung „hohe Haftung" kann aktiv stark (3) vom „Gummiabrieb" bzw. „Profilfläche" und mittel (2) von der „Profiltiefe" beeinflusst werden. Der Gummiabrieb des Reifens ist im technischen Vergleich objektiv besser als der Wettbewerb. Das Merkmal „Profiltiefe" schneidet beim Benchmarking schlechter ab als die Konkurrenz. Ziel muss es sein, mindestens die Profiltiefe des Wettbewerbers zu erreichen, gegebenenfalls noch besser als der Wettbewerber zu sein.
Das Design wird momentan durch kein geplantes bzw. in der Matrix aufgeführtes Merkmal beeinflusst. Diese Anforderung bleibt momentan unerfüllt. Zur Erfüllung dieser Anforderung muss ein geeignetes Merkmal gefunden und definiert werden (das House of Quality wird entsprechend ergänzt).

Da es noch viele andere Aspekte zu berücksichtigen gilt, ist das House of Quality eine sehr gute Analyse und gute Diskussionsgrundlage bei der Auslegung von Produkten. Die ermittelte Komplexität von Produkten und Prozessen durch die vielfältigen Beziehungen, wie sie im QFD dargestellt wird, muss berücksichtigt werden, damit Produkte bereits von der Konzeptionsphase an schon richtig geplant werden können.

**Erstellung des House of Quality**

1. Kundenzielgruppe definieren
2. Kundenanforderungen [A] sowie deren Bedeutung [B] an das geplante Produkt ermitteln
3. Produktmerkmale, die Einfluss auf die Kundenanforderungen haben, definieren [C]
4. Beziehungen zwischen Produktmerkmalen und Kundenanforderungen bewerten [D]
5. Eigenes Produktimage aus Kundensicht ermitteln [E]
6. Produktimage der wichtigsten Wettwerber aus Kundensicht ermitteln [E]
7. Optimierungsrichtung definieren [G]
8. Technischen Wettbewerbervergleich durchführen und dokumentieren [F]
9. Technische Schwierigkeiten bewerten [H]
10. Wechselwirkungen zwischen den Merkmalen bewerten [I]
11. Bedeutung der Merkmale berechnen [J]
12. Geplante Sollwerte für die Merkmale definieren [K]

### 5.3.8 Von der QFD-Methode zur FMEA-Methode

Die Bedeutung der Merkmale und die technischen Schwierigkeiten aus dem QFD werden mittels Portfolio selektiert. Im Portfolio werden die Zahlenwerte auf eine 100 %-Skala normiert. Die Merkmale mit hoher Bedeutung (> 50 %) und mit hoher technischer Schwierigkeit (> 50 %) werden in der Fehlermöglichkeits- und Einflussanalyse (FMEA) auf mögliche Risiken untersucht. Durch die Selektion im Portfolio wird der Aufwand für die FMEA auf die relevanten Merkmale reduziert.

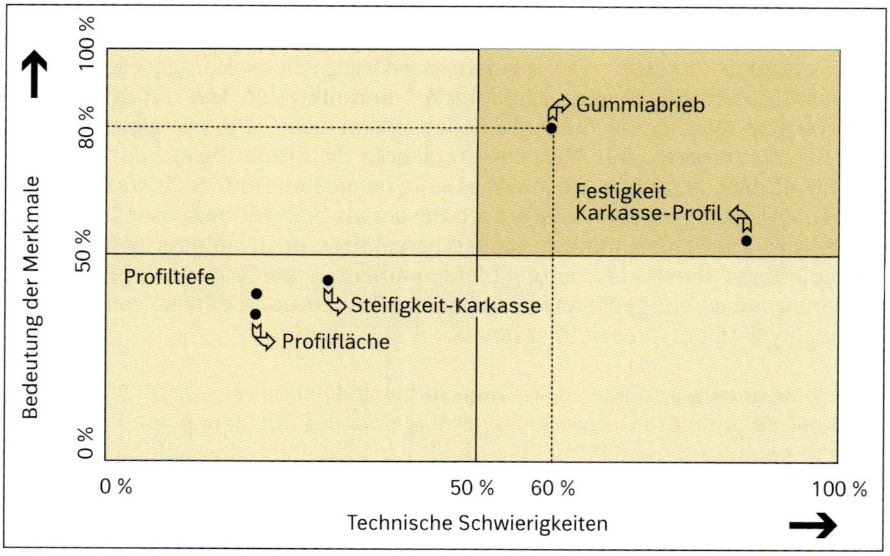


**Bild 5.24:** Portfolio

Das Merkmal „Gummiabrieb“ errechnet sich wie folgt:

| | | |
|---|---|---|
| Technische Schwierigkeit: | 10 entspricht 100 % | |
| | 6 entspricht 60 % | (siehe House of Quality „Technische Schwierigkeiten”) |
| Bedeutung der Merkmale: | 66 entspricht 100 % | (max. Bewertung der Beziehung zwischen Merkmalen und Kundenanforderungen → $3 \cdot 10 + 3 \cdot 4 + 3 \cdot 7 + 3 \cdot 1 = 66$) |
| | 53 entspricht 80 % | |

## 5.4 Fehlermöglichkeits- und Einflussanalyse (FMEA)

### 5.4.1 Historie der FMEA

Die **Fehlermöglichkeits- und Einflussanalyse** hat ihren Ursprung in den 1960er-Jahren in der amerikanischen Raum- und Luftfahrtbranche. Mögliche Ursachen für Fehler sollten in einem frühen Entwicklungsstadium durch Expertenteams diskutiert und verhindert werden. Die Methode wurde später in Deutschland vor allem durch die Automobilbranche verbreitet, indem von Zulieferanten die Analyse der Entwicklungsarbeit mittels der FMEA empfohlen bzw. verlangt wurde. In der Zwischenzeit wurde die FMEA auch durch andere Branchen wie dem Maschinenbau, der Elektrotechnik etc. mit Erfolg eingeführt. Seit November 2006 ist die FMEA in einer Norm (DIN EN 60812: Analysetechniken für die Funktionsfähigkeit von Systemen) beschrieben. Diese Norm bezeichnet die FMEA als „Fehlzustands- und -auswirkungsanalyse”. In den Unternehmen ist allerdings die alte Bezeichnung als „Fehlermöglichkeits- und Einflussanalyse” immer noch im Gebrauch.

### 5.4.2 Grundlagen der Methode FMEA

Die FMEA ist eine systematische **Risikoanalyse** bzw. Ursachen-Wirkungs-Analyse zur Ermittlung der möglichen Risiken in Produkten und Prozessen. Bei der FMEA werden möglichen Fehlern verschiedene mögliche Ursachen und verschiedene mögliche Folgen zugeordnet. Die Auftretenswahrscheinlichkeiten des Fehlers, die Bedeutung der Folgen des Fehlers und die Entdeckungswahrscheinlichkeiten der Ursachen werden abgeschätzt und führen zur Risikoprioritätszahl (RPZ). Die Risikoprioritätszahl quantifiziert ein mögliches Risiko und führt zu notwendigen Abstellmaßnahmen und damit zur Risikoreduzierung. Teilnehmende Personen an FMEA-Sitzungen sind Experten und Spezialisten aus den verschiedensten vom Produkt bzw. Prozess betroffenen Unternehmensbereichen (z. B. Entwicklung, Produktion, Versuch, Qualitätswesen).

Die Kennzeichen der Methode FMEA sind:

- FMEA ist eine systematische, teamorientierte Analysemethode
- FMEA quantifiziert mögliche Risiken in Systemen, Produkten oder Prozessen
- FMEA dokumentiert das vorhandene Expertenwissen im Unternehmen
- FMEA unterstützt das Risikomanagement und reduziert das Krisenmanagement
- FMEA fördert abteilungsübergreifend den Wissenstransfer im Unternehmen

### 5.4.3 Arten der Methode FMEA

Man unterscheidet prinzipiell drei Arten von FMEA:

- System-FMEA
- Konstruktions- bzw. Entwicklungs-FMEA
- Prozess-FMEA

Die Arbeitsweise in der FMEA-Analyse und die Formulare sind trotz unterschiedlicher Anwendung bzw. FMEA-Art identisch. Unterschiede ergeben sich durch das FMEA-Thema (Produkt, Prozess oder System) und im Zeitpunkt des Einsatzes der FMEA.

| | FMEA-Basis | FMEA-Thema | Zeitpunkt der FMEA-Analyse |
|---|---|---|---|
| **System-FMEA** | Systemkonzept<br>(z. B. Konzeptentwurf) | Übergeordnetes System<br>(z. B. Drehmaschine, komplette Montagelinie, komplettes Hochregallager) | Start der FMEA nach Fertigstellung des Produktkonzeptes<br>Abschluss der FMEA vor Freigabe des Produktkonzeptes |
| **Konstruktions-/ Entwicklungs-FMEA** | Konstruktionsunterlagen<br>(z. B. Zeichnungen, Stücklisten etc.) | Bauteile<br>(z. B. Antrieb der Drehmaschinen, Vorrichtungen in der Maschine) | Start der FMEA nach Fertigstellung der Konstruktionsunterlagen<br>Abschluss der FMEA vor Produktfreigabe |
| **Prozess-FMEA** | Fertigungsunterlagen<br>(z. B. Arbeitspläne, Arbeitsanweisungen) | Fertigungsschritt<br>(z. B. Drehen einer Welle, Einspannen einer Welle) | Start der FMEA nach Fertigstellung der Fertigungsunterlagen<br>Abschluss der FMEA vor Fertigungsfreigabe |

**Bild 5.25:** Arten der FMEA

### 5.4.4 Aufbau des FMEA-Formulars

Das **FMEA-Formular** ist ein spaltenorientiertes Formular, das meist von links (System) nach rechts (Fehler, Folgen, Ursachen, Maßnahmen) erarbeitet und gelesen wird. Das Formular lässt sich in folgende übergreifenden Felder einteilen:

- Stammdaten (Beschreibung, Identifikation der FMEA-Analyse und des FMEA-Themas)
- Beschreibung des Ist-Zustandes
- Bewertung des Ist-Zustandes
- Beschreibung möglicher und empfohlener Verbesserungen (Abstellmaßnahmen)
- Bewertung des verbesserten Zustandes

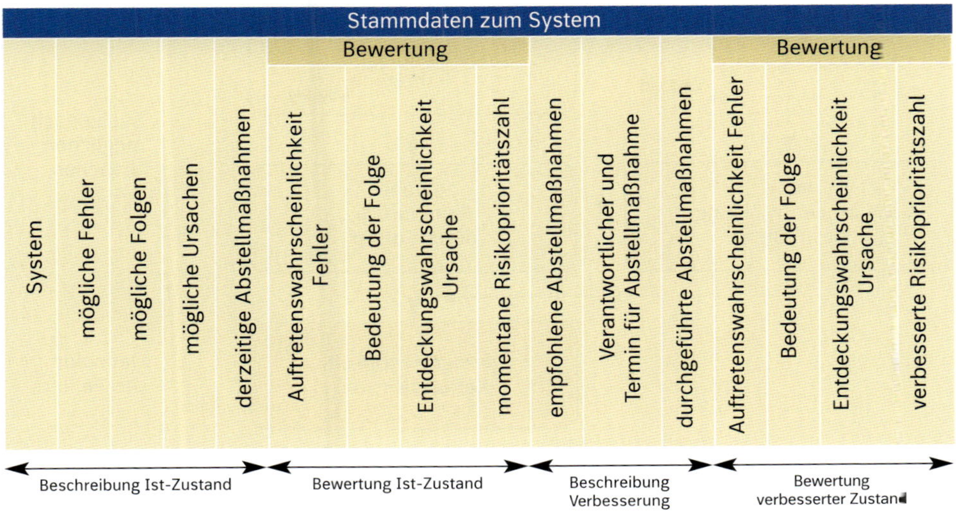


**Bild 5.26:** FMEA-Formular

## 5.4.5 Ursachen-Wirkungs-Kette

Eine **Ursachen-Wirkungs-Kette** stellt ein Geschehnis in seiner Beziehung zu vorgelagerten und nachgelagerten Geschehnissen dar. Zum Beispiel kann es durch „zu geringe Festigkeit zwischen Karkasse und Profil" zu einem „Ablösen des Profils von der Karkasse" und dadurch zum „Platzen des Autoreifens während der Fahrt" führen.

Für einen Reifenhersteller ist es sehr wichtig, dass seine Reifen besonders während der Fahrt nicht platzen können, da dies zu schwierigen Fahrsituationen für den Kunden und zu Haftungsfällen für das Unternehmen führen kann. Geht dieser Reifenhersteller von dem möglichen Fehler „geringe Festigkeit zwischen Karkasse und Profil" aus, sind alle vorgelagerten Geschehnisse mögliche Ursachen für diesen Fehler, alle nachgelagerten Geschehnisse mögliche Folgen dieses Fehlers. Neben der möglichen Ursache von einem zu großen Reifendruck sind natürlich noch andere Ursachen denkbar, so z. B. Fertigungsfehler oder starke Wärmeentwicklung.

Mögliche Fehler können sich aus mehreren Ursachen ergeben und zu mehreren Folgen führen. Diese komplexen Zusammenhänge bzw. Einflüsse werden in einer FMEA-Sitzung erarbeitet und diskutiert und im FMEA-Formular erfasst und dokumentiert.

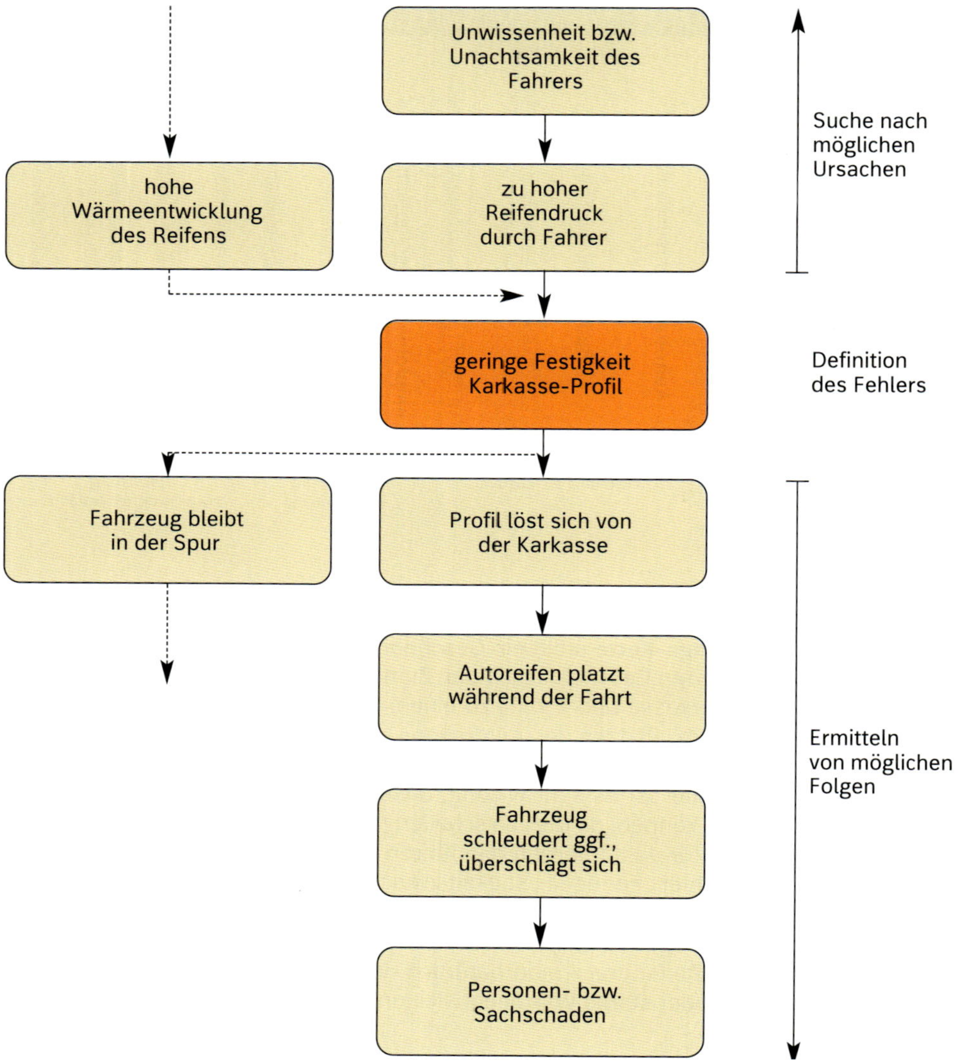


**Bild 5.27:** Ursachen-Wirkungs-Kette

| | | | | | | | |
|---|---|---|---|---|---|---|---|
| Fehlermöglichkeits- und Einflussanalyse | | | | Teilename: | erstellt durch: | Team: |
| | | | | Sommerreifen SPORT 2000 | R. Göppel | H. Schmidt |
| Lieferanten: | Abteilungen: | | | Teilenummer: | geändert durch: | U. Greßler |
| Latex GmbH | Entwicklung | K-FMEA: | X | 4711 | U. Greßler | R. Göppel |
| | Produktion | P-FMEA: | | | | |
| | Arbeitsvorbereitung | Erstellungsdatum: | 15.02.2017 | Modell/System/Typ: | Änderungsstand: | |
| | Qualitätssicherung | letzte Änderung: | | Hochgeschwindigkeitsreifen | Version 1 | |

| Nr. | System Baugruppe Prozess | Funktion | mögliche Fehler | mögliche Folgen | mögliche Ursachen | derzeitige Abstell-maßnahmen | Auftreten | Bedeutung | Entdeckung | RPZ | empfohlene Abstell-maßnahmen | Verantwort. Termin | durchgeführte Abstell-maßnahmen | Auftreten | Bedeutung | Entdeckung | RPZ |
|---|---|---|---|---|---|---|---|---|---|---|---|---|---|---|---|---|---|
| 1 | Sommerreifen: SPORT 2000<br>Besonderheiten:<br>- Hochgeschwindigkeits-reifen<br>- Weißwandreifen<br>- Profiltyp X | hohe Festigkeit Karkasse-Profil | geringe Festigkeit der Karkasse | Profil löst sich von der Karkasse, Fahrzeug schleudert, ggf. Überschlag (Personenschaden!) | zu hoher Reifendruck (> 3 bar) durch fehlerhafte Prüfgerät | regelmäßige Kalibrierung des Prüfgeräts durch Tankstellenbetreiber | 4 | 10 | 8 | 320 | Verkauf nur für zugelassene Fahrzeuge durch Fachhändler, Informations-broschüre | Marketing, Vertrieb 11.04.17 | Prägestempel in Werkzeug eingearbeitet | 1 | 10 | 8 | 80 |
| 2 | | | | Automobil schleudert, ggf. Überschlag (Personenschaden!) | zu geringer Reifendruck (< 1,5 bar), hohe Wärmeentwicklung durch Walkbewegung | begrenzte Zulassung des Reifens | 3 | 10 | 6 | 180 | zulässigen Reifendruck auf Reifen prägen | Produktion 13.05.17 | V: Überdruckventil entwickelt und eingebaut | 1 | 10 | 8 | 80 |
| 3 | | wenig Gummiabrieb | hoher Gummiabrieb, geringe Laufleistung (< 5000 km) | Verärgerung der Kunden (ggf. Markenwechsel) | Verwechselung der Rohstoffrezeptur beim Mischen | P: Stichproben-untersuchungen<br>V: keine | 2 | 7 | 4 | 56 | keine weiteren Maßnahmen | | | | | | |
| | A | B | C | D | E | F | | G | | K | H | I | J | | | | K |

**Bild 5.28:**
Konstruktions-FMEA

### 5.4.6 Die Felder des FMEA-Formulars

**System** [A]
Im System wird das FMEA-Thema definiert und somit auch die Art der FMEA bestimmt. In der System-FMEA ist dies ein System, in der Konstruktions-FMEA sind es Bauteile oder Schnittstellen zwischen Bauteilen, in der Prozess-FMEA sind es Prozess- bzw. Arbeitsschritte oder Schnittstellen zwischen Arbeitsschritten. Die wichtigsten Qualitätsmerkmale des Systems, der Konstruktion oder des Prozesses werden festgelegt und beschrieben. Sonstige wichtige Informationen zum System, der Konstruktion oder des Prozesses werden notiert.

**Funktion** [B]
In der Funktion werden relevante Funktionen des analysierten Objekts definiert.

**Mögliche Fehler** [C]
Kehrt man die in der Spalte „System" beschriebenen wichtigen Qualitätsmerkmale/-funktionen um, hat man die wichtigsten möglichen Fehler definiert (wichtig: geringer Gummiabrieb; „Fehler": Gummiabrieb hoch). Diese möglichen Fehler sollten möglichst konkret beschrieben sein, d. h., der Wert, ab dem man von einem Fehler spricht, sollte beschrieben sein (z. B. ein Fehler ist eine Reifenlaufleistung mit weniger als 5000 km).

**Mögliche Folgen** [D]
Die Folgen der Fehler sollten zwei Aspekte berücksichtigen:

- Folgen für das Unternehmen (z. B. schlechtes Image)
- Folgen für den Kunden (z. B. Verärgerung des Kunden)

Die Folgen beschreiben das direkte Ereignis bzw. Resultat nach dem Fehlereintritt. „Was passiert, wenn der Fehler eingetreten ist?“

**Mögliche Ursachen** [E]
Die Ursachen sollten zwei Aspekte berücksichtigen:

- Konstruktions-, Auslegungsfehler (z. B. fehlerhafte Dimensionierung)
- Produktions-, Montagefehler (z. B. Verwechslung der Rohstoffe beim Mischen)

**Derzeitige Abstellmaßnahmen** [F]
Die derzeitigen Abstellmaßnahmen beschreiben im Moment schon eingeführte und wirksame Abstellmaßnahmen. Ideen zu möglichen Problemlösungen gelten als empfohlene und zukünftige Maßnahmen. Die momentan wirkenden Abstellmaßnahmen haben Einfluss in der Bewertung des Ist-Zustandes. Verhütungsmaßnahmen reduzieren die Auftretenswahrscheinlichkeit, Prüfmaßnahmen erhöhen die Entdeckungswahrscheinlichkeit.

**Auftretenswahrscheinlichkeit des Fehlers** [G]
Die Auftretenswahrscheinlichkeit bewertet die Möglichkeit des Fehlereintritts, wenn ermittelte Ursachen vorliegen. Die Bewertungsziffern sind von 1 (geringe Auftretenswahrscheinlichkeit) bis 10 (hohe Auftretenswahrscheinlichkeit) skaliert.

### Bedeutung der Folge [G]

Die Bedeutung der Folge bewertet die Schwere der Auswirkungen des Fehlers. Die Bewertungsziffern sind von 1 (nicht bemerkt vom Kunden) bis 10 (Personenschaden) skaliert.

### Entdeckungswahrscheinlichkeit der Ursache [G]

Die Entdeckungswahrscheinlichkeit bewertet die Möglichkeit, die Ursache vor Fehlereintritt zu entdecken. Hier sind die Werte von 1 (hohe Entdeckung) bis 10 (praktisch keine Entdeckung) skaliert.

### Risikoprioritätszahl [k]

Die **Risikoprioritätszahl** (RPZ) quantifiziert das Risiko durch Multiplikation der Bewertungen (RPZ = Auftreten · Bedeutung · Entdeckung). Tritt ein Fehler mit hoher Auftretenswahrscheinlichkeit auf, führt dieser zu einer kritischen Folge und ist kaum zu entdecken, wird die RPZ damit sehr hoch. Die RP-Zahl kann Werte von 1 · 1 · 1 = 1 bis 10 · 10 · 10 = 1000 annehmen. Die Erfahrung zeigt, dass RP-Zahlen größer 100 als Risiko zu werten sind und durch gezielte Maßnahmen reduziert werden müssen. RP-Zahlen kleiner 40 gelten als geringes Risiko. Werte zwischen 40 und 100 müssen vom Team erneut beurteilt werden. Liegen in den Bewertungsspalten „Auftreten und Bedeutung" 10 Punkte vor, müssen in vielen Unternehmen, die FMEA bereits erfolgreich durchführen, auch schon Maßnahmen unternommen werden, egal wie hoch die gesamte RPZ ist.

### Empfohlene Abstellmaßnahmen [H]

Empfohlene Maßnahmen sind während der Arbeitssitzung mit FMEA durch das Team ermittelt worden. Die definierten Prüfmaßnahmen können später als Grundlage für Prüfpläne bzw. Prüfanweisungen dienen. Empfohlene Maßnahmen müssen bezüglich ihrer Umsetzbarkeit, ihrer Kosten und ihrer Wirkung bewertet werden.

### Verantwortung und Termin [I]

Für die Bewertung oder Durchführung der empfohlenen Maßnahmen werden Verantwortlichkeiten und Termine definiert. Ziel ist eine Verfolgung der Umsetzung der Maßnahmen.

### Durchgeführte Abstellmaßnahmen [J]

Durchgeführte Maßnahmen sind im Gegensatz zu empfohlenen Maßnahmen wirklich umgesetzte Maßnahmen. Die in der FMEA dokumentierten Fehler-Folgen-Ursachen-Ketten werden nach Einführung und Durchführung einer Maßnahme erneut bewertet, um die Wirksamkeit und Effektivität zu ermitteln und um notwendigerweise weitere Maßnahmen zu planen und durchzuführen.

**Erstellung der FMEA**

1. Zu bearbeitendes System auswählen und beschreiben [A]
2. Relevante Funktionen ermitteln und beschreiben [B]
3. Mögliche Fehler ermitteln und beschreiben [C]
4. Mögliche Folgen ermitteln und beschreiben [D]
5. Mögliche Ursachen ermitteln und beschreiben [E]
6. Derzeitige Abstellmaßnahmen ermitteln und beschreiben [F]
7. Auftretenswahrscheinlichkeit des Fehlers abschätzen [G]
8. Bedeutung der Folgen abschätzen [G]
9. Entdeckungswahrscheinlichkeiten der Ursache abschätzen [G]
10. Risikoprioritätszahl berechnen [K]
11. Maßnahmen ermitteln und empfehlen [H]
12. Verantwortlichkeit und Termin für empfohlenen Abstellmaßnahmen festlegen [I]
13. Maßnahmenumsetzung verfolgen
14. Durchgeführte Maßnahmen dokumentieren [J]
15. Verbesserten Zustand (RPZ) erneut bewerten [K]

## 5.5 Statistische Prozessregelung (SPC)

Die wirtschaftlichen Verhältnisse erfordern es, sich um ständige Verbesserung der Qualität und Produktivität zu bemühen. Fehlerhafte Teile festzustellen und auszusortieren (**Taylor'sches Prinzip**) genügt nicht mehr. Ziel ist es, durch vorbeugende Qualitätssicherung die Entstehung von Fehlern frühzeitig zu erkennen und zu vermeiden (**Null-Fehler-Strategie**).

*Warum null Fehler?*

Zum Nachdenken:

99,9 Prozent richtig ausgeführte Arbeiten in den USA bedeuten im Durchschnitt:

- Jeden Monat während einer Stunde verschmutztes Trinkwasser!
- Zwei unsichere Flugzeuglandungen pro Tag auf dem New Yorker Flughafen!
- 1600 verlorene Postsendungen pro Tag bei der Post!
- 20000 falsche Medikamentenrezepte im Jahr!
- 500 nicht einwandfreie chirurgische Eingriffe in der Woche!
- 22000 vom falschen Konto abgezogene Schecks pro Stunde!

Mit der statistischen Prozessregelung (SPC) steht eine wirksame Methode für die Prozessbeurteilung zur Verfügung. Sie wird angewandt in der Serienfertigung und führt weg von der Fehlerentdeckung zur Fehlervermeidung. Die statistische Prozessregelung zeigt die momentane Produktqualität in der Fertigung auf und sichert diese.

Die Qualität eines Prozesses bzw. Produktes kann mit SPC nicht verbessert werden. Die Anfänge der statistischen Prozessregelung waren im Jahr 1924, als Walter Andrew Shewhart in den USA die Regelkartentechnik einführte.

In einem Fertigungsprozess treten zufällige und systematische Einflüsse auf. Die zufälligen Einflüsse beruhen auf der natürliche Streuung, die während des Prozesses im ungestörten Zustand entsteht (z. B. kleine Temperaturschwankungen). Systematische Einflüsse verschieben die Lage des Prozesses (z. B. Werkzeugverschleiß). Die statistische Prozessregelung erkennt systematische Einflüsse des Prozesses und kompensiert sie.

Der Unterschied zwischen zufälligen und systematischen Einflüssen zeigt sich in deren Ursachen und Wirkungen.

| | Systematische Einflüsse | Zufällige Einflüsse |
|---|---|---|
| **Beispiel Werteverlauf** | 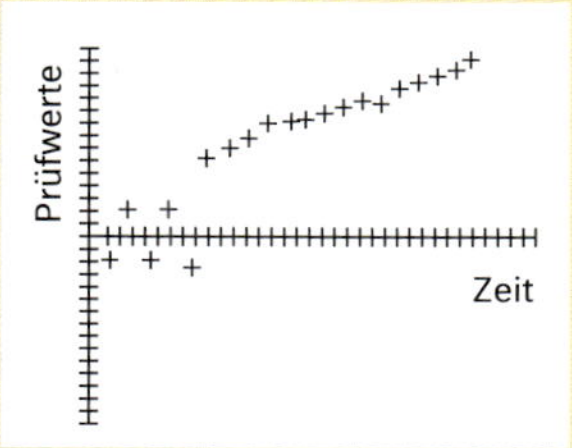 | 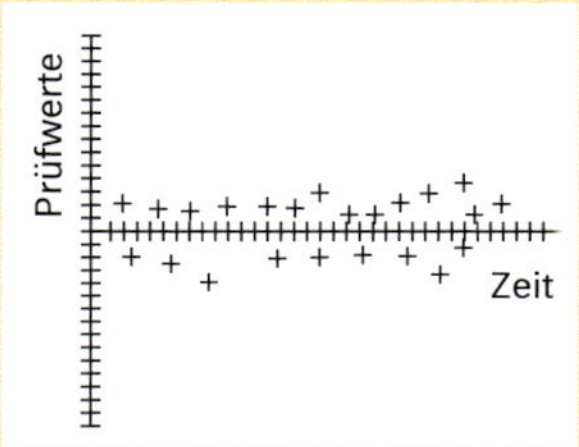 |
| **Ursachen** | Werkzeugverschleiß, falsche Eichung/ Kalibrierung oder Justierung des Messgerätes | Schätzen von Zwischenwerten auf Skalen, begrenztes Auflösungsvermögen des Messzeuges, Fehler durch verschiedene Messpunkte am Prüfling |
| **Wirkungen** | unsymmetrische Häufung der Messwerte bei Wiederholung der Messung | symmetrische Häufung der Messwerte um einen bestimmten Wert |
| **Beispiele** | falsches Ablesen der Messwerte, Erwärmung der Maschine, konstanter Gerätefehler | Lagerspiel am Messgerät, Eigenheiten eines Prüfers, Luftdruck, Luftfeuchtigkeit, Schwingungen |
| **Maßnahme** | Korrekturtabellen, Verwendung unterschiedlicher Messverfahren, Eichung/Kalibrierung bzw. Justierung | Wiederholungsmessung am selben Prüfling |
| **Prozess** | Prozess nicht beherrschbar | Prozess beherrschbar |

Mit den vom Werker oder automatisch ermittelten Prüfergebnissen während der laufenden Produktion, auch **Onlineprüfung** genannt, werden geschlossene Regelkreise zur optimalen Prozessführung aufgebaut. Zweck ist es, fundierte Kenntnisse über den Prozess zu gewinnen, um diesen effizient und effektiv zu lenken im Hinblick auf die Qualitätsanforderung.

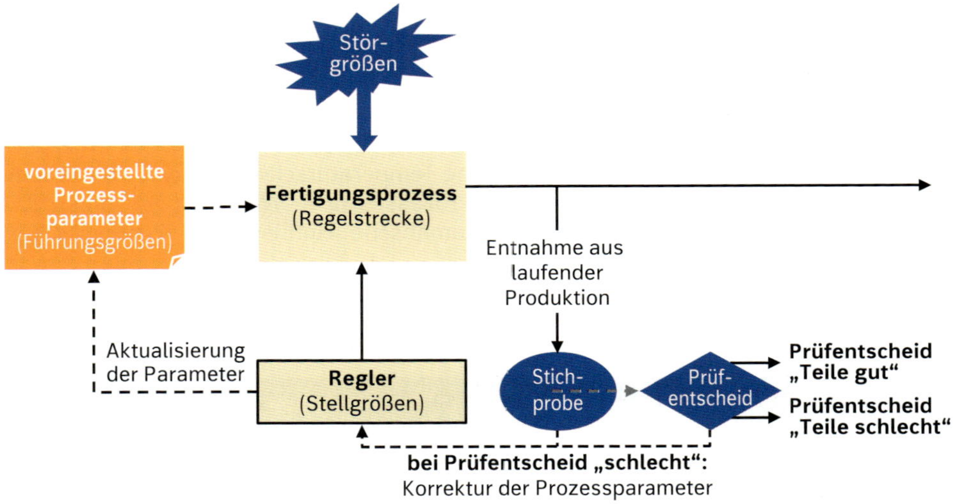


**Bild 5.29:** Regelkreis

**Erläuterung zum Prinzip des Regelkreises:**
Ein Fertigungsprozess (Regelstrecke) produziert Teile entsprechend der voreingestellten Prozessparameter (Führungsgrößen), die beim Rüsten der Fertigungsmaschine zum Produktionsstart festgelegt wurden.

Mögliche Störgrößen beeinflussen den Fertigungsprozess und damit die daraus resultierende Teilequalität.

Aus der laufenden Produktion wird nun regelmäßig eine Stichprobe der gefertigten Teile entnommen, um die aktuelle Teilequalität zu prüfen und zu beurteilen.

Die Beurteilung ergibt einen Prüfentscheid, welcher die Teile als „schlecht" oder "gut" definiert. Bei „Teile schlecht" werden die voreingestellten Prozessparameter über die Maschinenregelung (Regler, Stellgröße) korrigiert und für das nächste Fertigungslos aktualisiert.

Bei der statistischen Prozessregelung werden dem Prozess (aus der Grundgesamtheit N) **Stichproben** (k) von gleichem Umfang (n) und in gleichen Zeitabständen entnommen. Die **Grundgesamtheit** ist eine Menge, die endlich oder auch unendlich viele Einheiten umfasst. Beispiel einer endlichen Menge ist die Tagesproduktion von Widerständen. Bei der Fertigungsüberwachung geht man meist von unendlich vielen Einheiten, z. B. Drehteilen, aus. Stellvertretend für die Grundgesamtheit steht die Stichprobe. Sie ermöglicht ein wirtschaftliches Prüfen. Bei Entnahme der Stichprobe müssen alle Einheiten der Stichprobe direkt hintereinander gefertigt worden sein. Während der Datenerhebung darf der Prozess nicht beeinflusst oder verändert werden. Spiegeln die Daten den natürlichen Verlauf wider, ergibt sich für jede Stichprobe eine Normalverteilung der Messwerte. Ansonsten entstehen andere Formen der Verteilung, die hier nicht näher besprochen werden.

## 5.5.1 Die Normalverteilung

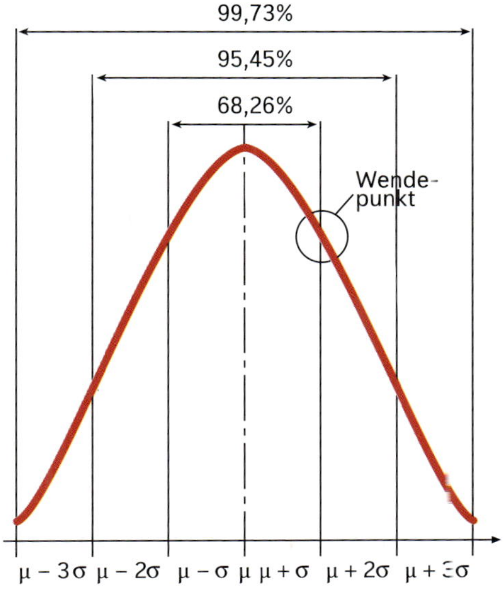


**Bild 5.30:** Normalverteilung als Wahrscheinlichkeitsdichtefunktion

Aus den ermittelten Daten einer Stichprobe bildet man **Qualitätsfähigkeitskenngrößen**. Mithilfe dieser Kenngrößen wird die Qualitätsfähigkeit eines Prozesses im Hinblick auf ein betrachtetes Produktmerkmal abgeschätzt. Die Prozessparameter **„Mittelwert"** und **„Standardabweichung"** bzw. **„Spannweite"** werden berechnet. Der Prozessparameter **„Mittelwert"** beschreibt die Lage des Prozesses, die **„Standardabweichung"** weist die Streuung des Prozesses nach. Will man die Stichprobe grafisch darstellen, wird aus dem Mittelwert $\overline{x}$ (gesprochen x-quer) und der Standardabweichung s die Normalverteilung (früher **Gauß'sche Glockenkurve** genannt) berechnet. Die Glockenkurve ist also durch die Parameter „Mittelwert" $\overline{x}$ oder $\mu$ und „Standardabweichung" s oder $\sigma$ bestimmt.

Wird eine 100 %-Prüfung durchgeführt, ergeben sich die Parameter **Prozessmittelwert** $\mu$ und die **Prozessstandardabweichung** $\sigma$. Diese errechnen sich aus den Daten der Grundgesamtheit.

Die Prozessparameter einer großen bzw. unendlichen Grundgesamtheit werden mithilfe des Mittelwertes $\overline{x}$ und der Standardabweichung s abgeschätzt. Sie werden mit dem **geschätzten Prozessmittelwert** $\hat{\mu}$ und der **geschätzten Prozessstandardabweichung** $\hat{\sigma}$ bezeichnet. Die Prozessparameter werden somit aus Vorlaufswerten, d. h. aus Stichprobenergebnissen, geschätzt. Sie können aber auch als Erfahrungswerte bekannt oder als Sollwerte gegeben sein. Sind systematische Einflüsse nicht vorhanden, so ist die Häufigkeit von unendlich vielen Messwerten in unendlich schmalen Klassen in den meisten Fällen eine Normalverteilung (früher Gauß'sche Glockenkurve genannt).

Weiter gilt: $\mu \pm 4\sigma \Rightarrow 99{,}994$ % etc.

Die Prozentzahlen ergeben sich aus dem Flächenanteil zwischen den beiden Grenzwerten unter der Kurve. Sind Mittelwert $\overline{x}$ und Standardabweichung s einer normalverteilten Stichprobe bekannt, so ist es möglich, den Anteil aller Teile, aus denen die Stichprobe entnommen wurde **(Grundgesamtheit),** vorauszusagen, wenn sie zwischen zwei Grenzen (z. B. + 4s und − 4s) liegen. In dem Bereich + 4s und − 4s der normal verteilten Stichprobe liegen beispielsweise 99,994 % aller Teile der Produktion. Es sind 0,003 % aller Teile größer und 0,003 % aller Teile kleiner als die Grenzwerte. Außerdem kann man eine Aussage über den weiteren Verlauf eines Prozesses machen, ohne diesen 100%ig erprüfen zu müssen.
Der **Zufallsstreubereich P** ist der Bereich, in dem die Stichprobenergebnisse oder die daraus errechneten Stichprobenkennwerte zu erwarten sind. Der Zufallsstreubereich wird mit $P = 1 - a$ bezeichnet. Die **Irrtumswahrscheinlichkeit** $a$ beschreibt den

Bereich, in dem die Werte außerhalb des Zufallsstreubereiches auftreten. Die gesamte Fläche unter der Kurve $\int G(x)$ beinhaltet alle Ergebnisse, d. h., sie stellt die Wahrscheinlichkeit von 100 % oder 1 dar.

$$\int G(x) = P + \frac{a}{2} + \frac{a}{2} = 1 - a + \frac{a}{2} + \frac{a}{2} = 1$$

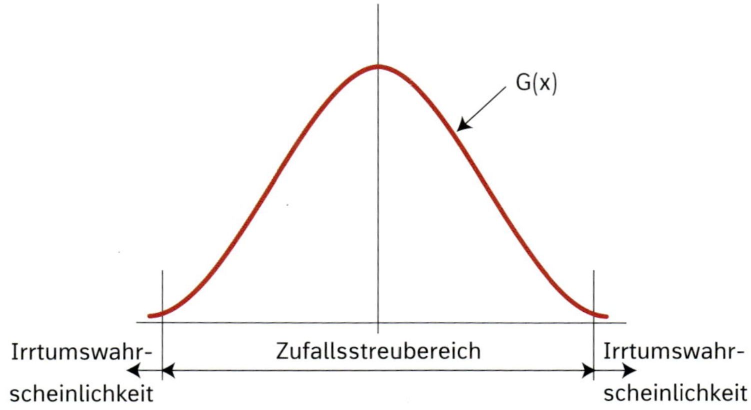


**Bild 5.31:** Bereiche einer Normalverteilung

Das folgende Bild zeigt verschiedene Lagen und Streuungen dreier Stichproben. Jede Normalverteilung (Glockenkurve) spiegelt eine Stichprobenauswertung wider.

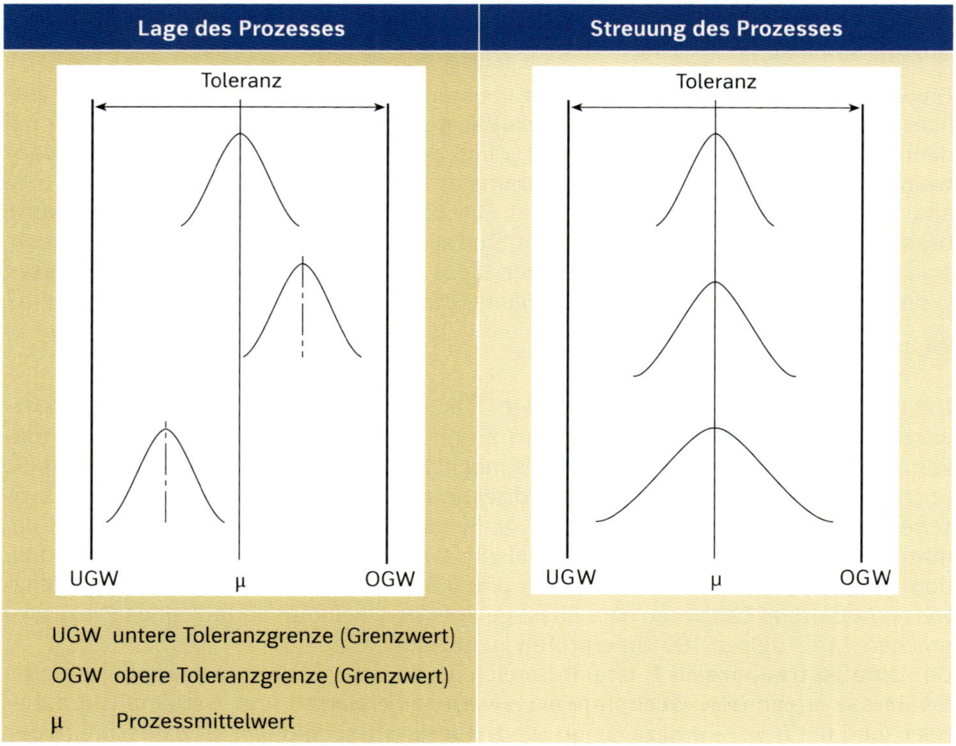


**Bild 5.32:** Ein Prozess wird durch seine Lage und seine Streuung beschrieben.

Soll ein Prozess bewertet werden, sind mehrere Stichproben notwendig. Dies geschieht in der Prozessfähigkeitsuntersuchung (siehe Kapitel 5.5.5.3).

### Formeln der Statistik[1]

Die folgenden Formeln haben nur Gültigkeit, wenn die ermittelten Messwerte *normalverteilt* sind. Der Nachweis einer Normalverteilung erfolgt u. a. mit dem Histogramm. Die Balken müssen ungefähr den Verlauf einer Glockenkurve aufweisen.

| | Errechnete Kennwerte aus der Stichprobe | Geschätzte Prozessparameter[2], bezogen auf die Grundgesamtheit | Prozessparameter der Grundgesamtheit |
|---|---|---|---|
| Berechnung der Lage: | Mittelwert: $\bar{x}$:<br>$\bar{x} = \frac{\text{Summe aller erfassten Messwerte}}{\text{Anzahl aller erfassten Messwerte}}$<br>$\bar{x} = \frac{\sum_{i=1}^{n} xi}{n}$<br>n Stichprobenprüfung<br>i=1 ... n Einzelmesswerte<br>$x_i$ einzelner Messwert | geschätzter Prozessmittelwert $\hat{\mu}$:<br>$\hat{\mu} = \frac{\text{Summe aller Mittelwerte der Stichprobe}}{\text{Anzahl der Mittelwerte}}$<br>$\hat{\mu} = \bar{\bar{x}} = \frac{\sum_{j=1}^{k} \bar{x}j}{k}$<br>$\bar{\bar{x}}$ Mittelwert der Mittelwerte<br>k Anzahl der Mittelwerte | Prozessmittelwert $\mu$:<br>$\bar{x} \xrightarrow{\hat{\mu}} \mu$ |
| Berechnung der Streuung: | Standardabweichung s:<br>$s = \sqrt{\frac{\sum_{i=1}^{n} (xi - \bar{x})^2}{n-1}}$ | geschätzte Prozessstandardabweichung $\hat{\sigma}$:<br>$\hat{\sigma} = \sqrt{\bar{s^2}} = \sqrt{\frac{\sum_{j=1}^{k} s_j^2}{k}}$ oder<br>$\hat{\sigma} = \frac{\bar{s}}{c_4} = \frac{\sum_{j=1}^{k} s_j}{k \cdot c_4}$ oder<br>$\hat{\sigma} = \frac{\bar{R}}{d_2} = \frac{\sum_{j=1}^{k} R_j}{k \cdot d_2}$ | Prozessstandardabweichung $\sigma$:<br>$s \xrightarrow{\hat{\sigma}} \sigma$ |

1 Es sind nur die Formeln aufgeführt, die für das Verständnis in diesem Kapitel notwendig sind.

2 Im Folgenden werden Schätzwerte für Parameter durch ein ∧ (Dach) über dem Formelzeichen des entsprechenden Parameters gekennzeichnet.

| | Errechnete Kennwerte aus der Stichprobe | Geschätzte Prozessparameter[2], bezogen auf die Grundgesamtheit | Prozessparameter der Grundgesamtheit |
|---|---|---|---|
| | Stichprobenvarianz $s^2$: $$s^2 = \frac{\sum_{i=1}^{n} (x_i - \bar{x})^2}{n-1}$$ | | |
| | Spannweite (Range) R: $$R = x_{max} - x_{min}$$ $x_{max}$: größter Messwert<br>$x_{min}$: kleinster Messwert | | |

Tabelle[1] zur Berechnung der geschätzten Prozessstandardabweichung $\hat{\sigma}$:

| Stichprobenumfang n | Faktor $c_4$ | Faktor $d_2$ |
|---|---|---|
| 2 | 0,7979 | 1,128 |
| 3 | 0,8862 | 1,693 |
| 4 | 0,9213 | 2,059 |
| 5 | 0,9400 | 2,326 |
| 6 | 0,9515 | 2,543 |
| 7 | 0,9594 | 2,704 |
| 8 | 0,9650 | 2,847 |
| 9 | 0,9693 | 2,970 |
| 10 | 0,9727 | 3,078 |

*Hinweis:* Die Faktoren $c_4$ und $d_2$ sind abhängig vom Stichprobenumfang n tabelliert.

**Leitbeispiel 1** ***„Drehteil“***

Das gezeichnete Drehteil wird in einer Serienproduktion hergestellt.

**Bild 5.33:** Drehteil

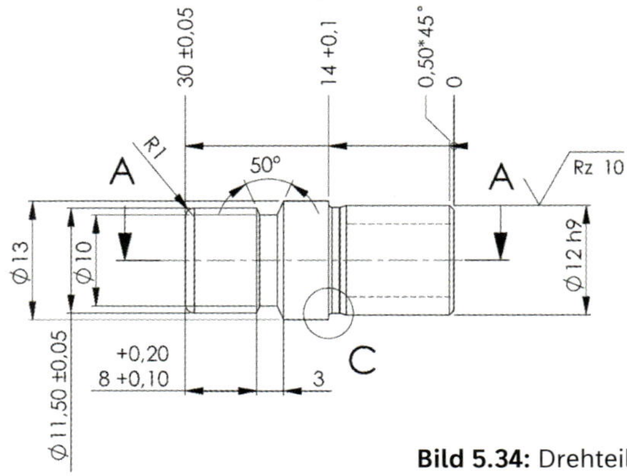


**Bild 5.34:** Drehteil

[1] Tabelle nach VDA

Die Produktionsdauer dieses fertigen Drehteils dauert 20 Sekunden. Während des Fertigungsprozesses werden alle zwei Stunden (7200 s) Stichproben mit einem Stichprobenumfang von n = 5 Drehteile entnommen. Somit wurden innerhalb des Zeitraumes der ersten Stichprobe 360 Drehteile produziert.

$$Anzahl_{Drehteile} = \frac{7200\,s}{20\,s} = 360\ Drehteile$$

Die Toleranzgrenzen des qualitätsrelevanten Merkmals sind: OGW = 11,55 mm, UGW = 11,45 mm. Bei der Messung der fünf Drehteile ergaben sich folgende Messwerte:

**Messprotokoll „Drehteil“** (Alle Messwerte sind in mm angegeben.)

| | ***Stichprobe 1*** |
|---|---|
| Teil 1 | 11,499 |
| Teil 2 | 11,512 |
| Teil 3 | 11,539 |
| Teil 4 | 11,514 |
| Teil 5 | 11,511 |

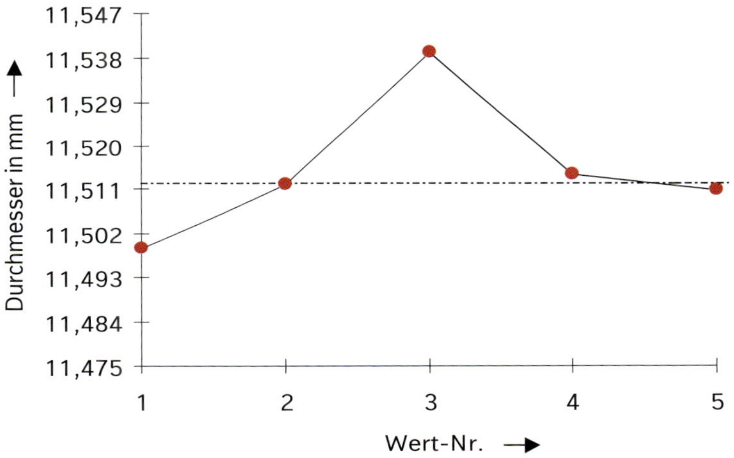


**Bild 5.35:** Verlaufsdiagramm „Durchmesser des Drehteils“ (5 Messwerte)

*Hinweis:* Dem Protokoll können Sie entnehmen, dass die Ist-Maße einiger Werkstücke vom Nennmaß abweichen. Diese Abweichungen werden als Streuung bezeichnet.

Um die Normalverteilung zu erhalten, benötigt man den Mittelwert und die Streuung der Stichprobe. Mit der folgenden Berechnung erhält man diese beiden Werte. Ergebnisse des Mittelwertes $\bar{x}$, der Spannweite **R** und der Standardabweichung **s**:

| | **Stichprobe 1:** |
|---|---|
| $\bar{x}$ | $\bar{x} = \frac{\sum_{i=1}^{n} x_i}{n} = \frac{11{,}499 + 11{,}512 + 11{,}539 + 11{,}514 + 11{,}511}{5} = 11{,}515$ |
| **R** | $R = x_{max} - x_{min} = 11{,}539 - 11{,}499 = 0{,}040$ |

| | Stichprobe 1: |
|---|---|
| **s** | $s=\sqrt{\frac{\sum_{i=1}^{n}(x_i-\bar{x})^2}{n-1}}$<br>$s=\sqrt{\frac{(11{,}499-11{,}515)^2+(11{,}512-11{,}515)^2+(11{,}539-11{,}515)^2+(11{,}514-11{,}515)^2+(11{,}511-11{,}515)^2}{5-1}}$<br>$s=0{,}015$ |

Nach der Entnahme der ersten Stichprobe wurde der Lageparameter $\bar{x}$ = 11,515 mm und der Streuungsparameter $s$ = 0,015 mm berechnet.
Eine Anwendung der Normalverteilung ist die Ausschussberechnung einer statistisch überwachten Fertigung mit einer gewissen Wahrscheinlichkeit (eine 100%ige Aussage setzt eine 100%ige Prüfung voraus). In dem Leitbeispiel bedeutet dies: Wie viele der Drehteile sind innerhalb des ersten Produktionsabschnittes wahrscheinlich außerhalb der Toleranz?

## 5.5.2 Ausschussberechnung mithilfe der Normalverteilung

Der Ausschuss wird über die Toleranzgrenzen bestimmt. Im Leitbeispiel sind die Toleranzgrenzen OTG = 11,550 mm und UTG = 11,450 mm.

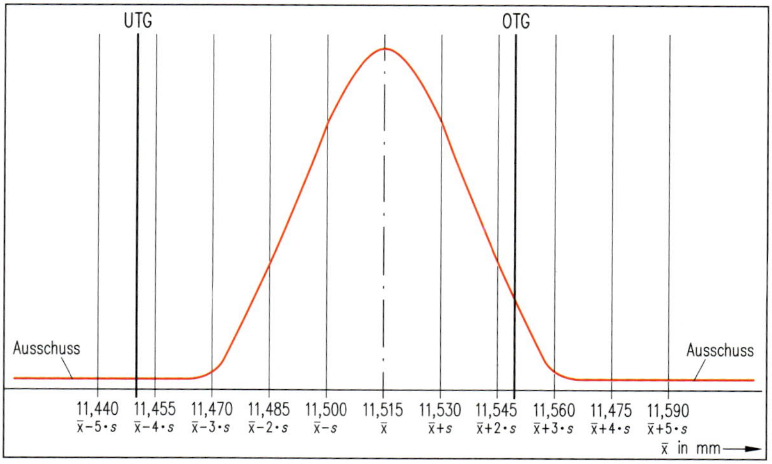


**Bild 5.36:** Normalverteilung zur ersten Stichprobe

Für die Berechnung des Ausschusses wird die Normalverteilung standardisiert. Die $x$-Achse wird in der standardisierten Normalverteilung zu einer $u$-Achse. Die $u$-Achse ist einheitslos und kann somit für sämtliche Prozesse in z. B. der Fertigungstechnik, der Elektrotechnik oder der Chemiebranche angewandt werden.

Der Ausschuss wird in der standardisierten Normalverteilung mit $Q(u)$ bezeichnet und beschreibt einen Flächenanteil (wie bereits im Kapitel 5.5.1 beschrieben) unter der Normalverteilung. Dieser Anteil wird in Prozent angegeben.

Die Formel zum Transformieren in eine Standard-Normalverteilung ist:

$$u = \frac{X - \mu}{\sigma}$$

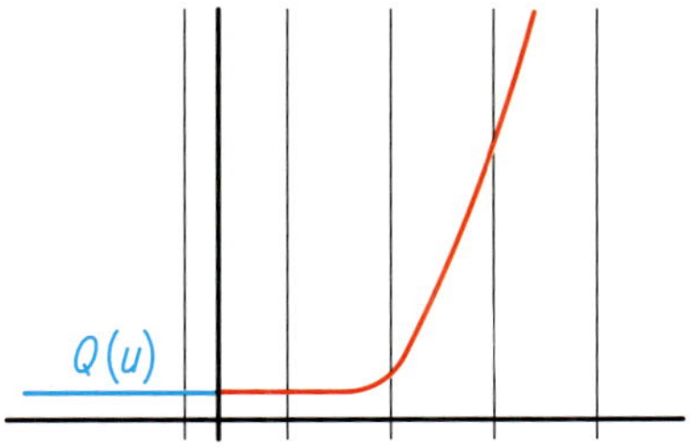


**Bild 5.37:** Ausschussanteil

Im Folgenden ist eine standardisierte Normalverteilung mit den errechneten Werten auf der $u$-Achse dargestellt. Die $u$-Achse hat aufgrund der Formel keine Einheiten, da sich diese herauskürzen. Der $\mu$-Wert entspricht $\bar{x}$ = 11,515 mm und der $\sigma$-Wert $s$ = 0,015 mm aus der berechneten Stichprobe.

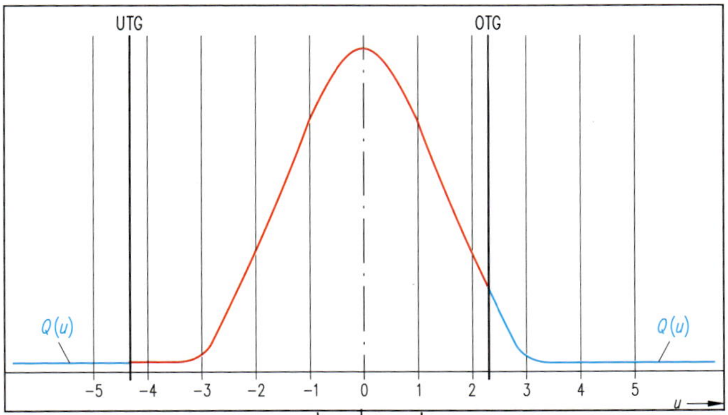


**Bild 5.38:** standardisierte Normalverteilung zur ersten Stichprobe

$$u = \frac{11{,}515\text{ mm} - 11{,}515\text{ mm}}{0{,}015\text{ mm}} = 0$$

Die Symmetrieachse hat in der Normalverteilung den $x$-Wert von 11,515 mm.

$$u = \frac{11{,}500\text{ mm} - 11{,}515\text{ mm}}{0{,}015\text{ mm}} = -1$$

$$u = \frac{11{,}530\text{ mm} - 11{,}515\text{ mm}}{0{,}015\text{ mm}} = 1$$

Diese Berechnung transformiert die Stelle 11,500 mm in der Normalverteilung.

Diese Berechnung transformiert die Stelle 11,530 mm in der Normalverteilung.

Um den unteren und oberen Ausschussanteil zu bestimmen, werden zunächst die untere und die obere Toleranzgrenze auf die *u*-Achse transformiert, d. h.
$x$ = UTG = 11,450 mm bzw. $x$ = OTG = 11,550 mm.

$$u_{UTG} = \frac{11{,}450\,\text{mm} - 11{,}515\,\text{mm}}{0{,}015\,\text{mm}} = -4{,}33$$

$$u_{OTG} = \frac{11{,}550\,\text{mm} - 11{,}515\,\text{mm}}{0{,}015\,\text{mm}} = 2{,}33$$

Als nächstes werden nun die Flächenanteile ermittelt. Dazu benötigt man die Tabelle „standardisierte Normalverteilung (*u*-Verteilung)", aus der die Zahlenwerte abgelesen und in Prozentzahlen umgerechnet werden. Diese Tabelle kann im Internet aufgerufen werden. Die hier abgebildeten Tabellen sind nur ein Auszug.
Berechnung des unteren Ausschussanteiles $Q(u)_{\text{unten}}$:

| *u* | *G(u)* | *Q(u)* | *G(u)-Q(u)* |
|---|---|---|---|
| 4,09 | 0,99998 | 0,00002 | 0,99996 |
| 4,10 | 0,99998 | 0,00002 | 0,99996 |
| 4,11 | 0,99998 | 0,00002 | 0,99996 |
| ... | 0,99998 | 0,00002 | 0,99996 |
| ... | 0,99998 | 0,00002 | 0,99996 |
| 4,33 | 0,99998 | 0,00002 | 0,99996 |
| ... | 0,99998 | 0,00002 | 0,99996 |

$$Q(u)_{unten} = 0{,}00002 \cdot 100\,\% = 0{,}002\,\%$$

*Hinweis:* Ab einem *u*-Wert größer als 4,09 ändern sich die Zahlenwerte mit bis zu fünf Stellen hinter dem Komma nicht mehr.

Bei $u$ = 4,33 (entspricht dem –4,33, da sich die Normalverteilung symmetrisch verhält) wird in der Spalte $Q(u)$ der Zahlenwert 0,00002 abgelesen. Die entsprechende Prozentzahl des unteren Ausschussanteils ergibt sich durch multiplizieren des Zahlenwertes mit 100 %.

Berechnung des oberen Ausschussanteiles $Q(u)_{\text{oben}}$:

| *u* | *G(u)* | *Q(u)* | *G(u)-Q(u)* |
|---|---|---|---|
| 2,30 | 0,98928 | 0,01072 | 0,97855 |
| 2,31 | 0,98956 | 0,01044 | 0,97911 |
| 2,32 | 0,98983 | 0,01017 | 0,97966 |
| 2,33 | 0,99010 | 0,00990 | 0,98019 |
| 2,34 | 0,99036 | 0,00964 | 0,98072 |
| 2,35 | 0,99061 | 0,00939 | 0,98123 |
| 2,36 | 0,99086 | 0,00914 | 0,98173 |

$$Q(u)_{oben} = 0{,}00990 \cdot 100\,\% = 0{,}99\,\%$$

Bei $u$ = 2,33 wird in der Spalte $Q(u)$ der Zahlenwert 0,00990 abgelesen. Die entsprechende Prozentzahl des oberen Ausschussanteils ergibt sich durch multiplizieren des Zahlenwertes mit 100 %.

Berechnung des gesamten Ausschussanteiles $Q(u)_{gesamt}$:

$$Q(u)_{\mathbf{gesamt}} = Q(u)_{\mathbf{unten}} + Q(u)_{\mathbf{oben}} = 0{,}002\,\% + 0{,}99\,\% = 0{,}992\,\%$$

Zum Schluss wird die Anzahl der schadhaften Drehteile berechnet. Es wurden – wie oben berechnet – 360 Drehteile produziert. Hiervon sind 0,992 % fehlerhaft. Das ergibt innerhalb des ersten Produktionsabschnittes eine Wahrscheinlichkeit von vier fehlerhaften Drehteilen.

$$Anzahl_{\text{Ausschuss}} = \frac{0{,}992\,\% \cdot 360 \text{ Drehteile}}{100\,\%} = 3{,}5712 \text{ Drehteile}$$

**Leitbeispiel 2** ***„Elektrischer Widerstand":***

Der dargestellte elektrische Widerstand soll in einer Serienproduktion hergestellt werden. Zum Beurteilen der Maschine und des Prozesses werden im Prozessvorlauf 50 Widerstände hergestellt und zu 100 % gemessen.

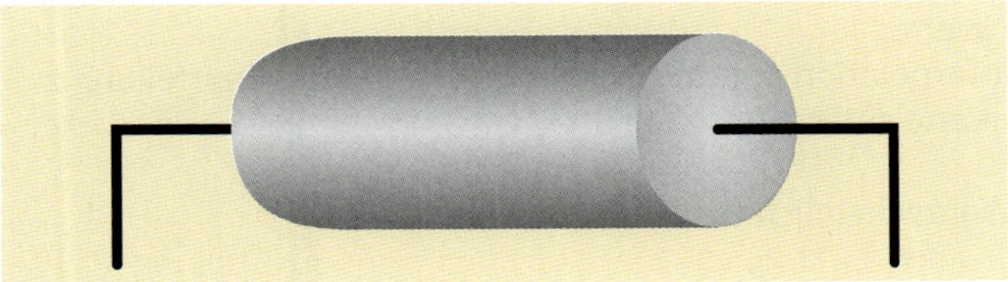

**Bild 5.39:** Elektrischer Widerstand (R = 270 Ω, Toleranz = ± 5 %)

Die Toleranzgrenzen des elektrischen Widerstandes sind: OGW = 283,5 Ω, UGW = 256,5 Ω. Bei der Messung des Widerstandes ergaben sich folgende Messwerte:

**Messprotokoll „Elektrischer Widerstand"** (Alle Messwerte sind in Ω angegeben)

| ***Messreihe 1*** | ***Messreihe 2*** | ***Messreihe 3*** | ***Messreihe 4*** | ***Messreihe 5*** | ***Messreihe 6*** | ***Messreihe 7*** | ***Messreihe 8*** | ***Messreihe 9*** | ***Messreihe 10*** |
|---|---|---|---|---|---|---|---|---|---|
| 269 | 266 | 264 | 269 | 264 | 268 | 272 | 271 | 269 | 269 |
| 268 | 269 | 267 | 266 | 269 | 266 | 269 | 270 | 268 | 266 |
| 267 | 270 | 266 | 266 | 267 | 266 | 268 | 267 | 269 | 269 |
| 267 | 266 | 265 | 270 | 266 | 265 | 269 | 263 | 269 | 265 |
| 268 | 268 | 268 | 267 | 268 | 266 | 268 | 269 | 267 | 268 |

*Hinweis:* Dem Protokoll können Sie entnehmen, dass die Ist-Maße einiger Widerstände vom Nennwert abweichen. Diese Abweichungen werden als Streuung bezeichnet.

Ergebnisse des Mittelwertes **μ**, der Spannweite **R** und der Standardabweichung **σ**:

| | ***100 %-Prüfung*** |
|---|---|
| μ | 267,52 |
| R | 9,000 |
| σ | 1,854 |

Das Verlaufsdiagramm (Bild 5.12), das Histogramm (Bild 5.17) und die Strichliste (Bild 5.8) zu den Messwerten sind im Kapitel 5.2 dargestellt.

### 5.5.3 Das Wahrscheinlichkeitsnetz

Durch die Übertragung der Werte aus der Verteilungskurve in ein **Wahrscheinlichkeitsnetz** wird die Kurve zu einer Geraden verzerrt, die man **Wahrscheinlichkeitsgerade** nennt.

*Vorteile gegenüber der Verteilungskurve:*

- Die Wahrscheinlichkeitsgerade lässt sich aus den Messwerten einfacher zeichnen als die Verteilungskurve.
- An der Wahrscheinlichkeitsgeraden lässt sich sofort erkennen, ob eine Normalverteilung vorliegt (alle Punkte müssen in der Nähe der Geraden liegen).
- Die Wahrscheinlichkeitsgerade erleichtert die Interpolation (Zwischenwertbildung) und die Extrapolation (Werte außerhalb von vorhandenen Punkten bestimmen) der ermittelten Werte.
- Durch die Interpolation und die Extrapolation wird die Beurteilung z. B. der Maschinenfähigkeit erleichtert.

Wie wird die Wahrscheinlichkeitsgerade ermittelt?

Die Wahrscheinlichkeitsgerade wird mit den Werten der Strichliste bzw. des Histogrammes ermittelt.

*Beachte:* Bevor Sie die Berechnungen beginnen, überprüfen Sie zuerst visuell, ob die Form des Histogrammes allgemein einer Normalverteilung entspricht. Wenn nicht, müssten Sie eine andere geeignete Methode wie die Weibull-Verteilung wählen.

**Erstellen der Wahrscheinlichkeitsgeraden**

1. Messen Sie die von der Maschine bearbeiteten Teile und tragen Sie die Messwerte in der produzierten Reihenfolge in die Tabelle auf dem Formular „Wahrscheinlichkeitsnetz" ein (siehe Messprotokoll „Drehteil").
2. Erstellen Sie die dazugehörige Strichliste (siehe Strichliste „Durchmesser des Drehteils").
3. Überprüfen Sie, ob die Form der aufgetragenen Strichliste (des Histogrammes) einer Gauß'schen Glockenkurve entspricht. Ist dies der Fall, sind die erfassten Messwerte normalverteilt und das Wahrscheinlichkeitsnetz kann konstruiert werden.

**4.** Addieren Sie die einzelnen Striche in den jeweiligen Klassen und tragen Sie die Summe in die Spalte „f" ein. Addieren Sie die Summen von unten nach oben auf und tragen Sie dann die Ergebnisse in die Spalte „Σ f" (absolute Summenhäufigkeit) ein. Rechnen Sie diese Ergebnisse in Prozentwerte um und tragen Sie diese in die Spalte „Σ f %" (relative Summenhäufigkeit) ein.

**5.** Zeichnen Sie die Toleranzgrenzen (OGW und UGW) als durchgezogene Linie in das Wahrscheinlichkeitsnetz ein.

**6.** Berechnen Sie die +3s-Linie mit $\bar{\bar{x}} + 3 \cdot s$ und die −3s-Linie mit $\bar{\bar{x}} - 3 \cdot s$. Zeichnen Sie diese Linien als gestrichelte Linien in das Wahrscheinlichkeitsnetz ein. Das gleiche Ergebnis erhalten Sie, wenn Sie die +3s-Linie bei 99,73 % und die −3s-Linie bei 0,27 % einzeichnen.

**7.** Konstruieren Sie die Wahrscheinlichkeitsgerade wie folgt:

a) Übertragen Sie die Prozentwerte entlang der Pfeile in das Wahrscheinlichkeitsnetz. Die Schnittpunkte ergeben sich aus der Prozentzahl auf der x-Achse mit der dazugehörenden Klassenweite auf der y-Achse.

b) Nach Bestimmung aller Punkte zeichnen (interpolieren) Sie eine Gerade bester Näherung. Verlängern (extrapolieren) Sie diese Gerade bis zu den vertikalen ±3s-Linien bzw. ±4s-Linien.

c) Ermöglicht sich keine gute Näherung, sind die Messwerte nicht normalverteilt.

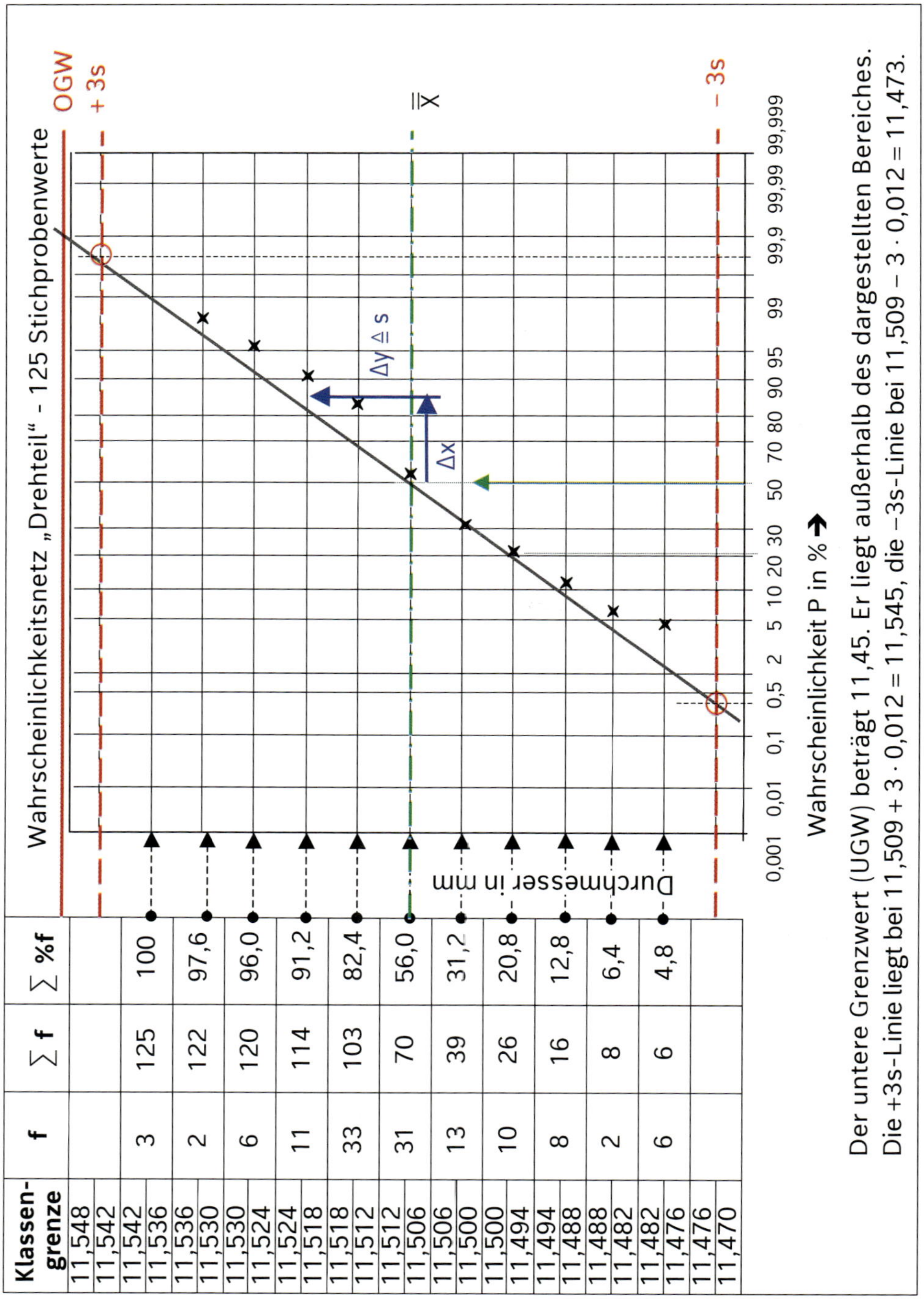


| Klassen-grenze | f | Σ f | Σ %f |
|---|---|---|---|
| 11,548 – 11,542 | | | |
| 11,542 – 11,536 | 3 | 125 | 100 |
| 11,536 – 11,530 | 2 | 122 | 97,6 |
| 11,530 – 11,524 | 6 | 120 | 96,0 |
| 11,524 – 11,518 | 11 | 114 | 91,2 |
| 11,518 – 11,512 | 33 | 103 | 82,4 |
| 11,512 – 11,506 | 31 | 70 | 56,0 |
| 11,506 – 11,500 | 13 | 39 | 31,2 |
| 11,500 – 11,494 | 10 | 26 | 20,8 |
| 11,494 – 11,488 | 8 | 16 | 12,8 |
| 11,488 – 11,482 | 2 | 8 | 6,4 |
| 11,482 – 11,476 | 6 | 6 | 4,8 |
| 11,476 – 11,470 | | | |

**Bild 5.40:** Wahrscheinlichkeitsnetz

Die Konstruktion der Wahrscheinlichkeitsgerade basiert auf den 125 Messwerten, die im Messprotokoll in Kapitel 5.5.5.3 dargestellt sind.

**Abgelesene Werte aus dem Wahrscheinlichkeitsnetz**
Der Prozessmittelwert $\bar{\bar{x}}$ liegt bei 11,509 mm. Der s-Wert ergibt über das Steigungsdreieck 0,011 mm. Um das Steigungsdreieck zu konstruieren, zeichnen Sie für Δx eine Gerade von 50 % bis 84 % (50 % + s = 50 % + 34,14 %, wobei s = 34,14 % entspricht). Die Senkrechte y entspricht dem s-Wert.

**Interpretation der Wahrscheinlichkeitsgeraden**
- Befinden sich die Schnittpunkte der Wahrscheinlichkeitsgeraden mit den ±4s-Linien innerhalb der Toleranzgrenzen, ist die Maschine fähig. Der Prozess ist fähig, wenn sich die Schnittpunkte mit den ±3s-Linien innerhalb der Toleranzgrenzen befindet.
- Schneidet die Gerade eine oder beide Toleranzgrenzen innerhalb des ±4s- bzw. ±3s-Bereiches, ist die Maschine bzw. der Prozess nicht fähig.

**Eigenschaften der Wahrscheinlichkeitsgeraden**
- Durch Parallelverschiebung der Wahrscheinlichkeitsgeraden wird die Lage (Mittelwert) verschoben, d. h., Nachstellen der Maschine.
- Die Steigung der Wahrscheinlichkeitsgeraden verhält sich proportional zur Streuung der Messwerte. Ein steiler Verlauf der Geraden deutet auf eine große Streuung hin. Ein flacher Verlauf hingegen verweist auf eine kleine Streuung der Messwerte. Mithilfe des Steigungsdreiecks kann der s-Wert bestimmt werden.
- Der Mittelwert $\bar{x}$ ergibt sich aus dem Schnittpunkt der 50 %-Vertikalen mit der Wahrscheinlichkeitsgeraden.

## 5.5.4 Der Vertrauensbereich

Durch die Berechnung der Parameter Mittelwert $\bar{x}$ und Standardabweichung s für die jeweilige Stichprobe erhalten Sie einen Schätzwert für die Charge bzw. Grundgesamtheit, der Sie die jeweilige Stichprobe entnommen haben. Wollten Sie die tatsächlichen Werte einer Charge bzw. Grundgesamtheit erhalten, müssten Sie eine 100 %-Prüfung durchführen. Es wird daher ausgehend von der Stichprobe ein Bereich berechnet in dem der tatsächliche Mittelwert μ und die Standardabweichung σ mit hoher Wahrscheinlichkeit liegen. Die Wahrscheinlichkeit, mit der die Parameter der Charge bzw. Grundgesamtheit in diesem Bereich liegen, heißt Vertrauensbereich und wird mit P = 1 – α bezeichnet. Der Vertrauensbereich wird im Normalfall mit einer Wahrscheinlichkeit von 95 % (**Vertrauensniveau** P = 0,95) oder von 99 % (Vertrauensniveau P = 0,99) berechnet. Das Vertrauensniveau ist nach technischen und wirtschaftlichen Gesichtspunkten vor Beginn der Untersuchung festzulegen. Der Vertrauensbereich kann zweiseitig, einseitig nach oben oder einseitig nach unten abgegrenzt berechnet werden. Die Abgrenzung kann nach Toleranzvorgabe oder nach Vorzugsrichtung, z. B. Fertigungsprobleme bei zu großem Mittelwert, erfolgen.

**Formeln für die Berechnung des Vertrauensbereiches**

Die Formeln sind nur gültig zur Berechnung des Mittelwertes μ und der Standardabweichung σ einer Normalverteilung zu dem Stichprobenergebnis $\bar{x}$ und s bei dem Stichprobenumfang n und bei zweiseitiger Abgrenzung.

| Berechnung der Lage μ | Berechnung der Standardabweichung σ |
|---|---|
| $\bar{x} - \frac{t \cdot s}{\sqrt{n}} \leq \mu \leq \bar{x} + \frac{t \cdot s}{\sqrt{n}}$ | $\kappa_{un} \cdot s \leq \sigma \leq \kappa_{ob} \cdot s$ |

Tabellenauszug[1] 1 zur Berechnung des zweiseitig begrenzten Vertrauensbereiches für das Vertrauensniveau von 0,95:

| Stichprobenumfang n | Freiheitsgrad f = n − 1 | Faktor t | Faktor $\kappa_{un}$ | Faktor $\kappa_{ob}$ |
|---|---|---|---|---|
| 2 | 1 | 12,706 | 0,446 | 31,91 |
| 3 | 2 | 4,303 | 0,521 | 6,28 |
| 4 | 3 | 3,182 | 0,566 | 3,73 |
| 5 | 4 | 2,776 | 0,599 | 2,87 |
| 6 | 5 | 2,571 | 0,624 | 2,45 |
| 7 | 6 | 2,447 | 0,644 | 2,20 |
| 8 | 7 | 2,365 | 0,661 | 2,04 |
| 9 | 8 | 2,306 | 0,675 | 1,92 |
| 10 | 9 | 2,262 | 0,668 | 1,83 |

Tabellenauszug[1] 2 zur Berechnung des zweiseitig begrenzten Vertrauensbereiches für das Vertrauensniveau von 0,99:

| Stichprobenumfang n | Freiheitsgrad f = n − 1 | Faktor t | Faktor $\kappa_{un}$ | Faktor $\kappa_{ob}$ |
|---|---|---|---|---|
| 2 | 1 | 63,657 | 0,356 | 159,58 |
| 3 | 2 | 9,952 | 0,434 | 14,12 |
| 4 | 3 | 5,841 | 0,483 | 6,47 |
| 5 | 4 | 4,604 | 0,519 | 4,40 |
| 6 | 5 | 4,032 | 0,546 | 3,48 |
| 7 | 6 | 3,707 | 0,569 | 2,98 |
| 8 | 7 | 3,500 | 0,588 | 2,66 |
| 9 | 8 | 3,355 | 0,604 | 2,44 |
| 10 | 9 | 3,250 | 0,618 | 2,28 |

*Hinweis:* Die Faktoren t, $\kappa_{un}$ und $\kappa_{ob}$ sind abhängig vom Stichprobenumfang n tabelliert. Ausführliche Tabellen der Zahlenwerte t, $\kappa_{un}$ und $\kappa_{ob}$ für n > 10, auch für andere Niveaus, sind in DIN 55303 Teil 2 und in der Fachliteratur zu finden.

Bei einseitiger Abgrenzung werden bei der Berechnung des Vertrauensbereiches andere Tabellen benötigt, die hier nicht aufgeführt sind.

**Leitbeispiel 1** ***„Drehteil“:***

Berechnung des zweiseitigen Vertrauensbereiches mit dem Vertrauensniveau P = 0,95 für die Stichprobe 1 mit n = 5, $\overline{x}$ = 11,515 mm und s = 0,015 mm.

[1] Tabelle nach DGQ

| | |
|---|---|
| Berechnung des Mittelwertes $\mu$: | Faktor t = 2,776<br>(aus obiger Tabelle 1 unter Zeile n = 5 abgelesen)<br>$\bar{x} - \frac{t \cdot s}{\sqrt{n}} \leq \mu \leq \bar{x} + \frac{t \cdot s}{\sqrt{n}}$<br>$11{,}515\text{ mm} - \frac{2{,}776 \cdot 0{,}015\text{ mm}}{\sqrt{5}} \leq \mu$<br>$\leq 11{,}515\text{ mm} + \frac{2{,}776 \cdot 0{,}015\text{ mm}}{\sqrt{5}}$<br>11,515 mm − 0,01862 mm ≤ μ ≤ 11,515 + 0,01862 mm<br>11,4964 mm ≤ μ ≤ 11,5336 mm<br>Man kann nun sagen, dass mit 95 % Wahrscheinlichkeit der wahre Mittelwert μ innerhalb des Bereiches 11,4964 mm ≤ μ ≤ 11,5336 mm liegt. |

| | |
|---|---|
| Berechnung der Standard-abweichung $\sigma$: | Faktor $\kappa_{un}$ = 0,599<br>Faktor $\kappa_{ob}$ = 2,87<br>(aus obiger Tabelle 1 unter Zeile n = 5 abgelesen)<br>$\kappa_{un} \cdot s \leq \sigma \leq \kappa_{ob} \cdot s$<br>0,599 · 0,015 mm ≤ σ ≤ 2,87 · 0,015 mm<br>0,00899 mm ≤ σ ≤ 0,04305 mm<br>Man kann nun sagen, dass mit 95 % Wahrscheinlichkeit die wahre Standardabweichung σ innerhalb des Bereiches 0,00899 mm ≤ σ ≤ 0,04305 mm liegt. |

Berechnung des zweiseitigen Vertrauensbereiches mit dem Vertrauensniveau P = 0,99 für die Stichprobe mit n = 5, $\bar{x}$ = 11,515 mm und s = 0,015 mm.

| | |
|---|---|
| Berechnung des Mittelwertes $\mu$: | Faktor t = 4,604<br>(aus obiger Tabelle 2 unter Zeile n = 5 abgelesen)<br>$\bar{x} - \frac{t \cdot s}{\sqrt{n}} \leq \mu \leq \bar{x} + \frac{t \cdot s}{\sqrt{n}}$<br>$11{,}515\text{ mm} - \frac{4{,}604 \cdot 0{,}015\text{ mm}}{\sqrt{5}} \leq \mu$<br>$\leq 11{,}515\text{ mm} + \frac{4{,}604 \cdot 0{,}015\text{ mm}}{\sqrt{5}}$<br>11,515 mm − 0,03088 mm ≤ μ ≤ 11,515 mm + 0,03088 mm<br>11,48412 mm ≤ μ ≤ 11,54588 mm<br>Man kann nun sagen, dass mit 99 % Wahrscheinlichkeit der wahre Mittelwert μ innerhalb des Bereiches 11,48412 mm ≤ μ ≤ 11,54588 mm liegt. |

| | |
|---|---|
| Berechnung der Standardabweichung $\sigma$: | Faktor $\kappa_{un} = 0{,}519$<br>Faktor $\kappa_{ob} = 4{,}40$<br>(aus obiger Tabelle 2 unter Zeile n = 5 abgelesen)<br>$\kappa_{un} \cdot s \leq \sigma \leq \kappa_{ob} \cdot s$<br>$0{,}519 \cdot 0{,}015 \text{ mm} \leq \sigma \leq 4{,}40 \cdot 0{,}015 \text{ mm}$<br>$\underline{0{,}007785 \text{ mm} \leq \sigma \leq 0{,}066 \text{ mm}}$<br>Man kann nun sagen, dass mit 99 % Wahrscheinlichkeit die wahre Standardabweichung $\sigma$ innerhalb des Bereiches $0{,}007785 \text{ mm} \leq \sigma \leq 0{,}066 \text{ mm}$ liegt. |

Aus dem Rechenbeispiel geht hervor, dass der Bereich mit dem Vertrauensniveau von P = 0,99 größer ist als mit dem Vertrauensniveau von P = 0,95. Wenn also ein Vertrauensniveau von 99 % gewählt wird, vergrößert sich der Vertrauensbereich.

**Leitbeispiel 2** ***„Elektrischer Widerstand“:***
Da eine 100 %-Prüfung erfolgte, macht die Berechnung des Vertrauensbereiches keinen Sinn.

## 5.5.5 Werkzeuge der statistischen Prozessregelung

Die statistische Prozessregelung (SPC) umfasst die Werkzeuge Maschinenfähigkeitsuntersuchung (MFU), Prozessfähigkeitsuntersuchung (PFU) und die Prozessüberwachung mit Qualitätsregelkarten (QRK). SPC ermöglicht, in **beherrschten** und **fähigen** Prozessen zu fertigen.

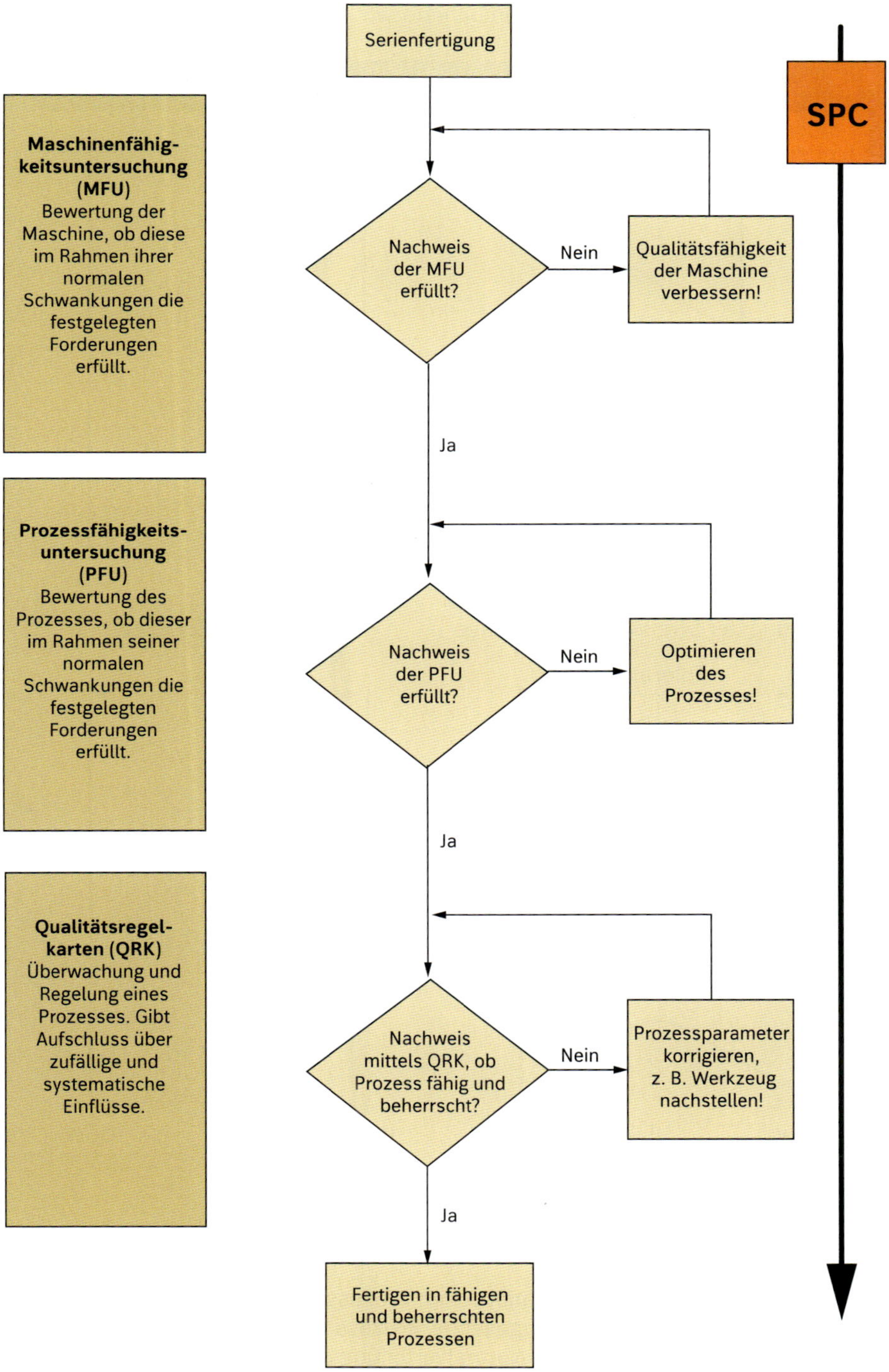


**Bild 5.41:** Zusammenhang zwischen SPC, MFU, PFU und QRK

***Matrix:*** *Wann ist der Prozess fähig, wann beherrscht?*

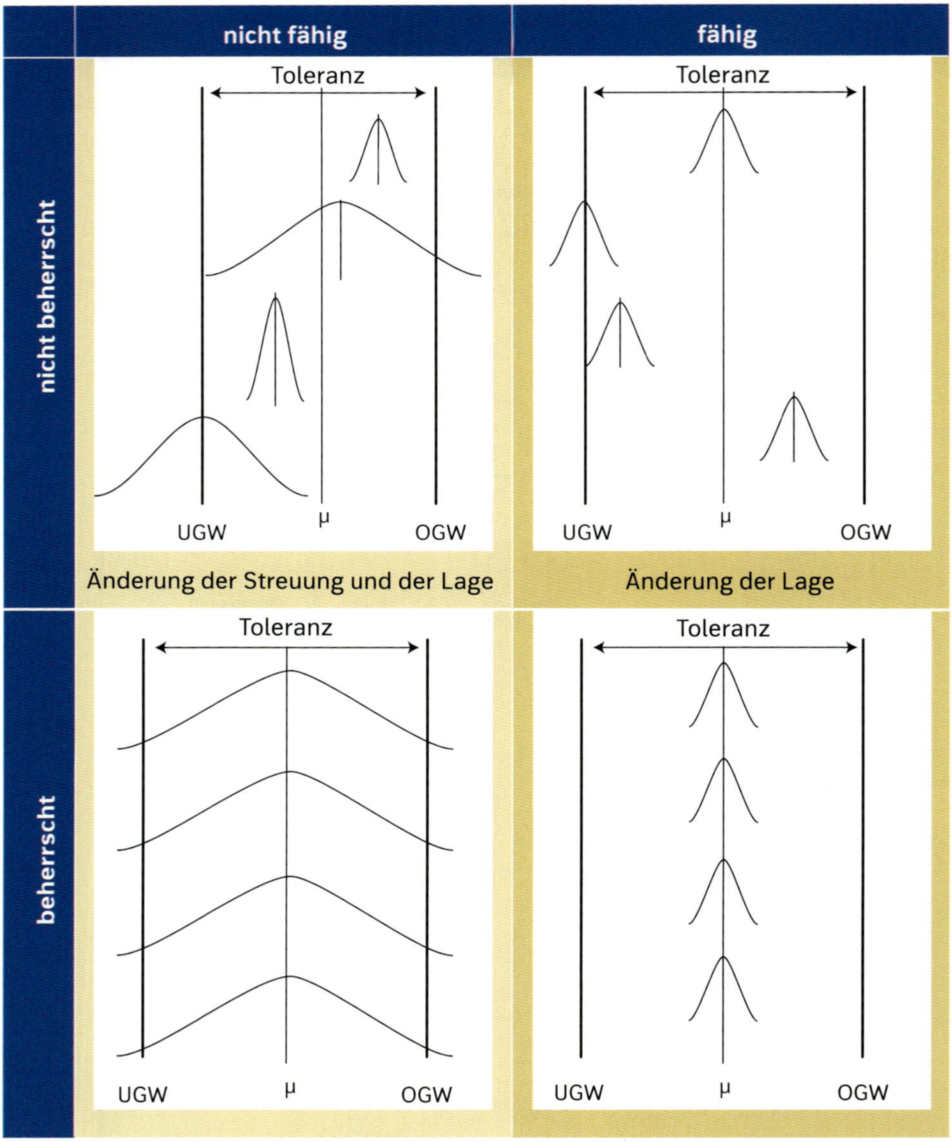


**Bild 5.42:** Prozessfähigkeit und Prozessbeherrschung

Voraussetzung zur Anwendung der statistischen Prozessregelung ist der Nachweis, ob die eingesetzte Maschine und der eingesetzte Prozess fähig sind. Um die folgenden Fähigkeiten nachzuweisen, muss eine Normalverteilung der Messwerte vorliegen.

### 5.5.5.1 Maschinenfähigkeitsuntersuchung

Zur Analyse des Prozesses wird als Erstes eine Maschinenfähigkeitsuntersuchung durchgeführt. Die Maschinenfähigkeitsuntersuchung gibt Aufschluss über die Qualitätsfähigkeit einer Maschine oder Anlage, ob diese die vorgesehene Fertigungsaufgabe erfüllen kann. Die Maschinenfähigkeitsuntersuchung ist eine **Kurzzeituntersuchung** unter Idealbedingungen. Es werden mindestens 50 Messwerte in einem kurzen Zeitraum entnommen und ausgewertet. Idealbedingungen erschafft man, indem die 7M-Störgrößen weitgehend konstant gehalten, die beste Einrichtung und extra ausgesuchte Materialien eingesetzt werden.

Bedingungen:
- Nur eine Fertigungsstufe betrachten
- Nur ein Material bearbeiten
- Nur ein Mitarbeiter bedient die Maschine
- Günstige Umweltparameter für die Maschine schaffen
- Prüfmittel darf nicht gewechselt werden
- Messwerte müssen vertrauenswürdig sein (Fähigkeit des Prüfmittels)

Außerdem findet die Maschinenfähigkeitsuntersuchung auch für Abnahmeuntersuchungen und Erstmusterprüfungen Anwendung (Freigabeentscheid).

Die Maschinenfähigkeit wird mit den **Indizes $c_m$** und **$c_{mk}$** angegeben, bei der Prozesspotenzialuntersuchung mit **$p_p$** und **$p_{pk}$**.
Der Kennwert $c_m$ oder $p_p$ beschreibt die Breite der Maschinenstreuung im Verhältnis zum Toleranzfeld. Der $c_m$-Wert ist gleich 1, wenn die Maschinenstreubreite (6-σ-Bereich) gleich der Toleranzbreite ist.
Der Index $c_{mk}$ oder $p_{pk}$ berücksichtigt zusätzlich zur Streuung die Lage der Maschinenfähigkeit. Ist der $c_{mk}$-Wert gleich dem $c_m$-Wert, befindet sich die Maschinenfähigkeit in der Toleranzmitte. Je größer die Abweichung von der Prozessmitte, desto kleiner wird der $c_{mk}$-Wert im Vergleich zum $c_m$-Wert.

#### Ermittlung der Maschinenfähigkeit

1. Bestimmen Sie die Anzahl der zu messenden Teile, gewöhnlich 50 Teile.
2. Die Messeinrichtung muss einer Genauigkeit von mindestens 1/10 der Toleranzvorgabe entsprechen, z. B. Leitbeispiel 1 „Drehteil" (Merkmalstoleranz = 0,05 mm, Messunsicherheit = 0,005 mm).
3. Stellen Sie die Maschine auf Toleranzmitte ein. Schaffen Sie optimale Produktionsbedingungen (Idealbedingungen). Der Fertigungsablauf darf während der Untersuchung nicht unterbrochen werden.
4. Bei einer Mehrstationeneinrichtung (z. B. Bearbeitungszentrum) muss jede einzelne Station untersucht werden.
5. Messen Sie die von der Maschine bearbeiteten Teile.
6. Errechnen Sie aus diesen Messwerten mithilfe der nachfolgenden Formeln die Maschinenkennwerte.
7. Interpretieren Sie die Ergebnisse und leiten Sie, wenn nötig, Maßnahmen ein.

**Interpretationsmöglichkeiten**

Feststellung: Der Prozess liegt außerhalb der Mitte.
Ursachen: Maschine nicht genau auf Toleranzmitte eingestellt, Werkzeugverschleiß etc.
Maßnahme: Maschine nachstellen.
Feststellung: Die Streuung der Messwerte ist zu groß.
Ursachen: Zu große maschineninterne Toleranzen, Lagerverschleiß etc.
Maßnahmen: Andere Maschine mit engeren maschineninternen Toleranzen einsetzen, Maschine warten bzw. überholen.

**Formeln für die Maschinenfähigkeitsuntersuchung**

**Streuung des Maschinenkennwertes $c_m$**

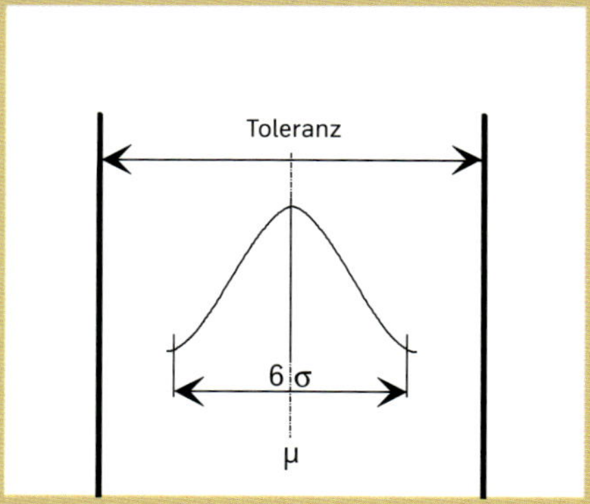


$$c_m = \frac{\text{Toleranz}}{\text{sechsmal Prozessstandardabweichung}}$$

$$c_m = \frac{OGW - UGW}{6 \cdot \sigma} = \frac{T}{6 \cdot \sigma}$$

OGW obere Toleranzgrenze
UGW untere Toleranzgrenze
T Toleranz
$\sigma$ Prozessstandardabweichung
$\mu$ Prozessmittelwert
$Z_{krit}$ kleinster Abstand von $\mu$ zur Toleranzgrenze
$Z_{ob}$ Abstand zur oberen Toleranzgrenze
$Z_{un}$ Abstand zur unteren Toleranzgrenze

**Lage und Streuung des Maschinenkennwertes $c_{mk}$**

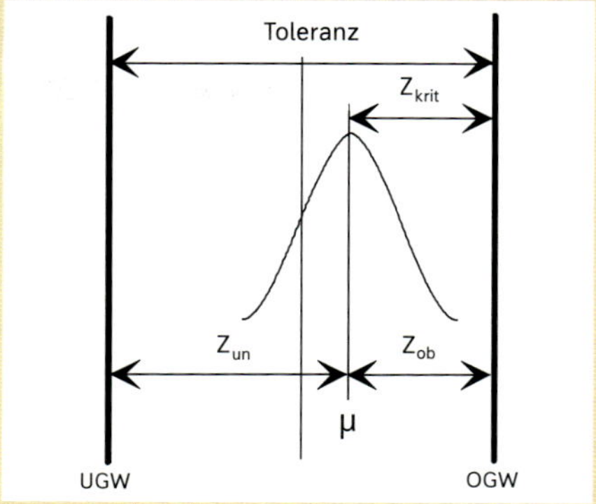


$$c_{mk} = \frac{\text{kleinster Abstand von } \mu \text{ zur Toleranzgröße}}{\text{dreimal Prozessstandardabweichung}}$$

$$c_{mk} = \frac{Z_{krit}}{3 \cdot \sigma}$$

$Z_{krit}$ wird berechnet:
Mit $Z_{ob} = OGW - \mu$
bzw. $Z_{un} = \mu - UGW$

Immer den kleineren Wert von $Z_{ob}$, $Z_{un}$ als $Z_{krit}$ verwenden.

Da bei der Maschinenfähigkeitsuntersuchung die Prozesseinflüsse, wie mehrere Fertigungsstufen, unterschiedliche Materialchargen, mehrere Mitarbeiter (mehrere Schichten), Temperaturveränderungen, über längere Zeit nicht konstant gehalten werden können (Normalbedingungen), muss der Fertigungsprozess gesondert beurteilt werden.

**Bewertung der Maschinenfähigkeit**

Da die Maschinenfähigkeit unter Idealbedingungen ermittelt wurde, ist die Mindestanforderung ein $c_m$-Wert von mindestens 1,67 ($c_m = \frac{10 \cdot \sigma}{6 \cdot \sigma}$, d. h., die Toleranz sollte > $10\sigma$ sein) und ein $c_{mk}$-Wert von mindestens 1,33.
Ist $c_m$ größer als $c_{mk}$, kann der Prozess durch Zentrierung (z. B. durch nochmalige Zentrierung der Maschine) beherrschbar gemacht werden.

**Leitbeispiel 1** ***„Drehteil":***
Da nur fünf Messwerte vorliegen, ist eine Bewertung der Maschinenfähigkeit nicht möglich.

**Leitbeispiel 2** ***„Elektrischer Widerstand":***
Berechnung der Maschinenfähigkeit:

In dem Beispiel wurden 50 Messwerte erfasst und zu 100 % geprüft. Es kann somit eine Maschinenfähigkeitsuntersuchung durchgeführt werden.

$$c_m = \frac{OGW - UGW}{6 \cdot \sigma} = \frac{283{,}50 - 256{,}50}{6 \cdot 1{,}854} = 2{,}427 \qquad \sigma = 1{,}854$$

Die Maschinenfähigkeit bzgl. der Prozessbreite (Streuung) ist gegeben, da $c_m$ die Forderung ≥ 1,67 erfüllt.

$$c_{mk} = \frac{Z_{krit}}{3 \cdot \sigma} = \frac{11{,}02}{3 \cdot 1{,}854} = 1{,}981$$

$$\mu = 267{,}52$$

$$Z_{ob} = OGW - \mu = 283{,}50 - 267{,}52 = 15{,}98$$

$$Z_{un} = \mu - UGW = 267{,}52 - 256{,}50 = 11{,}02 = Z_{krit}$$

Die Maschinenfähigkeit bzgl. der Prozessbreite und Prozesslage ist gegeben, da $c_{mk}$ die Forderung ≥ 1,33 erfüllt.

### 5.5.5.2 Qualitätsfähigkeit von Prozessen

Die DIN ISO 22514 beschreibt die wesentlichen Grundsätze hinsichtlich der Fähigkeit von Fertigungsprozessen.

Um Kenntnisse über einen Prozess zu erhalten, wird eine Prozessanalyse durchgeführt. Diese Kenntnisse sind notwendig, damit der Prozess wirksam und wirtschaftlich beherrscht wird. Somit erfüllen die durch den Prozess hergestellten Produkte die Qualitätsanforderungen. Die Beurteilung der Qualitätsfähigkeit von Prozessen erfordert mehrere Stichproben. Die einzelne Stichprobe beschreibt das Verhalten des untersuchten Merkmals während einer kurzen Zeitspanne und wird als momentane Verteilung dargestellt. Die Darstellung der Verteilung benötigt einen Lage-, Streuungs- und Formparameter (siehe auch Kapitel 5.5.1).

Ein Prozess erfordert eine kontinuierliche Beobachtung über einen längeren Zeitraum hinweg. Auf der Basis von mehreren Stichprobenergebnissen aus dem laufenden Prozess wird eine resultierende Wahrscheinlichkeitsverteilung des Prozesses, auch

Prozessergebnisverteilung genannt, bestimmt. Diese resultierende Verteilung erfordert die Berechnung von Schätzwerten mit einer hinreichend geringen Streuung für die Verteilungsparameter $\hat{\mu}$ und $\hat{\sigma}$ (siehe auch Kapitel 5.5.1). Der Umfang der Stichproben, auf der die Berechnungen beruhen, sollte in Abhängigkeit von der gewünschten Aussagewahrscheinlichkeit, der Genauigkeit und der Art des untersuchten Prozesses gewählt werden. Er sollte groß genug sein, um eine aussagekräftige statistische Basis zu liefern. Üblicherweise sind dazu mehr als 100 Beobachtungen notwendig.

Bei der Untersuchung ist es wichtig, dass die erfassten Daten zurückverfolgt werden können, um unerwartete Werte nachprüfen zu können. Dies erfordert eine Dokumentation der vorherrschenden Bedingungen. Wichtig ist auch die zeitliche Erfassungsreihenfolge der Messwerte. Beim Messen der Werte ist auch die Qualität der Messergebnisse wichtig, da immer eine Messunsicherheit vorhanden ist. Das bedeutet, dass das verwendete Messmittel ausreichende messtechnische Eigenschaften für die Messaufgabe aufweisen sollte. Zur Bestimmung der Unsicherheit bei Messungen wird die Fähigkeit des Messprozesses berechnet, wie in ISO 22514-7 bzw. VDA-Band 5 beschrieben.

In der DIN ISO 22514-2 werden acht mögliche resultierende Prozessergebnisverteilungen und deren Berechnung in ein tabellarisches Schema gebracht. Diese werden Verteilungszeitmodelle genannt. Diese acht Verteilungszeitmodelle werden in vier Gruppen eingeteilt, je nachdem, ob die Werte des Lage- und des Streuungsparameters konstant oder variabel sind.

- Die erste Gruppe ist ein Prozess, dessen Stichproben konstante Lage- und Streuungsparameter liefern. Man spricht vom zeitabhängigen Verteilungsmodell A.
- Zur zweiten Gruppe gehört ein Prozess, dessen Streuung sich mit der Zeit verändert, dessen Lage aber unverändert bleibt. Dies ist das zeitabhängige Verteilungsmodell B.
- Das zeitabhängige Verteilungsmodell C liegt vor, wenn die Streuung konstant ist, die Lage sich aber verändert.
- Verteilungen, die den drei genannten Modellen nicht zugeordnet werden können, befinden sich in der vierten Gruppe und werden zeitabhängiges Verteilungsmodell D genannt.

Im Folgenden sind zwei Zeitmodelle beschrieben.

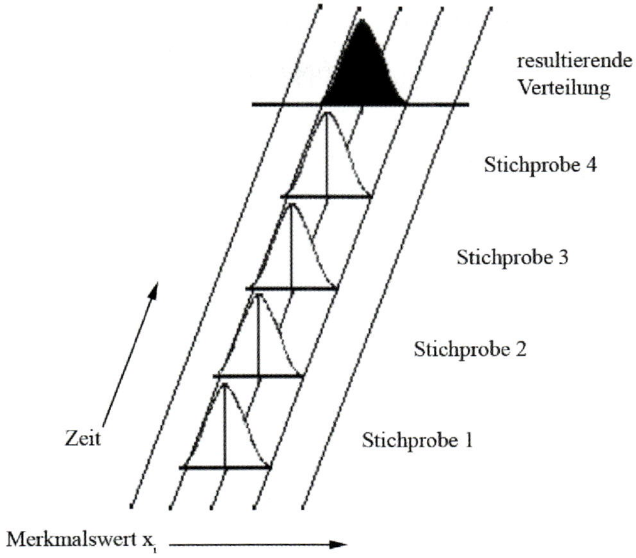


**Bild 5.43:** Verteilungszeitmodell A1 nach DIN EN ISO 22514-1, -2

Bei dem Modell A1 sind die Verteilungsparameter Lage, Streuung und Form konstant. Die vier Momentanverteilungen sind normalverteilt. Daraus ergibt sich eine normalverteilte resultierende Verteilung. Ist die Form der resultierenden Verteilung eine Normalverteilung, erfolgt die Berechnung der Qualitätsfähigkeitskenngrößen mit den Formeln, die nachfolgend aufgeführt werden.

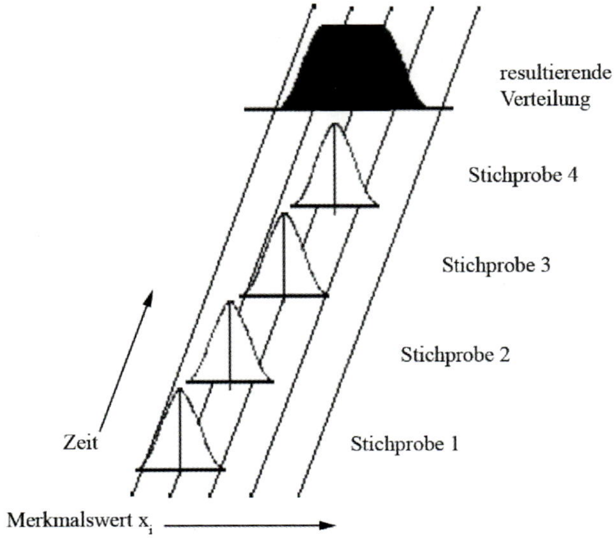


**Bild 5.44:** Verteilungszeitmodell C3 nach DIN EN ISO 22514-1, -2

Bei diesem Verteilungszeitmodell ändert sich die Lage systematisch, z. B. liegt ein Trend vor. Die restlichen Verteilungsparameter bleiben konstant und die vier Momentanverteilungen sind normalverteilt. Es ergibt sich nun eine nicht normalverteilte Resultierende, d. h., eine beliebige Verteilungsform. Die Berechnung der Qualitätsfähigkeitskenngrößen erfordert einen hohen mathematischen Aufwand und wird an dieser Stelle nicht erläutert.

### 5.5.5.3 Prozessfähigkeitsuntersuchung

Die Prozessfähigkeitsuntersuchung gibt an, ob der Prozess die an ihn gestellten Anforderungen in der laufenden Produktion erfüllen kann, also: „Fertigt der Prozess langfristig innerhalb der Toleranzgrenzen?" Für die Ermittlung der Prozessfähigkeit werden bei Prozessvorläufen mindestens 25 Stichproben entnommen und ausgewertet. Man spricht dann von einer **Langzeituntersuchung**. Liegen systematische Einflüsse auf das Prozessverhalten vor, dann müssen diese in einer Prozessvorlaufuntersuchung untersucht werden, um im Rahmen einer Prozessanalyse Anhaltspunkte für die Optimierung des Prozesses zu erhalten.
Die Prozessfähigkeit wird wie die Maschinenfähigkeit mit **Fähigkeitsindizes** beschrieben:
Der Kennwert $\mathbf{c_p}$ beschreibt die Breite der Prozessstreuung im Verhältnis zum Toleranzfeld. Der $c_p$-Wert ist gleich 1, wenn die Prozessstreubreite (6-$\sigma$-Bereich) gleich der Toleranzbreite ist.
Der Index $\mathbf{c_{pk}}$ berücksichtigt zusätzlich zur Streuung die Lage des Prozesses. Ist der $c_{pk}$-Wert gleich dem $c_p$-Wert, befindet sich der Prozess in der Toleranzmitte. Je größer die Abweichung von der Prozessmitte, desto kleiner wird der $c_{pk}$-Wert im Vergleich zum $c_p$-Wert.

**Ermittlung der Prozessfähigkeit**

1. Bestimmen Sie die Anzahl der zu messenden Teile, mindestens 125 Teile (aus Einzelstichproben vom Umfang $n \geq 3$ (in der Regel $n = 5$) erfassen).
2. Die Messeinrichtung muss einer Genauigkeit von mindestens 1/10 der Toleranzvorgabe entsprechen, z. B. Leitbeispiel 1 „Drehteil" (Merkmalstoleranz = 0,05 mm, Messunsicherheit = 0,005 mm).
3. Fertigen Sie unter Normalbedingungen.
4. Messen Sie die von der Maschine bearbeiteten Teile.
5. Errechnen Sie aus diesen Messwerten mithilfe der nachfolgenden Formeln die Prozesskennwerte ($c_p$ und $c_{pk}$ werden auf gleiche Art und Weise wie $c_m$ und $c_{mk}$ berechnet). Der einzige Unterschied liegt in der Datenmenge, die zur Auswertung benutzt wird.
6. Interpretieren Sie die Ergebnisse und leiten Sie wenn nötig Maßnahmen ein.

**Interpretationsmöglichkeiten:**

| | |
|---|---|
| Feststellung: | Der Prozess liegt außerhalb der Mitte. |
| Ursachen: | Maschine ist nicht genau auf Toleranzmitte eingestellt, Werkzeugverschleiß etc. |
| Maßnahme: | Maschine nachstellen. |

Feststellung: Die Streuung der Messwerte ist zu groß.
Ursachen: Zu große maschineninterne Toleranzen, Lagerverschleiß etc.
Maßnahmen: Andere Maschine mit engeren maschineninternen Toleranzen einsetzen, Maschine warten bzw. überholen.

**Formeln für die Prozessfähigkeitsuntersuchung**[1]

**Streuung des Prozesskennwertes $c_p$**

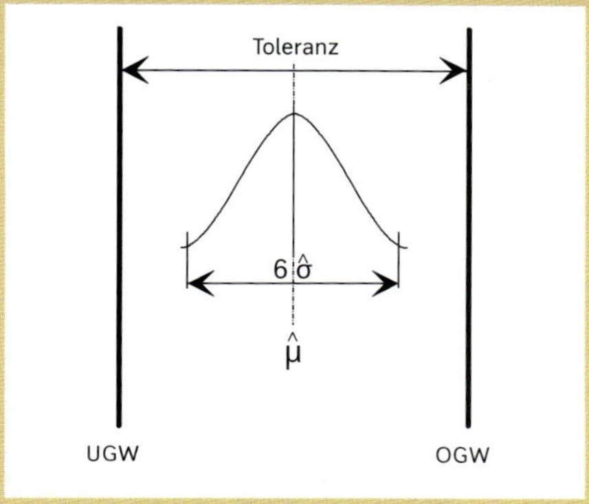


$$c_p = \frac{\text{Toleranz T}}{\text{sechsmal geschätzte Prozessstandardabweichung}}$$

$$c_p = \frac{OGW - UGW}{6 \cdot \hat{\sigma}} = \frac{T}{6 \cdot \hat{\sigma}}$$

OGW obere Toleranzgrenze
UGW untere Toleranzgrenze
T Toleranz
$\hat{\sigma}$ geschätzte Prozessstandardabweichung
$\hat{\mu}$ geschätzter Prozessmittelwert
$Z_{krit}$ kleinster Abstand von $\hat{\mu}$ zur Toleranzgrenze
$Z_{ob}$ Abstand zur oberen Toleranzgrenze
$Z_{un}$ Abstand zur unteren Toleranzgrenze

**Lage und Streuung des Prozesskennwertes $c_{pk}$**

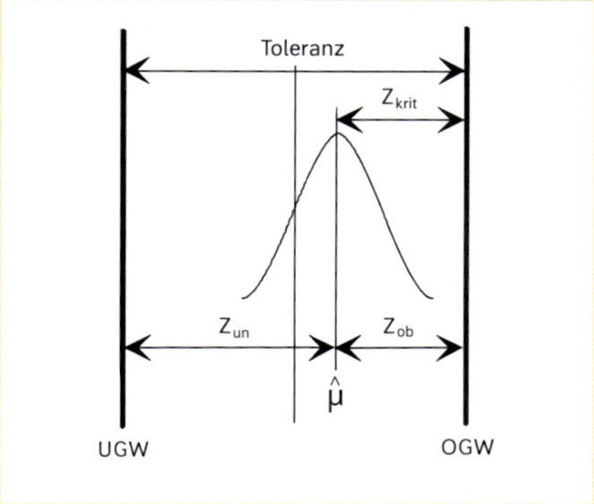


$$c_{pk} = \frac{\text{kleinster Abstand von } \hat{\mu} \text{ zur Toleranzgrenze}}{\text{dreimal geschätzte Prozessstandardabweichung}}$$

$$c_{pk} = \frac{Z_{krit}}{3 \cdot \hat{\sigma}}$$

$Z_{krit}$ wird berechnet:
mit $Z_{ob} = OGW - \hat{\mu}$
bzw. $Z_{un} = \hat{\mu} - UGW$
Immer den kleineren Wert von $Z_{ob}$, $Z_{un}$ als $Z_{krit}$ verwenden.

[1] Die Berechnung der Prozessfähigkeit erfolgt mit den gleichen Formeln, aber anderen Formelzeichen wie bei der Maschinenfähigkeitsuntersuchung ($c_p$ anstatt $c_m$ bzw. $c_{pk}$ anstatt $c_{mk}$).

## Bewertung der Prozessfähigkeit

Der Prozess ist fähig, wenn beide Kennwerte größer als 1 sind. Die Produktion nutzt in diesem Grenzfall die volle Toleranz aus und jede Verschiebung des Prozesses erzeugt Ausschuss. Die Prozessbreite sollte nur 75 % der Toleranzbreite ausnutzen. Daher ist eine Erhöhung dieser Werte, d. h., eine Verbesserung des Prozesses, unbedingt anzustreben.

Es wird ein $c_p$-Wert von mindestens 1,33 gefordert ($c_p = \frac{8 \cdot \hat{\sigma}}{6 \cdot \hat{\sigma}} = 1{,}33$), d. h., die Toleranz sollte > 8 $\sigma$ sein.

Ist $c_p$ größer als $c_{pk}$ kann der Prozess durch Zentrierung (z. B. durch Nachstellen des Werkzeuges) **beherrschbar** gemacht werden.

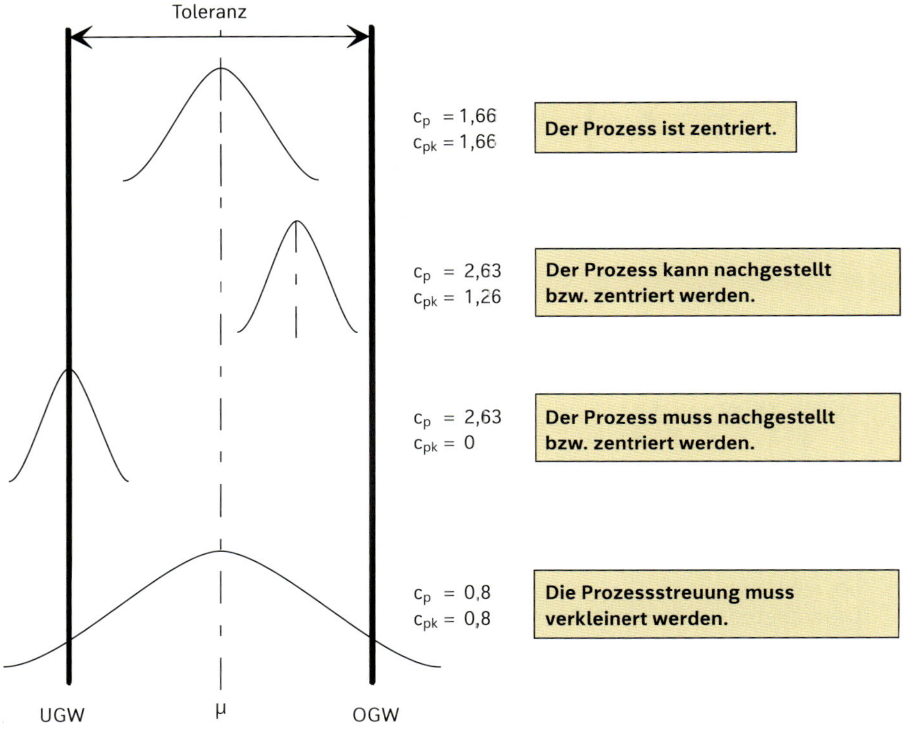


**Bild 5.45:** Schätzen der Fähigkeitsindizes

**Leitbeispiel 1** ***„Drehteil":***

Es wurden während der Produktion in regelmäßigen Abständen weitere Stichproben gezogen und die jeweiligen $\bar{x}$-, R- und s-Werte berechnet.

Messprotokoll „Drehteil" (Alle Messwerte sind in mm angegeben.)

| | ***Stich-probe 1*** | ***Stich-probe 2*** | ***Stich-probe 3*** | ***Stich-probe 4*** | ***Stich-probe 5*** | ***Stich-probe 6*** | ***Stich-probe 7*** | ***Stich-probe 8*** | ***Stich-probe 9*** |
|---|---|---|---|---|---|---|---|---|---|
| | 11,499 | 11,528 | 11,512 | 11,510 | 11,516 | 11,526 | 11,477 | 11,512 | 11,532 |
| | 11,512 | 11,524 | 11,493 | 11,519 | 11,514 | 11,515 | 11,518 | 11,537 | 11,513 |
| | 11,539 | 11,515 | 11,518 | 11,502 | 11,499 | 11,509 | 11,514 | 11,489 | 11,515 |
| | 11,514 | 11,505 | 11,508 | 11,504 | 11,497 | 11,501 | 11,519 | 11,517 | 11,508 |
| | 11,511 | 11,513 | 11,508 | 11,512 | 11,521 | 11,479 | 11,511 | 11,527 | 11,522 |
| $\bar{x}$ | 11,515 | 11,517 | 11,508 | 11,509 | 11,509 | 11,506 | 11,508 | 11,516 | 11,518 |
| R | 0,040 | 0,023 | 0,025 | 0,017 | 0,024 | 0,047 | 0,042 | 0,048 | 0,024 |
| s | 0,015 | 0,009 | 0,009 | 0,007 | 0,011 | 0,018 | 0,018 | 0,018 | 0,009 |

| | ***Stich-probe 10*** | ***Stich-probe 11*** | ***Stich-probe 12*** | ***Stich-probe 13*** | ***Stich-probe 14*** | ***Stich-probe 15*** | ***Stich-probe 16*** | ***Stich-probe 17*** | ***Stich-probe 18*** |
|---|---|---|---|---|---|---|---|---|---|
| | 11,498 | 11,514 | 11,494 | 11,504 | 11,516 | 11,509 | 11,508 | 11,522 | 11,508 |
| | 11,541 | 11,509 | 11,510 | 11,481 | 11,514 | 11,513 | 11,519 | 11,509 | 11,493 |
| | 11,514 | 11,534 | 11,506 | 11,490 | 11,511 | 11,513 | 11,476 | 11,501 | 11,506 |
| | 11,496 | 11,479 | 11,506 | 11,505 | 11,510 | 11,499 | 11,486 | 11,489 | 11,503 |
| | 11,519 | 11,509 | 11,506 | 11,497 | 11,513 | 11,500 | 11,508 | 11,507 | 11,487 |
| $\bar{x}$ | 11,514 | 11,509 | 11,504 | 11,495 | 11,513 | 11,507 | 11,499 | 11,506 | 11,499 |
| R | 0,045 | 0,055 | 0,016 | 0,024 | 0,006 | 0,014 | 0,043 | 0,033 | 0,021 |
| s | 0,018 | 0,020 | 0,006 | 0,010 | 0,002 | 0,007 | 0,018 | 0,012 | 0,009 |

| | ***Stich-probe 19*** | ***Stich-probe 20*** | ***Stich-probe 21*** | ***Stich-probe 22*** | ***Stich-probe 23*** | ***Stich-probe 24*** | ***Stich-probe 25*** |
|---|---|---|---|---|---|---|---|
| | 11,512 | 11,524 | 11,505 | 11,516 | 11,517 | 11,514 | 11,508 |
| | 11,493 | 11,523 | 11,493 | 11,477 | 11,527 | 11,509 | 11,513 |
| | 11,515 | 11,510 | 11,511 | 11,497 | 11,501 | 11,522 | 11,493 |
| | 11,502 | 11,514 | 11,510 | 11,516 | 11,515 | 11,514 | 11,502 |
| | 11,510 | 11,514 | 11,512 | 11,509 | 11,498 | 11,506 | 11,510 |
| $\bar{x}$ | 11,506 | 11,517 | 11,506 | 11,503 | 11,512 | 11,513 | 11,505 |
| R | 0,022 | 0,014 | 0,019 | 0,039 | 0,029 | 0,016 | 0,020 |
| s | 0,009 | 0,006 | 0,008 | 0,016 | 0,012 | 0,006 | 0,008 |

Das Verlaufsdiagramm (Bild 5.11), das Histogramm (Bild 5.16) und die Strichliste (Bild 5.14) zu den Messwerten sind im Kapitel 5.2 dargestellt.

Aus dem Fertigungsprozess wurden insgesamt 25 Stichproben entnommen. Das ergibt für das gesamte Los 25 Normalverteilungen. Um die Prozessfähigkeit zu berechnen, werden alle einzelnen Normalverteilungen zu einer resultierenden

Verteilung zusammengefasst. Dazu muss man aus allen Stichproben den **Prozessmittelwert** $\bar{\bar{x}}$ (gesprochen x-doppelquer) und die **Prozessstandardabweichung** $\bar{s}$ berechnen.

| | |
|---|---|
| $\bar{\bar{x}} = 11{,}509$ mm | $\bar{s} = 0{,}012$ mm |

Berechnung der Prozessfähigkeit:

In dem Beispiel wurden 125 Messwerte in Stichproben erfasst. Es kann somit eine Prozessfähigkeitsuntersuchung durchgeführt werden.

$$c_p = \frac{OGW - UGW}{6 \cdot \hat{\sigma}} = \frac{11{,}55 - 11{,}45}{6 \cdot 0{,}012766} = 1{,}31$$

$$\hat{\sigma} = \frac{\bar{s}}{c_4} = \frac{0{,}012\text{ mm}}{0{,}94} = 0{,}012766$$

Die Prozessfähigkeit bzgl. der Prozessbreite (Streuung) ist **nicht** gegeben, da $c_p$ die Forderung $\geq 1{,}33$ **nicht** erfüllt.

$$c_{pk} = \frac{Z_{krit}}{3 \cdot \hat{\sigma}} = \frac{0{,}041}{3 \cdot 0{,}012766} = 1{,}071$$

$$\hat{\mu} = \bar{\bar{x}} = 11{,}509$$

$$\hat{Z}_{ob} = OGW - \hat{\mu} = 11{,}55 - 11{,}509 = 0{,}041 = Z_{krit}$$

$$\hat{Z}_{un} = \hat{\mu} - UGW = 11{,}509 - 11{,}45 = 0{,}059$$

Die Prozessfähigkeit bzgl. der Prozessbreite und Prozesslage ist gerade noch gegeben, da $c_{pk}$ die Forderung $\geq 1{,}0$ erfüllt. Die Prozessfähigkeit muss dennoch verbessert werden, da die $c_p$-Forderung nicht er füllt ist.

**Leitbeispiel 2** ***„Elektrischer Widerstand":***

Zur Berechnung der Prozessfähigkeit müssen mindestens 125 Messwerte vorliegen. Es erfolgt keine Berechnung, da nur 50 Messwerte im Leitbeispiel aufgenommen wurden.

Mit $c_p$ bzw. $c_m$ wird die grundsätzliche Fähigkeit des Prozesses bzw. der Maschine beschrieben. Mit $c_{pk}$ bzw. $c_{mk}$ wird die Beherrschung des Prozesses bzw. der Maschine bewertet.

Die Maschinen- und die Prozessanalyse erfolgt unter Anwendung der Qualitätsregelkartentechnik.

### 5.5.5.4 Qualitätsregelkarten

Qualitätsregelkarten werden eingesetzt, um Veränderungen am Prozess anzuzeigen. Prozessveränderungen führen zu veränderten Prozessparametern der Verteilung von Merkmalswerten. Die Folge sind Abweichungen der entsprechenden Kennwerte, die nicht durch Zufallseinflüsse zu erklären, sondern systematischen Ursprungs sind. Die Qualitätsregelkarte übernimmt im Regelkreis die Funktion des Reglers. Qualitätsregelkarten zeigen systematische Streuungsursachen auf. Dies ermöglicht, rechtzeitig geeignete Maßnahmen zur Abstellung dieser systematischen Streuungsursachen zu ergreifen und ein wiederholtes Auftreten zu vermeiden.

Dem Prozess werden in regelmäßigen Abständen Stichproben entnommen. Die **Stichprobenentnahme** muss mit einer ausreichenden Häufigkeit erfolgen, um Veränderungen im Prozess schnell zu erkennen. Hierfür sind die technisch-wirtschaftlichen Rahmenbedingungen des Prozesses ausschlaggebend. Der **Stichprobenumfang** n (Anzahl der Teile je Prüfung) muss zu einer Qualitätsregelkarte stets gleich groß sein. Außerdem müssen alle Teile einer Stichprobe nacheinander (in Serie) hergestellt werden. Jede Maschine (Fertigungslinie) muss getrennt überwacht werden.

Die Messwerte werden ausgewertet, indem z. B. der Mittelwert $\bar{x}$ und die Standardabweichung s berechnet werden. Diese Ergebniswerte werden in die Qualitätsregelkarte eingetragen. Dadurch erhält man einen zeitlichen Verlauf der Werte. Toleranz- oder Eingriffsgrenzen beschreiben den Bereich, in dem die Abweichung der Stichprobenkennwerte, beispielsweise $\bar{x}$ oder s, zulässig ist. Werden diese Grenzen überschritten, muss der Fehler analysiert und behoben werden.

In einer Qualitätsregelkarte müssen alle gezielten Einflussnahmen auf den Prozess, z. B. Werkzeugwechsel, und besondere Vorkommnisse, z. B. Maschinendefekte, dokumentiert werden.

### *Regelkartenmodelle für kontinuierliche Merkmale*[1]

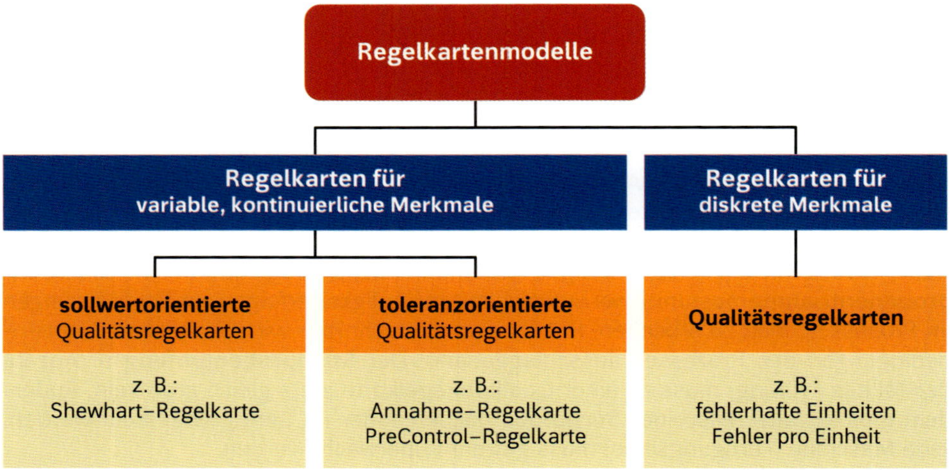


**Bild 5.46:** Regelkartenmodelle

Bei kontinuierlichen Merkmalen ist es notwendig, die Prozessparameter

- Lage des Prozessmittelwertes und
- die Prozessstreuung

während des Prozesses zu überwachen und wenn nötig korrigierend in den Prozess einzugreifen. Es müssen somit zwei Kennwerte in einer Regelkarte geführt werden, z. B. $\bar{x}$/s-Regelkarte.

### *Die Shewhart-Regelkarte*

Sie wird eingesetzt, wenn ein als befriedigend erkannter, beherrschter Zustand eines Prozesses (Sollzustand) beibehalten werden soll. Ändert sich etwas an diesem Zustand, soll die Qualitätsregelkarte dies anzeigen.
Voraussetzung zum Führen einer Shewhart-Regelkarte sind

a) eine Prozessfähigkeit von $c_p \geq 1{,}33$ und

b)

$$\text{Streuung der Mittelwerte} \leq \frac{\text{Streuung der Einzelwerte}}{\sqrt{\text{Stichprobenumfang}}}$$

$$\hat{\sigma}_{\bar{x}} \leq \frac{\hat{\sigma}}{\sqrt{n}}$$

[1] Qualitätsregelkarten für diskrete Merkmale werden nicht näher besprochen.

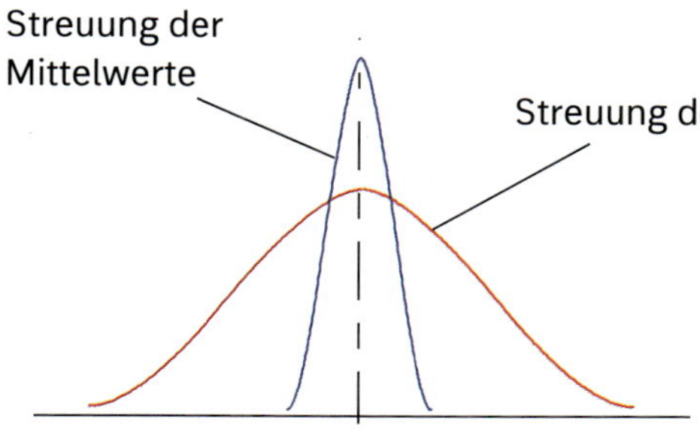


**Bild 5.47:** Streuung der Mittelwerte

Aufbau einer Shewhart-Regelkarte

| Kartenart, z. B. $\bar{x}$ | Bezeichnung, z. B. Bolzen | Merkmal, z. B. Durchmesser | Nennmaß, z. B. Ø 11,5 | OEG = ... UEG = ... | Prüfer, z. B. Meister |
|---|---|---|---|---|---|

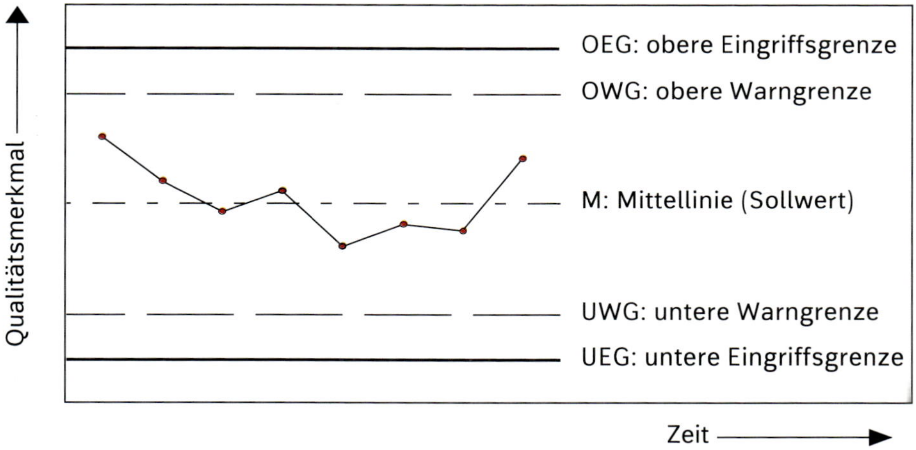


**Bild 5.48:** Shewhart-Regelkarte

Die gebräuchlichsten Shewhart-Regelkarten sind die $\bar{x}$/s-Karte und die $\bar{x}$/R-Karte. Die $\bar{x}$/s-Karte ist die genauere, aber aufwendigere Karte zum Berechnen. Ist der Stichprobenumfang n > 5, muss die $\bar{x}$/s-Karte geführt werden.

**Darstellung der Mittellinie M**

Die Mittellinie entspricht häufig dem Vorgabemaß, Nennmaß, Mittenwert, Sollwert oder dem Mittelwert aus dem Vorlauf.

**Berechnung der Eingriffsgrenzen**

Bei der Shewhart-Regelkarte werden die **Eingriffsgrenzen** aufgrund des Prozessverhaltens nach fertigungstechnischen Gesichtspunkten engstmöglich festgelegt. Die Eingriffsgrenzen beschreiben den 99,73 %-Zufallsstreubereich (= ± 3 $\hat{\sigma}$), d. h., der ungestörte Prozess bewegt sich zufallsverteilt innerhalb der Eingriffsgrenzen. Bei Überschreitung der Eingriffsgrenzen liegen systematische Einflüsse auf den Prozess vor. Zur Berechnung der Eingriffsgrenzen müssen die Parameter des Prozesses, d. h., die Parameter der Grundgesamtheit, bekannt sein. Sie müssen bei der Auswertung des Vorlaufes geschätzt werden. Der Vorlauf muss ausreichend groß sein, damit die Schätzung genau genug ist. Die Eingriffsgrenzen sind nicht gleich den Toleranzgrenzen. Wird in diesem Fall die Grenze überschritten, wurde bereits Ausschuss gefertigt. Man darf den Prozess demnach nicht nach Toleranzgrenzen regeln.

Eingriffsgrenzen der $\bar{x}$-Karte (nach Shewhart):

Die Eingriffsgrenzen entsprechen dem $\pm 3\,\hat{\sigma}$-Bereich, wodurch 99,73 % aller Messwerte innerhalb der Eingriffsgrenzen liegen. Diese Vorgehensweise findet man vorwiegend in amerikanisch beeinflussten Unternehmen.

$$\text{Obere Eingriffsgrenze: } OEG_{\bar{x}} = \bar{\bar{x}} + 3 \cdot \hat{\sigma}_{\bar{x}}$$

$$\text{Untere Eingriffsgrenze: } UEG_{\bar{x}} = \bar{\bar{x}} - 3 \cdot \hat{\sigma}_{\bar{x}}$$

In der Praxis benutzt man die Tabellenwerte $A_2$, $A_3$, $B_3$, $B_4$, $D_3$ und $D_4$ zur einfacheren Berechnung der Eingriffsgrenzen OEG und UEG.

| $\bar{x}$/s-Karte | $\bar{x}$/R-Karte |
|---|---|
| $OEG_{\bar{x}} = \bar{\bar{x}} + A_3 \cdot \bar{s}$ | $OEG_{\bar{x}} = \bar{\bar{x}} + A_2 \cdot \bar{R}$ |
| $UEG_{\bar{x}} = \bar{\bar{x}} - A_3 \cdot \bar{s}$ | $UEG_{\bar{x}} = \bar{\bar{x}} - A_2 \cdot \bar{R}$ |
| $OEG_s = B_4 \cdot \bar{s}$ | $OEG_R = D_4 \cdot \bar{R}$ |
| $UEG_s = B_3 \cdot \bar{s}$ | $UEG_R = D_3 \cdot \bar{R}$ |
| $OEG_{\bar{x}}$ obere Eingriffsgrenze der $\bar{x}$-Karte<br>$UEG_{\bar{x}}$ untere Eingriffsgrenze der $\bar{x}$-Karte<br>$OEG_s$ obere Eingriffsgrenze der s-Karte<br>$UEG_s$ untere Eingriffsgrenze der s-Karte | $OEG_R$ obere Eingriffsgrenze der R-Karte<br>$UEG_R$ untere Eingriffsgrenze der R-Karte |

**Tabelle[1] zur Berechnung der Eingriffsgrenzen**

| Stichprobenumfang n | Faktor $A_2$ | Faktor $D_4$ | Faktor $D_3$ | Faktor $A_3$ | Faktor $B_4$ | Faktor $B_3$ |
|---|---|---|---|---|---|---|
| 2 | 1,880 | 3,267 | – | 2,659 | 3,267 | – |
| 3 | 1,023 | 2,574 | – | 1,954 | 2,568 | – |
| 4 | 0,729 | 2,282 | – | 1,628 | 2,266 | – |
| 5 | 0,577 | 2,114 | – | 1,427 | 2,089 | – |
| 6 | 0,483 | 2,004 | – | 1,287 | 1,970 | 0,030 |
| 7 | 0,419 | 1,924 | 0,076 | 1,182 | 1,882 | 0,118 |
| 8 | 0,373 | 1,864 | 0,136 | 1,099 | 1,815 | 0,185 |
| 9 | 0,337 | 1,816 | 0,184 | 1,032 | 1,761 | 0,239 |
| 10 | 0,308 | 1,777 | 0,223 | 0,975 | 1,716 | 0,284 |

Die Faktoren für die Eingriffsgrenzen basieren auf einer statistischen Sicherheit von 99,73 %.

**Leitbeispiel 1** ***„Drehteil"***

Aufgrund der Messwerte werden die Eingriffsgrenzen für eine $\bar{x}$/s-Karte wie folgt berechnet:

$OEG_{\bar{x}} = \bar{\bar{x}} + A_3 \cdot \bar{s}$
$= 11{,}509 + 1{,}427 \cdot 0{,}012 = 11{,}526$

$UEG_{\bar{x}} = \bar{\bar{x}} - A_3 \cdot \bar{s}$
$= 11{,}509 - 1{,}427 \cdot 0{,}012 = 11{,}492$

$OEG_s = B_4 \cdot \bar{s}$
$= 2{,}089 \cdot 0{,}012 = 0{,}0251$

$UEG_s = B_3 \cdot \bar{s}$
$= 0 \cdot 0{,}012 = 0$

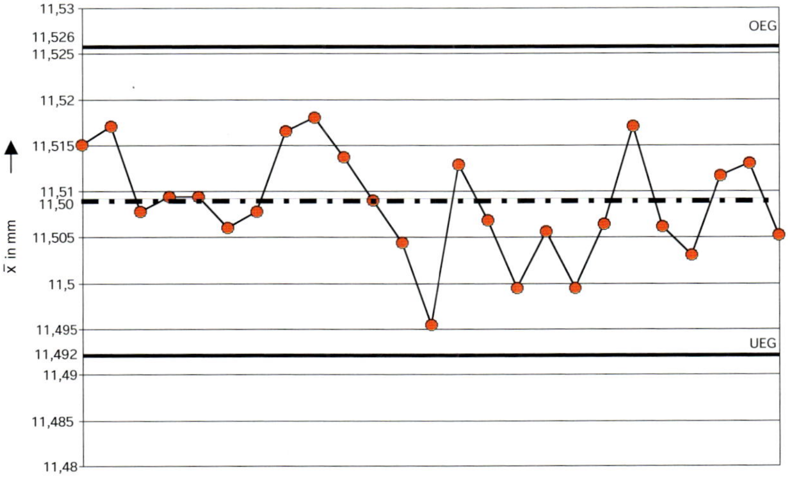


**Bild 5.49a:** Shewhart-Regelkarte zum ***Leitbeispiel 1 „Drehteil"***

[1] Tabelle nach Steinbeis-Transferzentrum Qualität und Umwelt Ulm

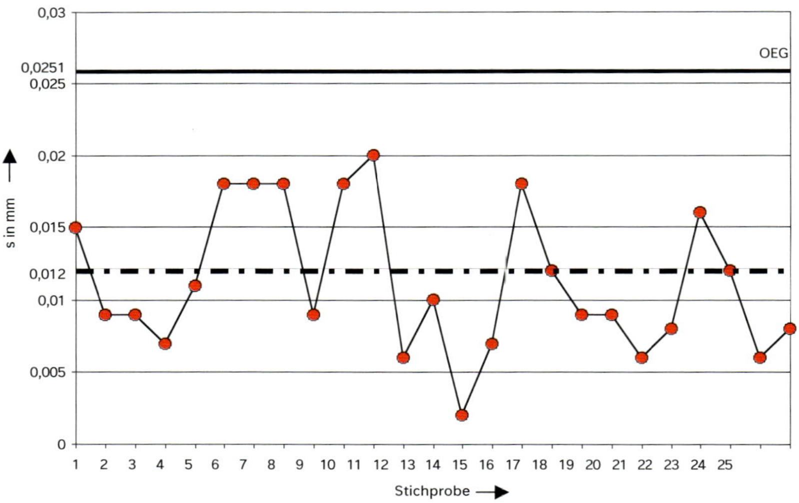


**Bild 5.49b:** Shewhart-Regelkarte zum ***Leitbeispiel 1 „Drehteil"***

## Leitbeispiel 2 *„Elektrischer Widerstand"*

Aufgrund der Messwerte werden die Eingriffsgrenzen für eine $\bar{x}$/s-Karte wie folgt berechnet:

| | |
|---|---|
| $OEG_{\bar{x}} = \bar{\bar{x}} + A_3 \cdot \bar{s}$<br>$= 267{,}52 + 1{,}427 \cdot 1{,}6559 = 269{,}883$ | $UEG_{\bar{x}} = \bar{\bar{x}} - A_3 \cdot \bar{s}$<br>$= 267{,}52 - 1{,}427 \cdot 1{,}6559 = 265{,}157$ |
| $OEG_s = B_4 \cdot \bar{s}$<br>$= 2{,}089 \cdot 1{,}6559 = 3{,}459$ | $UEG_s = B_3 \cdot \bar{s}$<br>$= 0 \cdot 1{,}6559 = 0$ |

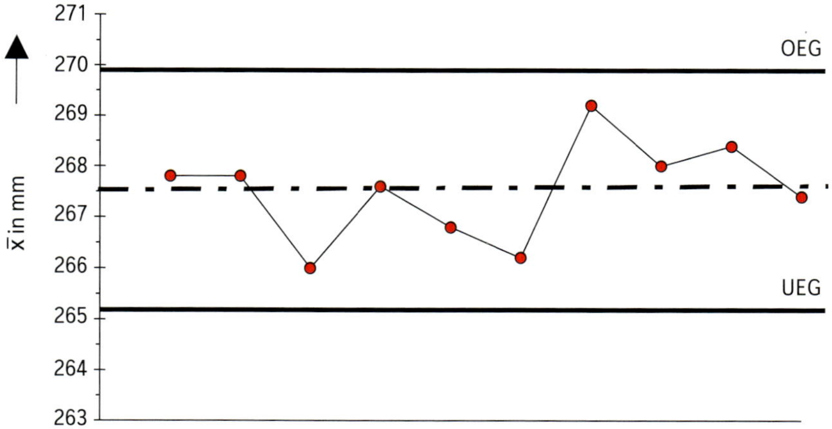


**Bild 5.50a:** Shewhart-Regelkarte zum ***Leitbeispiel 2 „Elektrischer Widerstand"***

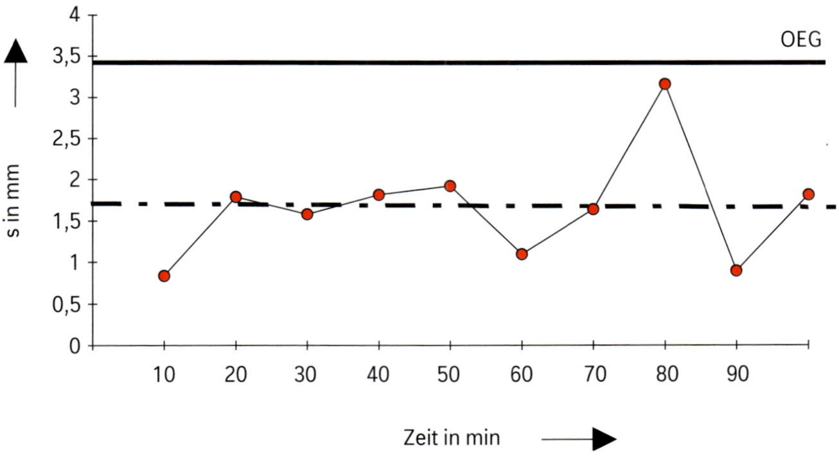


**Bild 5.50b:** Shewhart-Regelkarte zum ***Leitbeispiel 2 „Elektrischer Widerstand"***

**Definition der Warngrenzen**

Die **Warngrenzen** begrenzen den 95,45 %-Zufallsstreubereich (entspricht $\pm 2\sigma$)

Warngrenzen der $\bar{x}$-Karte:

Obere Warngrenze: $OWG_{\bar{x}} = \bar{\bar{x}} + 2 \cdot \hat{\sigma}_{\bar{x}}$

Untere Warngrenze: $UWG_{\bar{x}} = \bar{\bar{x}} - 2 \cdot \hat{\sigma}_{\bar{x}}$

Bei der Berechnung der Warngrenzen verwendet man andere Faktoren zur Ermittlung der Grenzen. Ansonsten geht man ebenso vor wie bei den Eingriffsgrenzen.

Bei Überschreiten der Warngrenzen ist erhöhte Aufmerksamkeit geboten. Es sollte eine zusätzliche Stichprobe gezogen werden.

Vielfach kann man aber auf Warngrenzen verzichten.

### *Die PreControl-Regelkarte*

Die PreControl-Regelkarte ist eine einfache und übersichtliche Regelkarte. Es müssen keine komplizierten Berechnungen durchgeführt werden. Voraussetzung zum Führen einer PreControl-Regelkarte ist eine Prozessfähigkeit von $c_p > 2$. Der Toleranzbereich wird in farblich verschiedene gleich große Zonen aufgeteilt.

### Aufbau einer PreControl-Regelkarte

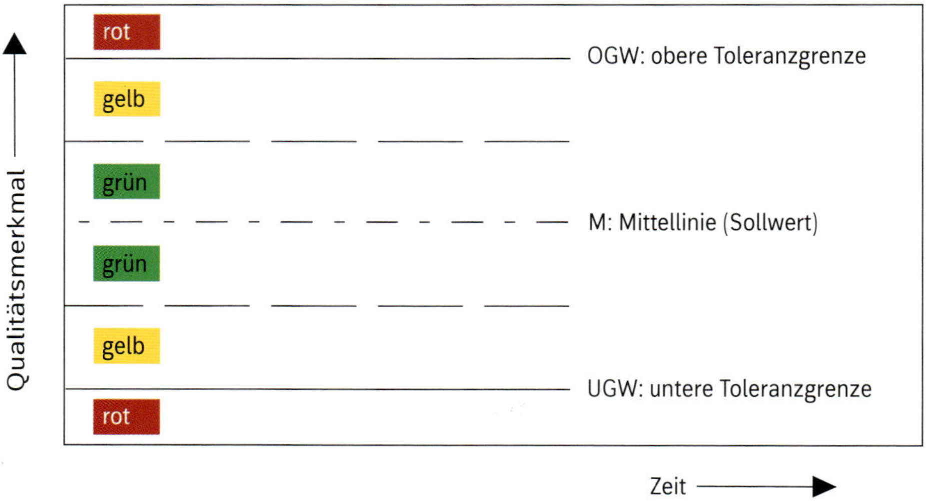


**Bild 5.51:** PreControl-Regelkarte

Als Startbedingung müssen fünf aufeinanderfolgende Teile geprüft werden. Die Ergebnisse müssen alle im grünen Bereich liegen.
Zum weiteren Führen der Regelkarte müssen 2er-Stichproben entnommen werden. Der zeitliche Abstand der Probenentnahme berechnet sich aus 1/6 der Zeit zwischen zwei Nachstellungen am Prozess.

### Eingriffsbedingungen in der PreControl-Regelkarte

| 1. Teil | 2. Teil | Maßnahme |
|---|---|---|
| grün | grün | Prozess ohne Eingriff bis zur nächsten Probenentnahme weiterlaufen lassen. |
| grün | gelb | |
| gelb | grün | |
| gelb | gelb | Prozess unterbrechen, einstellen und Startbedingung wiederholen. |
| rot | | Prozess unterbrechen und aussortieren. Prozess einstellen und Startbedingung wiederholen. |
| | rot | |

### *Die Annahme-Regelkarte*

Die Annahme-Regelkarte wird eingesetzt, wenn ein Prozess im Hinblick auf vorgegebene Toleranzgrenzen überwacht werden soll, beispielsweise bei einer Fertigung mit Trendverhalten, etwa durch Werkzeugabnutzung. In den Prozess wird erst eingegriffen, wenn sich die Merkmalswerte den Grenzen nähern. Der Vorteil ist die volle Ausnutzung der Standzeit des Werkzeuges. Mit einer Annahme-Regelkarte wird ausschließlich die Lage der Merkmalswerte überwacht. Daher bietet sich eine Kombination aus einer Annahme-Regelkarte (Überwachung der Lage) und einer Shewhart-Regelkarte (Überwachung der Streuung) an.

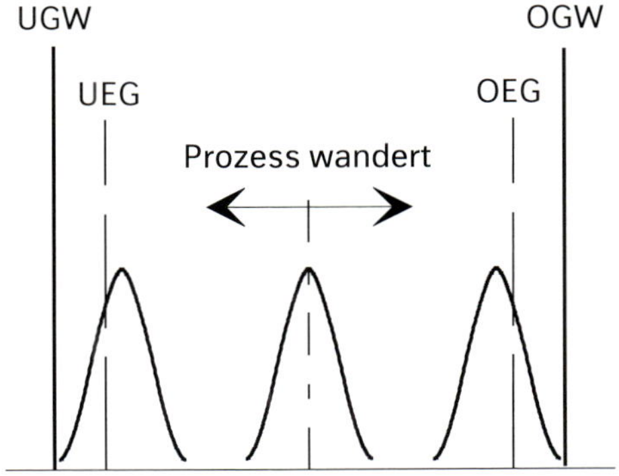


**Bild 5.52:** Toleranzausnutzung in einer Annahme-Regelkarte

Voraussetzung zum Führen einer Annahme-Regelkarte:

a) Die Prozessfähigkeit $c_p$ muss größer 2 sein oder
b) die Toleranz sollte mindestens das Acht- bis Zwölffache der Prozessstandardabweichung $\sigma$ betragen.

### Aufbau einer Annahme-Regelkarte

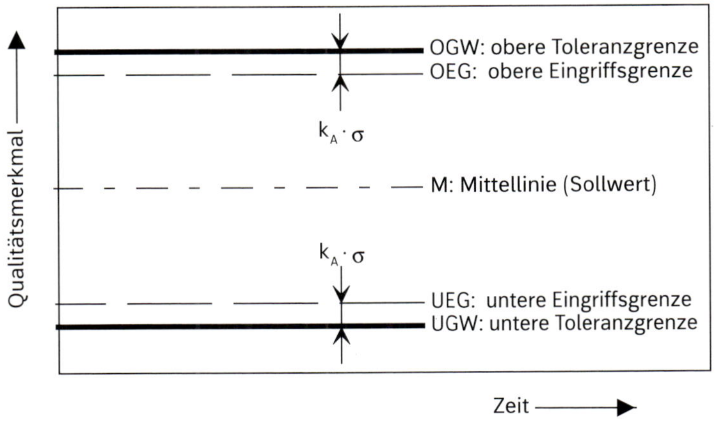


**Bild 5.53:** Annahme-Regelkarte

Zur Berechnung der Eingriffsgrenzen wird der vorgegebene Toleranzbereich herangezogen.

$$OEG = OGW - k_A \cdot \sigma$$
$$UEG = UGW + k_A \cdot \sigma$$

$k_A$ Abgrenzungsfaktor (Ermitteln aus Wilrich-Nomogramm)

### *Regelkartenanalyse*

Zur Analyse der Shewhart-Regelkarte und der Annahme-Regelkarte werden diese in drei Zonen eingeteilt. Die Breite der einzelnen Zonen entspricht einer Standardabweichung $\sigma$.

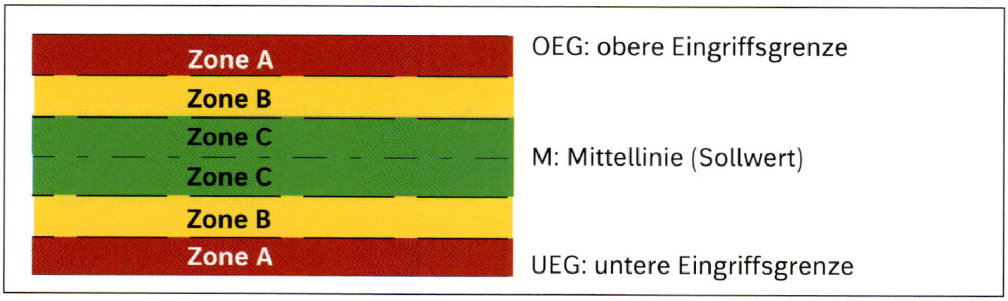


**Bild 5.54:** Einteilung der Regelkarte in Zonen

### Natürlicher Verlauf

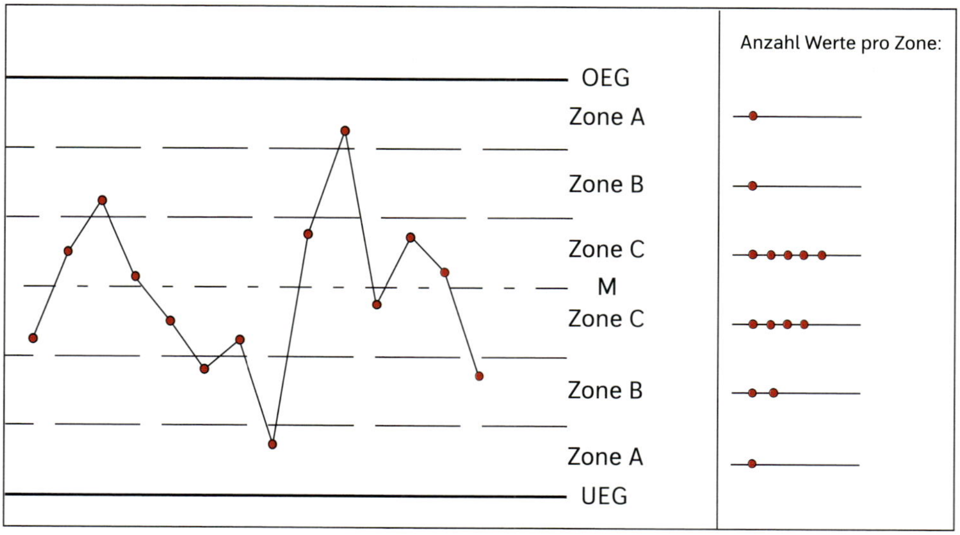


**Bild 5.55:** Natürlicher Verlauf eines Prozesses

*Beobachtung:* Zwei Drittel aller Prüfergebnisse liegen innerhalb der Zone C. Alle Werte liegen innerhalb der Eingriffsgrenzen. Diesen Verlauf der Messwerte bezeichnet man als einen „natürlichen Verlauf".

*Maßnahmen:* Prozess läuft ohne Eingriff weiter.

In den folgenden Fällen liegen systematische Streuungsursachen vor. Man sollte diese Abweichungen untersuchen und den Prozess möglichst neu einstellen.

### Überschreiten der Eingriffsgrenzen

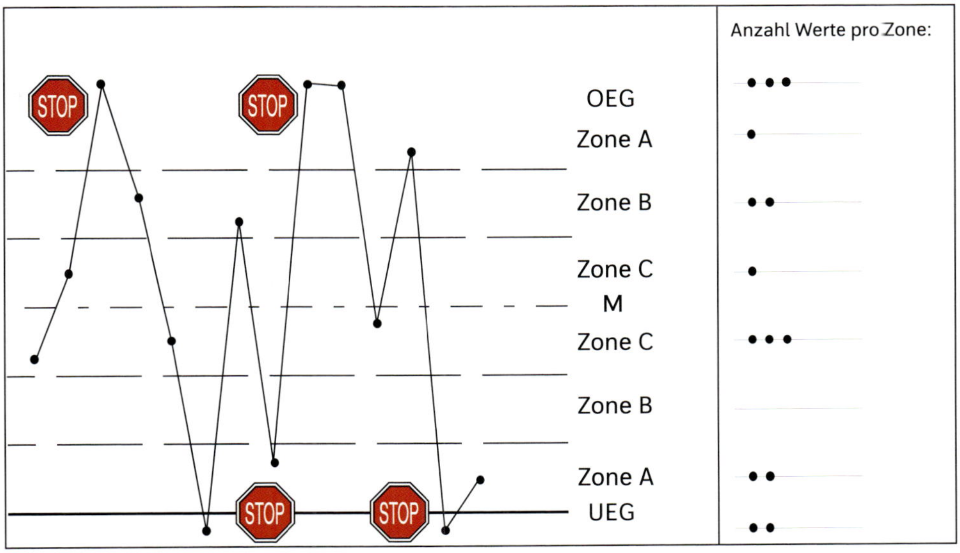


**Bild 5.56:** Prüfergebnis außerhalb der Eingriffsgrenzen

*Beobachtung:* Prüfergebnis über- oder unterschreitet die Eingriffsgrenzen.

*Ursachen:* $\bar{x}$-Karte (R- oder s-Karte muss natürlichen Verlauf aufweisen). Überjustieren einer Maschine, verschiedene Materialchargen vermischt, unterschiedliche Messgeräte.

R- oder s-Karte.

Beschädigte Maschinen, instabile Messgeräte, zu viel Spiel oder Spannvorrichtung verzogen, unerfahrener Maschinenführer bzw. Prüfer.

*Maßnahmen:* Prozess muss unterbrochen und nachgestellt werden. Teile, die seit der letzten Stichprobe gefertigt wurden, sperren und fehlerhafte Einheiten aussortieren (100 %-Prüfung).

### Im Grenzbereich der Eingriffsgrenzen

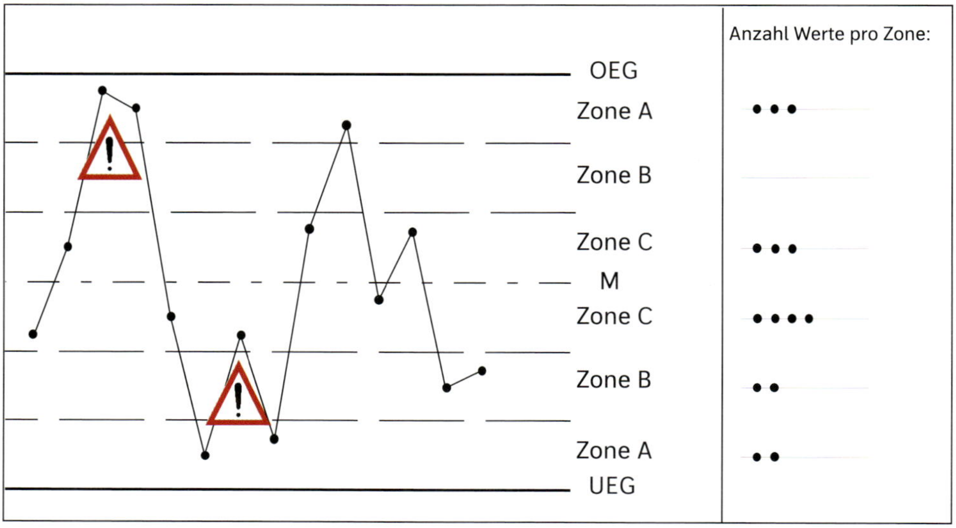


**Bild 5.57:** Prüfergebnis liegt zwischen Warngrenze und Eingriffsgrenze

*Beobachtung:* Zwei von drei aufeinanderfolgenden Prüfergebnissen liegen auf der gleichen Seite (von der Mittellinie aus gesehen) in der Zone A.

*Ursachen:* Verschlechterung des Prozesses

*Maßnahmen:* Prozess muss verschärft beobachtet werden. Es sollte umgehend eine weitere Stichprobe gezogen werden. Liegt das Ergebnis wieder in der Zone A, ist der Prozess zu korrigieren.

### Run

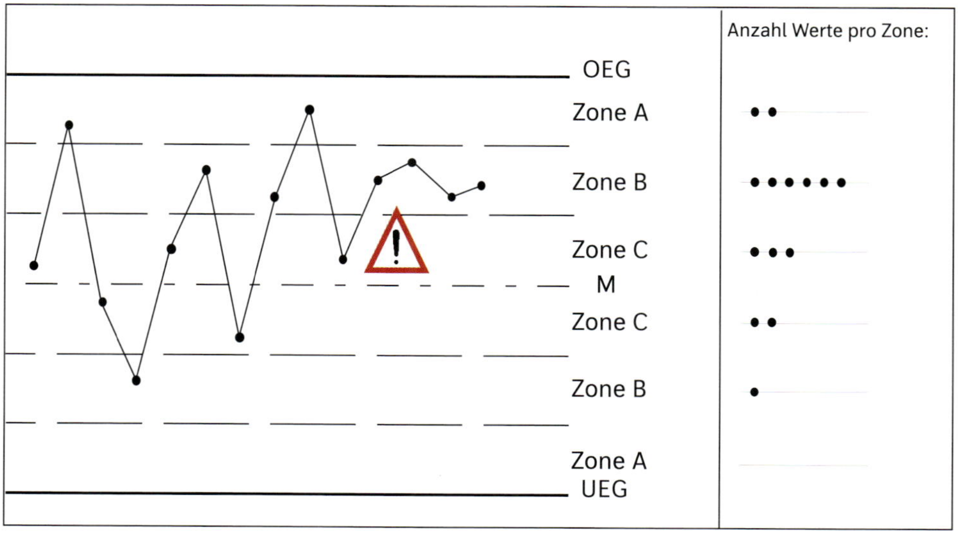


**Bild 5.58:** Prüfergebnisse liegen in Folge (Run) zueinander.

*Beobachtung:* Sieben oder mehr aufeinanderfolgende Prüfergebnisse liegen auf einer Seite von der Mittellinie aus gesehen. Diesen Verlauf der Messwerte bezeichnet man als „Run".

*Ursachen:* $\bar{x}$-Karte (R- oder s-Karte muss natürlichen Verlauf aufweisen.)

Werkzeugverschleiß, Umstellung auf ein anderes Material, Chargenwechsel, neues Werkzeug, neue Maschine oder Fertigungsmethode, neues Personal

R- oder s-Karte

Umstellung auf ein anderes Material oder Lieferant, neues Personal oder Maschine

*Maßnahmen:* Prozess muss verschärft beobachtet werden, um die Verschiebung des Prozessmittelwertes zu ergründen. Es sollten umgehend weitere Stichproben gezogen werden.

**Trend**

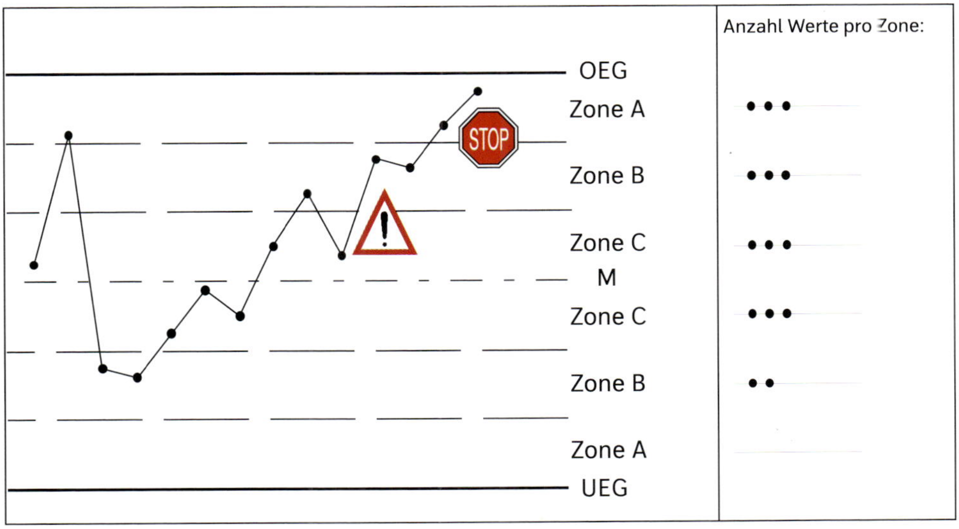


**Bild 5.59:** Prüfergebnisse liegen in Folge (Trend) zueinander.

*Beobachtung:* Sieben oder mehr aufeinanderfolgende Prüfergebnisse zeigen eine steigende oder fallende Tendenz. Diesen Verlauf der Messwerte bezeichnet man als „Trend".

*Ursachen:* $\bar{x}$-Karte (R- oder s-Karte muss natürlichen Verlauf aufweisen.)

Werkzeugverschleiß, Verschleiß an Vorrichtung oder Messgeräten, schlechte Wartung oder ungenügende Sauberkeit, Ermüdung des Personals

R- oder s-Karte (steigende Tendenz)

Werkzeug wird stumpf, allgemeine Lockerung oder Abnutzung der Geräte.

R- oder s-Karte (fallende Tendenz)

Auswirkung einer besseren Wartung, kontinuierlich verbesserte Fertigungsmethode (Feststellen, wodurch die Prozessverbesserung zustande gekommen ist, um diese in den weiteren Fertigungsablauf einbinden zu können), fehlerhafte oder beschönigte Prüfung

*Maßnahmen:* Prozess unterbrechen, um die Verschiebung des Prozessmittelwertes zu ergründen

**Perioden**

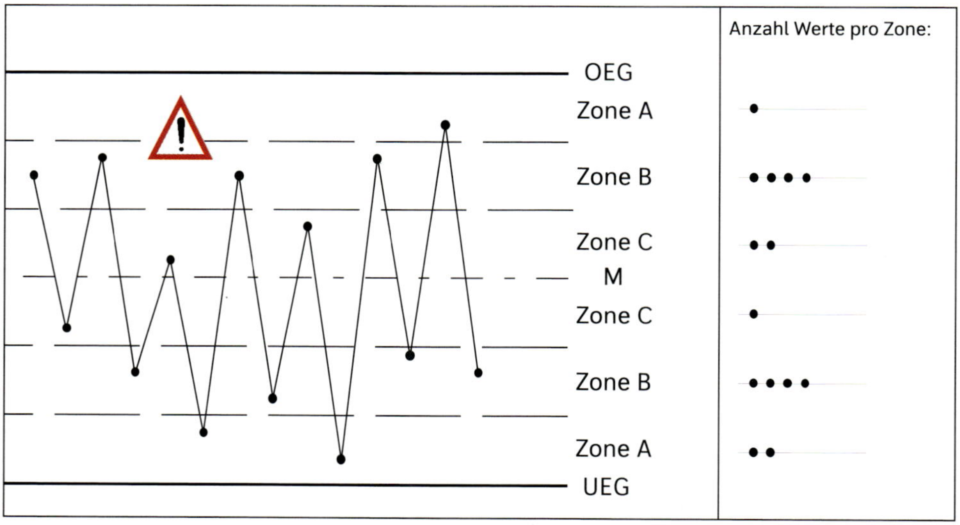


**Bild 5.60:** Systematischer Verlauf der Prüfergebnisse

*Beobachtung:* Periodisches Verhalten der Punkte, z. B. auf einen Punkt oberhalb der Mittellinie folgt ein Punkt unterhalb der Mittellinie. Der Verlauf ist vorhersehbar. Diesen Verlauf der Messwerte bezeichnet man als „Perioden".

*Ursachen:* $\bar{x}$-Karte

Unterschiedliche Messgeräte, Unterschiede zwischen den Schichten, systematische Aufteilung der Daten

R- oder s-Karte

Systematische Aufteilung der Daten

*Maßnahmen:* Fertigungsprozess nach Einflüssen untersuchen

**Middle Third**

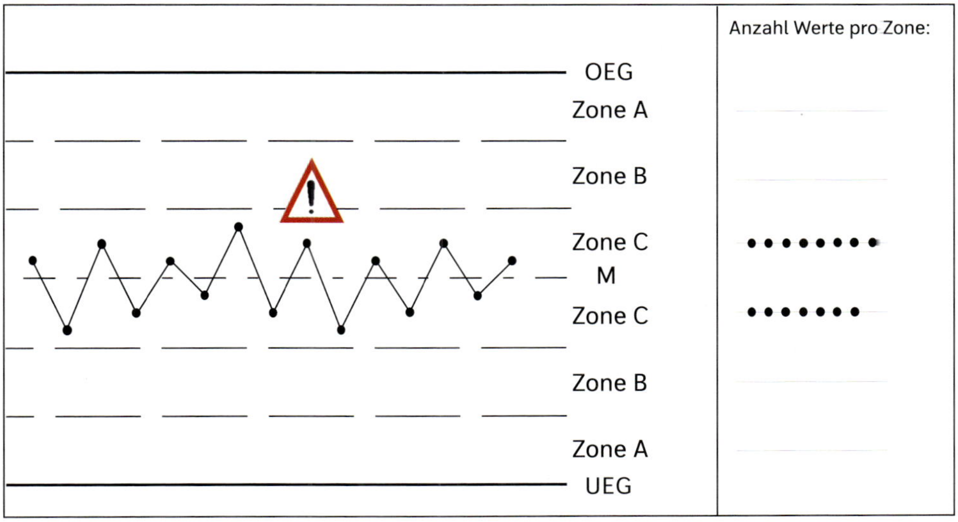


**Bild 5.61:** Mehr als ⅔ aller Prüfergebnisse in Zone C

*Beobachtung:* Mindestens fünfzehn Prüfergebnisse liegen hintereinander über oder unter der Mittellinie in Zone C. Diesen Verlauf der Messwerte bezeichnet man als „Middle Third".

*Ursachen:* $\bar{x}$-Karte

Verbesserte Fertigung oder größere Sorgfalt, Änderung beim Wartungsprogramm, bessere Beaufsichtigung (Einführung von Kontrollen), Beschönigen der Prüfergebnisse

R- oder s-Karte

Bessere Vorrichtungen, Methoden oder Fertigkeiten, größere Sorgfalt des Bedieners

*Maßnahmen:* Feststellen, wodurch die Prozessverbesserung zustande gekommen ist, um diese in den weiteren Fertigungsablauf einbinden zu können. Überprüfung der Prüfergebnisse auf ihre Richtigkeit

## Prozessregelung mit Qualitätsregelkarten

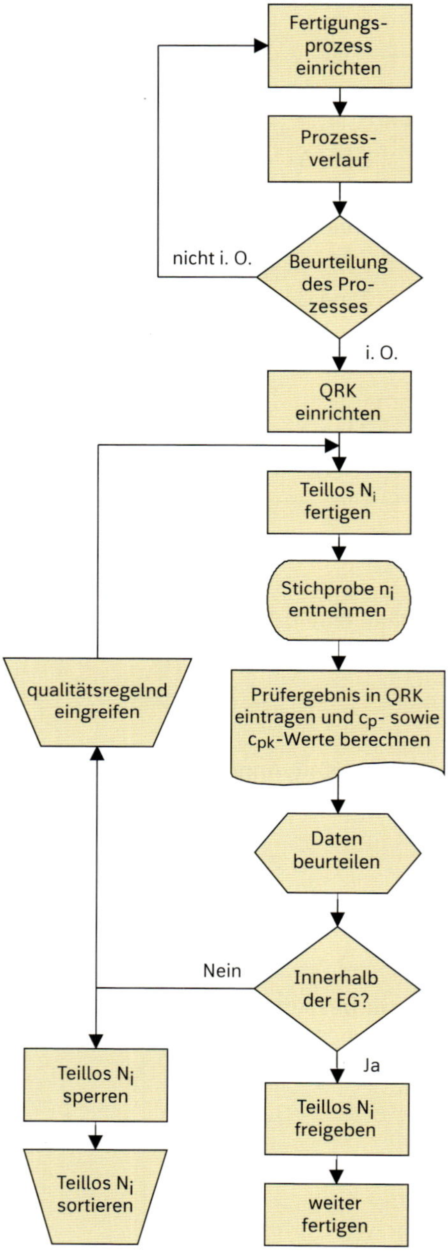


Mindestens 125 Messwerte mit Stichproben vom Umfang $n \geq 3$ entnehmen.

Normalverteilung nachweisen; Schätzwerte $\hat{\mu}$ und $\sigma$ ermitteln; Beherrschung und Fähigkeit des Prozesses mithilfe von Sollwerten bzw. Toleranzgrenzen grafisch nachweisen.

Prozessparameter ($\mu$ und $\sigma$) und Eingriffsgrenzen berechnen und in Qualitätsregelkarte eintragen.

Gebräuchlich ist ein Entnahmezyklus von 20 Minuten bis 1 Stunde; Stichprobenumfang $n \geq 5$.

Liegen systematische Einflüsse vor?

Legende:

| | |
|---|---|
| $N_i$ | Grundgesamtheit |
| i.O. | in Ordnung |
| QRK | Qualitätsregelkarte |
| EG | Eingriffsgrenzen |
| $n_i$ | Stichprobe |

**Bild 5.62:** Vorgehensweise zur Überwachung eines Regelkreises durch Qualitätsregelkarten

# 6 KAIZEN

## 6.1 Der Begriff KAIZEN

Das japanische Wort **„KAIZEN“** besteht aus zwei Worten, KAI und ZEN, wobei KAI „Veränderung“ und ZEN „Das Gute, zur Verbesserung“ bedeutet. Im zusammenhängenden Sinne heißt dies „KONTINUIERLICH VERBESSERN“. Weil KAIZEN auf Prozessen aufsetzt, spricht man von:„Kontinuierliches Verbessern von Prozessen“. In Amerika ist in dem Zusammenhang von **„Continuous Improvement“** die Rede.

Der Qualitätsspezialist Masaaki Imai beschreibt KAIZEN in seinem Buch „KAIZEN, der Schlüssel zum Erfolg der Japaner im Wettbewerb“:

**KAIZEN ist ein prozessorientiertes Konzept.**

In diesem Konzept müssen die Mitarbeiter die Freiheit haben, Fehler zu machen und einzugestehen. Jeder Fehler, jeder Irrtum bietet die Chance zu einer Verbesserung. Das Ziel soll nicht sein, den Mitarbeitern die Schuld zu geben. Im Gegensatz zur traditionellen Organisation, bei der das Management den Produktionsarbeitern befiehlt, werden im KAIZEN die Produktionsarbeiter vom Management unterstützt. KAIZEN ist ein langfristiges, mitarbeiter- und prozessorientiertes Konzept.

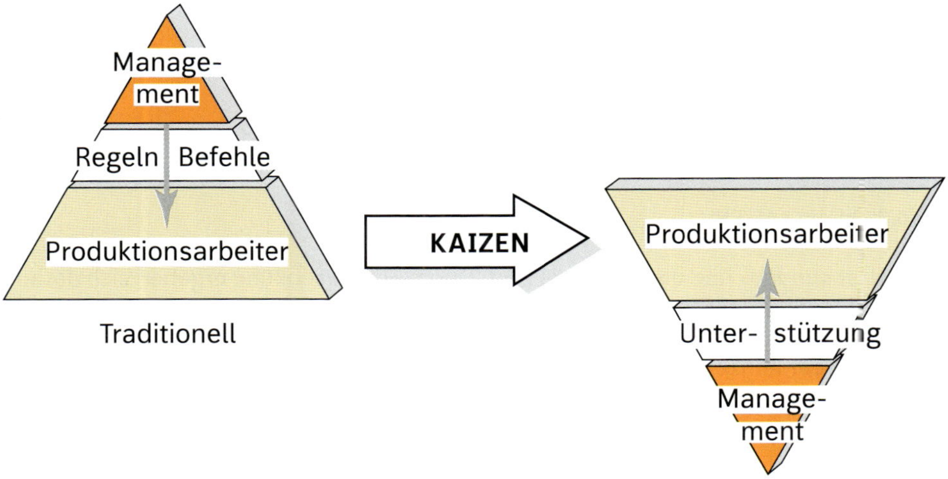


**Bild 6.1:** Mitarbeiter – Managementverhältnis

## 6.2 Das Prinzip KAIZEN

Das Prinzip ist, die Kreativität der Belegschaft für ständige Verbesserungen zu stimulieren und im Sinne der Unternehmensziele zu leiten. Um die KAIZEN-Strategie einzuführen, muss man sich zuerst über die Konzepte, Systeme und Werkzeuge einen Überblick verschaffen.

**Konzepte**

- Kunden-Lieferanten-Konzept
- Kundenorientierung
- Prozessorientierung
- Wettbewerbsorientierung
- Mitarbeiterorientierung
- Null-Fehler-Strategie

**Systeme**

- Standardisierung
- Vorschlagswesen
- Arbeitsdisziplin
- funktionsübergreifendes Management
- umfassende Qualitätssicherung

**Werkzeuge**

- SPC
- FMEA
- Problemlösungswerkzeuge
- Qualitätszirkel
- Kleingruppenarbeit
- Checklisten
- QFD

Als Erstes müssen die richtigen Konzepte festgelegt werden. Der nächste Schritt ist es, Systeme zu erstellen, die bei der Einführung von KAIZEN hilfreich sein können. Innerhalb dieser Systeme werden die angewiesenen Werkzeuge benutzt.

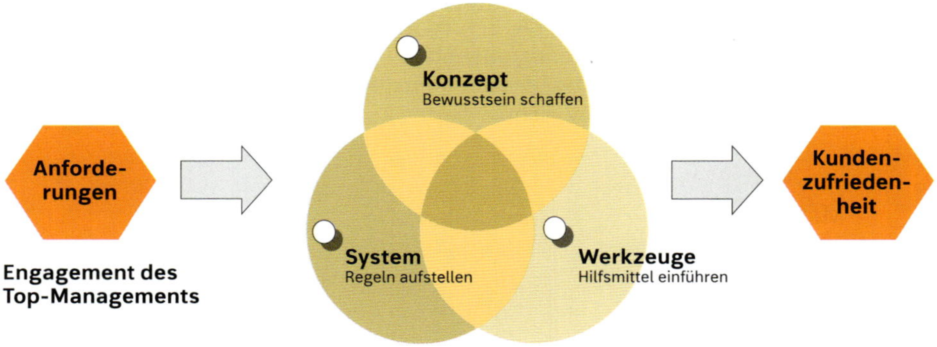


**Bild 6.2:** Prinzip KAIZEN

KAIZEN ist kunden- und qualitätsorientiert. Durch Kostensenkung ergeben sich daraus anschließend höhere Gewinne.

KAIZEN ist ein Konzept, in das alle Systeme und Werkzeuge der vergangenen Jahrzehnte integriert sind, neue beigefügt worden sind und werden.

## 6.3 Verbesserungsstrategie des KAIZEN

Managen von Prozessen umfasst zwei Hauptkomponenten, die *Erhaltung* und die *Verbesserung*. Die Erhaltung zielt auf die Stabilisierung und Aufrechterhaltung der bestehenden Prozessabläufe und Prozessstandards durch Schulung und Disziplin. Die Verbesserung bezweckt die Optimierung der momentan vorhandenen Prozessabläufe und Prozessstandards. Die KAIZEN-Auffassung des Prozessmanagements kann zusammengefasst werden:

**Standards verbessern und erhalten!**

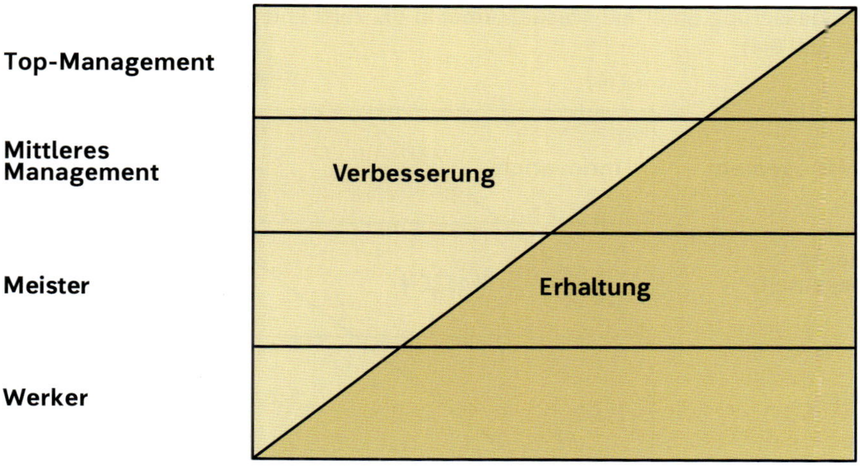


**Bild 6.3:** Standards verbessern und erhalten (Quelle: Imai, Masaaki)

Je höher die Managementstufe ist, desto mehr ist ihre Aufgabe, Verbesserungen zu schaffen. Auf der Werkerebene ist der Großteil der Aufgabe auf die Erhaltung der Prozessstandards ausgerichtet.

*Wie sieht eine Verbesserung aus?*

Eine Verbesserung geschieht entweder durch höhere Anforderungen (KAIZEN) des (Top-)Managements an die Mitarbeiter oder durch teure **Innovationen**.

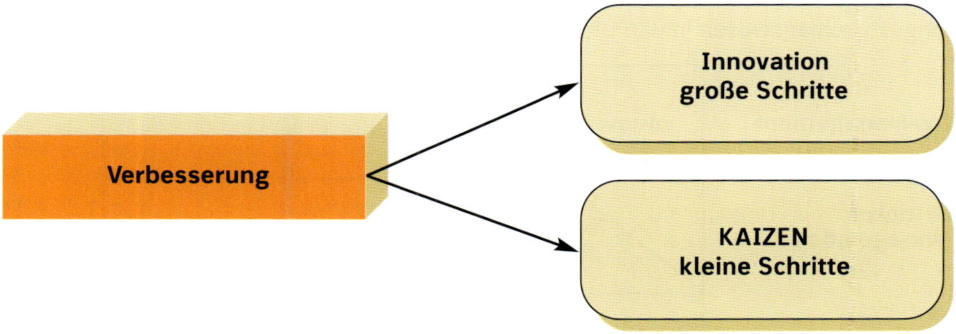


**Bild 6.4:** KAIZEN und Innovation

### ***Beispiel*** **für Verbesserungsschritte**

NC-Maschine ↓ CNC-Maschine

kleine Schritte ↓ großer Schritt

→ regelmäßige Wartung
→ regelmäßige Reinigung
→ Kontrolle der Prozessparameter
→ dezentrale Programmierung
→ Prozessparameter aus CAD abgeleitet

Die Verbesserung unterteilt Masaaki Imai in die zwei Ebenen Innovation und KAIZEN (siehe Bild 6.4).

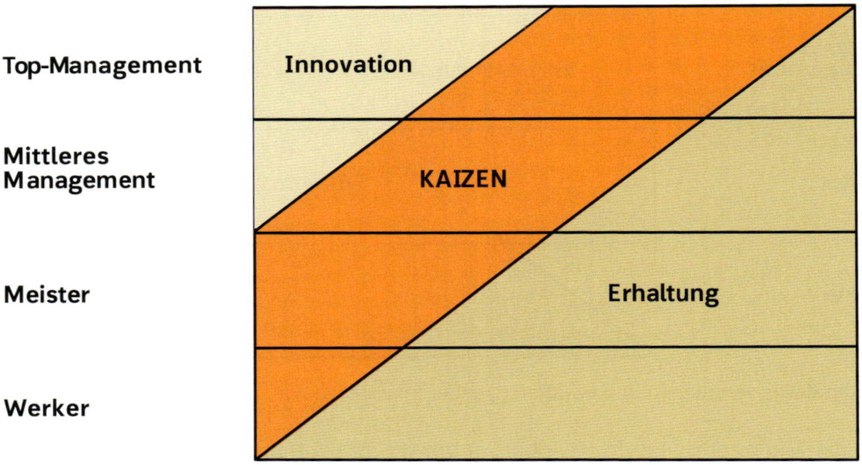


**Bild 6.5:** Verantwortlichkeiten im KAIZEN (Quelle: Imai, Masaaki)

Die nächste Darstellung zeigt die Aufgabenverteilung aus der Sicht der westlichen Manager. Im westlichen Management ist zurzeit noch wenig Platz für das KAIZEN-Konzept. Westliche Manager bevorzugen die Verbesserung der großen Schritte, im Gegensatz zur Verbesserung der kleinen Schritte. Die Verbesserung der kleinen Schritte versiegt oftmals in der Bürokratie und in der Verwaltung der jeweiligen Verbesserungsvorschlagswesen in den Unternehmen.

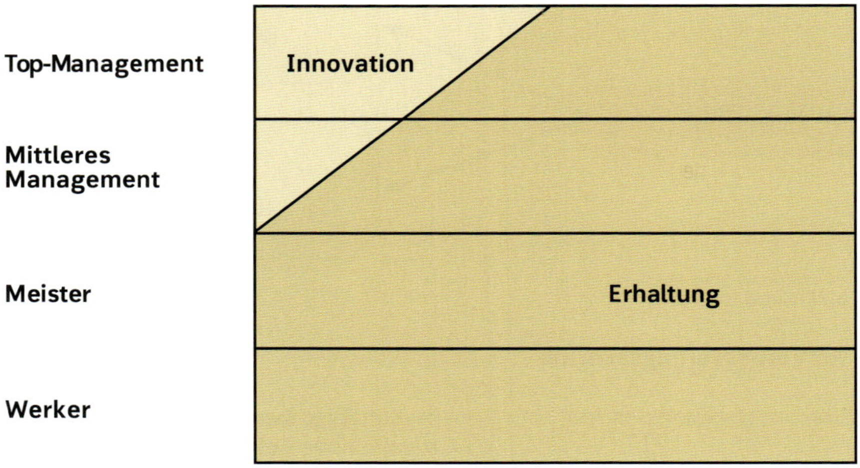


**Bild 6.6:** Verantwortlichkeiten aus der Sicht der westlichen Manager (Quelle: Imai, Masaaki)

Das folgende Bild zeigt die Verbesserung eines Prozesses von einem Ausgangsstandard bis hin zum Optimum eines Prozesses durch KAIZEN. Ein Verbesserungssprung wird mittels einer Innovation erreicht. Nun wird dieser neue Verbesserungszustand des Prozesses optimiert. Diese Optimierungsmethode ist ein kontinuierlicher, niemals endender Verbesserungsprozess.

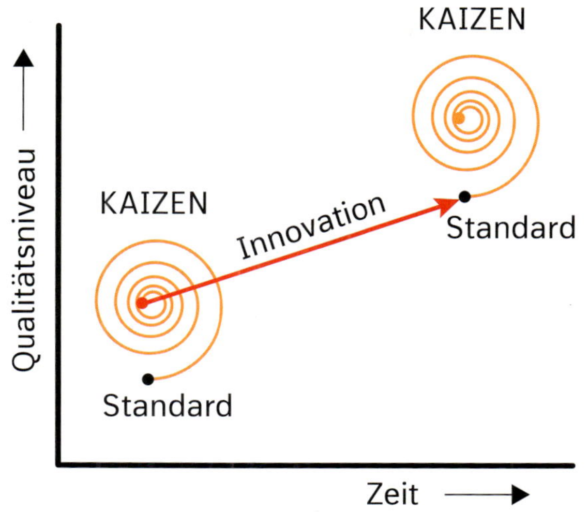


**Bild 6.7:** KAIZEN und Innovation

| KAIZEN | Innovation |
|---|---|
| Optimierung von Prozessschritten in einfacher Weise<br>***Beispiel:***<br>• einfache Dokumentation<br>• Checkliste bei Maschinenübergabe | Technologiesprung zur umfassenden Veränderung in einem Bereich<br>***Beispiel:***<br>• EDV-Vernetzung der Fertigung<br>• CNC-Maschine |

Prinzipielle Unterschiede zwischen KAIZEN und Innovation

**KAIZEN**

- Kleine Schritte
- Konventionelles Wissen
- Bestehende Ressourcen besser nutzen
- Prozessorientiertes Denken
- Gruppenarbeit
- Mitarbeiterorientiert
- Hohe Mitarbeiterverbundenheit

**Innovation**

- Große Schritte
- Technologischer Durchbruch
- Investitionen (Geld ausgeben)
- Ergebnisorientiertes Denken
- Individuelle Arbeit
- Technologieorientiert
- Niedrige Mitarbeiterverbundenheit

## 6.4 KAIZEN und die Mitarbeiter

KAIZEN bezieht jeden Mitarbeiter in der Firma mit ein. So hat jeder nicht nur seinen bestimmten Platz in der Hierarchie (einzelne Ebenen), sondern wird auch von KAIZEN eingeschlossen.

*Welche Aufgaben haben die einzelnen Ebenen?*

**Top-Management**

Einführung von KAIZEN als Strategie, Verbesserung der Standards, Etablierung verbesserter Standards, trifft Entscheidung über Innovation, Prioritäten setzen und diese im gesamten Unternehmen durchgängig machen, Aufbau entsprechender Strukturen, Unterstützung und Förderung von KAIZEN, verbreitende Maßnahmen wie Arbeitsdisziplin und deren Überprüfung

**Mittleres Management**

Verbesserung und Erhaltung der Standards (KAIZEN), setzt Innovation im Unternehmen um, Verbreiten der Maßnahmen zum KAIZEN, Trainingsprogramme, um das KAIZEN-Bewusstsein der Werker zu fördern, Hilfe bei Problemlösungen

**Meister**

Anwendung von KAIZEN, betreut Innovationseinführung, Planentwicklung zur Verwirklichung von KAIZEN, Kleingruppenaktivitäten unterstützen, für Arbeitsdisziplin sorgen, Ideen fördern

**Werker**

Einhaltung vorgegebener Standards, nutzt Innovation, Teilnahme an KAIZEN durch Vorschlagswesen und Kleingruppenaktivität, Auseinandersetzung mit dem Arbeitsprozess, spezifische Weiterbildung

Im KAIZEN-Konzept sind die Produktionsarbeiter die wichtigsten Mitarbeiter. Sie sind es, die das aktuelle Produkt herstellen oder die Dienstleistung erbringen. Der Arbeitsplatz (**„Gemba“**) steht an der Spitze, Management und Stabsleute haben die Aufgabe zu Gemba beizutragen. Es drängt sich der Vergleich mit einer Fußballmannschaft auf: Das Team schießt die Tore!

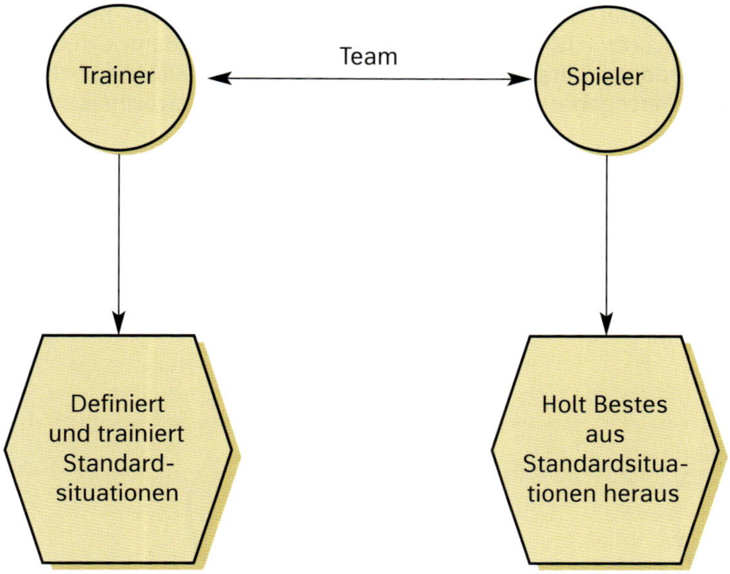


**Bild 6.8:** Team im KAIZEN

Zu der Teamorganisation im Unternehmen fordert KAIZEN eine Kultur,

- in der die Mitarbeiter gefördert werden, Verbesserungen einzuführen,
- in der die Mitarbeiter die Freiheit haben, einen Fehler einzugestehen,
- in der die Mitarbeiter funktionsübergreifend, systematisch und kooperationsbereit zusammenarbeiten,
- in der die Mitarbeiter eindeutig im Hinblick auf die Prozesse denken.

Bessere Produkte sind die Folge von produktiveren Mitarbeitern, effizienteren Managern, verbesserter Kommunikation und wirksamerer Organisation, nicht umgekehrt.

Im KAIZEN-Konzept sind die Menschen, die die Arbeit machen, der wichtigste Teil der Organisation. Im KAIZEN ist Gemba, wo die Arbeit gemacht wird, wo der Wert entsteht und wo die Probleme gelöst werden sollen.

## 6.5 Funktionsweise von KAIZEN

Jeder veränderte und verbesserte Arbeitsprozess weist am Anfang gewisse Abweichungen und Unsicherheiten auf und es bedarf einiger Mühe, den Prozess zu stabilisieren und zu erhalten. Zur Stabilisierung müssen Standards wie Verfahrensanweisungen oder Arbeitsanweisungen geschaffen werden. Ein solcher Stabilisierungsprozess wird oftmals durch einen **STCA-Kreis** (**S**TANDARDISIERUNG-**T**UN-**C**HECKEN-**A**KTION) dargestellt.

STANDARDISIERUNG bedeutet demnach, das Know-how (Zielvorgabe) niederzuschreiben. Im nächsten Schritt TUN wird dieses Wissen umgesetzt. Beim CHECKEN stellt man sich die Frage, ob die Ergebnisse erreicht worden sind (Zielerreichung?). Wenn nein, wird so lange nachgebessert (AKTION), bis der Standard erreicht ist.

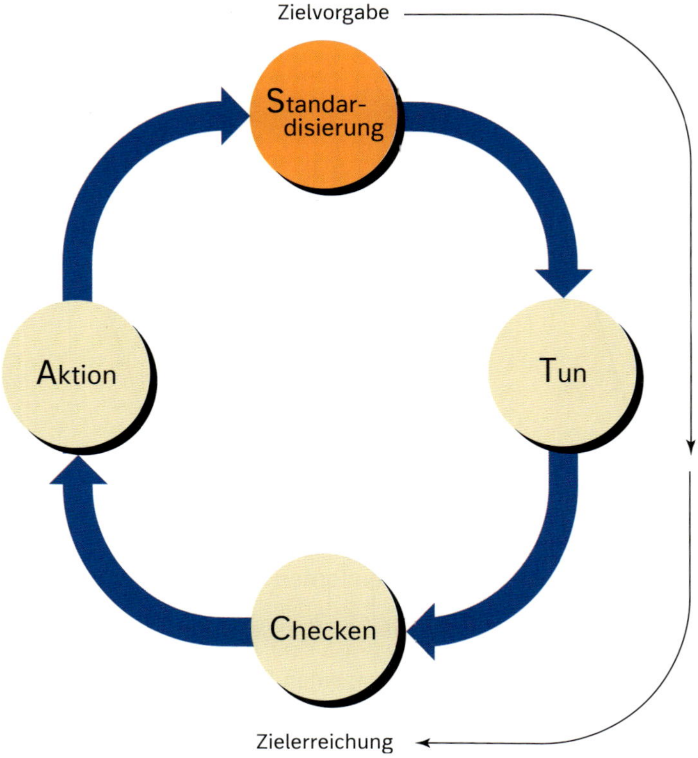


**Bild 6.9:** STCA-Kreis

Erst nachdem ein Standard festgelegt und stabilisiert worden ist, sollte man darangehen, den STCA-Kreis mittels des **PTCA-Kreises** (**P**LANEN, **T**UN, **C**HECKEN und **A**KTION) zu verbessern.

Der PTCA-Kreis beginnt mit der Analyse der aktuellen Situation (PLANEN), wobei die Daten zusammengetragen werden, die zur Ausarbeitung eines Verbesserungsplanes beitragen. Dazu werden die einfachen statistischen Werkzeuge „Problemlösungswerkzeuge" (Pareto-Diagramm, Ishikawa-Diagramm, Histogramm, Regelkarte, Streuungsdiagramme, Grafiken und Prüfformulare, siehe Kapitel 5.1) verwendet. TUN steht für die Umsetzung dieses Planes. Später wird überprüft (CHECKEN), ob die Umsetzung des Planes zur erwartenden Verbesserung geführt hat. Unter AKTION versteht man Vorbeugungsmaßnahmen gegen einen Rückfall sowie eine methodische Standardisierung der Verbesserung als neue Praktik, auf der für weitere Verbesserungen aufgebaut werden kann. Dadurch wird gewährleistet, dass die neu eingeführten Methoden fortan angewandt werden.

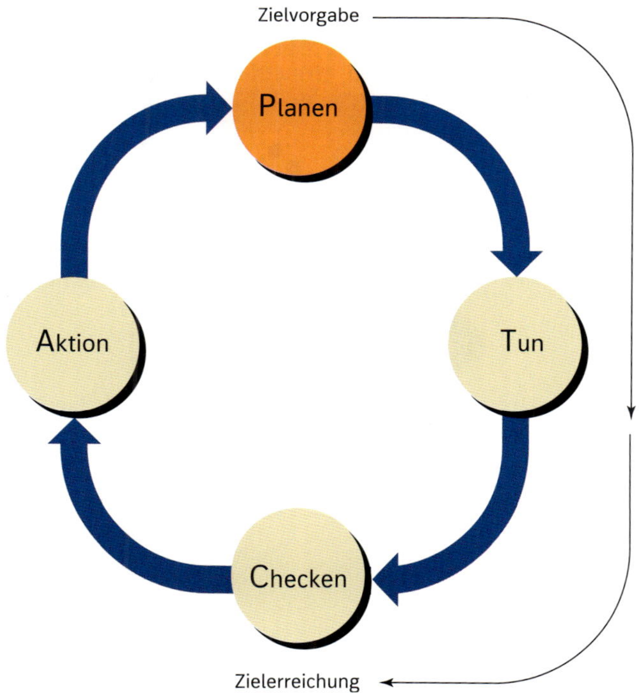


**Bild 6.10:** PTCA-Kreis

STCA dient dem Stabilisieren und Standardisieren von Zuständen, während PTCA zu deren Verbesserung führt.

Mit anderen Worten ausgedrückt, heißt dies:

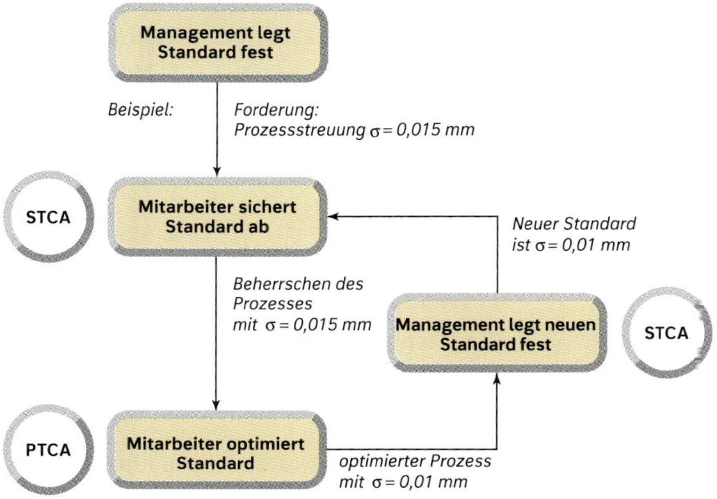


**Bild 6.11:** Wechselwirkung STCA und PTCA

Sobald ein Zustand verbessert wurde, wird er zum Standard (STCA) und fordert somit zu weiterer Verbesserung (PTCA) heraus. Auf diese Weise wird über den KAIZEN-Prozess ein ständig steigendes Niveau erreicht. KAIZEN ist ohne Messungen und Standards nicht möglich (STCA- und PTCA-Kreis).

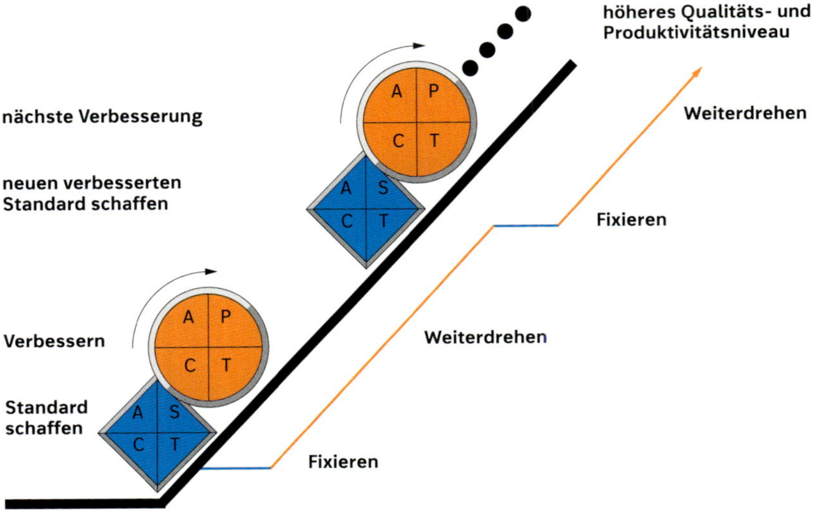


**Bild 6.12:** Erhöhung des Qualitäts- und Produktivitätsniveaus

## 6.6 Umsetzung von KAIZEN durch den Mitarbeiter

KAIZEN wird durch Verschwendung **(MUDA)**, Überlastung **(MURI)** oder Abweichung **(MURA)** ausgelöst. Die **„3-MU-Checkliste“** zeigt Verbesserungsmöglichkeiten auf:

| **MUDA** (Verschwendung) | **MURI** (Überlastung) | **MURA** (Abweichung) |
|---|---|---|
| **1.** Mitarbeiter | **1.** Mitarbeiter | **1.** Mitarbeiter |
| **2.** Technik | **2.** Technik | **2.** Technik |
| **3.** Methode | **3.** Methode | **3.** Methode |
| **4.** Zeit | **4.** Zeit | **4.** Zeit |
| **5.** Möglichkeit | **5.** Möglichkeit | **5.** Möglichkeit |
| **6.** Vorrichtungen und Werkzeuge | **6.** Vorrichtungen und Werkzeuge | **6.** Vorrichtungen und Werkzeuge |
| **7.** Material | **7.** Material | **7.** Material |
| **8.** Produktionsvolumen | **8.** Produktionsvolumen | **8.** Produktionsvolumen |
| **9.** Umlauf | **9.** Umlauf | **9.** Umlauf |
| **10.** Platz | **10.** Platz | **10.** Platz |
| **11.** Art zu denken | **11.** Art zu denken | **11.** Art zu denken |

(Quelle: Imai, Masaaki)

Die Checkliste wurde entwickelt, um den Werkern und dem Management stets Verbesserungsmöglichkeiten (KAIZEN) vor Augen zu halten.

Wie soll der Mitarbeiter seinen Arbeitsplatz (Gemba) gestalten?

Die **„5-S-Bewegung“** stellt Regeln im Umgang mit dem Arbeitsplatz auf. Die „5-S“ sind die Anfangsbuchstaben der japanischen Worte **SEIRI, SEITON, SEISO, SEIKETSU und SHITSUKE**.

Folgende fünf Schritte fordert die „5-S-Bewegung“:

1. (SEIRI) Ordnung schaffen, d. h., Überflüssiges entfernen
2. (SEITON) Jeden Gegenstand am richtigen Ort aufbewahren
3. (SEISO) Sauberkeit
4. (SEIKETSU) Persönlicher Ordnungssinn
5. (SHITSUKE) Disziplin, d. h., Einhalten von Standards

## 6.7 Zusammenfassung

- KAIZEN ist ein langfristiges, mitarbeiter- und prozessorientiertes Konzept.
- KAIZEN ist kunden- und qualitätsorientiert. Durch Kostensenkung ergeben sich daraus anschließend höhere Gewinne.
- KAIZEN ist ein Konzept, in das alle Systeme und Werkzeuge der vergangenen Jahrzehnte integriert sind, neue beigefügt worden sind und werden.
- Im KAIZEN-Konzept sind die Menschen, die die Arbeit machen, der wichtigste Teil der Organisation. Im KAIZEN ist Gemba, wo die Arbeit gemacht wird, wo der Wert entsteht und wohin die Probleme delegiert werden sollen.
- KAIZEN ist ohne Messungen und Standards nicht möglich (STCA- und PTCA-Kreis).

Der wichtigste KAIZEN-Ansatz lautet:
**just do it**

Lieber sofort eine 50 %-Lösung als nie 100 %.

# 7 Abkürzungsverzeichnis

| | |
|---|---|
| AA | Arbeitsanweisung |
| BRD | Bundesrepublik Deutschland |
| CAD | Computer Aided Design |
| CAQ | Computer Aided Quality Assurance (Rechnerunterstützung in der Qualitätssicherung) |
| CNC | Computerized Numerical Control |
| DGQ | Deutsche Gesellschaft für Qualität |
| DIN | Deutsche Industrie-Norm |
| DQS | Deutsche Gesellschaft zur Zertifizierung von Qualitätsmanagementsystemen mbH |
| EDV | Elektronische Datenverarbeitung |
| EFQM | European Foundation for Quality Management |
| EG | Eingriffsgrenze |
| EN | Europäische Norm |
| EQ ZERT | Europäisches Institut zur Zertifizierung von Qualitätsmanagementsystemen |
| FMEA | Fehlermöglichkeits- und Einflussanalyse |
| ISO | International Organization for Standardization |
| MBQNA | Malcolm Badrige National Quality Award |
| MFU | Maschinenfähigkeitsuntersuchung |
| NC | Numerical Control |
| OEG | Obere Eingriffsgrenze |
| OTG | Obere Toleranzgrenze |
| OWG | Obere Warngrenze |
| PFU | Prozessfähigkeitsuntersuchung |
| PMÜ | Prüfmittelüberwachung |
| Q | Qualität |
| QFD | Quality Function Deployment |
| QM | Qualitätsmanagement |
| QMH | Qualitätsmanagementhandbuch |
| QRK | Qualitätsregelkarte |
| QS | Qualitätssicherung |
| RPZ | Risikoprioritätszahl |
| SPC | Statistische Prozessregelung |
| TQC | Technical Quality Committee |
| TQM | Total Quality Management |
| TÜV | Technischer Überwachungsverein e. V. |
| UEG | Untere Eingriffsgrenze |
| UTG | Untere Toleranzgrenze |
| UWG | Untere Warngrenze |
| VA | Verfahrensanweisung |
| VDA | Verband Deutscher Automobilhersteller |
| VDE | Verband Deutscher Elektrotechniker |
| VDI | Verband Deutscher Ingenieure |

# 8 Literaturverzeichnis

**Bläsing, Jürgen:** Das Qualitätsbewußte Unternehmen. StW, Stuttgart, 1992
**Bläsing, Jürgen:** Qualitätsbewußte Unternehmensführung. TQU-Verlag, Ulm, 1995
**Brassard, Michael:** Der Memory Jogger. GOAL/QPC, Methuen USA, 1987
**Göppel/Bayer:** Einbindung von FMEA in CAQ. CIM-Management, 1992
**Göppel, Rainer:** Methoden vernetzen. Maschinenmarkt, 1992
**Göppel, Rainer:** Die Werkzeuge des TQM, Ifra-Symposium, 1994
**Hering, Eckbert:** Qualitätssicherung für Ingenieure. VDI Verlag, Düsseldorf, 1993
**Imai, Masaaki:** KAIZEN. Ullstein Verlag, Frankfurt/Berlin, 1992
**Kamiske/Brauer:** Qualitätsmanagement von A–Z. Carl Hanser Verlag, München/Wien, 1993
**King, Bob:** Better Design in Half the Time. GOAL/QPC, Methuen USA, 1987
**N.N.:** TQU-Mustersammlung Ausgabe 1. Ulm, 1993
**N.N.:** DGQ-Schrift 16–33, SPC 1–3. Beuth Verlag, Köln/Berlin, 1990
**N.N.:** Normen DIN EN ISO 9000 ff. Beuth Verlag, Köln/Berlin, 1994
**Pfeifer, Tilo:** Qualitätsmanagement. Carl Hanser Verlag, München/Wien, 1993
**Stork Management Consulting:** KAIZEN – Kontinuierlich verbessern. Lommel Belgien, 1993

# 9 Sachwortverzeichnis

# Bildquellenverzeichnis

|EFQM, Brüssel: 43.1. |Greßler, Ulrich, Neu-Ulm: 88.2.